Over *1945*

'Een goed gedocumenteerd, schitterend gecomponeerd, elegant geschreven en beeldend relaas over het keerpunt van de twintigste eeuw, over de verschrikkingen, de hoop, de illusies en de wortels van de ellende die nog zou volgen. In alle opzichten fascinerend, een geweldige prestatie.' – Sir Ian Kershaw, historicus, biograaf van Hitler

'Ian Buruma vertelt een hartverscheurend verhaal over de verschrikkingen, de onvoorstelbare wreedheden en de regelrechte stommiteiten van de laatste maanden van de Tweede Wereldoorlog en de manier waarop men daarmee in de eerste maanden van de vrede probeerde om te gaan. Zelfs zeventig jaar na dato is het nog altijd bijna onverdraaglijk om daarover te lezen.' – Sir Brian Urquhart, veteraan, voormalig onder-secretaris-generaal Verenigde Naties

'1945 is het beslissende jaar van het moderne tijdperk. Ian Buruma vervlecht de belangrijkste thema's van die periode tot een levendig, invoelend en meeslepend relaas: de euforie en de seksuele bevrijding die op de overwinning volgden, de wraakzuchtige afrekeningen die op de nederlaag volgden en het verlangen naar een wereld van vrede, gerechtigheid en mensenrechten na de verschrikkingen van de totale oorlog. De helden en heldinnen van zijn verhaal, dat de hele wereld bestrijkt – van Nederland tot Japan –, zijn de gewone mannen en vrouwen die de brokstukken van een vergane wereld opraapten en daarmee een nieuwe wereld voor hun kinderen en kleinkinderen bouwden. Wij zijn hun erfgenamen en Buruma brengt hun een eerbetoon met zijn adembenemende relaas.' – Michael Ignatieff, Canadees politicus en publicist

Van Ian Buruma verschenen eerder:

Oosterse Arcadiën
De spiegel van de zonnegodin
Anglomanie
Occidentalisme (samen met Avishai Margalit)
De toekomst van China
Dood van een gezonde roker (Moord in Amsterdam)
Dromen van China
Het circus van Max Beckmann en andere essays
God op zijn plaats
Het loon van de schuld
Slechte elementen

Ian Buruma

1945

BIOGRAFIE VAN EEN JAAR

Uitgeverij Atlas Contact
Amsterdam/Antwerpen

Bij de productie van dit boek is gebruikgemaakt van papier dat het keurmerk Forest Stewardship Council (FSC) draagt. Bij dit papier is het zeker dat de productie niet tot bosvernietiging heeft geleid. Ook is het papier 100% chloor- en zwavelvrij gebleekt.

MIX
Papier van verantwoorde herkomst
FSC® C004472

Eerste druk oktober 2013
Tweede druk oktober 2013
Derde druk november 2013
Vierde druk december 2013

Met dank aan Hanca Leppink
Oorspronkelijke titel *Year Zero. The History of 1945*
Oorspronkelijke uitgeverij The Penguin Press
Omslagontwerp Bart van den Tooren
Omslagbeeld NIOD
Foto auteur Merlijn Doomernik
Typografie binnenwerk Perfect Service
Drukkerij Wilco, Amersfoort

ISBN 978 90 450 2106 5
D/2013/0108/751
NUR 320

www.ianburuma.com
www.atlascontact.nl

Voor mijn vader, S.L. Buruma

‘Er bestaat een schilderij van Paul Klee, dat *Angelus Novus* heet. Er staat een engel op afgebeeld die zo te zien op het punt staat zich te verwijderen van iets waar hij zijn blik strak op gericht houdt. Zijn ogen en zijn mond zijn opengesperd, hij heeft zijn vleugels gespreid. Zo moet de engel van de geschiedenis eruitzien. Zijn gelaat is naar het verleden gewend. Waar wij een reeks gebeurtenissen waarnemen, ziet hij één enkele catastrofe en daarin wordt zonder enig respijt puinhoop op puinhoop gestapeld, die hem voor de voeten geworpen wordt. De engel zou wel willen blijven, de doden tot leven wekken en de brokstukken weer tot een geheel maken. Maar zijn vleugels vangen de wind die uit het paradijs waait, een storm die zo hard is dat hij hem niet kan stuiten. Deze storm stuwt hem onweerstaanbaar voort, de toekomst in die hij de rug heeft toegekeerd, terwijl de stapel puin vóór hem tot aan de hemel groeit. Deze storm is wat wij vooruitgang noemen.’

Walter Benjamin, these IX uit *Über den Begriff der Geschichte*

Inhoud

Proloog

Er was iets aan het verhaal van mijn vader dat ik lange tijd verbijsterend vond. Wat hij had meegemaakt in de Tweede Wereldoorlog was niet erg uitzonderlijk voor een man van zijn leeftijd en met zijn achtergrond. Er zijn veel ergere verhalen, maar het zijne was erg genoeg.

Ik was nog tamelijk jong toen ik voor het eerst over zijn oorlog hoorde. In tegenstelling tot sommige mensen zweeg hij er niet over, hoewel het voor hem pijnlijk moet zijn geweest om bepaalde herinneringen op te halen. En ik luisterde er graag naar. Er zaten ook illustraties bij in de vorm van kleine zwart-witfoto's in een album dat ik uit een la in zijn werkkamer haalde om er in mijn eentje naar te kijken. Het waren geen dramatische beelden, maar ze waren op een wonderlijke manier fascinerend, foto's van een primitief werkkamp in Oost-Berlijn, van mijn vader die grimast om een officiële foto te saboteren, van pompeuze Duitsers in pakken met nazi-insignes, van zondagse uitjes naar een meer in de buitenwijken, van blonde, vrolijk lachende Oekraïense meisjes.

Dat waren de relatief goede tijden. Het was waarschijnlijk verboden om met Oekraïense vrouwen om te gaan, maar herinneringen aan die vrouwen zorgen nog altijd voor een weemoedige blik in mijn vaders ogen. Er zijn geen foto's waarop te zien is dat hij bijna sterft van de honger en de uitputting, door ongedierte wordt gekweld of bij een met water gevulde bomkrater staat die als gemeenschappelijke wc en als bad moet dienen. Maar het waren niet deze ontberingen die ik verbijsterend vond. Het was iets wat later gebeurde, toen hij weer thuis was.

Thuis was Nijmegen. Mijn grootvader had daar in de jaren twintig een aanstelling als predikant van de relatief kleine doopsgezinde gemeente aanvaard. Vanuit hun huis kon je naar Duitsland lopen. Omdat Duitsland relatief goedkoop was, bracht het gezin daar de meeste vakanties door, totdat de aanwezigheid van de nazi's het land rond 1937 ook voor toeristen onverdraaglijk maakte. Ergens in de buurt van een kamp van de

Hitlerjugend waren mijn familieleden er getuige van dat kinderen door oudere jongens in uniform werden afgetuigd. Tijdens een boottochtje over de Rijn veroorzaakte mijn grootvader (misschien opzettelijk) enige beroering onder de Duitse passagiers door Heinrich Heines poëtische ode aan de nimf van de Rijn 'Die Lorelei' te reciteren. (Heine was Joods.) Mijn grootmoeder besloot dat het genoeg was geweest. Drie jaar later stroomden de Duitse troepen de grens over.

Het leven ging door, zelfs onder de Duitse bezetting. Voor de meeste Nederlanders was alles tijdens de twee eerste oorlogsjaren op een merkwaardige manier nog steeds normaal – als ze tenminste niet Joods waren. In 1941 ging mijn vader rechten studeren aan de Rijksuniversiteit Utrecht. Om een toekomst te hebben als jurist moest hij wel lid worden van het corps (dat moet je tot op zekere hoogte nog steeds). Mijn grootvader had dan wel een respectabele positie als predikant, maar verdiende niet genoeg om alle corpsrekeningen van mijn vader te betalen, en daarom besloot een rijkere oom van mijn grootmoeder om de sociale verplichtingen van mijn vader te subsidiëren.

Tegen de tijd dat mijn vader lid werd, hadden de Duitse bezettingsautoriteiten studentenverenigingen al verboden omdat ze er potentiële verzetshaarden in zagen. Dit was kort nadat Joodse hoogleraren van de universiteiten waren verwijderd. In Leiden had de hoogleraar Rudolph Cleveringa daar in zijn beroemd geworden rede tegen geprotesteerd; hij had een tandenborstel en een stel schone kleren meegenomen voor het geval hij zou worden gearresteerd, wat ook prompt gebeurde. De studenten, onder wie velen van het corps, besloten tot een staking. De universiteit werd gesloten. Het studentencorps in Amsterdam was al door de eigen leden ontbonden na de uitsluiting van Joodse studenten.

Maar Utrecht bleef open, en het corpsleven ging door, zij het clandestien. Dit betekende dat de ontgroening van nieuwe leden in het geheim moest plaatsvinden. Eerstejaarsstudenten, 'feuten', werden niet meer gedwongen zich kaal te scheren omdat ze zichzelf daarmee aan de Duitsers zouden verraden, maar het was nog steeds gebruikelijk om hen te laten kikkeren, uit hun slaap te houden, als slaven te behandelen en te vernederen met allerlei sadistische spelletjes waar de ouderejaars toevallig zin in hadden. Mijn vader onderwierp zich, net als anderen van zijn stand, zonder te protesteren aan deze beproevingen. Zo ging (en gaat) dat nu eenmaal. Het was tenslotte *mos*.

In het voorjaar van 1943 werden de studenten nog zwaarder op de proef gesteld. De Duitse bezetter eiste dat alle studenten de loyaliteitsverklaring tekenden, waarin ze verklaarden zich te zullen onthouden van iedere tegen het Duitse Rijk gerichte handeling. Wie weigerde, zou naar Duitsland worden gedeporteerd en gedwongen tewerk worden gesteld in de *Arbeitseinsatz*. Mijn vader weigerde, net als vijfentachtig procent van zijn medestudenten, en dook onder.

Later dat jaar kreeg hij een oproep van het studentenverzet in Utrecht om terug te gaan naar Nijmegen. De reden blijft onduidelijk. Misschien heeft iemand in een moment van paniek een stomme vergissing gemaakt, of misschien was het een geval van incompetentie; het waren tenslotte studenten en geen geharde guerrillastrijders. Mijn vader kwam met zijn vader aan op het station Arnhem, net op het moment dat de nazi's een actie ondernamen om jongemannen voor de Arbeitseinsatz te ronselen. Het perron was aan beide kanten afgezet door de Duitse politie. Er werd gedreigd dat ouders verantwoordelijk zouden worden gehouden voor ontsnappingspogingen. Omdat hij zijn ouders niet in de problemen wilde brengen, tekende mijn vader. Het was een begrijpelijke, maar niet bijzonder heldhaftige daad, die hem bij gelegenheid nog weleens dwarszit. Met andere mannen werd hij naar een akelig concentratiekamp in Ommen gedeporteerd, waar ss'ers Nederlandse misdadigers de gewelddadige technieken van hun vak bijbrachten. Nadat hij daar korte tijd had gezeten, werd hij naar Berlijn gebracht, waar hij de rest van de oorlog in een fabriek werkte waar remmen voor treinen werden gemaakt.

Dit was een gemengde ervaring, aanvankelijk tenminste. Zolang ze zich niet tegen de Duitsers verzetten, kwamen Nederlandse tewerkgestelde studenten niet in een concentratiekamp. Er waren zelfs compensaties voor de eentonigheid van het fabriekswerk, de schaamte om voor de vijand te werken en de fysieke ongemakken van slapen in ijskoude barakken die vergeven waren van het ongedierte. Mijn vader herinnert zich zelfs concerten van de Berliner Philharmoniker onder leiding van Wilhelm Furtwängler.

En bij Knorr-Bremse waren de dingen misschien ook niet altijd wat ze leken. Een zwijgzame man met donker haar, Herr Elisohn, had de neiging zich uit de voeten te maken als hij door Nederlandse tewerkgestelde studenten werd benaderd, en er waren ook anderen die contact meden, mensen met namen als Rosenthal. Veel later begon mijn vader pas te vermoeden dat er Joden ondergedoken zaten in de fabriek.

In november 1943 werd het allemaal veel erger, toen de Royal Air Force met de bombardementen op de Duitse hoofdstad begon. In 1944 kregen de Lancasters van de RAF gezelschap van de Amerikaanse B-17's. Maar de grootschalige vernietiging van Berlijn en zijn bewoners begon pas echt in de eerste maanden van 1945, toen er bijna onophoudelijk bommen vielen en vuurstormen woedden. De Amerikanen vielen overdag aan en de Britten 's nachts en in april begonnen ook de Russische stalinorgels de stad vanuit het oosten te beschieten.

Soms slaagden de studenten erin om zich in een schuilkelder of metrostation te persen, een mogelijkheid die de geïnterneerden van de concentratiekampen niet gegeven was. Soms was een haastig gegraven kuil hun enige bescherming tegen de bombardementen, die, in de herinnering van mijn vader, door de studenten zowel verwelkomd werden als gevreesd. Een van de ergste kwellingen was het slaapgebrek, omdat er nooit echt een einde kwam aan de bombardementen en de beschietingen. Constant hoorde je het luchtalarm, explosies, gekrijs en vallende stenen en glas. Toch juichten de studenten voor de Engelse en de Amerikaanse bommenwerpers die zo makkelijk hun dood hadden kunnen betekenen, en in sommige gevallen ook betekenden.

In april 1945 was het kamp onbewoonbaar geworden: de daken en muren waren weggeblazen door wind en vuur. Via een contactpersoon, die hij mogelijkerwijs bij een van de minder genazificeerde protestantse kerken had leren kennen, vond mijn vader onderdak in een villa in een buitenwijk. Zijn hospita, Frau Lehnhard, had al enkele vluchtelingen uit de puinhopen van het centrum van Berlijn in huis genomen. Onder hen bevond zich ook een Duits echtpaar, dr. Rümmelin, een advocaat, en zijn Joodse vrouw. Omdat ze voortdurend in angst zaten dat zij zou worden opgepakt, had het echtpaar een pistool in huis, zodat ze samen zouden kunnen sterven als het zover zou komen. Frau Lehnhard zong graag Duitse *Lieder*. Mijn vader begeleidde haar op de piano. Het was, in zijn eigen woorden, 'een zeldzame herinnering aan betere tijden' in de chaos van de eindstrijd van Berlijn.

Op weg naar zijn werk in Oost-Berlijn kwam mijn vader door de kapotgeschoten straten waar Russische en Duitse troepen van huis tot huis vochten. Op de Potsdammerplatz stond hij achter de gillende stalinorgels, die Hitlers kanselarij bombardeerden. Hij heeft er een levenslange afkeer voor harde knallen en voor vuurwerk aan overgehouden.

Eind april 1945, of misschien begin mei, kwamen er Russische soldaten bij het huis van Frau Lehnhard. Zulke bezoeken betekenden meestal een groepsverkrachting van de vrouwen, of ze nu jong of oud waren. Dat gebeurde niet. Maar het kostte mijn vader wel bijna zijn leven toen het pistool van dr. Rümmelin werd ontdekt. Geen van de soldaten sprak een woord Duits of Engels, dus was het onmogelijk om de reden voor de aanwezigheid van dat pistool aan hen uit te leggen. Dr. Rümmelin en mijn vader werden tegen de muur gezet om te worden geëxecuteerd. Mijn vader herinnert zich dat hij er nogal fatalistisch onder was. Hij had toen al zoveel doden gezien dat zijn eigen naderende dood niet echt als een verrassing kwam. Maar door zo'n merkwaardige gelukkige speling van het lot die het verschil tussen leven en dood kan betekenen, verscheen er toen een Russische officier die Engels sprak. Hij besloot om het verhaal van dr. Rümmelin te geloven. De executie werd afgeblazen.

Mijn vader ontwikkelde een zekere verstandhouding met een andere Russische officier, een leraar uit Leningrad. Omdat er geen enkele taal was die ze beiden spraken, communiceerden ze met elkaar door stukjes Beethoven en Schubert te neuriën. Deze officier, Valentin, bracht hem naar een plek, ergens tussen de puinhopen van een arbeidersbuurt in het westen van Berlijn, waarvandaan hij zelf de weg naar een *Displaced Persons*-kamp (DP-kamp, een kamp voor ontheemden) in het oosten van de stad moest zien te vinden. Op zijn tocht door de ruïnes kreeg hij gezelschap van een andere Nederlander, mogelijk een collaborateur van de nazi's of zelfs een voormalige SS'er. Mijn vader kon ondertussen amper meer lopen omdat hij al weken nauwelijks meer fatsoenlijk had geslapen of gegeten.

Toen ze nog maar net op weg waren, stortte mijn vader in. De dubieuze kompaan sleepte hem naar een kapotgeschoten gebouw, waar zijn vriendin, een Duitse prostituee, woonde. Mijn vader kan zich niet herinneren wat er vervolgens is gebeurd; hij was waarschijnlijk het grootste deel van de tijd bewusteloos. Maar de prostituee redde zijn leven door hem te verzorgen tot hij weer gezond genoeg was om het DP-kamp te bereiken, waar meer dan duizend mensen van alle mogelijke nationaliteiten zich met één kraan moesten zien te redden.

Op een foto die meer dan zes maanden later werd genomen, is mijn vader nog steeds opgezwollen door hongeroedeem. Hij is gekleed in een slechtzittend pak. Dat was misschien het pak met de urinevlekken dat hij van een doopsgezinde liefdadigheidsorganisatie uit de Verenigde Staten had gekregen. Of misschien was het een afdankertje van zijn vader. Hij heeft een pafferig en bleek gelaat, maar ziet er toch redelijk vrolijk uit, daar tussen de andere studenten die met opgeheven bierpullen staan te juichen of op het punt staan om een lied aan te heffen.

Hij was weer terug bij het Utrechts studentencorps. Dat was waarschijnlijk in september 1945. Mijn vader was net tweeëntwintig. Omdat de ontgroening tijdens de oorlog in het geheim had plaatsgevonden, werd door de ouderejaars besloten dat ze het nog eens dunnetjes moesten overdoen. Mijn vader kan zich niet herinneren dat hij zelf moest kikkeren of al te erg is toegetakeld. Dat soort behandelingen was voorbehouden aan de jongere jongens, die net waren aangekomen en soms misschien uit veel ergere kampen dan dat van mijn vader kwamen. Er zaten misschien ook Joodse jongens bij, die ondergedoken hadden gezeten of uit het kamp kwamen. Niemand die zich daar erg druk over maakte. Er bestond weinig interesse in persoonlijke verhalen. Iedereen had wel een verhaal, en dat was zelden aangenaam. Als deel van de ontgroening werden de feuten uitgescholden, vernederd en zelfs in piepkleine kamertjes gepropt (een spel dat later in corpskringen 'Dachautje spelen' zou worden genoemd).

En dat was nu wat ik zo verbijsterend vond. Hoe kon mijn vader dat idiote gedrag nou pikken na alles wat hij had meegemaakt? Was er niemand die dit op zijn minst een beetje vreemd vond?

Nee, antwoordde mijn vader keer op keer. Nee, het leek normaal. Zo ging dat nu eenmaal. Het was *mos*. Niemand stelde er vragen over. Later zwakte hij dit af door eraan toe te voegen dat hij het ongepast zou hebben gevonden om een Joodse overlevende te mishandelen, maar dat hij niet voor anderen kon spreken.

Ik vond het verbijsterend, maar later begon ik het geleidelijk te begrijpen. Het idee dat dit *normaal* was, is denk ik de verklaring. Mensen hunkerden zo naar de wereld van vroeger, de wereld zoals die voor de bezetting, de bommen, de kampen en de massamoorden was geweest, dat het ontgroenen van 'feuten' normaal leek. Het was een manier om weer terug te keren naar het oude leven, een manier, als het ware, om weer thuis te komen.

Er zijn andere verklaringen mogelijk. Voor de mannen die getuige waren geweest van serieus geweld, waren deze studentenspelletjes misschien relatief onschuldig, een gezonde manier om lol te trappen. Maar waarschijnlijk waren het juist degenen die niet veel hadden meegemaakt die zich met het grootste enthousiasme op het ontgroenen van feuten stortten. Nu kregen ze eindelijk de kans om te laten zien dat ze een vent waren, en daar beleefden ze waarschijnlijk des te meer genoegen aan als de slachtoffers mensen waren die heel wat meer hadden meegemaakt.

Het was dit verhaal van mijn vader – dat, zoals ik al zei, best wel erg was, maar niet zo erg als dat van vele anderen – dat me nieuwsgierig maakte naar de gebeurtenissen die direct na de meest vernietigende oorlog uit de geschiedenis plaatsvonden. Hoe verrees de wereld weer uit de puinhopen? Wat gebeurt er als miljoenen mensen omkomen van de honger of op wraak broeden? Hoe wordt een samenleving, of de 'beschaving' (een populair woord indertijd) weer hersteld? De meeste mensen dachten dat dat kon door het normale leven weer op te pakken – een zeer menselijke reactie op een catastrofe – maar het idee dat de wereld zoals die voor de oorlog was geweest gewoon hersteld kon worden, alsof een moorddadig decennium, dat lang voor 1939 begonnen was, zomaar terzijde geschoven kon worden als een kwade herinnering, was een illusie.

Deze hoop werd echter door zowel regeringen als individuen gekoesterd. De Franse en de Nederlandse regering dachten dat ze hun koloniën konden terugkrijgen en dat het leven weer zou verdergaan zoals het was gegaan voor de Japanse bezetting van Zuidoost-Azië. Ook dat bleek een illusie. De wereld kon niet meer hetzelfde worden. Er was te veel gebeurd, te veel veranderd, er waren te veel mensen, en zelfs hele samenlevingen, ontworteld. En veel mensen, en ook regeringen, wilden helemaal niet dat de wereld weer zo zou worden zoals hij was geweest. Britse arbeiders die hun leven hadden gewaagd voor koning en vaderland, hadden er genoeg van om onder het oude klassenstelsel te leven en stemden slechts twee maanden na de nederlaag van Hitler Winston Churchill weg.

Josef Stalin was niet van plan om Polen, Hongarije of Tsjecho-Slowakije de kans te geven om terug te keren naar welke vorm van liberale democratie dan ook. Zelfs in West-Europa zagen veel intellectuelen het communisme, dat in de moreel behaaglijke mantel van het 'antifascisme' was gehuld, als een levensvatbaar alternatief voor de oude orde.

In Azië was de beginnende verandering nog dramatischer. Zodra de Indonesiërs, de Vietnamezen, de Maleiers, Chinezen, Birmezen en Indiërs hadden gezien hoe een Aziatisch land de westerse koloniale heersers kon vernederen, was de illusie van westerse almacht voor altijd vervlogen en konden de verhoudingen nooit meer dezelfde zijn. Tegelijkertijd waren de Japanners, die net als de Duitsers hadden gezien hoe de dromen van hun leiders tot as waren vergaan, ontvankelijk voor veranderingen die voor een deel door de zegevierende geallieerde bezetters werden gestimuleerd en voor een deel werden afgedwongen.

Britse en Amerikaanse vrouwen die door de oorlogsomstandigheden gedwongen waren geweest om aan het werk te gaan, waren niet meer zomaar bereid om hun economische onafhankelijkheid in te ruilen voor een positie van huiselijke ondergeschiktheid. Velen deden dat natuurlijk wel. De koloniën hadden tenslotte ook tijd nodig om volledig onafhankelijk te worden. De conservatieve wens om het 'normale' leven weer op te pakken zou altijd botsen met de zucht naar verandering, om helemaal opnieuw te beginnen, om een betere wereld te bouwen waar nooit meer vernietigende oorlogen zouden plaatsvinden. Er stak oprecht idealisme achter die hoop. Dat de Volkerenbond er niet in was geslaagd een wereldoorlog te voorkomen, was geen belemmering voor het idealisme van degenen die in 1945 hoopten dat de Verenigde Naties voor altijd de vrede zouden handhaven. Dat zulke idealen uiteindelijk even illusoir bleken als het idee dat je de klok kon terugdraaien, doet niets af aan de kracht van die idealen en maakt ze ook niet minder waardevol.

Het verhaal van het naoorlogse 1945 is in zekere zin een heel oud verhaal. De oude Grieken wisten al hoe vernietigend wraakzucht kan zijn, en hun tragedieschrijvers maakten aanschouwelijk hoe bloedvetes alleen met behulp van de wet overwonnen kunnen worden; rechtszaken in plaats van vendetta. En de geschiedenis is, in het Oosten niet minder dan in het Westen, vergeven van dromen over een nieuw begin, over nieuwe samenlevingen die verrijzen uit de puinhopen van de oorlog en die gebaseerd zijn op nieuwe idealen, die vaak niet zo nieuw waren als mensen dachten.

Mijn eigen interesse voor de onmiddellijke naoorlogse tijd komt gedeeltelijk voort uit recente gebeurtenissen. We hebben de afgelopen jaren genoeg voorbeelden gezien waarbij er vol goede hoop een oorlog wordt begonnen om een dictator ten val te brengen en een nieuwe democratie te stichten. Maar ik wilde vooral ook terugkijken in de tijd om de wereld van mijn vader te begrijpen. Dat komt misschien ten dele door de natuurlijke nieuwsgierigheid van een kind naar de ervaringen van een ouder, een nieuwsgierigheid die sterker wordt wanneer het kind veel ouder wordt dan de ouder destijds was. Die nieuwsgierigheid doet zich des te sterker voelen als de vader beproevingen heeft moeten doorstaan die de zoon zich alleen maar voor kan stellen.

Maar het is meer dan dat. De wereld die mijn vader heeft helpen opbouwen uit de puinhopen van de oorlog die hem bijna fataal werd, is de wereld waarin wij zijn opgegroeid. Mijn generatie werd gevormd door de dromen van onze vaders: de Europese welvaartsstaat, de Verenigde Naties, de voorbeeldfunctie van de Amerikaanse democratie, het Japanse pacifisme, de Europese Unie. Maar er is ook de donkere kant van de wereld die in 1945 is ontstaan: de communistische dictatuur in de Sovjet-Unie en Oost-Europa, Mao's opkomst in de Chinese burgeroorlog, de Koude Oorlog.

Een groot deel van de wereld van onze vaders is alweer ontmanteld, of in verval. Het is waar dat bijna overal waar de laatste wereldoorlog heeft gewoed, het leven nu beter is dan in 1945, zeker in materieel opzicht. Sommige dingen waarvoor mensen het bangst waren, zijn niet gebeurd. Het Sovjetrijk is gevallen. De laatste slagvelden van de Koude Oorlog bevinden zich op het Koreaanse schiereiland, of misschien in de Straat van Taiwan. Maar terwijl ik dit schrijf, praten mensen over de tanende invloed van het Westen, zowel de Verenigde Staten als Europa. En niet alleen angsten uit de onmiddellijke naoorlogse jaren zijn vervaagd, maar ook veel dromen. Er zijn nog maar weinig mensen, zelfs binnen de organisatie van de Verenigde Naties, die geloven dat een soort wereldregering voor eeuwige vrede zal zorgen. De hoop op een sociale democratie en de welvaartsstaat heeft flinke klappen gekregen, en is haast overal gestrand op economische beperkingen.

Ik betwijfel of we veel van de geschiedenis kunnen leren, tenminste in de zin dat kennis over vroegere dwaasheden kan voorkomen dat we in de toekomst dezelfde fouten maken. Geschiedenis is een kwestie van interpretatie. Vaak zijn de verkeerde interpretaties van het verleden gevaarlijker dan onwetendheid. Herinneringen aan oude grieven en haat kunnen nieuwe vuurzeeën veroorzaken. En toch is het belangrijk om te weten wat er in het verleden is gebeurd en om te proberen de geschiedenis te begrijpen. Want als we dat niet doen, kunnen we onze eigen tijd niet bevatten. Ik wilde weten wat mijn vader heeft meegemaakt, in de hoop dat ik daardoor mezelf en mijn eigen leven in de lange, donkere schaduw van wat eraan voorafging beter zal kunnen begrijpen.

DEEL I

Het bevrijdingscomplex

1. Euforie

Toen geallieerde troepen in Duitsland miljoenen gevangenen van Hitlers gevallen *Reich* bevrijdden – uit concentratiekampen, werkkampen en krijgsgevangenenkampen –, hadden ze verwacht dat deze mensen meegaand zouden zijn, zich dankbaar zouden betonen en graag op alle mogelijke manieren met hun bevrijders zouden samenwerken. En ongetwijfeld gebeurde dat soms ook. Vaak, echter, werden ze geconfronteerd met iets wat ze het 'bevrijdingscomplex' noemden. Een ooggetuige omschreef het in enigszins bureaucratische bewoordingen: 'Het werd gekenmerkt door wraak, honger en euforie, welke drie eigenschappen er tezamen voor zorgden dat *displaced persons*, wanneer ze net waren bevrijd, een probleem vormden met betrekking tot gedrag en houding, evenals met betrekking tot verzorging, voeding, desinfectering en repatriëring.'[1]

Niet alleen de geïnterneerden van de DP-kampen leden aan een bevrijdingscomplex; het begrip was op hele landen van toepassing, en niet alleen de zojuist bevrijde, maar tot op zekere hoogte ook de verslagen landen.

Ik ben te laat en in een te welvarend land geboren om iets van de gevolgen van honger te merken. Maar vage echo's van wraak en euforie waren nog wel te horen. Op mensen die hadden gecollaboreerd of, nog erger, met de vijand naar bed waren geweest, werd nog altijd wraak genomen, maar wel op een onopvallende, bijna heimelijke manier. Bij een bepaalde kruidenier kocht je geen groenten en bij een andere winkel geen sigaretten omdat 'iedereen' wist dat die mensen 'fout' waren geweest in de oorlog.

De euforie werd in Nederland daarentegen geïnstitutionaliseerd en omgezet in een jaarlijks ritueel: 5 mei, Bevrijdingsdag.

Uit mijn jeugd staat me bij dat de zon op 5 mei altijd scheen, dat de kerkklokken luidden en dat de rood-wit-blauwe vlaggen wapperden in de zachte voorjaarsbries. Sinterklaas was misschien het grote familiefeest, maar Bevrijdingsdag was de dag van de liefde voor het vaderland, althans, zo was het toen ik opgroeide in de jaren vijftig en zestig. Als je bedenkt dat de Nederlanders op 5 mei 1945 niet zelf het juk hebben afgeworpen, maar door de Canadese, Engelse, Amerikaanse en Poolse troepen zijn bevrijd, is deze jaarlijkse uitbarsting van vaderlandse trots misschien wel een beetje vreemd. Maar omdat de Nederlanders net als de Amerikanen en de Britten graag geloven dat vrijheid bepalend is voor de nationale identiteit, is het wel logisch dat de Duitse nederlaag in het nationale bewustzijn lang werd samengesmolten met de collectieve herinnering aan de nederlaag van de Spaanse kroon in de Tachtigjarige Oorlog.

Iemand van mijn generatie, die slechts zes jaar na de oorlog geboren is, krijgt gemakkelijk tranen in de ogen bij beelden van Schotse doedelzakspelers die op een strand in Normandië oprukken in het vuur van machinegeweren, of van Fransen die in Casablanca de 'Marseillaise' zingen, beelden die natuurlijk niet zijn ontleend aan onze herinneringen, maar aan Hollywood-films. Maar precies vijftig jaar na 5 mei 1945, toen de intocht van de Canadezen in Amsterdam nog eens over werd gedaan om het jubileum luister bij te zetten, zag ik iets van de oude euforie terug. Dat de geallieerde troepen in werkelijkheid pas op 8 mei Amsterdam binnentrokken, doet nu niet ter zake. De oorspronkelijke gebeurtenis moet ongelooflijk zijn geweest. Uit het verslag van een Britse correspondent die erbij was: 'We zijn met zoenen en tranen overladen, geknuffeld, gestompt, toegejuicht en toegeschreeuwd tot we onder de blauwe plekken zaten en uitgeput waren. De Nederlanders hebben hun tuin geplunderd, zodat er geen einde komt aan de bloemenregen die op de geallieerde voertuigen valt.'[2]

Vijftig jaar later reden bejaarde Canadese mannen, met hun medailles vastgespeld op krap geworden en verbleekte uniformen, de stad nogmaals binnen in de oude jeeps en pantserwagens, terwijl ze met tranen in de ogen de menigte salueerden en terugdachten aan de dagen dat ze koningen waren, dagen waarover hun kleinkinderen allang niets meer wilden horen, de euforische dagen die de oorlogshelden meemaakten voordat ze zich in Calgary of Winnipeg vestigden en tandarts of accountant werden.

Wat me nog meer trof dan de oude mannen die de mooiste tijd van hun leven opnieuw beleefden, was het gedrag van de oudere Nederlandse vrouwen, gekleed als de respectabele huisvrouwen die ze waarschijnlijk ook waren. Deze vrouwen waren in een staat van opwinding, een soort bakvisachtige extase, en schreeuwden als jonge meisjes bij een popconcert terwijl ze hun armen uitstaken naar de mannen in hun jeeps om ze nog een keer aan te mogen raken: 'Thank you! Thank you! Thank you!' Ze konden niet anders. Ook zij beleefden opnieuw de euforische uren. Het was op een vreemde manier een van de meest erotische scènes die ik ooit heb gezien.

In werkelijkheid kwamen de Canadezen, zoals gezegd, niet op 5 mei aan in Amsterdam. Op die dag was de oorlog ook nog niet officieel afgelopen. De dag ervoor, op 4 mei, waren admiraal Hans-Georg von Friedeburg en generaal Eberhard Hans Kinzel wel naar de tent van veldmaarschalk Bernard 'Monty' Montgomery op de Lüneburger Heide gekomen om namens de Duitse troepen in Noordwest-Duitsland, Nederland en Denemarken te capituleren. Brian Urquhart, een jonge Britse officier, zag de Duitsers in hun Mercedessen over een landweg naar Monty's hoofdkwartier scheuren. Niet lang daarvoor was hij als een van de eerste geallieerde officieren het nabijgelegen concentratiekamp Bergen-Belsen binnengegaan, waar de meeste bevrijde gevangenen 'voorbij verstaanbare spraak leken, als we al een gemeenschappelijke taal hadden kunnen vinden'. Wat van een afstand boomstammen leken, waren in werkelijkheid stapels lijken 'zo ver het oog reikte'.[3] Toen admiraal Von Friedeburg, die nog altijd in een schitterende leren overjas gekleed was, enkele dagen later met een Amerikaans nieuwsbericht over de Duitse gruwelen werd geconfronteerd, vatte hij dit op als een belediging van zijn land en ontstak hij in woede.

Op 5 mei vond er een andere ceremonie plaats in hotel De Wereld in Wageningen, waar de Canadese luitenant-generaal Charles Foulkes de Duitse opperbevelhebber generaal Johannes Blaskowitz de capitulatievoorwaarden dicteerde. Van het nabijgelegen Arnhem was weinig over nadat het in september 1944 aan puin was gebombardeerd door Britse, Amerikaanse en Poolse troepen die Nederland hadden proberen binnen te vallen tijdens de militaire catastrofe die bekendstaat als Operatie Market Garden. Een van de mensen die deze ramp al hadden voorzien was Brian Urquhart. Hij werkte destijds als inlichtingenofficier voor een van de voornaamste strategen van de operatie, generaal F.A.M. 'Boy' Browning, een zwierige figuur met heel wat bloed aan zijn handen. Toen Urquhart zijn directe meerdere fotografische bewijzen toonde van de Duitse tankbrigades die rond Arnhem stonden te wachten om de geallieerden weg te blazen, kreeg hij te horen dat hij maar met ziekteverlof moest gaan. Helemaal niemand, en zeker geen eenvoudige inlichtingenofficier, mocht Monty's feestje verpesten.*

Maar de oorlog was nog steeds niet afgelopen, zelfs niet in Nederland. Op 7 mei had zich een menigte verzameld op de Dam in Amsterdam tegenover het Koninklijk Paleis. Er werd gejuicht, gedanst, gezongen en met oranje vlaggen gezwaaid in afwachting van de triomferende Britse en Canadese troepen die ieder moment konden arriveren. Toen ze vanuit het raam van De Groote Club naar de feestende menigte op het plein keken, besloten Duitse militairen van de Kriegsmarine uit pure wrok om op de menigte te vuren met een machinegeweer dat op het dak stond opgesteld. Er vielen tweeëntwintig doden en er raakten meer dan honderd mensen zwaargewond.

En zelfs dat was nog niet de allerlaatste gewelddadige oorlogshandeling. Op 13 mei, meer dan een week na Bevrijdingsdag, werden nog twee mannen geëxecuteerd. Het waren Duitse antinazi's, die uit het Duitse leger waren gedeserteerd en bij Nederlanders waren ondergedoken. Een van beiden had een Joodse moeder. Op 5 mei kwamen ze tevoorschijn uit hun schuilplaats en gaven zichzelf aan bij leden van het verzet, die hen aan de Canadezen uitleverden. Vervolgens werden ze het slachtoffer van de wanorde die kenmerkend was voor die dagen. Toen Montgomery op 4 mei de Duitse capitulatie aanvaardde, waren er niet voldoende geallieerde troepen in Nederland om de Duitsers te ontwapenen en de krijgsgevangenen van voedsel te voorzien. De Duitse officieren kregen zolang toestemming om het commando over hun mannen te blijven voeren. De twee ongelukkige Duitse deserteurs werden tussen andere Duitse sol-

* In de voorbereidingsfase werd er gewoonlijk naar de operatie verwezen als 'the party'. Een van de beroemdste officieren in de slag om Arnhem, kolonel John Frost, was zelfs van plan geweest om zijn golfclubs mee te nemen naar Nederland.

daten ondergebracht in een verlaten assemblagefabriek van Ford buiten Amsterdam. Er werd haastig een Duitse krijgsraad geïmproviseerd door officieren die erop gebrand waren hun autoriteit nog een allerlaatste keer te doen gelden, en de mannen werden ter dood veroordeeld. De Duitsers vroegen de Canadezen om geweren om de 'verraders' te executeren. De Canadezen, die niet helemaal zeker wisten wat de regels waren en de tijdelijke overeenkomst niet wilden verbreken, willigden het verzoek in. En de mannen werden snel geëxecuteerd. Het schijnt dat anderen eenzelfde lot ondergingen, tot de Canadezen, wel wat laat, een einde aan dit soort praktijken maakten.[4]

De officiële datum voor het einde van de oorlog in Europa, VE Day, was 8 mei. Hoewel de onvoorwaardelijke overgave van alle Duitse strijdkrachten op 7 mei om 02.41 uur in de ochtend in een school in Reims getekend werd, konden de festiviteiten nog niet beginnen. Stalin was woedend dat generaal Eisenhower had gemeend de Duitse overgave voor zowel het oost- als het westfront te kunnen aanvaarden. Slechts de Russen konden dat voorrecht genieten, in Berlijn. Stalin wilde VE Day uitstellen tot 9 mei. En daarover was Churchill weer geërgerd.

In heel Groot-Brittannië waren mensen al druk brood aan het bakken voor feestelijke sandwiches. Vlaggen en spandoeken lagen al klaar. De kerkklokken wachtten om te worden geluid. In de algehele verwarring waren de Duitsers de eersten die het einde van de oorlog aankondigden in een radio-uitzending uit Flensburg, waar admiraal Dönitz in naam nog de leiding had over de resten van het gehavende Duitse Reich. Het nieuws werd opgevangen door de BBC. Er verschenen al snel speciale edities van Franse, Britse en Amerikaanse kranten. In Londen verzamelden zich grote menigten op Piccadilly Circus en Trafalgar Square in de verwachting dat Churchill de overwinning zou aankondigen en dat het grootste feest uit de geschiedenis eindelijk kon beginnen. Het begon serpentines te regenen in de straten van New York. Maar van de geallieerde leiders was er nog steeds geen officiële bekendmaking dat de oorlog met Duitsland afgelopen was.

Vlak voor middernacht op 8 mei accepteerde maarschalk Georgi Zjoekov, het brute militaire genie, ten slotte de Duitse overgave in het hoofdkwartier van de Russen in Karlshorst, in de buurt van mijn vaders vroegere werkkamp. Admiraal Von Friedeburg zette nogmaals zijn handtekening onder de Duitse nederlaag. Veldmaarschalk Wilhelm Keitel bleef uitdrukkingsloos, star en op en top de Pruisische officier en zei tegen de Russen dat hij enorm geschrokken was van de verwoesting die in de Duitse hoofdstad was aangericht. Waarop een Russische officier aan Keitel vroeg of hij even ontsteld was toen op zijn bevel duizenden Russische dorpen en steden werden verwoest en miljoenen mensen, onder wie veel kinderen, onder de ruïnes werden begraven. Keitel haalde zijn schouders op en deed er het zwijgen toe.[5]

Vervolgens verzocht Zjoekov de Duitsers om weg te gaan, waarop de Russen de overwinning samen met hun Amerikaanse, Britse en Franse bondgenoten in stijl begonnen te vieren met toespraken waarbij tranen werden vergoten en enorme hoeveelheden wijn, cognac en wodka. De volgende dag werd er in dezelfde zaal een banket gehouden waarbij Zjoekov op Eisenhower toostte en hem een van de grootste generaals aller tijden noemde. De ene toost volgde op de andere en de Russische generaals, onder wie Zjoekov, dansten tot er nog maar een paar mannen overeind stonden.

Tegen die tijd werd de menigte in New York al helemaal uitzinnig. Ook in Londen gingen hordes mensen de straat op, maar de Britten bleven ingetogen, alsof ze wachtten tot Churchills stem de feestelijkheden zou inluiden. Churchill had besloten om Stalins wens om VE Day tot 9 mei uit te stellen te negeren en zou op 8 mei om drie uur 's middags het volk toespreken. President Truman zou een uur later een redevoering houden. Generaal De Gaulle wilde niet achterblijven bij Churchill of willekeurig welke 'Angelsaks' en stond erop om zich op precies hetzelfde tijdstip tot het Franse volk te richten.

De toespraak van Churchill op de BBC-radio werd overal ter wereld beluisterd. Op Parliament Square, buiten Westminster, waar luidsprekers waren neergezet, stond iedereen op elkaar geperst. Mensen werden tegen de hekken van Buckingham Palace gedrukt. Auto's kwamen niet meer vooruit door de massa's mensen op het West End. De Big Ben luidde drie keer. De menigte zweeg en uiteindelijk knalde de stem van Churchill uit de luidsprekers: 'De Duitsche oorlog is dus uit. [...] Tenslotte was bijna de geheele wereld vereenigd tegen den boosdoener, die nu geslagen voor ons ligt. [...] Wij moeten nu al onze kracht en al onze hulpmiddelen aanwenden om de overwinning zoowel hier te lande als elders volkomen te maken.' En hier brak zijn stem: 'Voorwaarts, Brittannia! Lang leve de vrijheid! God save the King!' Even later maakte hij het v-teken op het balkon van het ministerie voor Volksgezondheid: 'God zegene jullie allen! Dit is jullie overwinning!' En de menigte schreeuwde terug: 'Nee, die van u!'

Uit het verslag van *The Daily Herald*: 'Er deden zich fantastische, uitgelaten taferelen voor in het centrum van de stad toen juichende, dansende, lachende, onbeheersbare menigten bussen bestormden, op daken van auto's sprongen, een reclamebord neerhaalden om een vreugdevuur te ontsteken, politieagenten omhelsden en hen meesleurden om te dansen [...] Automobilisten toeterden het v-teken [in morse]. Op de rivier lieten sleepboten en schepen de hele nacht het v-teken weerklinken.'

Ergens in die menigte bevonden zich mijn achttienjarige moeder, die vrij had gekregen van haar kostschool, en haar jongere broer. Mijn grootmoeder, Winifred Schlesinger, de dochter van Joodse immigranten uit Duitsland, had alle redenen om gelukkig te zijn en haar aanbidding van Churchill kende geen grenzen. Maar ze was ook bang dat ze haar kinderen kwijt zou raken in de 'opgewonden, dronken menigte – vooral Amerikanen'.

In New York gingen vijfhonderdduizend mensen de straat op om feest te vieren. De avondklok was opgeheven. De clubs – Copacabana, Versailles, Latin Quarter, Diamond Horseshoe, El Morocco – waren afgeladen en bleven de halve nacht open. Lionel Hampton speelde bij Zanzibar, Eddie Stone bij Hotel Roosevelt Grill, en bij Jack Dempsey's werden 'Jumbo porties' eten geserveerd.

In Parijs, op de place de la République, keek een verslaggever van *Libération*, naar 'een bewegende massa mensen waarin het wemelde van de geallieerde vlaggen. Een Amerikaanse soldaat met twee flessen cognac, een volle en een lege, waarvan de halzen uit zijn kaki zakken staken, stond in een merkwaardige, wankele toestand op zijn lange benen te zwaaien en probeerde foto's te nemen.' Een piloot van een Amerikaanse bommenwerper bracht de menigte in verrukking door met zijn Mitchell B-25 door de opening onder de Eiffeltoren door te vliegen. Op de boulevard des Italiens besloten 'een enorme Amerikaanse zeeman en een schitterende neger' een wedstrijd te houden. Ze drukten iedere vrouw aan hun 'enorme borst' en telden het aantal lippenstiftafdrukken dat op hun wangen achterbleef. Er werden weddenschappen op de twee rivalen afgesloten. Bij de Arc de Triomphe kwam de grootste menigte die ooit was gezien haar dank betuigen aan generaal De Gaulle, die voor de verandering een keer glimlachte. Mensen begonnen de 'Marseillaise' te brullen en de favoriet uit de Eerste Wereldoorlog, 'Madelon':

Quand Madelon vient nous servir à boire
Sous la tonnelle on frôle son jupon
Et chacun lui raconte une histoire
Une histoire à sa façon
La Madelon pour nous n'est pas sévère
Quand on lui prend la taille ou le menton
Elle rit, c'est tout le mal qu'elle sait faire
Madelon, Madelon, Madelon!

En toch was VE Day in Parijs voor sommige mensen een beetje een anticlimax. Frankrijk was tenslotte al in 1944 bevrijd. Daarover schreef Simone de Beauvoir het volgende: 'De herinnering die ik van deze nacht heb bewaard is veel verwarder dan die van onze eerdere feesten, misschien vanwege de verwarring in mijn gevoelens. Deze overwinning was zeer ver van ons verwijderd bevochten; wij hadden er niet zo op gewacht als op de bevrijding, niet zo koortsachtig en angstig. We hadden haar lang zien aankomen en ze bracht ons geen nieuwe hoopvolle verwachtingen, ze zette alleen definitief een punt achter de oorlog; op een bepaalde manier leek dit einde op een sterven.'[6]

De Moskovieten gingen daarentegen massaal de straat op zodra VE Day in de vroege ochtend van de negende werd aangekondigd. Massa's mensen, velen nog gekleed in hun nachthemd of pyjama, dansten en juichten de hele nacht door en schreeuwden: 'Pobedy! Pobedy!' (Victorie! Victorie!) In een brief aan de Britse historicus Martin Gilbert schrijft een van de tolken van Stalin, Valentin Berezhkov: 'De trots dat we eindelijk de victorie op een verraderlijke en lage vijand hadden behaald, het verdriet om de gevallenen (en we wisten toen nog niet dat er op het slagveld bijna dertig miljoen doden waren gevallen), de hoop op een langdurige vrede en blijvende samenwerking met onze bondgenoten uit de oorlog – dit alles schiep een bijzonder gevoel van opluchting en hoop.'[7]

Libération van 8 mei had het waarschijnlijk bij het rechte eind: dit was vooral een feest voor de jeugd. 'Het was alleen de jeugd die geestdriftig was. Alleen de jongeren sprongen op de jeeps, die op een tribune bij de paardenraces van Longchamp leken, en renden luid zingend over de Champs-Elysées met vlaggen om hun hoofd en een lied op hun lippen. En zo hoort het ook te zijn. Voor de jongeren is het gevaar geweken.'

Mijn grootmoeder in Engeland verlangde hevig naar haar echtgenoot, die nog steeds in het Britse leger in India diende, en kon niet delen in de uitbundigheid van haar kinderen. Haar gevoelens werden waarschijnlijk gedeeld door een groot aantal mensen die zich zorgen maakten over hun verre echtgenoten of zoons, of die te veel hadden verloren om nog enige vreugde te voelen. De reactie van deze immigrantendochter was ook bijzonder Engels: 'Ik miste je te zeer om feest te vieren,' schreef ze aan mijn grootvader, 'en daarom heb ik maar bijgedragen aan de feestvreugde door in de tuin te werken.'

Mijn vader kan zich de dag waarop er officieel een einde aan de oorlog kwam niet eens herinneren. Hij kan zich alleen vaag het geluid van Russische kanonnen die vreugdesalvo's afvuurden voor de geest halen. Maarschalk Zjoekov vermeldt dit in zijn memoires: 'We verlieten de zaal waar [op 9 mei] het diner was gehouden onder begeleiding van vreugdesalvo's van allerlei soorten wapens. [...] Het schieten ging door in alle delen van Berlijn en in de buitenwijken.'[8] Maar mijn vader was zo gewend aan het geluid van kanonschoten dat hij niets bijzonders heeft opgemerkt.

Brian Urquhart, de jonge Britse inlichtingenofficier die vastzat in Noord-Duitsland en net de schok van het aanschouwen van Bergen-Belsen te verwerken had gekregen, was ook niet in een onverdeeld feestelijke stemming: 'Het is moeilijk om te reconstrueren wat ik op dat moment bij zo'n overweldigende gebeurtenis eigenlijk precies voelde. Bijna zes jaar van wanhoop naar de overwinning, veel vrienden dood, de enorme verliezen en verwoesting [...] Ik dacht aan al die naamloze gezichten op oorlogsfoto's, vluchtelingen, gevangenen, burgers die gebombardeerd werden, Russen in de sneeuw en verwoesting van hun land, bemanningsleden op zinkende schepen – hoeveel van hen zouden hun familie terugzien?'[9]

Maar de vreugde van de feestvierders in New York, Parijs en Londen werd niet getemperd door zulke gedachten. Het was een feest van de jeugd, maar ook van het licht. En dat zelfs letterlijk. 'De stad is weer verlicht!' kopte de *New York Herald Tribune* van 9 mei. 'De nachtelijke hemel van Londen straalde weer,' meldde *The Daily Herald* uit Londen op 8 mei. De Opéra van Parijs stond voor het eerst sinds september 1939 weer in het blauw-wit-rode licht van de schijnwerpers. De ene na de andere schijnwerper ging aan om de Arc de Triomphe, de Madeleine en de place de la Concorde in het licht te zetten. En *The Herald Tribune* berichtte trots over de 'grote, fel verlichte Stars en Stripes, Union Jack en Tricolore' die voor hun pand in de rue de Berri wapperden.

New York was steeds donkerder geworden sinds de 'dim-out' van april 1942 en de daaropvolgende 'brownout' van oktober 1943. Alleen de toorts van het Vrijheidsbeeld bleef zwak verlicht. Maar op 8 mei waren volgens de *New York Daily News* om acht uur 's avonds 'alle juwelen in de kroon van Broadway weer aan het glinsteren, en de grote massa's mensen leken te zwemmen in het licht en hun zielen werden erdoor verwarmd'.

De zuil van Nelson op Trafalgar Square in Londen werd verlicht door een zoeklicht. De St Paul's Cathedral, zo'n beetje het enige gebouw dat nog overeind stond in het gebombardeerde zakendistrict van de City, baadde in het licht van de schijnwerpers. De bioscopen zetten Leicester Square in felle kleuren. En dan was er nog de zachte, rode gloed van tienduizenden vreugdevuren, die in heel Londen, en daarbuiten, helemaal tot in Schotland, waren ontstoken.

Het was niet alleen de opluchting dat men het licht weer kon aandoen en niet meer bang hoefde te zijn voor de bommen en de 'doodlebugs', de Duitse vliegende bommen. De terugkeer van het licht had ook een roerende symboliek. Toen ik deze artikelen las, herinnerde ik me een verhaal dat me in Moskou ooit door een Russische professor in de Franse literatuur was verteld. Altijd had ze van een reis naar Frankrijk en West-Europa gedroomd, plaatsen die ze alleen uit boeken kende. In 1990, na de val van de Muur, werd haar droom eindelijk werkelijkheid. Ze mocht met de trein naar Parijs. Ik vroeg haar wat de meeste indruk op haar had gemaakt. Ze vertelde dat dat het moment was waarop de trein 's nachts van Oost- in West-Berlijn kwam: plotseling was er licht.

Lichtfeesten – universeel en even oud als de eerste fakkel die door een mens ontstoken werd – hebben vaak een mystieke oorsprong die samenhangt met de seizoenen en het begin van nieuw leven. Om sommige herinneringen aan de eerste dagen van de bevrijding hangt duidelijk een waas van religieuze euforie. Dit geldt vooral voor de geestdriftige ontvangst van de geallieerde soldaten door het vrouwelijke deel van de bevolking. Maria Haayen, een jonge vrouw uit Den Haag, herinnert zich hoe de eerste Canadese tank, waar het hoofd van een soldaat bovenuit stak, op haar afrolde: 'Al het bloed trok weg uit mijn lichaam en ik dacht: *Daar heb je de bevrijding*. En terwijl de tank dichterbij kwam raakte ik buiten adem, en de soldaat kwam overeind, het leek wel een heilige.'[10]

Dit gevoel hadden vrouwen misschien vaker, maar niet alleen zij. Een Nederlandse man herinnerde zich dat het 'een voorrecht was om alleen al de mouw van een Canadees uniform aan te raken. Iedere Canadese soldaat was een Christus, een redder...'[11]

In één belangrijk opzicht zou de intocht van de geallieerde soldaten vergeleken kunnen worden met een gebeurtenis die twintig jaar later plaatsvond, namelijk de komst van The Beatles. Ook toen kwam het gevoel van bevrijding tot uitdrukking als een soort manie, die in de eerste plaats erotisch was. In 1945 waren de mannen in landen als Nederland, België en Frankrijk, en al helemaal in het verslagen Duitsland en in Japan, ofwel afwezig, ofwel gevangen, ofwel arm, ondervoed en gedemoraliseerd. De bezetting en de nederlaag hadden de mannelijke autoriteit, in elk geval tijdelijk, min of meer vernietigd. Een Nederlandse historicus verwoordde het later als volgt: 'De Nederlandse man was in '40 militair, in '45 sexueel verslagen.'[12] Hetzelfde gold voor Frankrijk of België, of voor willekeurig welk ander land dat bezet was geweest. Een van de gevolgen van de oorlog was dat vrouwen zich grotendeels aan hun ondergeschikte positie hadden ontworsteld. Ze waren gaan werken, in het verzet gegaan of achtergebleven om alleen voor hun gezin te zorgen. Ze waren, om een negatieve Franse uitdrukking uit die tijd te gebruiken, *hominisées*; ze waren begonnen zich als mannen te gedragen.

Vergeleken bij de magere, ongewassen, armzalig geklede Nederlanders, Fransen of Duitsers moeten de goedgeklede, lange en weldoorvoede, goedbetaalde Canadezen en Amerikanen er in hun sexy uniformen van de veroveraar inderdaad als goden hebben uitgezien. Zoals een van de vele Nederlandse vrouwen die uiteindelijk met een Canadees trouwden het formuleerde: 'Laten we wel wezen, na wat wij allemaal hadden doorgemaakt zagen die Canadezen er verrukkelijk uit.'

Niets gaf beter uitdrukking aan de erotiek van de bevrijding dan de muziek die de geallieerde troepen begeleidde, muziek die door de nazi's verboden was: swing, jazz, Glenn Millers 'In the Mood', Tommy Dorsey, Stan Kenton, Benny Goodman, Lionel Hampton, 'Hey! Ba-Ba-Re-Bop'. In Parijs dansten jonge mensen op *victory discs*, jazzplaten die door de Amerikaanse troepen werden uitgedeeld. En de Frans-Amerikaanse geest deed ook zijn intrede in het Franse chanson. De hit van 1945, van Jacques Pills, ging als volgt:

> Oh! Là là!/ Bonjour mademoiselle/ Oh! Là là!/ Hello, qu'elle fait comme ça/ Oh! Là là!/ Je pense you are très belle/ Oh! Là là!/ You very beau soldat...

Verbroedering met de Duitsers was voor de westelijke geallieerden in 1945 nog officieel verboden. Maar relaties met de Nederlandse en Franse bevolking werden actief aangemoedigd. Er was zelfs zoiets als een Operation Fraternization. In juli 1945 werd het 'Entertainment Committee of the Netherlands' onder auspiciën van prinses Juliana en prins Bernhard opgericht om de meer dan honderdduizend Canadezen Engelssprekend vrouwelijk gezelschap te kunnen bieden. Het idee was dat deze jonge vrouwen de soldaten naar tentoonstellingen, musea, filmvoorstellingen en dansavonden waar fatsoenlijk toezicht was zouden vergezellen.

De hoopvolle en vrome verwachting was dat de vrouwen 'de eer van ons land zouden hooghouden'. Mijn Nederlandse grootmoeder werd, als vrouw van een predikant, verzocht om toezicht te houden op de dansavonden en ervoor te zorgen dat er niets tussen de Canadezen en hun Nederlandse vriendinnen zou voorvallen dat de eer van het land zou kunnen schaden. In deze taak werd ze bijgestaan door een geestelijke genaamd pater Ogtrop, wiens naam door de dansers op de melodie van 'Hey! Ba-Ba-Re-Bop' werd geschreeuwd. Ik weet niet wat zich tijdens deze dansavonden zoal heeft afgespeeld, maar een Canadese soldaat vertelde dat hij niet geloofde dat ze 'ergens in Europa een bereidwilliger vrouwelijke bevolking [hadden aangetroffen] dan in Nederland'.[13]

Dat was maar goed ook voor de geallieerde troepen, aangezien hun bevelhebbers prostitutie streng afkeurden. Hoerenbuurten waren verboden terrein, zelfs in Frankrijk, waar de *maisons de tolérance* tijdens de Duitse bezetting goede zaken hadden gedaan. Enkele oudere Amerikaanse veteranen hadden prettige herinneringen overgehouden aan het Parijs van 1918, na de Eerste Wereldoorlog, waar de bordelen van Pigalle ('Pig Alley') de infanteristen met open armen hadden ontvangen. Zelfs na de Tweede Wereldoorlog werd het verbod op prostitutie niet altijd nageleefd. Er is ten minste één geval bekend, in Cherbourg, waarbij verschillende bordelen indirect door het Amerikaanse leger zelf werden bestierd.[14] Sommige waren gereserveerd voor de zwarte GI's, andere voor blanken, en Amerikaanse MP's zorgden ervoor dat iedereen netjes in de rij voor de deur op zijn beurt wachtte. Maar in 1945 vond de verbroedering tussen de soldaten en de vrouwelijke bevolking grotendeels op freelance basis plaats, tot groot verdriet van degenen die zich, door het ontbreken van georganiseerde seksuele dienstverlening, terecht zorgen maakten over de verspreiding van geslachtsziekten.

Niet dat de verhoudingen tussen de troepen en de plaatselijke vrouwen nu gelijk waren. De mannen hadden het geld, de luxegoederen, de sigaretten, de zijden kousen en vooral ook het voedsel dat mensen dringend nodig hadden om te overleven. En de vele uitingen van aanbidding van de bevrijders suggereren een gebrek aan evenwicht dat vernederend zou kunnen zijn. Maar toch zou het niet helemaal juist zijn om de vrouwen die zo enthousiast 'verbroederden' als naïeve heldenvereerders of machteloze slachtoffers te zien. In haar memoires noemt Simone de Beauvoir een jonge Parijse vrouw wier 'voornaamste vermaak' de 'Amerikanenjacht' is (*la chasse à l'Américain*).

Benoîte Groult, die later een populaire auteur zou worden, schreef samen met haar zus Flora een verslag over hun belevenissen tijdens de Amerikanenjacht. Ze noemden hun *Journal à quatre mains* een roman, maar het is een nauwelijks gefictionaliseerd dagboek. Groult sprak Engels en was een van de Franse vrouwen die zich als vrijwilliger bij het Amerikaanse Rode Kruis hadden gemeld om de Amerikanen gezelschap te bieden. Maar ze hing toch vaker rond op minder heilzame plekken, namelijk in clubs in Parijs die waren gereserveerd voor geallieerde soldaten en ook Franse vrouwen verwelkomden, maar verboden waren voor Franse mannen, clubs met onschuldige namen als Canadian Club, Independence en Rainbow Corner.

Groults gedetailleerde beschrijvingen van het uiterlijk van Amerikaanse en Canadese soldaten geven blijk van evenveel adoratie als die van de mensen die dachten dat ze met heiligen te maken hadden. Behalve dan dat ze verbazingwekkend realistisch zijn en de mannen verre van heilig. Ze vertelt over haar veroveringen zoals sommige mannen opsnijden over het oppikken van meisjes. De clubs waar ze regelmatig naartoe gaat, omschrijft ze als 'slavenmarkten'. Maar in dit geval zijn de slaven de zegevierende helden.

Over Kurt, een Amerikaanse piloot, meldt Benoîte Groult: 'Een wat kleine, enigszins omhooggebogen neus gaf hem het onontbeerlijke kinderlijke voorkomen dat het uniform is van de Amerikaanse gezichten; een huid die gebruind was door de stratosfeer; sterke handen, de schouders van een orang-oetan [...] perfecte, smalle heupen die de enigszins logge kracht van de rest afzwakken.' Kurt leest nooit boeken en is alleen geïnteresseerd in vliegen en eten. Maar wat maakt haar dat uit? Niets. 'Ik heb zin in de armen van een idioot; in de kussen van een idioot. Hij heeft een aanbiddelijke glimlach, heel spits, waarbij zijn mondhoeken heel hoog opgetrokken worden over zijn fraaie Amerikaanse gebit.'[15]

Kortom, in de ogen van de Fransen was Groult waarschijnlijk verschrikkelijk *hominisée*. Ze was getrouwd geweest, maar had haar echtgenoot tijdens de oorlog verloren. De bevrijding in de zomer van 1944 bood haar de gelegenheid en deed de wens ontstaan om genot te vinden in de armen van mannen die ze nooit meer zou zien. Deze vrijheid was haar dierbaar. Uiteindelijk was Kurt zelfs degene die een serieuzere relatie wilde, haar foto's van zijn ouders liet zien en hoopte dat hij haar als zijn oorlogsbruid kon meenemen naar de Verenigde Staten. Voor Groult, een jonge intellectuele Parijse vrouw met literaire ambities, was dat natuurlijk uitgesloten.

Misschien was Benoîte Groult een uitzonderlijk harde vrouw, of deed ze alsof. Maar haar relaas verduidelijkt een stelling die een Franse historicus over de Duitse bezetting heeft geponeerd. Volgens Patrick Buisson kregen veel vrouwen in Frankrijk – vrouwen die gevangenzaten in een slecht huwelijk of in een benauwend burgerlijk milieu, dienstmeisjes die door hun werkgevers op de huid werden gezeten, oude vrijsters die niet meer aan de man kwamen, of gewoon vrouwen uit alle klassen die, al was het maar tijdelijk, wilden losbreken uit de knellende banden van een conservatieve, patriarchale samenleving – door de aanwezigheid van grote aantallen Duitse jongemannen in de oorlog de gelegenheid om te rebelleren. Het feit dat relaties met een bezettingsleger ook materiële voordelen boden en veel van die vrouwen in staat stelden een beter leven te leiden dan anderen, onder wie in sommige gevallen hun vroegere meesters, maakte de wraakgevoelens alleen maar zoeter.[16]

En niet alleen vrouwen. Minderheden sluiten vaak bondgenootschappen met machtige buitenstaanders om met rust gelaten te worden door de meerderheid. Dit was een facet van alle koloniën. Maar dat er zo'n disproportioneel aantal Franse homoseksuelen ofwel met de Duitsers collaboreerde of het Parijs van de bezettingstijd als een seksuele speeltuin gebruikte, zou ook iets te maken kunnen hebben met een algehele rancune tegen de respectabele bourgeoisie. Het feit dat de propaganda van de nazi's en van de Vichy-regering homofoob was, was daarbij geen belemmering. Homoseksuelen keurden de bezetting niet per se goed; ze grepen gewoon een kans.

Aan 'verbroedering' met de bevrijders kleefde niet de smet van verraad en het was daarom hoe dan ook aanlokkelijker om met hen aan te pappen dan om met de Duitsers te collaboreren. Hoeveel homoseksuele verbroedering er plaatsvond valt moeilijk te zeggen, omdat het iets was waar mensen vanzelfsprekend nogal discreet over waren. Eén geval is mooi beschreven door Rudi van Dantzig, de danser, schrijver en choreograaf van het Nationale Ballet. Zijn roman *Voor een verloren soldaat* is gebaseerd op zijn herinneringen aan de Hongerwinter, toen hij van Amsterdam naar Friesland was geëvacueerd. Toen de Canadezen in zijn dorp aankwamen, was hij pas twaalf jaar oud, maar voelde hij verlangens die hij zelf nauwelijks begreep. Een jeep blijft stilstaan in een uitgestorven straat. Er wordt een hand uitgestoken. Hij wordt naar binnen getrokken. Dan ontmoet Jeroen, de jongen, Walt, de Canadees, die hem uiteindelijk verleidt. Maar het boek is geen aanklacht tegen pedofilie. Integendeel, het is geschreven als een elegie: 'De arm om me heen is warm en comfortabel, alsof ik in een stoel zit die me omsluit. Bijna met welgevallen laat ik het allemaal gebeuren. "Dit is bevrijding," denk ik, "zo moet het zijn, anders dan de andere dagen. Dit is feest." '[17]

Benoîte Groult is zich zeer bewust van de materiële voordelen die een seksuele relatie met een Amerikaan biedt. Ze legt een expliciet verband tussen de seksuele honger en honger naar voedsel. Als ze in bed onder Kurt ligt, zegt ze, ligt er een heel continent op haar: 'Een continent sla je niet af.' Daarna gaan ze eten. 'Mijn eetlust was aangewakkerd door vier jaar bezetting en zo ongeveer drieëntwintig jaar kuisheid. Ik verslond eieren die twee dagen eerder in Washington waren gelegd! Spam die in Chicago was ingeblikt; maïs die op een afstand van vierduizend kilometer hier vandaan was gerijpt [...]. De oorlog, die weet wat!'[18]

Spam, eieren en Hershey-repen konden meteen worden opgegeten. Kousen konden worden gedragen. Maar Lucky Strikes, Camels, Chesterfields of Caporals konden op de zwarte markt voor nog meer voedsel worden geruild. De GI's werden ruim van alles voorzien. En dat maakte hen bijzonder aantrekkelijk, net zozeer als hun brede schouders, innemende glimlach, rechte heupen en mooie uniformen. Alleen al doordat ze zo makkelijk aan sigaretten konden komen, waren ze rijk in straatarme landen. Daarom was het makkelijk om tot de conclusie te komen dat de vrouwen die met hen naar bed gingen in wezen niet veel anders waren dan hoeren.

En dat is wat veel mensen dan ook dachten, vooral vrouwen die nauwelijks konden rondkomen, of mannen die werden geweerd uit de dansgelegenheden, bioscopen en uitgaansgelegenheden die voor de bevrijders en hun vriendinnen waren gereserveerd. De argwaan werd nog vergroot doordat sommige meisjes die om de geallieerde soldaten hingen nog steeds een hoofddoek droegen om te verhullen dat hun hoofd was kaalgeschoren omdat ze het niet lang daarvoor nog met Duitsers hadden aangelegd.

Sommige vrouwen waren ook ongetwijfeld gelegenheidsprostituees, vooral in de overwonnen landen waar het verlenen van seksuele diensten de enige manier was om jezelf, of je kinderen, in leven te houden. Maar zelfs vrouwen die met misschien onbetamelijke haast van Duitse op geallieerde liefjes waren overgeschakeld, deden dat niet altijd om even voor de hand liggende redenen of puur voor het geld. Een 'horizontale collaboratrice' uit een stadje in Frankrijk die net was kaalgeschoren, zei tegen een zelfbenoemd zuiveringscomité dat met verdere straf voor haar 'immorele gedrag' dreigde: 'Het kan mij niet schelen of u me kaalscheert. Ik heb geen contact meer met mijn man [een voormalige krijgsgevangene]. En het zal me er niet van weerhouden om plezier te maken met de Amerikanen, als ik daar zin in heb.'[19]

Als je de berichten en commentaren in de pers uit die tijd leest, zou je de indruk kunnen krijgen dat geallieerde soldaten en het vrouwelijke deel van de plaatselijke bevolking zich in de zomer van 1945 uit hebzucht, lust of eenzaamheid aan één langdurige orgie hebben overgegeven. Statistieken lijken deze indruk te bevestigen: in Parijs werden er in 1945 vijf keer zoveel vrouwen in het ziekenhuis opgenomen wegens geslachtsziekten als in 1939. In Nederland werden er in 1946 meer dan zevenduizend onwettige kinderen geboren, ongeveer drie keer zoveel als in 1939. Hogere geslachtsziektecijfers kunnen echter ook worden verklaard door een gebrek aan medische controle of voorbehoedsmiddelen, door gebrekkige hygiëne in gebieden die door armoede waren getroffen, of door allerlei andere zaken. Maar veel vrouwen en mannen waren gewoon op zoek naar warmte, gezelschap, liefde of zelfs een huwelijkspartner. De eerste maanden van de bevrijding boden wel de kans op een wilde losbandigheid, maar mensen verlangden ook naar een terugkeer naar het normale leven. We moeten tenslotte niet vergeten dat er in 1946 ook 277 000 wettige Nederlandse kinderen werden geboren, het hoogste aantal dat in de Nederlandse geschiedenis is geregistreerd.

Bergen-Belsen werd op 12 april bevrijd. Britse troepen onder bevel van luitenant Derrick Sington kregen opdracht om er zo snel mogelijk naartoe te gaan. De oorlog was nog niet voorbij, maar de omstandigheden in het kamp waren zo rampzalig dat de plaatselijke bevolking bang was dat een tyfusepidemie – dezelfde epidemie waaraan Anne Frank enkele weken eerder was bezweken – naar hen zou overslaan. Omdat de Duitse autoriteiten het risico van een tyfusepidemie niet konden of wilden bestrijden, gaven ze de Britten toestemming om Bergen-Belsen binnen te gaan, hoewel de oorlog nog niet afgelopen was.

De soldaten reden langs stapels lijken en barakken die naar uitwerpselen en rottend vlees stonken en konden nauwelijks geloven wat ze met eigen ogen aanschouwden. De beelden uit Bergen-Belsen waren zo ongeveer de eerste die in de westerse pers werden gepubliceerd, en in Engeland werd Bergen-Belsen het bekendste symbool van de massamoord van de nazi's. Brian Urquhart wist natuurlijk van het antisemitisme van de nazi's: 'Maar toch was de *Endlösung*, de feitelijke uitroeiing van miljoenen mensen, simpelweg onvoorstelbaar. We waren volstrekt niet voorbereid op Bergen-Belsen.'[20] Wat hij noch de andere Britse soldaten beseften, was dat Bergen-Belsen niet eens een vernietigingskamp was. Die kampen bevonden zich in Polen en waren vaak al met de grond gelijkgemaakt door de Duitsers voordat deze zich terugtrokken naar het westen.

Luitenant Sington reed verder en deelde de overlevenden door een luidspreker mee dat ze vrij waren. De meesten waren te ver heen om nog enige reactie te vertonen. Vervolgens bereikte hij het grootste vrouwenkamp, met zijn microfoon nog steeds in de hand:

> Binnen een paar seconden was de auto omringd door honderden vrouwen. Ze huilden en jammerden hysterisch, onbedaarlijk, en uit de luidsprekers was geen woord te verstaan. Het terrein van het kamp was beplant met jonge berkenbomen en de vrouwen plukten bladrijke twijgjes en takjes en wierpen die op de auto.[21]

Deze vrouwen hadden nog geluk. Ze konden nog lopen. Een Britse geneeskundestudent, die zich als vrijwilliger had aangemeld, stuitte in een van de barakken op het volgende tafereel:

> Ik stond verbijsterd te midden van al deze vuiligheid en probeerde te wennen aan de lucht, die een mengsel was van die van een lijkschouwingsruimte, een riool, zweet en etter, toen ik geschraap op de vloer hoorde. Ik keek omlaag in het halflicht en zag een vrouw die neer hurkte aan mijn voeten. Ze had zwart geklit haar dat onder het ongedierte zat en haar ribben staken uit alsof er niets tussen zat [...] Ze was bezig zich te ontlasten, maar ze was zo zwak dat ze haar billen niet van de vloer kon tillen en omdat ze diarree had, borrelde de vloeibare gele ontlasting over haar dijen.[22]

De artsen en medische vrijwilligers hadden wanhopig behoefte aan meer voedsel, medicijnen en medische apparatuur. Ze werden geconfronteerd met ziekten en een hongersnood van een omvang die ze nooit eerder hadden meegemaakt of zelfs voor mogelijk hadden gehouden. Iedere dag stierven er nog honderden mensen, soms door het eten van de legerrantsoenen, die te voedzaam waren voor hun gekrompen ingewanden. Maar het leger is niet altijd een efficiënt instituut, en de omstandigheden in Duitsland waren chaotisch. Eind april arriveerde er op een dag een raadselachtige zending met grote hoeveelheden lippenstift.

Het bleek een godsgeschenk te zijn. De bevelhebber van een Britse ambulance-eenheid, luitenant-kolonel Gonin, vertelde daarover:

> Ik geloof dat niets voor de geïnterneerden meer heeft betekend dan die lippenstift. Vrouwen lagen in bed zonder lakens en nachthemd, maar met vuurrode lippen; je zag ze ronddolen met slechts een deken over hun schouders, maar met vuurrode lippen. [...] Eindelijk had iemand iets gedaan om weer een individu van hen te maken, ze wáren iemand, niet langer slechts het nummer dat op hun arm stond getatoeëerd. Eindelijk konden ze weer belangstelling voor hun uiterlijk opbrengen. Die lippenstift gaf hun hun menselijkheid terug.[23]

Richard Wollheim, later een bekende Britse filosoof, was inlichtingenofficier. Net als Urquhart werd hij voor korte tijd naar Bergen-Belsen gestuurd, in mei, toen de omstandigheden nog steeds rampzalig waren, maar niet zo catastrofaal als daarvoor. Ergens in de militaire hiërarchie was besloten dat het een goed idee zou zijn om een dansfeest voor de soldaten en overlevenden in Bergen-Belsen te geven. De organisatie werd aan Wollheim overgelaten. Het werd, helaas, een ramp omdat er een misverstand ontstond toen het orkestje van de Hongaarse kampbewakers (die berucht waren om hun gewelddadigheid) in hun nationale klederdracht een danslied begon te spelen op hun concertina's. Omdat ze elkaars taal niet spraken, ontblootten de vrouwen hun onderarm om hun kamptatoeages te tonen, waarop de mannen, die letterlijk sprakeloos waren, de vrouwen bij de arm pakten om te dansen. De vrouwen begonnen de mannen in hun doodsangst te slaan, terwijl de Hongaren steeds sneller begonnen te spelen.[24]

Dit was echter een ongebruikelijke tegenslag. Er werd rond dezelfde tijd nog een dansfeest georganiseerd op een plein tussen de barakken, waar een orkest van de Royal Air Force voor de muziek zorgde. Volgens een Britse soldaat was het een enorm succes, hoewel sommige meisjes 'nauwelijks konden lopen', terwijl anderen eruitzagen 'alsof ze in tweeën zouden breken'. Een heel lange Canadese onderofficier hield een piepklein meisje vast dat maar tot zijn middel kwam. Ze dansten een wals. 'Ze zag er zo gelukkig uit dat wie haar zag moeite had om niet te glimlachen of te huilen.'[25]

Dit verhaal zegt misschien meer over de omstandigheden in het kamp dan dat van Wollheim, want veel mensen die in de kampen hebben gewerkt, van rabbi's tot hulpverleners van de Verenigde Naties, hebben al dan niet afkeurend opgemerkt hoe snel de seksualiteit zich herstelde onder de overlevenden. Net als de lippenstift brachten seksuele verlangens het gevoel van menselijkheid terug bij mensen die dat gevoel volledig waren kwijtgeraakt.

In 1946 was het geboortecijfer in Nederland al hoog, maar het geboortecijfer in de DP-kampen was nog veel hoger. Alleen al in de Amerikaanse bezettingszone werden in de DP-kampen iedere maand 750 baby's geboren. Bijna een derde van de Joodse vrouwen tussen de achttien en vijfenveertig in de zone was al bevallen of in verwachting.[26] Voormalige concentratiekampen, waaronder Bergen-Belsen, waar zoveel duizenden mensen onder afschuwelijke omstandigheden waren omgekomen, waren plekken van koortsachtige seksuele activiteit geworden, alsof de overlevenden niet konden wachten om zichzelf en de wereld te laten zien dat ze niet alleen nog in leven waren, maar ook in staat waren om leven voort te brengen.

Hulpverleners waren soms gechoqueerd en spraken van, vaak Joodse, DP's die zich 'zonder enige remming overgeven aan losbandigheid'. Sommige mensen weten het aan de verveling. Wat moesten ze anders doen dan drinken en de liefde bedrijven? Anderen waren moralistischer. Een Franse dokter die voor een liefdadigheidsorganisatie werkte, schreef met duidelijke afkeuring dat 'het morele peil van veel overlevenden van de concentratiekampen zeer laag is. [...] De seksuele losbandigheid heeft ontstellende proporties aangenomen.' Maar hij gaf toe dat er verzachtende omstandigheden waren. De jonge meisjes die door een hel waren gegaan en 'nu gegrepen worden door een onweerstaanbaar verlangen naar affectie en vergetelheid, dat ze met de beschikbare middelen proberen te bevredigen'[27], kon men het echt niet kwalijk nemen.

Andere ooggetuigen hadden ingewikkelder verklaringen. Een Poolse hulpverlener, Martha Korwin, meende dat de slachtoffers van de concentratiekampen hadden gedroomd dat het einde van hun lijden het begin van een perfecte wereld zou zijn: 'Al hun vroegere moeilijkheden zouden vergeten zijn, de vrijheid zou hen terugvoeren naar een wereld waar nooit iets mis was gegaan.' Toen ze in plaats daarvan zichzelf terugvonden in de ellende van de DP-kampen en tot de ontdekking kwamen dat ze hun geliefden en alle hoop hadden verloren, vluchtten ze in drank en seks.[28]

Al deze verklaringen zijn alleszins geloofwaardig. Maar er was ook een biologische dimensie. Een volk dat in een ernstige crisis verkeerde, moest zich wel vermenigvuldigen om te overleven. Veel Joden in de DP-kampen waren geen overlevenden van de vernietigingskampen. Er waren sowieso maar weinig mensen die de vernietigingskampen hadden overleefd. Velen kwamen uit delen van de Sovjet-Unie, waar ze naartoe waren gevlucht voor de nazi's, en hadden kinderen, ouders, broers, zussen of andere verwanten verloren. Oudere mensen konden niets anders dan met geesten verder leven. Maar jongere mensen verlangden hevig naar nieuwe familiebanden, naar anderen om voor te leven. En voortplanting werd officieel gepropageerd door leden van zionistische en andere Joodse organisaties. Mensen trouwden enkele weken, soms zelfs enkele dagen, na hun eerste ontmoeting. In de Joodse DP-kampen was men tegen voorbehoedsmiddelen. Het was een plicht om zo veel mogelijk kinderen voort te brengen. Seks was niet alleen voor het plezier; het was een daad van verzet tegen uitsterving.

Het maakte natuurlijk een heel verschil of je in 1945 Duitser of Japanner was of Fransman, Nederlander, Chinees of Joods. Dit geldt ook voor de confrontatie met buitenlandse troepen. De *Amis* (Duits *slang* voor Amerikanen), of de *Ameko* (hetzelfde in het Japans), en de Canadezen, Australiërs, Britten en Russen kwamen niet als bevrijders, maar als veroveraars. Dat was tot op zekere hoogte ook het geval voor veel Italianen, vooral in het zuiden, waar de geallieerde invasie de zware levens nog zwaarder maakte. Steden werden platgebombardeerd en de economische omstandigheden waren verschrikkelijk. Prostitutie was in veel gevallen een noodzaak.

In Berlijn stonden ze bekend als *Ruinenmaüschen*, ruïnemuizen, meisjes en vrouwen die tussen het puin van hun stad slopen om een soldaat op te pikken in ruil voor wat geld, wat eten of sigaretten. Sommige meisjes die nog maar net de puberteit hadden bereikt oefenden het vak uit in geïmproviseerde bordelen in de ruïnes die door zwarthandelaren werden gerund. Jongens hadden hun eigen *Trümmerbordellen* (ruïnebordelen), waar ze zich te koop aanboden aan Amerikaanse soldaten, van wie er één, die bekendstond als Tante Anna, een beruchte figuur in de onderwereld van Frankfurt werd.

De noodzaak tot overleven deed het klassenonderscheid vaak vervagen. Norman Lewis was een jonge officier uit het Britse leger die in Napels was gestationeerd. In zijn schitterende verslag *Napels '44* beschrijft hij het bezoek van een deftige Italiaanse aristocraat, de eigenaar van een palazzo ergens in het zuiden, aan het hoofdkwartier. Hij kwam met zijn zus:

> Ze lijken opvallend veel op elkaar: mager, met een bijzonder bleke huid en koele, patricische gezichten met bijna strenge trekken. Het bezoek was bedoeld om te informeren of de zuster in een legerbordeel kon komen werken. Wij legden uit dat het Britse leger zoiets niet kende.
> 'Jammer,' zei de prins. Ze spreken beiden uitstekend Engels, wat ze geleerd hebben van een Engelse gouvernante.
> 'Nou ja, Luisa, als het niet kan, dan kan het niet.' Ze bedankten ons beleefd en beheerst, en vertrokken.[29]

In Japan was de prostitutie al van het begin af aan geïnstitutionaliseerd. De Japanse autoriteiten vreesden, om overigens goede redenen, dat de geallieerde soldaten de Japanners hetzelfde zouden aandoen als de Japanse troepen de Chinezen en andere Aziaten hadden aangedaan. Toen Nanking in 1937 werd geplunderd, en Manila in 1945 tijdens een wanhoopsoffensief min of meer werd verwoest, werden er tienduizenden vrouwen verkracht, verminkt en meestal ook vermoord, als ze al niet aan die verschrikkingen waren bezweken. Dit zijn de twee ergste voorbeelden. Maar er zijn er nog veel meer. In China werd op zo grote schaal verkracht dat het een militair probleem werd: het Chinese verzet werd namelijk feller. Om deze moeilijkheden het hoofd te bieden werden er, vooral in Korea en andere landen die onder Japanse heerschappij stonden, soms meisjes geworven maar meestal gekidnapt, om als zogenaamde 'troostmeisjes' – dat wil zeggen seksslavinnen – in Japanse legerbordelen te werken.

De regering en de militaire propaganda hadden de Japanse burgers angst aangejaagd met de voortdurende voorspellingen dat Japanse vrouwen, in het geval van een nederlaag, door buitenlandse soldaten verkracht, gemarteld en vermoord zouden worden. Omdat dit afgrijselijke en schandelijke lot voorkomen moest worden, kregen Japanners het bevel om zich dood te vechten of zelfmoord te plegen. Vrouwen en kinderen op de eilanden in de Pacific en in Okinawa kregen het bevel om zichzelf met handgranaten op te blazen of hoog van de rotsen in zee te springen. Een groot aantal deed het ook.

En daarom gaf het ministerie van Binnenlandse Zaken op 18 augustus, drie dagen na de Japanse capitulatie, plaatselijke politiebeambten de opdracht om 'troostfaciliteiten' op te zetten voor de zegevierende geallieerden. Er werden vrouwen gerekruteerd voor de Recreation and Amusement Association (RAA) om 'hun lichaam ten dienste te stellen van het vaderland'. De voormalige minister-president, prins Konoe Fumimaro, die grotendeels verantwoordelijk was voor het beginnen van de oorlog in de Pacific, verzocht de nationale hoofdcommissaris om 'de jonge vrouwen van Japan te verdedigen'.[30] Misschien zouden de bezetters door deze maatregel enigszins gesust worden, zodat respectabele Japanse vrouwen uit hun schuilplaatsen konden komen en over straat konden zonder lastiggevallen te worden.

Het moet een smerige bedoening zijn geweest. De RAA-faciliteiten werden zo haastig ingericht dat er geen bedden waren voor de soldaten en de offervrouwen. Geslachtsgemeenschap vond overal plaats waar er maar plek was, vooral op de vloer, of in de hal en de gangen van de geïmproviseerde bordelen. Het kostte de Japanners enkele maanden om efficiëntere maatregelen te treffen. Er werd een enorm hangarachtig bordeel gebouwd in Funabashi, buiten Tokyo, dat bekendstond als het International Palace, of IP. Bij het IP werd seks aangeboden aan een soort lopende band, die bekendstond als de 'willow run', naar de vliegtuigfabriek van Ford bij Detroit. Mannen lieten hun schoenen achter bij de ingang van het lange gebouw en vonden ze aan de andere kant blinkend gepoetst weer terug.

Militaire kwartieren, zoals het Nomura Hotel in Tokyo, wemelden van de vrouwen die officieel in dienst waren als receptioniste of schoonmaakster maar er geregeld de nacht doorbrachten. Een klein aantal nam zelfs haar gezin mee om te ontsnappen aan de winterkou. Een grote dansgelegenheid in het centrum van Tokyo had een uithangbord met de volgende Japanse tekst: 'Patriottische meisjes! Lever een bijdrage aan de wederopbouw van Japan! Word danspartner!'[31] Condooms waren te koop bij de Army PX, speciale winkels waar het personeel van de bezettingsmacht voedsel, kleding en andere benodigdheden kon kopen.

In tegenstelling tot in Duitsland was er in Japan aanvankelijk geen strikt verbod op 'verbroedering met inheems personeel'. Generaal Douglas MacArthur, de Supreme Commander for the Allied Powers (SCAP), zag in dat deze regel nutteloos was. Hij zei tegen een van zijn medewerkers: 'Ze proberen me de hele tijd zover te krijgen dat ik een einde maak aan al dat Madama Butterfly-gedoe. Ik doe het niet. [...] Voor geen goud vaardig ik een *non-fraternization order* uit.'[32]

Aan het begin van de bezetting waren er ongeveer zeshonderdduizend Amerikaanse soldaten in Japan, naast Australiërs, Britten en een aantal andere nationaliteiten. Er vond dus behoorlijk wat 'verbroedering' plaats. Een brief van William Theodore de Bary, een Amerikaanse marineofficier die later een bekende China- en Japandeskundige zou worden, beschreef de situatie in oktober 1945 in Sasebo, een grote marinebasis op het eiland Kyushu: 'De "verbroedering" zelf was het probleem. De MP's moesten samenscholingen op de grote brug bij ons hoofdkwartier zelfs verbieden omdat er zoveel opstoppingen plaatsvonden doordat gretige mariniers zich al pratend en gebarend met de glimlachende en vriendelijke Japanse vrouwen probeerden te verstaan. Zo is het al vanaf het begin.'[33]

Dat ondanks de stuitende racistische propaganda in het vaderland. Hier bijvoorbeeld een passage uit een artikel over de bezetting van Japan uit de *Saturday Evening Post*: 'Met haar platte boezem, mopsneus en klompvoeten is de gemiddelde Japanse vrouw voor de meeste Amerikanen ongeveer even aantrekkelijk als een duizend jaar oud stenen afgodsbeeld. Of eigenlijk nog minder. Amerikanen maken nog wel graag foto's van afgodsbeelden.'[34]

De auteur van dit artikel had, om het vriendelijk uit te drukken, werkelijk geen flauw benul. De meeste hoge officieren van SCAP hadden al in 1945 Japanse minnaressen aan de haak geslagen. Dat was te verwachten, omdat er aanvankelijk maar heel weinig westerse vrouwen waren. De zaken veranderden pas met de komst van een nieuwe golf officieren, die minder tolerant waren en vaak geen ervaring op het slagveld hadden opgedaan. Juist toen de restricties in Duitsland werden opgeheven, besloten ze om meer discipline op te leggen in Japan door de meeste openbare gelegenheden, zoals plaatselijke restaurants, luxehotels, bioscopen en legerhotels tot 'verboden terrein' te verklaren.

Het gevolg was dat er nog steeds seksuele contacten tussen de bezetters en Japanse vrouwen waren, maar dat het iets discreter gebeurde en steeds vaker met gelegenheidsprostituees, wat niet hielp om het geslachtsziektecijfer laag te houden. In de platgebombardeerde straten en de stadsparken hadden prostituees hun eigen territoria, die 'eilanden' werden genoemd. Sommige prostituees boden hun diensten aan voor slechts één dollar, ongeveer de prijs van een half pakje sigaretten op de zwarte markt. Dit soort dienstverlening floreerde, zeker nadat het geallieerde gezag, zeer tegen het advies van de Japanners in, besloot de georganiseerde prostitutie in 1946 te verbieden.

Japanners houden ervan om zaken netjes te categoriseren. De gelegenheidshoeren, die bekendstonden als *panpan*-meisjes, werden onderverdeeld in prostituees die gespecialiseerd waren in blanke buitenlandse soldaten, prostituees die gespecialiseerd waren in zwarte buitenlandse soldaten en prostituees die gespecialiseerd waren in Japanners, hoewel wat ondernemender dames niet zo'n duidelijk onderscheid wensten te maken. Sommige prostituees, de zogenaamde *onrii* (een verbastering van '*one only*'), slaagden erin één vaste klant aan zich te binden. Buitengewoon promiscue dames stonden bekend als *batafurais* (*butterflies*, vlinders). Bepaalde delen van het centrum van Tokyo, zoals Hibiya Park, tegenover generaal MacArthurs hoofdkwartier, of in de buurt rond het Yurakucho-station, stonden bekend om het grote aantal panpan-meisjes.[35]

De typische panpan met haar zwaar aangebrachte lippenstift en hoge hakken werd door sommige Japanners als het symbool van de nationale verloedering gezien, maar was ook het object van een bepaalde fascinatie en een zekere afgunst. De panpans hadden het materieel beter dan de meeste dakloze, hongerige, verpauperde Japanse burgers. Deze werkende meisjes waren ook de eerste en gretigste gebruikers van Amerikaanse producten en waren vertrouwder met de populaire cultuur van de overwinnaars dan de meeste Japanners. Door het speciale taalgebruik van de panpans, Japanse *slang* vermengd met verbasterd GI-Engels, spraken ze, in tegenstelling tot de meeste Japanners, ook een taal die enigszins op die van de bezetter leek.

In zekere zin past de panpan bij een Japanse traditie waarin de cultuur van de zelfkant een zekere allure geniet. Beroemde prostituees van het premoderne Tokyo, dat destijds nog Edo heette, werden opgevoerd als modieuze figuren in prenten en het Kabuki-theater. De cultuur van de panpan was heel wat minder verfijnd. Door de militaire nederlaag en de bevrijding van de oorlogscensuur en militaristische opvoeding vond er een opleving plaats van een commerciële sekscultuur die wortels in het verleden had, maar sterk door de Amerikaanse cultuur beïnvloed was. Gepeperde pulpbladen met namen als *Lovely*, *Venus*, *Sex Bizarre* en *Pin-Up* deden goede zaken. In de oude uitgaanswijken werden striptenten geopend, vaak gammele krotten die snel rond de bomkraters werden opgetrokken. Pooiers, zwarthandelaren en jonge gangsters in hawaïshirts dansten de mambo met hun vriendinnen in goedkope danstenten. Japanse swingbands en jazzzangers kwamen weer tot leven, nadat zulke buitenlandse decadentie jarenlang verboden was geweest. Er was een boogiewoogierage.

Veel vrouwen gingen uit noodzaak de prostitutie in. Maar niet allemaal. Onderzoeken uit die tijd tonen aan dat een groot aantal vrouwen 'uit nieuwsgierigheid'[36] panpan werd. En meer nog dan betaald worden voor seks, was dat de reden waarom men de panpan al helemaal als een schande beschouwde. Het werd geaccepteerd, en misschien zelfs lovenswaardig gevonden, als een vrouw haar lichaam 'opofferde' om een arme boerenfamilie te onderhouden of het ten dienste stelde van het vaderland; maar als ze het uit nieuwsgierigheid deed, of uit behoefte aan geld, sigaretten en zijden kousen was het een schande. De georganiseerde prostitutie kende een lange traditie en werd getolereerd. Maar de panpans werden afgekeurd om hun ondernemingsgeest. Ze waren te onafhankelijk, en dat was gevaarlijk.

Hoe smakeloos en hopeloos de commerciële sekscultuur grotendeels ook was, het was in 1945 toch ook een soort bevrijding die door sommige mensen werd verwelkomd en door anderen werd verafschuwd, net als mambodansen en boogiewoogie. De ongeveer negentigduizend kinderen die ongehuwde moeders in 1946 kregen, kunnen niet allemaal het gevolg zijn geweest van zuiver commerciële transacties.[37] Na alle negatieve propaganda over de barbaarse verkrachters en moordenaars die ze voor de kiezen hadden gekregen, waren veel Japanse vrouwen bijzonder opgelucht toen ze de niet erg angstaanjagende Amerikanen uiteindelijk zagen. Zoals een vrouw aan het keurige damesblad *Fujin Gaho* schreef: 'Ik vind ze hoffelijk, vriendelijk, onbezorgd en bijzonder ontspannen. Wat een scherp en pijnlijk contrast met de verwaande, verachtelijke en onbeschofte Japanse soldaten die in de barakken in de buurt van mijn huis woonden.'[38]

Dat wil niet zeggen dat de geallieerde soldaten zich nooit misdroegen, vooral in de begintijd van de bezetting. Volgens een schatting werden er in de tweede helft van 1945 dagelijks ongeveer veertig vrouwen verkracht, en die schatting is waarschijnlijk aan de lage kant omdat in veel gevallen uit schaamte nooit aangifte werd gedaan.[39] Dit soort cijfers verscheen natuurlijk nooit in de gecensureerde pers van de bezetter. Maar de meeste Japanners zouden niettemin hebben moeten toegeven dat de Amerikanen veel gedisciplineerder waren dan ze hadden gevreesd, vooral vergeleken bij het gedrag van hun eigen troepen in het buitenland.

De veranderende seksuele mores sloten op een vreemde manier aan bij de propagandistische inspanningen van de Amerikanen om de Japanners 'een heropvoeding te geven'. Als ze democratischer wilden worden, kregen de Japanners te horen, moesten ze hun vrouwen meer als gelijken behandelen. Panpan-meisjes waren misschien niet helemaal wat de opvoeders in gedachten hadden. Maar de Japanners werd geleerd dat ze hun affectie wat meer in het openbaar moesten tonen, net als de Amerikanen. En zo werd in 1946, na veel aandrang van de Amerikanen, de eerste zoen op het witte doek vertoond tot stichting van de Japanners, in een film met de titel *Jonge harten (Hatachi no Seishun)*. Het jongere publiek vond het prachtig.

Er ligt natuurlijk een breed spectrum tussen tippelaarsters die GI's oppikken in Hibiya Park en de eerste filmzoen, maar de publieke honger naar erotisch getint amusement en uiterst sensuele populaire muziek lijkt erop te duiden dat de kloof tussen de bevrijde en overwonnen volkeren uiteindelijk helemaal niet zo breed was als men zou denken. Ook voor de Japanners kwam er met de klanken van Glenn Millers 'In the Mood' een nieuw gevoel van vrijheid.

In de westelijke zones van Duitsland was het precies zo. Het lag anders in de Russische zone, zeker waar het seks betrof. Waar 'verbroedering' de verhoudingen met de buitenlandse troepen in het Westen uiteindelijk bepaalde, was verkrachting een van de plagen die je trof als je verslagen was door het Russische Rode Leger. Natuurlijk vonden er ook in de westerse zones verkrachtingen plaats, vooral, maar zeker niet alleen, in de door de Fransen bezette gebieden. In Stuttgart bijvoorbeeld zouden er ongeveer drieduizend vrouwen zijn verkracht door Franse troepen, die voornamelijk uit Algerije afkomstig waren.[40] In de Amerikaanse bezette zone, die veruit de grootste was, werden over heel 1945 niet meer dan vijftienhonderd verkrachtingen door Amerikaanse troepen geregistreerd.[41]

Er zijn verschillende redenen waarom verkrachting in de door de westelijke geallieerden bezette zones minder vaak voorkwam dan in de Russische zone. De geallieerde troepen, met de mogelijke uitzondering van de Fransen, waren minder wraakzuchtig dan de Russen. Ook werden ze niet door hun meerderen aangemoedigd om met Duitse vrouwen te doen waar ze zin in hadden. (Van Stalin persoonlijk is de beruchte uitspraak afkomstig dat mannen die duizenden kilometers door bloed en vuur waren gegaan er recht op hadden 'om wat lol te hebben met de vrouwen'.) Bovendien wilden de Duitse vrouwen zo graag 'verbroederen' met geallieerde soldaten dat verkrachting nauwelijks nodig was. Een populaire uitspraak onder GI's in de zomer van 1945 was dat Duitse vrouwen de losbandigste vrouwen waren 'aan deze kant van Tahiti'.[42]

Dat was ongetwijfeld een gechargeerde weergave van de feiten, die niet alleen werd gegeven door dankbare GI's, maar ook door Duitsers die woedend waren over de gang van zaken, die ze als een bijkomende belediging zagen voor hun toch al gekrenkte gevoel van nationale trots. Niettemin beweerden veel soldaten dat Duitse vrouwen, die afwisselend 'Frauleins', 'furlines' of 'fratkernazis' werden genoemd, nog gewilliger waren dan Françaises. Onmiddellijk na zijn terugkeer naar de Verenigde Staten gaf een GI een tamelijk botte, maar misschien wel rake analyse van dit fenomeen. 'Op het gevaar af uit de school te klappen,' schreef hij, 'moeten we toch toegeven dat het enige dat de GI in Europa wil een "good deal" is', en daarbij hoorde natuurlijk 'de kans om zo vaak mogelijk te verbroederen'. Hij vervolgde: 'In Duitsland sluit de GI natuurlijk de beste deal. [...] In Frankrijk is het anders. Daar zijn mensen minder geneigd om onze hielen te likken dan in Duitsland. De soldaat kan van Frankrijk niet meer zijn speeltje maken, zoals zijn vader en de bevrijders van 1944 zeiden.'[43]

En er waren natuurlijk veel meer vrouwen dan mannen in Duitsland, ongeveer honderdzestig op honderd, en de mannen die er nog waren, waren vaak oud of invalide of geminacht. Zoals de jonge Duitser in Rossellini's briljante, tussen de ruïnes van Berlijn opgenomen film *Germania anno zero* zegt: 'Vroeger waren we mannen, nationaalsocialisten, nu zijn we alleen maar nazi's.'

In haar literaire dagboek over het bevrijde Frankrijk kon Benoîte Groult de verleiding niet weerstaan om 'de schoonheid van de Amerikanen' te vergelijken met de Fransen, die allemaal 'krom, donker en ondervoed'[44] leken. De demoralisatie van de Duitse en Japanse mannen was natuurlijk erger. In 1946 keerde de Duitse toneelschrijver en scenarioschrijver (*Der blaue Engel*) Carl Zuckmayer terug naar zijn geboorteland als cultureel attaché. Hij sprak met een Duitse serveerster. Haar opmerking was typerend. Duitse mannen raakte ze niet aan, zei ze: 'Ze zijn te week, het zijn geen mannen meer. Vroeger liepen ze te veel te pronken.'[45]

Het beste relaas over de mannelijke vernedering is wat mij betreft van Nosaka Akiyuki, een schrijver die in 1945 zelf als tiener rondhing op de zwarte markten van Osaka. In zijn briljante novelle *Amerika Hijiki* (1967) draait het om zowel mannelijkheid als ras. De hoofdpersoon is een Japanner die ongeveer even oud is als Nosaka Akiyuki zelf. Tijdens de oorlog werd hem op school verteld dat westerse mannen langer dan Japanners waren, maar ook zwakker, vooral rond de heupen, vanwege hun slappe gewoonte om op stoelen te zitten in plaats van op de vloer zoals in Japan. Iedere sterke kleine Japanner met gespierde dijen kon ze fysiek verslaan. De schooljongens werden regelmatig herinnerd aan de gedrongen generaal Yamashita met zijn stierennek, 'De tijger van Malakka', die de capitulatie van Singapore had geaccepteerd van de Britse generaal Percival, wiens tamelijk belachelijke spillebenen werden benadrukt door zijn kaki korte broek.

Maar dan ziet de Japanse tiener een Amerikaanse soldaat in het echt en dat is een onvergetelijke aanblik door 'zijn armen als boomstammen, zijn middel als een mortier [...] de mannelijkheid van zijn achterwerk omhuld door een glimmende uniformbroek. [...] Ach, geen wonder dat Japan de oorlog verloren heeft.'[46] Natuurlijk waren niet alle geallieerde soldaten zo groot en gespierd en veel Japanse mannen waren verre van schriel. Maar de perceptie, die eerste indruk van een hongerige tiener, zou hetzelfde blijven, als de melancholische herinnering aan een oorlog die aan de Japanners als een raciale krachtmeting tussen edele Aziatische strijders en het arrogante blanke ras was gepresenteerd. Daardoor was de eerste confrontatie tussen de overwinnenden en de overwonnenen na de oorlog in Japan schokkender dan in Duitsland.

In Duitsland deden de westerse (maar niet de Russische) autoriteiten aanvankelijk hun best een 'niet-verbroederingbeleid' uit te voeren. 'Mooie meisjes kunnen een geallieerde overwinning saboteren,' meldde het American Forces Network. 'Soldiers wise don't fraternize', waarschuwde de militaire krant *Stars and Stripes*, of 'Speel niet de Samson voor haar Delilah – ze wil je haar afknippen – bij je nek.'[47] Als het verbod op verbroedering werd opgeheven, schreef *The Times*, 'zou dat bij talloze vrouwen aan het thuisfront tot ongerustheid leiden.'[48] Maar voor de mannen ter plaatse was dat allemaal niet erg overtuigend. 'The Mistress Army' was indertijd een populaire uitdrukking voor de westelijke geallieerden. Die verwees naar het grote aantal Duitse minnaressen dat om de Amerikaanse officieren hing (meer dan om de Britse officieren, die hun tijd kennelijk liever besteedden aan drinken). Dit leidde weer tot jaloezie in de lagere rangen, een gevoel dat werd uitgedrukt in wrange grappen als: 'Het beleid is om de hoge officieren de eerste keus te laten bij alle knappe vrouwen.'[49]

Generaal Patton zag net als generaal MacArthur geen heil in het verbod. Moesten weldoorvoede Amerikaanse soldaten nu echt weigeren om snoep uit te delen aan hongerige kinderen? Waren alle Duitsers nou echte nazi's? (Het moet gezegd worden dat Patton veel coulanter was jegens de Duitsers, zelfs als ze werkelijk nazi's waren, dan voor de communistische geallieerden of voor Joden.) Zelfs *The New York Times*, die zich toch niet altijd in de voorhoede van de publieke opinie bevond, was kritisch in zijn berichtgeving uit de bezette zones. Hun plaatselijke correspondent berichtte in juni dat hij 'de eerste soldaat nog moest tegenkomen die wilde dat het verbod gehandhaafd bleef, of hij nu uit Londen, uit de Mississippivallei of van de graanvelden van Alberta kwam'. Dezelfde correspondent liet zien hoe absurd de maatregelen om het verbod te verscherpen waren. In een dorp in de Amerikaanse zone was er een detachement van de contra-inlichtingendienst op uitgestuurd om een veiligheidsmedewerker in de gaten te houden die een MP'er doorlichtte die met 'een Duits meisje had geflirt'.[50]

Op 8 juni hief generaal Eisenhower het verbod op verbroedering met kinderen op, waarna GI's en Tommies jonge vrouwen voortaan begroetten met 'Goedendag, kind!' In augustus werd het soldaten toegestaan om met volwassenen te spreken en zelfs om de hand van volwassen vrouwen vast te houden, zolang ze zich tenminste veilig in de openlucht bevonden. Op 1 oktober hief de Controleraad het verbod uiteindelijk helemaal op. Een van de gebeurtenissen die daarbij bepalend waren, was de komst van Britse en Amerikaanse troepen naar Berlijn, waar de Russen wel vrijmoedig aan het verbroederen waren. Dit onderscheid werd onverdraaglijk voor de westerse troepen, waardoor de toestemming om met Duitsers te verbroederen in zekere zin een van de eerste gevolgen van de rivaliteit tussen de grootmachten was. Maar aan het opheffen van het verbod zaten beperkingen vast: trouwen met een Duitse vrouw of Duitsers onderbrengen in huisvesting van het leger bleef verboden. Uiteindelijk werd ook deze beperking ingetrokken, zodat tienduizenden Duitse vrouwen met hun kersverse echtgenoot naar het beloofde land van Amerika konden vertrekken.

Duitsland had zijn eigen versie van de panpan-meisjes, van wie de laagste en wanhopigste de 'ruïnemuizen' waren. Maar net als in alle andere landen die militair bezet waren, was ook hier de scheidslijn tussen romantiek, lust en prostitutie niet altijd duidelijk. Zelfs in de Russische zone van Berlijn, waar maar weinig vrouwen, zelfs de zeer jonge en heel oude, erin geslaagd waren om aan aanranding te ontkomen en waar verkrachting nog maandenlang na het einde van de oorlog een veelvoorkomend verschijnsel was, waren seksuele verhoudingen met buitenlandse soldaten niet altijd eenduidig. Het beste en aangrijpendste verslag is *Een vrouw in Berlijn*, het dagboek van een journaliste van in de dertig die uiteindelijk aan een serieverkrachting door anonieme soldaten ontkwam door de bescherming van een Russische officier te zoeken. De vriendelijke luitenant Anatol werd haar vaste minnaar. 'Waarschijnlijk,' schreef zij, 'heeft hij meer behoefte aan menselijk, vrouwelijk contact dan alleen aan seks. En dat wil ik hem best, ja graag, geven.'[51]

In de westerse zones werden vrouwen die goederen aannamen van hun Amerikaanse vriendjes, zoals de meeste zouden hebben gedaan, al snel als hoer gebrandmerkt, terwijl ze die reputatie niet zo snel zouden hebben gekregen wanneer ze cadeaus van Duitse mannen zouden hebben aangenomen. Natuurlijk waren die producten uit de Army PX voor veel mensen noodzakelijk om te overleven. Zo was ook een goed verwarmde nachtclub in de wintermaanden een welkom toevluchtsoord wanneer je in een gebombardeerd gebouw woonde en gewend was ijskoude kamers met een groot aantal vreemden te delen. Maar die Lucky Strikes, chocola en zijden kousen, en ook de swingmuziek en de ontspannen manieren van de GI's, vertegenwoordigden voor deze vrouwen, en trouwens ook voor veel jonge mannen, vooral een cultuur die des te aantrekkelijker was omdat zij in het repressieve Derde Rijk verboden was geweest. Mensen waren begerig naar de attributen van de Nieuwe Wereld, hoe rudimentair ook, omdat de Oude Wereld niet alleen fysiek, maar tevens cultureel, intellectueel en spiritueel zo schandalig was ingestort. Dat gold voor bevrijde landen zoals Frankrijk en Nederland, maar des te meer voor Duitsland en Japan, waar de amerikanisering van de cultuur na de oorlog met de 'verbroedering' begon en later verder zou gaan dan elders.

Er was in elk geval één vrouw die het zag zoals het was, als een droom die uiteindelijk alleen maar teleur kon stellen – maar niet zonder enige sporen achter te laten. Nadat Benoîte Groult het huwelijksaanzoek van haar Amerikaanse minnaar Kurt voor de laatste keer heeft afgeslagen, besluit ze op te houden met de 'Amerikanenjacht'. 'Nu,' schrijft ze, 'is het oude Europa helemaal alleen. Ik voel me heel oud, en hopeloos Europa. Ik heb vanavond afscheid genomen van heel Amerika. Ook achter jullie, Steve, Don, Tex, Wolf en Ian die met zo'n bemoedigende glimlach in mijn leven waren gekomen, heb ik zojuist mijn deur dichtgedaan. [...] Ik geloof dat ik er geen plezier meer in heb om met jullie allen uit het Verre

Westen te spelen: jullie komen van te ver en, bovenal, jullie gaan weer terug. Jullie hebben me bevrijd, en wel op heel wat manieren, bedankt. Het gaat er nu om weer een vrij bestaan voor mezelf op te bouwen.'[52]

Kafu Nagai, een Japanse schrijver die vooral bekend is door zijn nostalgische verhalen over de zelfkant van zijn geliefde Tokyo, schreef op 9 oktober, meer dan twee maanden na de Japanse nederlaag, het volgende in zijn dagboek: 'Gegeten in het Sanno Hotel. Ik observeerde zeven of acht jonge Amerikanen, die eruitzagen als officieren. Het ontbrak hun niet aan een zekere verfijning. Na het eten zag ik ze aan de bar zitten, waar ze hun Japans oefenden op de jonge vrouw die hen bediende. Vergeleken bij het gedrag van Japanse soldaten was dat van hen opmerkelijk bescheiden.'[53]

Een maand eerder schreef Kafu in zijn dagboek dat Amerikaanse soldaten volgens de kranten schaamteloos rotzooiden met Japanse vrouwen. Nou, zei hij, 'als dat waar is, is het ons verdiende loon voor wat Japanse soldaten in het bezette China hebben aangericht.'[54]

Kafu was een gecultiveerde zonderling, een francofiel die geen boodschap had aan de gangbare opinies. Zijn reactie was nogal ongebruikelijk. Zelfs hoogopgeleide schrijvers en intellectuelen hadden over het algemeen een heel wat kritischer standpunt over de omgang tussen de Amerikanen en de Japanse vrouwen. Takami Jun, een relatief liberale schrijver, die jonger was dan Kafu en zich schaamde omdat hij, hoe halfhartig ook, het militante nationalisme van het oorlogsregime had gesteund, beschreef in zijn dagboek een tafereel waarvan hij op een oktoberavond op het centraal station van Tokyo getuige was geweest. Luidruchtige Amerikaanse soldaten waren aan het flirten met twee vrouwelijke stationsbeambten en probeerden hen zover te krijgen om ergens met hen plaats te nemen. De meisjes giechelden en leken allesbehalve onwillig. In Takami's woorden: 'Ze zagen eruit alsof het een bijna onverdraaglijk genoegen is als er op die manier met je wordt geflirt. Er verscheen een andere stationsbeambte. Alles aan haar wekte de indruk dat ook zij opgevreeën wilde worden. Wat een onbeschrijflijk beschamend gezicht!'[55]

Zowel het tafereel als de reactie erop was zeker niet zeldzaam. Maar over wiens schaamte had Takami het hier nu precies? Vond hij het flirten beschamend of het feit dat Japanse meisjes met buitenlanders flirtten? Of had hij het over de schaamte die hij voelde als Japanse man? Sommigen lieten hun afkeuring voor dit soort verbroedering ook op een hardhandiger manier blijken. Japanse meisjes die door het Amerikaanse leger in Hokkaido waren aangenomen, klaagden dat ze regelmatig door Japanse mannen in elkaar werden geslagen omdat ze met buitenlandse soldaten omgingen. Daarom moest het leger hen in vrachtwagens met bewapende bewakers thuisbrengen.

Het lijdt geen twijfel dat afgunst een belangrijke rol speelde bij het mannelijke ressentiment. En er was ook veel dat afgunst wekte: de overwinnaars wekten de afgunst van de mannen die verslagen waren, Russische soldaten die van de Amerikaanse soldaten (toen het Amerikaanse verbod op verbroedering nog van kracht was), officieren die van de soldaten, enzovoort. In *Amerika Hijiki* beschrijft Nosaka Akiyuki hoe lang dit gevoel kon blijven sluimeren. De tiener in het verhaal groeit op en krijgt een gezin. Op vakantie op Hawaii raakt zijn vrouw bevriend met een ouder Amerikaans echtpaar, dat later op bezoek komt in Japan, een land waaraan Mr Higgins dierbare herinneringen bewaart omdat hij in het bezettingsleger heeft gediend. Als hij door zijn vrouw gedwongen wordt om een goede gastheer te zijn, besluit de Japanse echtgenoot om Mr Higgins een aangename avond te bezorgen door hem mee te nemen naar een live seksshow in Tokyo. Daar belooft een viriele performer, die bekendstaat als de 'Nummer Eén' van Japan, dat hij het publiek weleens zal laten zien waartoe de Japanse man in staat is. Maar helaas laten zijn krachten Nummer Eén die avond in de steek, waardoor de Japanse echtgenoot, vol plaatsvervangende schaamte, weer herinnerd wordt aan de GI met die armen als boomstammen en dat mannelijke achterwerk in glimmende gabardine die hij tussen de ruïnes van Osaka tegenkwam.

Mr Higgins is blank. De Japanse oorlogspropaganda had het niet over zwarten gehad, behalve wanneer er een extra voorbeeld van het Amerikaanse racisme gegeven moest worden waarmee de vijand nog meer verdacht gemaakt kon worden. Maar door de komst van de multiraciale troepen deed iets wat nog verontrustender was dan eenvoudige seksuele rivaliteit zijn intrede. In een brief van een Japanse vrouw, die door de Amerikaanse militaire censuur werd onderschept, wordt het gerucht vermeld dat er 'twintigduizend vrouwen in Yokohama zijn die intieme relaties hebben onderhouden met geallieerde soldaten. De prefectuur is ervan op de hoogte gesteld dat er in Kansai dertienduizend halfbloeden geboren zullen worden. Je haren rijzen je toch te berge wanneer je hoort dat er drieduizend Japanse vrouwen met negerkinderen in Yokohama zijn.'[56] De werkelijke bron van de woede is hier niet per se het immorele gedrag, of zelfs prostitutie, maar de aantasting van de raszuiverheid.

Ook in Duitsland werden dergelijke gevoelens geuit, vooral aan het einde van 1945, toen het verbod op verbroedering was opgeheven en veel jonge Duitse mannen uit de krijgsgevangenenkampen werden vrijgelaten. Net als de Japanse mannen waren de jonge Duitse oorlogsveteranen bijzonder gevoelig voor het verbroederingsvraagstuk. Het volgende fragment komt uit een pamflet over 'Negerweibern' dat in Neurenberg circuleerde: 'geverfd en kleurrijk opgedirkt, met roodgelakte nagels, een gat in hun kousen en een wilde, dikke Chesterfield in hun snavel gestopt, terwijl ze rondparaderen met hun zwarte cavaliers.'[57] Duitse meisjes die met geallieerde soldaten liepen, werden ook wel omschreven als 'Chokoladeweibern', een woord dat zowel naar hun hebzucht als naar hun schaamteloze voorliefde voor die gekleurde cavaliers verwees.

Het is zeker geen toeval dat in zoveel Japanse en Duitse films over de bezetting juist zwarte Amerikaanse soldaten de plaatselijke vrouwen onteren, alsof hun ras de vernedering van de overwonnenen nog erger maakte. Een Duits pamflet waarschuwde: 'We zeggen het maar meteen: we zullen jullie haar afscheren, de zwarte lijst ligt al te wachten tot de tijden veranderd zijn.'[58] Sommige vrouwen ondergingen deze behandeling zelfs al in 1945. In Bayreuth werd een vrouw in brand gestoken. In Würzburg werden drie mannen gearresteerd omdat ze een terreurgroep hadden opgericht die ze de Zwarte Panters hadden genoemd en hadden gedreigd om 'alle Duitse meisjes die met gekleurde soldaten lopen' kaal te scheren.[59] Een twintigjarige voormalige nazi schreef het volgende over de vrouwen die met geallieerde soldaten omgingen: 'Heeft het Duitse volk geen eergevoel meer? [...] Je kunt een oorlog verliezen, je kunt vernederd worden, maar je moet niet zelf je eer bezoedelen!'[60]

Het gebruik van het woord 'eer' is hier veelzeggend, net als Takami Juns verwijzing naar de schaamte. De eer van vrouwen (en hun recht om zelf te beslissen met wie ze omgaan) doet hier niet ter zake. Het gaat hier om de eer van de mannen. Zij zijn degenen die zich vernederd voelen.

Dat hadden alle samenlevingen die traditioneel door mannen werden gedomineerd natuurlijk met elkaar gemeen. De naoorlogse omstandigheden ontregelden de oude orde. Vrouwen lieten zich niet meer door mannen overheersen. Dat was misschien wel hun grootste zonde.

Men zou dit ressentiment direct kunnen verbinden aan de reactionaire politieke standpunten die de geallieerden wilden uitroeien, misschien niet per se in hun eigen land, maar wel in de landen die ze net verslagen hadden. Een Amerikaanse luitenant, Julian Sebastian Bach, die later als redacteur voor het tijdschrift *Life* werkte, schreef een verslag over de bezetting van Duitsland: 'De mate waarin Duitse mannen de "verbroedering" accepteren, is de thermometer die registreert tot op welke hoogte ze de nederlaag accepteren, hun nationale trots inslikken en naar een nieuwe en gepaster manier van leven uitzien. De aanblik van een Duitse vrouw met een Amerikaanse veroveraar wekt bij een "niet-gereconstrueerde" Duitser kennelijk meer woede dan bij een Duitser die graag met ons wil samenwerken.'[61]

Takami Jun verwoordde bijna dezelfde mening in zijn dagboek, slechts enkele dagen na zijn eerste reactie op het beschamende gedrag van de giechelende stationsbeambten. De scène speelt zich weer af op een station. Hij ziet een Japanse vrouw die uit een treinraam leunt en 'baibai!' zegt tegen haar Amerikaanse soldatenvriend, waarbij ze zich blijkbaar niet bewust is van de boze blikken van de andere Japanse passagiers. Takami vond het een bijzonder veelzeggende situatie. In de ogen van de omstanders, hijzelf inbegrepen, begon het meisje er, zoals hij zegt, 'uit te zien als een vrouw bij een "speciale troostfaciliteit"'. Maar het meisje, dat helemaal geen hoer is, lijkt dat niets te kunnen schelen. Integendeel. Ze wekt de indruk dat ze 'trots is op haar schokkende gedrag met de Amerikaan'. En dat, voorspelt Takami, zal een normale aanblik worden in Japan. Bovendien, zegt hij, 'is dat eigenlijk wel een goede zaak. [...] Een zondvloed van zulke aanblikken zou misschien nog wel het beste zijn. Het is een goede oefening voor de Japanners. Want dan komen er uiteindelijk natuurlijker en zelfs mooiere sociale verhoudingen tot stand.'[62]

Wat mij als menselijk en zelfs gevoelig treft bij Takami, lijkt naïef en door eigenbelang ingegeven bij Julian Bach, de Amerikaanse luitenant van het bezettingsleger. Want niet alleen mannen en vrouwen die als 'niet-gereconstrueerde' fascisten konden worden omschreven voelden afgunst en ressentiment voor de verbroederaars uit hun eigen volk. De overwonnenen ervoeren de vernedering ongetwijfeld als pijnlijker. Maar het gevoel kwam ook veel voor onder de volkeren die bevrijd waren, en zelfs onder degenen die de jonge geallieerde soldaten bij hun intocht met bloemen als heilige overwinnaars hadden verwelkomd.

Een populair Nederlands liedje van kort na de oorlog was 'Meisje let op je zaak':

Dapp're jongens, fiere strijders
Kwamen van heel ver naar hier
Zij zijn toch onze bevrijders
Gun hun dus ook wat plezier

Maar zoo menig 'Hollands meisje'
Gooide dra haar eer op straat
Voor 'n pakje cigaretten
Of 'n stukje chocolaad

[...]

Velen die met Moffen heulden
Hebben daarvoor reeds gebrand
Meisje, ook gij zijt verraadster
Van de eer van Nederland

[...]

Dan kijkt geen Nederlandsche jongen
Jou ook nog maar even aan
Wijl je hen om zoo te zeggen
In de kou hebt laten staan

Het is er allemaal: de eer van het vaderland, de losse moraal, de hebzucht, de afwijzing van de Nederlandse jongens. Het veelzeggendst is de directe vergelijking tussen meisjes die een verhouding met de Duitse bezetter hadden en de meisjes die aanpappen met de bevrijders uit Groot-Brittannië of Noord-Amerika. De gevolgtrekking is duidelijk. Het ging om het immorele gedrag van de vrouwen. Dat is de reden waarom sommige Nederlandse meisjes die het met Canadezen aanlegden net als de 'moffenhoeren' door woedende menigten werden kaalgeschoren.

Bepaalde zaken maakten de morele paniek die uitbrak als gevolg van de buitenlandse bezetting zowel in de bevrijde als de overwonnen landen nog acuter. Misplaatste bezettingsrichtlijnen droegen ook wel bij aan het ressentiment onder het mannelijke deel van de bevolking. Geallieerde troepen vorderden bioscopen, cafés, dansgelegenheden en zwembaden en verklaarden ze tot verboden terrein voor de plaatselijke bevolking, behalve voor de meisjes die erin geslaagd waren een geallieerde soldaat aan de haak te slaan. Natuurlijk zette dit kwaad bloed. In Utrecht kreeg een groep jongemannen enkele meisjes die met Canadese soldaten waren gezien te pakken en probeerde vervolgens hun hoofd kaal te scheren. De Canadezen wilden de meisjes beschermen. Er werden messen getrokken, er werd met stenen gegooid en er werden schoten gelost. Bij dit voorval werd niemand gedood, wel vielen er enkele gewonden.

Het verbod op georganiseerde prostitutie van de geallieerde autoriteiten droeg ook bij aan de hoge aantallen geslachtsziektes. Een populaire slagzin onder de Amerikanen in Duitsland, vlak na het einde van de oorlog, was 'VD follows V-E'. In de Amerikaanse bezettingszone in Duitsland zou het aantal geslachtsziektes tussen VE-day en het einde van 1945 naar verluidt met 235 procent zijn gestegen, dat wil zeggen van vijfenzeventig op de duizend soldaten per jaar naar tweehonderdvijftig.[63] Dit terwijl er bij stations en clubs van het Rode Kruis onder GI's 'V-pakketten' met condooms en kaliumpermanganaatpillen werden uitgedeeld. In Nederland was het aantal geslachtsziektes al aanzienlijk gestegen tijdens de bezetting, en dat steeg onmiddellijk na de oorlog nog meer. De pers publiceerde afschrikwekkende verhalen over meer dan tienduizend vrouwen die besmet zouden zijn met ziekten, maar het zelf niet eens wisten. Hetzelfde gold voor Frankrijk.

De morele paniek in Zuid-Italië, waar het gevaar voor geslachtsziektes boven op de nationale vernedering kwam, werd door Curzio Malaparte dramatisch beschreven in zijn beroemde boek *De huid*. Malaparte was een fantast, wat hij nooit ontkende, en stond lang aan de kant van Mussolini, maar hij had een goed gevoel voor wat er leefde onder de bevolking, al verzon hij soms details om het effect te vergroten. De geallieerde invasie wordt in dit boek vergeleken met de pest, waarbij 'de ledematen [...] ogenschijnlijk ongerept' bleven, maar 'de ziel bedorven, verrot' raakte. Tijdens de Duitse bezetting, legt Malaparte uit, onderhielden 'alleen prostituees' relaties met de bezetter. Maar nu, onder de Amerikanen en de Britten, was 'als gevolg van die rotpest, die allereerst het eergevoel en het gevoel van vrouwelijke waardigheid aantastte' ieder Italiaans huis door de schande geïnfecteerd. Hoe kwam dat? 'Zo groot was de verderfelijke besmettingskracht geworden dat prostitutie een prijzenswaardige handeling was geworden, bijna een bewijs van vaderlandsliefde, en iedereen, mannen en vrouwen, leek er zich allerminst voor te generen, maar zich juist op de eigen algemene verloedering te beroemen.'[64]

Dat was waarschijnlijk overdreven. Maar buiten de auteur waren er wellicht meer mensen die dat zo ervoeren. Met een buitenlandse soldaat naar bed gaan was hetzelfde als prostitutie. En als vrouwen het vrijwillig deden, was het nog erger.

In Frankrijk kregen GI's een documentaire met de titel *Good Girls Have VD Too* (*Ook nette meisjes hebben geslachtsziekten*) te zien. In bezette steden, in Amsterdam niet minder dan in Tokyo, ondergingen vrouwen regelmatig de vernedering te worden opgepakt voor controles op geslachtsziekten. De medische problemen werden ongetwijfeld verergerd door de schaarste van medische voorzieningen in de naoorlogse chaos, door de slechte hygiënische omstandigheden en door het relatieve gebrek aan ervaring van veel jongemannen en vrouwen die vaak waren opgegroeid in conservatieve en puriteinse milieus. Maar op zijn overdreven manier legde Malaparte wel de vinger op de zere plek: om diverse redenen deden vrouwen nu waar ze zin in hadden.

Niet iedereen keurde dat af. Sommige progressieve mensen, zoals de Nederlandse vrouwenarts en seksueel hervormer Wim Storm, zagen juist voordelen in de omgang tussen de geallieerde soldaten en de vrouwen; een doorbraak voor de vrouwenemancipatie en een welkom einde aan 'de ongelijke zede-codex voor man en vrouw' en 'de traditionele moraal inzake huwelijkspraktijk'. Vrouwen die geluk zoeken in de 'khaki-armen' van Canadezen en 'een nieuwe taal, de jitterbug en de liefde [leren] kennen', nou, 'deze vrouwen weten wat zij willen'. 'Het is de meest grove belediging' om te beweren 'dat zij zich voor een stuk chocola, een paar cigaretten of een slok drank prostitueren'.[65] Problemen als geslachtsziekten konden dan ook het best opgelost worden door vrouwen condooms te verschaffen en jonge mensen seksuele voorlichting te geven.

Maar mensen als Storm waren in de minderheid en zouden voorlopig nog het onderspit delven. In deze sfeer van morele paniek was de roep om morele regeneratie en de wederopbouw van het land gebaseerd op traditionele, morele beginselen sterker. Dat was het geval in Nederland, waar zelfs een liberale verzetskrant als *Het Parool* een redacteur ontsloeg omdat hij een artikel had geplaatst waarin de verschaffing van voorbehoedsmiddelen aan meisjes werd aanbevolen: 'Wij zien namelijk als een belangrijk deel van onze taak, de opvoeding van ons volk tot hogere zedelijke normen en willen dan ook alleen dit tot uitgangspunt nemen wanneer wij ons teweer stellen tegen de verwildering'.[66] In Frankrijk was het eender. Daar vroeg de voorlopige regering onder generaal De Gaulle zich ernstig af of de bezetting en de bevrijding de publieke moraal niet hadden ondermijnd en zo een fatale bedreiging voor 'het Franse ras' vormden.[67] In het bevrijde Frankrijk waren de wetten tegen abortus en overspel even streng als onder het Vichy-regime en in sommige gevallen zelfs strenger.

Niet alleen religieuze conservatieven of de politieke rechtervleugel reageerden zo puriteins op wat werd gezien als zedelijke verloedering. In Frankrijk was een groot aantal mannen en vrouwen uit het verzet uit romantische of idealistische overwegingen lid geworden van de communistische partij. Door de oorlogsomstandigheden waren de regels van de conventionele moraal losser geworden. Maar de naoorlogse Franse communisten, onder leiding van Maurice Thorez, maakten daar snel een einde aan. Toewijding aan de partij en een stabiel gezinsleven werden geestdriftig gepropageerd. De 'verwildering' die het gevolg was van de oorlog en de verbroedering met buitenlandse troepen werden gehekeld. Ook in Duitsland, waar de communisten hun greep op de oostelijke zones onder hun Russische beschermers verstevigden, ging de politieke repressie gepaard met een nieuwe moraal. Erich Honecker, de leider van de Communistische Jeugdbeweging, deed zijn uiterste best om jonge vrouwen af te houden van frivoliteiten als swing en seks in de hoop zich van hun steun voor de communistische zaak te verzekeren. Maar hij voelde zich gefrustreerd in zijn pogingen. Het probleem was duidelijk, zei hij: 'We moeten hun drang naar levensvreugde overwinnen.'

Erich 'Honni' Honecker – die zelf ook niet afkerig was van *Lebensfreude* gezien de diverse affaires die hij met veel jongere vrouwen had gehad – hoefde zich niet werkelijk zorgen te maken. Een euforische toestand kan niet blijven voortduren. Tegen het einde van 1945 begon de opwinding van de bevrijding al weg te ebben. Buitenlandse troepen keerden in steeds groteren getale naar huis terug, hoewel er in Duitsland en Japan, en in mindere mate in Groot-Brittannië en Italië, grote militaire bases zouden blijven bestaan. De morele paniek legde de fundamenten voor een conservatieve reactie. De angst voor vrouwelijke seksuele losbandigheid zou samen met het algemeen gevoelde verlangen naar burgerlijke stabiliteit na jaren van gevaar, chaos en ontbering zowel in de bevrijde als de overwonnen landen voor het herstel van een traditioneler bestaansorde zorgen. In de jaren vijftig zou de zomer van 1945 al een verre herinnering lijken. De seksuele bevrijding moest twintig jaar wachten tot de komst van de pil en de tweede golf Angelsaksisch hedonisme, toen The Beatles en The Rolling Stones iets ontketenden waarvan Glenn Miller en Benny Goodman alleen maar hadden kunnen dromen.

Niettemin was de naoorlogse wanorde, hoe tijdelijk ook, niet zonder enige positieve gevolgen. Benoîte Groults wens om een vrij bestaan voor zichzelf op te bouwen was niet op een complete illusie gebaseerd. De Franse vrouwen kregen al in maart 1944, nog voordat Frankrijk bevrijd was, van de voorlopige regering stemrecht – een recht dat voortvloeide uit het tekort aan mannen; men ging ervan uit dat vrouwen de standpunten van hun afwezige mannen zouden vertegenwoordigen. Italiaanse vrouwen kregen stemrecht in 1945, de Japanse een jaar later, de Roemeense en de Joegoslavische in 1946 en de Belgische in 1948. De wereld zou nooit meer helemaal worden zoals die was geweest, hoe graag sommige mensen dat misschien ook wilden.

2. Honger

Naast de Canadezen die in mei arriveerden en door sommige mensen als goden werden gezien, is er nog een geëxalteerd beeld dat altijd met de bevrijding van Nederland wordt geassocieerd: Operatie Manna. Decennia later spraken mensen nog steeds met tranen van dankbaarheid in hun ogen over het 'Zweedse wittebrood' dat door het Rode Kruis was geschonken en dat in mei 1945 door Britse en Amerikaanse bommenwerpers boven Nederland werd gedropt. Als kind stelde ik mij voor dat het letterlijk wittebroden had geregend. In werkelijkheid wierpen de AVRO Lancasters en B-17's, die laag kwamen overgevlogen boven de huizen waarop juichende mensen met witte theedoeken stonden te zwaaien, zakken meel en pakketten met chocola, margarine, cornedbeef, eierpoeder, sigaretten, koffie en kauwgum uit. De Britten noemden het Operatie Manna, de Amerikanen Operatie Chowhound.

Voor de Amerikaanse en Britse piloten was het een welkome afwisseling om voedsel boven Nederland af te werpen. Een Britse piloot schreef een briefje, dat tussen de blikjes chocola en de zakken meel werd gevonden:

> Aan het Nederlandse volk.
>
> Maak je geen zorgen over de oorlog met Duitsland. Die is bijna afgelopen. Voor ons zijn deze vluchten weer eens iets anders dan bombardementen. We komen vaak nieuwe etensvoorraden brengen. Kop op. Het beste.
>
> Een RAF-man.[1]

Het Nederlandse volk was meer dan dankbaar; mensen stierven van de honger. In mei, kort na de bevrijding, verscheen er een artikel in *The New*

York Times over een 'hongerziekenhuis' in Rotterdam, waar 'uitgeteerde mensen' 'dagelijks zes lichte voedingen kregen'. Mannen en vrouwen van dertig, meldde het artikel, 'lijken twee keer zo oud. Uit hun holle ogen, gele huid en opgezwollen ledematen blijkt hoe erg ze eraan toe waren toen ze werden gered.' Ondertussen waren er nog steeds restaurants in de stad die 'uitgebreide maaltijden en een keur aan dranken' aan 'een goedgeklede clientèle' serveerden. Verontwaardigde Nederlanders, 'die het andere uiterste kennen, antwoorden snel: "Zwarte markt." '[2]

Zo was de toestand bijna overal in Europa, en op veel plekken was het nog veel erger dan in Rotterdam. In delen van de Sovjet-Unie waren miljoenen mensen de hongerdood gestorven. Maar de hongersnood in Nederland was in één opzicht bijzonder: het was het enige West-Europese land waar de hongersnood het gevolg was van een collectieve strafmaatregel. Slavische volken hadden deze behandeling al eerder gekregen, maar West-Europeanen niet.

In september 1944 was het Nederlandse spoorwegpersoneel in staking gegaan om een bijdrage te leveren aan Montgomery's desastreuze krijgsverrichtingen in Arnhem. Als represaille stopten de Duitsers de voedseltransporten naar het bezette westelijke deel van het land. Ook sloten ze de elektriciteit af, lieten ze landbouwgronden onderlopen en werd het Nederlanders verboden om met de trein te reizen. Om het allemaal nog erger te maken was de winter van 1944-1945 ook nog eens bijzonder streng. Er kwamen achttienduizend mensen om van de honger of door ziekten die het gevolg waren van ondervoeding. De overlevenden verbrandden hun meubels om het nog een beetje warm te hebben en aten hun huisdieren op, als die er tenminste nog waren, of de kadavers van paarden, die aan stukken werden gesneden zodra ze dood neervielen op straat, of aten brandnetel- en tulpenbollensoep.

Het probleem met ondervoeding is dat mensen er ook aan kunnen overlijden wanneer ze te veel of het verkeerde soort voedsel eten. Zelfs de biscuits die door de vriendelijke Canadese troepen werden uitgedeeld konden noodlottig zijn. Ze veroorzaakten een acute dorst, waardoor mensen naar koud water snakten. Maar door het water zetten de onverteerde biscuits uit, met een gescheurde maag en een snelle dood tot gevolg.

Bijna overal heerste honger, niet alleen in de bevrijde, maar juist ook in de verslagen landen, waar geen dienstverlening meer was en waar de normale economieën niet meer functioneerden. Behalve Nederland waren er nog meer plaatsen waar voedsel moest worden gedropt. De tiener in Nosaka Akiyuki's *Amerika Hijiki* ziet hoe een stalen vat met een parachute uit een bommenwerper wordt gegooid. Aanvankelijk denken de Japanse dorpsbewoners dat het weer een verwoestende bom is. Ze hebben gehoord wat er in Hiroshima is gebeurd. Daar zou de bom ook aan een parachute zijn uitgeworpen. Wanneer het vat uiteindelijk niet blijkt te ontploffen, winnen honger en nieuwsgierigheid het van de angst. De dorpsbewoners breken het vat open en vinden voedselpakketten, die vermoedelijk voor de krijgsgevangenen in het nabijgelegen kamp bestemd zijn. Maar in tijden van wanhoop is liefdadigheid voor vreemden te veel gevraagd. De pakketten bevatten brood, chocola en kauwgum, waar de kinderen dagenlang op kauwen en dat als harde, smakeloze klonten van mond tot mond gaat. Er is ook een pakket met bruine blaadjes, die de dorpsbewoners aanzien voor zeewier, of *hijiki*, een delicatesse in Japan. Het spul smaakt slecht, zelfs nadat ze het hebben gekookt, en is zo moeilijk te verteren dat ze zich verwonderd afvragen hoe de Amerikanen het naar binnen krijgen. Uiteindelijk eten ze de hele voorraad toch maar op omdat ze nog steeds in de veronderstelling verkeren dat de donkere theebladeren 'Amerikaans zeewier' zijn.

In dit hongerjaar deden de ergste gevallen van hongersnood zich voor in de concentratiekampen. In de jappenkampen was de toestand rampzalig. Maar het was nog veel erger in de meeste Duitse kampen, waar slavenarbeiders en overlevenden van de dodenmarsen door de Duitse autoriteiten als afval waren gedumpt. Volgens de meeste verslagen was de toestand in Bergen-Belsen nog het ergst. Dat kamp was oorspronkelijk gebouwd voor 'ruil-Joden', vooraanstaande mannen en vrouwen die voor Duitse gevangenen geruild konden worden. In werkelijkheid werden er maar weinig gevangenen geruild. Ook politieke gevangenen en criminelen werden in het kamp ondergebracht. In de laatste maanden van 1944 werd het uiteindelijk een soort vuilnisbelt voor Joodse overlevenden uit de vernietigingskampen die op de weg van het Rode Leger lagen. Een van hen was Anne Frank, die minder dan een maand voor de bevrijding van het kamp aan tyfus overleed. Hoewel het kamp al vanaf het begin overbevolkt was, was Bergen-Belsen begin 1945 zo vol dat mensen letterlijk boven op elkaar sliepen. Er waren geen sanitaire voorzieningen en uiteindelijk was er nauwelijks voedsel of water. Sommige wanhopigen die nog genoeg kracht hadden, aten van de lijken die buiten de barakken werden opgestapeld. Alleen de ss-bewakers hadden voldoende voedsel. De kampcommandant, Josef Kramer, beschikte over zijn eigen voorraad varkens.

De Britten hadden nog nooit zoiets meegemaakt en hadden geen idee wat ze moesten doen. Het enige wat ze de stervenden konden aanbieden, waren hun eigen legerrantsoenen met ham, spek, gebakken bonen, worstjes en pastei met rundvlees en niertjes. Gekrompen ingewanden kunnen dat soort voedsel niet meer verdragen; het komt er meteen weer uit. Niettemin probeerden mensen de rantsoenen op te schrokken. Ongeveer tweeduizend mensen gingen daaraan dood.

Een keer eerder hadden de Britten een hongersnood van deze omvang meegemaakt, in 1943, in Bengalen, waar overstromingen, misoogsten, het beleid van een incompetente en onverschillige regering, corruptie en de oorlogsomstandigheden ten slotte drie miljoen mensen het leven kostten. Artsen van het Britse leger pasten de resultaten van experimenteel onderzoek toe en ontwikkelden de zogenaamde Bengaalse-hongersnoodmelange, een mierzoete pap van suiker, poedermelk, meel en water. Ook experimenteerden ze met de toediening van aminozuren door middel van neusslangetjes en injecties. Deze methoden werden ook in Bergen-Belsen uitgeprobeerd. Mensen die nog konden slikken kregen de Bengaalse-hongersnoodmelange en degenen die dat niet meer konden, kregen een infuus met aminozuren. Geen van beide methodes was een succes. De melange was te zoet. Mensen konden het niet binnenhouden. De experimenten met injecties en infusen moesten worden gestaakt omdat de overlevenden van de vernietigingskampen doodsbang waren voor alles wat maar enigszins op een medisch experiment leek. Ze dachten dat ze ter dood gebracht werden en jammerden in concentratiekamp-Duits: 'Nix crematorium.'[3]

Dat veel mensen toch overleefden was te danken aan de heroïsche inspanningen van Britse artsen, geneeskundestudenten en artsen die zelf de kampen hadden overleefd. Na veel geëxperimenteer vonden ze de juiste combinaties van voedsel en vocht waarmee ze mensen weer tot leven konden wekken. Een van de overlevende artsen was Hadassah Bimko, een Poolse tandarts. In Bergen-Belsen trouwde ze met Josef 'Yossele' Rosensaft, een taaie Poolse Jood, die diverse keren tijdens transporten naar Auschwitz was ontsnapt en een van de belangrijkste zionistische leiders in het kamp werd. Hij komt later nog ter sprake. Hun zoon Menachem werd in Bergen-Belsen geboren.

In Groot-Brittannië was het leven beter dan in Nederland, Italië, Polen, Joegoslavië of Duitsland, maar ook daar was het verre van gerieflijk. In mei 1945 werden de oorlogsrantsoenen zelfs verminderd: minder braadvet, minder bacon, en het daaropvolgende jaar ging zelfs het brood op de bon. Er sliepen nog altijd veel mensen in de tunnels van de Underground. En een jaar later kon er nog maar zo spaarzaam worden gestookt dat de winter van '46-'47 bekend werd als 'Shiver with Shinwell', naar Emanuel Shinwell, de minister van Brandstof, en 'Starve with Strachey', naar John Strachey, de minister van Voedsel.

Tijdens een bezoek aan Londen in de zomer van 1945 maakte de Amerikaanse criticus Edmund Wilson samen met een vriend een wandeling door de wijk Holborn, waar hij een smerige geur rook. Toen hij ging rondkijken, zag hij 'een kleine winkel met geopende ramen waarvan de planken vol lagen met rijen en rijen dode kraaien. Klaarblijkelijk was dat het enige wat ze in die winkel verkochten.'[4]

In december arriveerde er in Bristol een schip met bananen en sinaasappelen (en met vier Jamaicaanse verstekelingen, die overboord sprongen), dat door een officieel welkomstcomité onder leiding van de burgemeester werd ontvangen. Het ging hier om de eerste bananen die sinds het begin van de oorlog in Groot-Brittannië werden waargenomen.

Het kwam niet alleen door het gebrek aan fatsoenlijk voedsel dat Londen slechts enkele maanden na de overwinningsroes zo futloos leek. Wilson bracht de Britse gemoedstoestand als volgt onder woorden: 'Hoe leeg, hoe ziekelijk, hoe zinloos lijkt alles plotseling zodra de oorlog afgelopen is! Daar zitten we dan, midden in dat verarmde en vernederde leven waar we door de strijd tegen de vijand niet meer aan hebben gedacht. Omdat al onze inspanningen gericht waren op vernietiging, waren we niet in staat om iets te bouwen waarop we in onze eigen vernietiging konden terugvallen.'[5]

Frankrijk was er zelfs nog erger aan toe. De minister van Voorraden, Paul Ramadier, kreeg de bijnaam Ramadan, naar de islamitische vastenmaand, en de karige dagelijkse rantsoenen werden *ramadiètes* genoemd.[6] Franse boeren weigerden tegen vaste prijzen te verkopen omdat ze goed konden verdienen op de alomtegenwoordige zwarte markt, die de meeste Fransen nodig hadden als ze niet op een absoluut bestaansminimum wilden leven. De dichter Stephen Spender bracht enige maanden in Frankrijk door toen hij op verlof was uit Duitsland, waar hij voor de Britse regering een rapport schreef over de toestand van de cultuur. In moreel opzicht zag hij een groot verschil tussen Groot-Brittannië en Frankrijk. In Groot-Brittannië was het altijd mogelijk geweest om voedsel en kleding te krijgen zonder naar de zwarte markt te gaan. In Frankrijk, waar Spender zich nu niet precies onder de armen begaf, ontmoette hij constant mensen als de professor van de Sorbonne, 'wiens pak twee keer te groot voor hem was' en die 'met een wrange glimlach' moest uitleggen 'dat hij nu al twee maanden zonder de hulp van de zwarte markt leefde'.[7]

In Frankrijk was het grootste deel van het land tenminste nog fysiek intact: de voornaamste historische steden, de kerken en de kathedralen. Volgens Spender, die net uit de ravage van Duitsland kwam, leek alles daardoor nog griezeliger. Frankrijk, schreef hij, was een 'onzichtbare ruïne'. Net als Duitsland moest Frankrijk 'van nul opnieuw worden opgebouwd', en 'hoewel de atmosfeer daarvan doordrongen is, staan de muren nog overeind, is het druk in de cafés (hoewel er geen koffie is) en is er nog altijd de zwarte markt.'[8]

Omdat de Duitsers de economie systematisch hadden uitgeperst, was de zwarte markt in Frankrijk al enige jaren actief. Na de bevrijding was het grootste probleem niet het voedselgebrek, maar het vervoer van het voedsel van het platteland naar de uitgehongerde steden. Vrachtauto's en brandstof waren uitzonderlijk schaars. Wie over deze essentiële vervoersmiddelen kon beschikken, kon snel rijk worden. Ondernemende Amerikaanse soldaten, van wie sommigen in de Verenigde Staten een strafblad hadden, deserteerden uit het leger en organiseerden bendes in Parijs. Hun opzet was om legertrucks te stelen en aan brandstof te komen door documenten te vervalsen of de mannen die de brandstofvoorraden van het leger, de Army Petrol Oil Lubricants (POL), beheerden om te kopen. Deze voorraden werden vervolgens aan Franse gangsters verkocht. Ze verdienden er fortuinen mee, maar een groot aantal van deze Amerikaanse oplichters werd gepakt omdat hun overmatige consumptie in het oog liep. Overboekingen naar de Verenigde Staten zouden hen verraden hebben en daarom leefden ze als koningen in Parijs, waardoor ze snel tegen de lamp liepen. Als je in Europa als een koning wilde leven, belandde je vanzelf in de semicriminele wereld van de restaurants en de nachtclubs van de zwarte markt, waar de champagne en goede wijn nog steeds rijkelijk vloeiden en waar alle soorten genoegens te koop werden aangeboden.

Vanuit Londen vloog Edmund Wilson naar Rome, dat hem 'stinkender en corrupter dan ooit'[9] leek. Met vrienden uit Amerika dineerde hij op het terras van een restaurant van de zwarte markt. Omdat hij geheel in beslag werd genomen door het eten en de conversatie merkte hij aanvankelijk niet dat zich achter hen een menigte had verzameld die 'het eten van onze borden probeerde te graaien'. Een uitsmijter sloeg een oude vrouw tegen de vlakte en verjoeg de menigte, die voornamelijk uit vrouwen en kinderen bestond. 'Sommigen dropen af, terwijl anderen van een afstand naar het eten bleven staren.'[10]

Net als Parijs was Rome fysiek tenminste nog min of meer intact. Steden als Palermo en Napels waren dat niet. Ook Milaan was ernstig beschadigd door de geallieerde bommen en de burgeroorlog. Wilson bezocht de stad in mei. Hij vond dat Milaan eruitzag 'als een kring uit de hel. Er reden nog wel een paar rammelende groene trams en sommige bewoners wijdden zich aan hun dagelijkse bezigheden, maar de hele stad leek verdoofd en tot stilstand gekomen, en de bloedeloze, ondervoede mensen, die zich in elke oude lap die hun huid maar kon beschermen hulden, leefden in een voortdurende staat van spanning.'[11]

De Hongaarse schrijver Sándor Márai woonde in Boedapest toen de stad werd bevrijd. De zwaar beschadigde stad was meer dan twee maanden door Russische troepen belegerd. De bevrijding door het Rode Leger, in februari 1945, werd gevolgd door een fnuikende inflatie. Een dollar of een goudstuk kon de volgende dag al miljarden meer waard zijn. Boeren, die 'wisten dat hun tijd gekomen was', werden rijk 'doordat ze hun varkensvlees, waaraan water was toegevoegd, op de markt in Boedapest ruilden voor piano's of gouden napoleons', terwijl 'de intellectuelen, de arbeiders en de ambtenaren elke dag bleker, hongeriger en wanhopiger' afwachtten. 'Het merendeel van de bevolking van Boedapest,' schrijft Márai, 'werd in de maanden van de inflatie zo graatmager als de afbeeldingen in anatomische handboeken die het menselijk gestel tonen zonder vlees en vet.'[12]

Vergeleken bij Berlijn, en de meeste andere Duitse steden, was Boedapest echter nog redelijk ongeschonden. Het enige wat nog over was van Berlijn, Frankfurt, Hamburg, Bremen, Dresden en zelfs kleinere steden als Würzburg en Pforzheim, die in 1945 op de valreep ook nog maar even werden verwoest, waren smeulende hopen puin. De stank van de dood was nog niet geweken. Het eerste wat veel bezoekers in de eerste maanden na de oorlog opviel, was de griezelige stilte.

Toen hij in het centrum van Berlijn stond, tussen de ruïnes van het Romanische Café – tijdens de Weimar-periode het café *en vogue* – en van de Kaiser-Wilhelm-Gedächtniskirche, bedacht de toneelschrijver Carl Zuckmayer hoe het voor de oorlog op diezelfde plek was: het ononderbroken lawaai van verkeer en claxons en kletsende menigtes, die aan het winkelen, drinken en dineren waren. Nu had hij het gevoel dat hij alleen was te midden van de stille puinhopen. Hij hoorde een zacht, klepperend geluid. Over de straat van kinderkopjes trok een magere jongen op houten sandalen tussen de brokken puin een kleine handkar achter zich aan. Het waaide zachtjes in het troosteloze landschap en Zuckmayer kon zijn eigen hartslag horen.

En toch, schrijft hij, 'kreeg je in heel Duitsland tegelijkertijd het gevoel dat het een gekrioel, gescharrel en tasten was, als een gigantische mierenhoop, [...] een onophoudelijk komen en gaan, dwalen, lopen, oversteken; het schuifelen en knarsen van miljoenen schoenen. Dit is de "zwarte markt". [...] De wereld en de gang van de daklozen, de vluchtelingen, de verdreven massa's, de plunderende bendes jongeren.'[13]

Het volgende schreef Stephen Spender over Keulen, nog zo'n stad waar weinig van was overgebleven: 'De ruïne van de stad wordt weerspiegeld in de innerlijke ruïne van de bewoners, die geen levens meer zijn die een litteken over de wonden van de stad kunnen vormen, maar als parasieten aan een dood karkas zuigen, tussen de ruïnes naar verborgen voedsel graven, zaken doen op hun zwarte markt in de buurt van de kathedraal – de handel van de vernietiging in plaats van productie.'[14]

Hoewel het in Keulen en Berlijn al erg was, was het in Tokyo, Osaka en al helemaal in Hiroshima waarschijnlijk nog ellendiger. Om nog maar te zwijgen van Manila, Warschau, Stalingrad en andere slachtoffers van de asmogendheden. De orthodoxe opperrabbijn van Engeland, dr. Solomon Schonfeld, bracht verslag uit over de reis die hij in december naar Warschau had gemaakt. Het hele voormalige getto van Warschau, zei hij, 'is letterlijk een uitgestrekte wildernis van bakstenen en puin. De straten liggen er nog net zo bij als op de laatste dag van de uitroeiing. Duizenden lichamen liggen onder een zee van bakstenen en menselijke botten, waarvan ik er persoonlijk een paar heb opgeraapt.'[15]

De vernietiging van het Joodse getto was onderdeel van een ongekend misdadige onderneming. De Japanse steden werden om andere redenen gebombardeerd, maar waren uiteindelijk ook volledig verwoest. Japanse huizen waren voornamelijk van hout gemaakt. De massieve bombardementen, gevolgd door vuurstormen die zich razendsnel verspreidden, hadden bijna niets heel gelaten, behalve dan enkele stenen schoorstenen van openbare badhuizen die nog steeds pathetisch overeind stonden tussen het verkoolde puin. Ook Japan werd gekenmerkt door stilte. Sherwood R. Moran, een luitenant van de Amerikaanse marine, schreef een brief aan zijn vriend Donald Keene, later een beroemde professor in de Japanse literatuur: 'Tokyo, het eerste oorlogsslachtoffer dat ik zie, is één verwoeste, onbetamelijke puinhoop, maar wat me het meest aangrijpt is de stilte; geen getoeter, geschreeuw en gekletter – niets van dat lawaai waaraan je in de stad een hekel hebt, maar dat je toch verwacht. Voor Tokyo, en voor heel Japan, neem ik aan, is er een einde gekomen aan de ramp, maar iedereen staart nog steeds voor zich uit in die godsgruwelijke stilte.'[16]

De kans op hongersnood, en op pandemieën, was behoorlijk reëel in de verslagen landen. In Duitse steden was al tyfus, vlektyfus en tuberculose uitgebroken. In Japan overleden in 1945 meer dan twintigduizend mensen aan dysenterie, en tussen augustus van dat jaar en 1948 leden meer dan zevenhonderdduizend mensen aan tyfus, vlektyfus, tuberculose, cholera en polio.[17] Op het platteland, waar nog voedsel te vinden was, was het leven iets beter. Maar in de steden waren de omstandigheden waarschijnlijk nog slechter dan in Duitsland. Duitsers die bereid waren te werken, kregen voedselbonnen. Een bericht uit Berlijn, in *Yank*, het tijdschrift voor de Amerikaanse strijdkrachten, beschreef het dagelijkse menu van het gezin van een arbeider met zes kinderen: een kop thee en een snee zwart brood per persoon als ontbijt en een kom aardappelsoep gemaakt van een ui, een aardappel en een kwart liter melk, gegarneerd met een klein stukje bloemkool, voor het avondeten. Dat was karig, maar het was genoeg om in leven te blijven.

De Japanners kwamen al ruim voor het einde van de oorlog om van de honger. Overheidsinstanties legden de bevolking uit hoe men maaltijden kon bereiden van eikels, kaf, zaagsel (voor pannenkoeken), naaktslakken, sprinkhanen en ratten. Toen de soldaten na de nederlaag in groten getale begonnen terug te keren, werd het een regelrechte crisis. Veel daklozen woonden in ondergrondse tunnels van stations, waar weeskinderen sigarettenpeuken verzamelden om ze voor iets eetbaars te ruilen, of zakken rolden, of hun ondervoede lichaam te koop aanboden. Met name het Ueno Station in Tokyo stond bekend als een soort bijenkorf van berooide mensen. De bendes hongerige kinderen werden *charinko* genoemd, naar *charin*, het rinkelende geluid dat munten maken.[18] Op foto's lijken deze taaie, in lompen gehulde, kleine wezens met sigarettenpeuken in hun mond eerder op kleine roofdieren dan op mensen. Zo beschreef een Britse soldaat ook hun Duitse tegenhangers, die rondscharrelden in ingestorte tunnels of stations 'en perfect gecamoufleerd waren door het vuil, zodat je niet kon zien dat ze er waren'. Als ze een buitenlandse soldaat zagen, holden ze weg om weer op te duiken met stenen of ijzeren staven, 'en hun kapotte tanden waren zwart', terwijl de enige schone plek op hun lichaam 'het wit van hun ogen' was, de ogen van zieke luipaardwelpen 'wier enige vijand de mens was'.[19]

Om dit in de juiste verhoudingen te zien moeten we ook bedenken hoe het voor de talloze miljoenen Chinezen was die te midden van de ruïnes van een verwoestende oorlog moesten zien te overleven. Amerikaanse soldaten in gebieden waar de macht in handen was van de nationalisten van Tsjang Kai-Sjek, waren geschokt toen ze zagen dat kinderen de barakken binnenglipten om in de vuilnisbakken naar eten te zoeken. Een Amerikaanse sergeant herinnert zich hoe 'moeders met jonge meisjes naar onze bewakingsposten kwamen om die kleine meisjes van ze aan te bieden en voor snoeprepen en sigaretten te ruilen'.[20] Tegelijkertijd kropen er Chinese mannen onder de latrines om de uitwerpselen door de gaten in de vloer op te vangen, want die verkochten ze als mest aan de boeren.

In de nasleep van de oorlog was de menselijke ellende zo groot, en zo wijdverspreid, dat vergelijkingen bijna zinloos zijn. Duitsland had niet alleen met de eigen burgers en terugkerende soldaten te maken, maar ook met meer dan tien miljoen Duitssprekende vluchtelingen uit onder meer Tsjecho-Slowakije, Polen en Roemenië, die met officiële goedkeuring van de geallieerde mogendheden uit hun geboorteland waren verjaagd. Een groot aantal vluchtelingen stierf of werd vermoord tijdens hun tocht naar Duitsland, een land dat velen nog nooit hadden gezien. Bijna allemaal waren ze alles kwijtgeraakt wat ze ooit bezeten hadden. Daardoor voegden zich nog veel meer mensen bij de op drift geraakte massa's die op zoek waren naar voedsel en onderdak.

De voedselcrisis in Japan, en in Duitsland, werd nog verergerd door de bijzonder slechte oogst van 1945. Door de oorlog waren de veestapels uitgedund, de akkers geruïneerd en landbouwmachines verwoest. Er was een ernstig tekort aan mankracht en de weersomstandigheden waren verschrikkelijk. In de oostelijke zones van Duitsland was het grootste deel van de landbouwmachines in de laatste maanden van de oorlog vernietigd of buitgemaakt. En de buitenlandse landarbeiders, die tijdens de oorlog de Duitsers hadden vervangen, vertrokken. Japan had altijd gebruikgemaakt van de voedselvoorraden uit zijn uitgestrekte Aziatische Rijk, maar was daar nu van afgesneden.

In oktober meldde de Japanse minister van Financiën aan Amerikaanse verslaggevers dat tien miljoen Japanners de komende winter zouden kunnen verhongeren wanneer er niet onmiddellijk voedsel zou worden geïmporteerd. In Duitsland werden soortgelijke rampen voorspeld. Een sociaaldemocratische bestuurder in Nedersaksen verklaarde 'dat men nu al kan uitrekenen wanneer het Duitse volk zal sterven van de honger als de voormalige vijanden niet te hulp schieten'.[21] De verslagen over de dreigende ineenstorting in Duitsland werden ook in het Britse parlement besproken. Arthur Salter, een officiële woordvoerder van de Verenigde Naties, hield zijn toehoorders grimmig voor dat 'als er deze winter miljoenen mensen bevriezen en verhongeren, zoals men nu aanneemt, dit niet het onontkoombare gevolg van materiële vernietiging en een wereldwijd tekort aan materiaal zal zijn geweest'. Vervolgens werden de parlementsleden gewaarschuwd voor 'de grootste catastrofe die de mensheid ooit is overkomen'.[22]

Dat bleek uiteindelijk een beetje overtrokken. Sommige reizigers vonden de omstandigheden in Duitsland, zeker in de westelijke zones, niet slechter dan die in de meeste West-Europese landen en feitelijk iets beter dan in gebieden die verder naar het oosten lagen. Maar ondanks de restanten van de uit bezette gebieden geroofde voedselvoorraden was het leven in Duitsland behoorlijk slecht. Vooral in Berlijn was de toestand ellendig, en berichten uit andere delen van Duitsland waren ook onheilspellend. Een Amerikaanse verslaggever was in de buurt van Hamburg getuige van het volgende tafereel: 'Op een avond pakt een oudere heer in een driedelig pak op een stuk moerasland zijn wandelstok en slaat daarmee een eend dood. We zullen nog terugkomen op de voedselsituatie, maar in essentie komt het hierop neer.'[23]

Dat was natuurlijk allemaal wel verontrustend, maar aangezien de voormalige slachtoffers van nazi-Duitsland nog steeds verhongerden in kampen als Bergen-Belsen, en gevangenen van de Japanners nog steeds wegkwijnden in krijgsgevangenschap, en miljoenen vluchtelingen en DP's nog altijd moesten worden gerepatrieerd, en Britten, Nederlanders, Fransen, Polen en Italianen nog steeds moesten zien te overleven met karige rantsoenen, en Filipino's, Chinezen en Indonesiërs nog minder hadden, en het de inwoners van de Sovjet-Unie nog steeds vers in het geheugen lag hoe het Duitse leger en de SS hen systematisch hadden laten doodhongeren, was er toch niet erg veel medeleven met de Duitsers en de Japanners. In het Amerikaanse Congres, en zeker bij de isolationistisch ingestelde Republikeinen, was het al bijzonder lastig om steun te vinden voor het financieren van internationale hulporganisaties zoals de UNRRA (United Nations Relief and Rehabilitation Administration), die de slachtoffers van de Duitse en Japanse agressie wilden helpen. Het idee om nog meer belastinggeld uit te geven, of, zoals was voorgesteld, de Britse voedselrantsoenen te verminderen om de voormalige vijand te voeden, was al helemaal lastig te verkopen.

En toch moest er iets gebeuren, zo niet om praktische, dan wel om morele redenen. Een totale ineenstorting van Duitsland en Japan zou een ondraaglijke last op de geallieerde regeringen leggen en iedere ordelijke en zeker democratische wederopbouw van de naoorlogse orde onmogelijk maken. In de Britse krant *Daily Mirror*, die pro-Labour was en door veel soldaten werd gelezen, verscheen een pleidooi voor hulp onder de bondige kop: 'Voer voor die schoften?' De krant betoogde dat een ingreep niet noodzakelijk was uit medeleven met de Duitsers, zelfs niet met de berooide Duitse vluchtelingen die uit hun geboortestreken waren verdreven. Nee, het 'was geen gevoel van compassie dat ons ertoe aanzet om te benadrukken dat het noodzakelijk is om deze situatie aan te pakken'. Het volgende was het probleem: 'Hoe langer Europa de kans krijgt om weg te zinken in het moeras, hoe langer het duurt om het eruit te trekken – en hoe langer de bezetting zal moeten duren.'[24]

Er waren ook andere overwegingen, die voor de Amerikaanse leden van het Congres overtuigender waren. Hoewel de UNRRA vanwege haar internationalistische idealen werd verdacht van communistische sympathieën, maakte de groeiende rivaliteit met de Sovjet-Unie een ingreep noodzakelijk, en daarbij was de UNRRA onmisbaar. Daniel J. Flood, een Democratisch Congreslid uit Pennsylvania, legde zijn collega's uit: 'Honger, ontbering, ziekte en aandoeningen zullen onrust zaaien en daardoor tot communisme kunnen leiden. Hongerige mensen zijn een vruchtbare voedingsbodem voor de filosofieën van de antichrist en voor degenen die de almachtige staat in de plaats willen stellen van God.'[25]

En daarom werden er enkele maatregelen genomen. In de Britse zone van Duitsland organiseerde generaal Sir Gerald Templer vanaf eind november Operatie Barleycorn. Er werden ongeveer achthonderdduizend Duitse krijgsgevangenen vrijgelaten zodat deze op boerderijen konden werken en konden redden wat er nog over was van de oogst. Om meer voedsel naar Duitsland te kunnen exporteren, moesten de Britten de broekriem nog verder aanhalen; daarom ging brood in 1946 op de bon. Ook de Amerikanen boden voldoende economische hulp om 'ziekte en onrust te voorkomen'. De richtlijnen van de Joint Chiefs of Staff (JCS 1076) waren bedoeld om de Duitse levensstandaard op een absoluut minimum te houden. De vraag was echter wat het absolute minimum was. Politieke voorstanders van een 'harde vrede' wilden Duitsland straffen door de industrie te ontmantelen en de bevolking op een minimaal bestaansniveau te houden. De belangrijkste voorstander van deze harde lijn was Henry Morgenthau, Roosevelts minister van Financiën, die Duitsland wilde veranderen in een pastoraal land dat nooit meer in staat zou zijn om oorlog te voeren. Er werd ook een harde richtlijn opgelegd aan het geallieerde gezag in Japan. Deze richtlijn van de Joint Chiefs of Staff – JCS 1380/15 – beval generaal MacArthur om de Japanners slechts te steunen 'in die mate [...] die nodig is om het soort wijdverspreide ziektes en onrust te voorkomen die de bezettingsmacht in gevaar zouden kunnen brengen of die militaire operaties hinderen [...] Dergelijke import zal beperkt blijven tot minimale hoeveelheden voedsel, [...] benzine, medicinale en sanitaire voorraden.'[26]

De Duitsers en de Japanners hadden het geluk dat deze strafrichtlijnen ofwel werden genegeerd ofwel werden verzacht door de mensen die de bezette landen daadwerkelijk moesten besturen en die zagen hoe rampzalig zulke maatregelen zouden uitpakken. De financieel adviseur van de Amerikaanse High Commissioner generaal Lucius Clay noemde JCS 1076 het werk van 'economische onbenullen'. Generaal Clay, die de steun van machtige figuren in Washington als de minister van Oorlog Henry Stimson genoot, probeerde de Duitsers dan ook al snel te helpen met de wederopbouw, in plaats van een nog grotere chaos te veroorzaken door de industriële economie van Duitsland te vernietigen. Stimson had meer begrip voor de penibele situatie van de Duitsers dan voor minister van Financiën Morgenthau, die hij ervan verdacht 'bevooroordeeld te zijn door zijn semitische grieven'[27] – waarmee hij een onplezierig sentiment dat in de hogere echelons van de Amerikaanse en Britse politiek leefde onder woorden bracht. Maar het ging hierbij niet om een gebrek aan begrip voor Joodse gevoeligheden. Ze waren vooral bang dat de Duitse woede bevorderlijk was voor het communisme of een revanchistische stemming zou wekken. Generaal MacArthur was ook niet zozeer genegen om de Japanse industrie weer overeind te helpen, maar hij was er net als Stimson en Clay van overtuigd dat 'een volk door honger een makkelijke prooi wordt voor een ideologie die levensreddend voedsel met zich meebrengt'.[28]

De Russische autoriteiten in de oostelijke bezette zone, waar een groot deel van de Duitse landbouw en industrie gevestigd was (Leipzig, Dresden, Chemnitz), deden niets om de Duitse economie en industrie weer op te bouwen. Wat er nog over was van de fabrieken en andere productiemiddelen werd gestolen. Machines, treinstellen, trams, vrachtwagens, alles verdween in konvooien naar het oosten. Goud en aandelen werden uit de bankkluizen gehaald, archieven uit de onderzoeksinstituten, en een groot aantal kunstwerken werd als herstelbetalingen geconfisqueerd. En zelfs de Duitse communisten, die net uit de gevangenis kwamen of uit ballingschap in Moskou terugkeerden, konden niets doen om de Russische partijbonzen tegen te houden.

Hetzelfde gebeurde in Mantsjoerije, nu Noordoost-China, waar de Japanners sinds het begin van de jaren dertig over een koloniale marionettenstaat met de naam Mantsjoekwo hadden geheerst. Mantsjoekwo was de industriële krachtcentrale van het Japanse Rijk. De Sovjet-Unie had, daartoe aangespoord door de Verenigde Staten, vlak voor het einde van de oorlog Japan nog de oorlog verklaard.

Op 9 augustus, drie dagen na het bombardement op Hiroshima, vielen Russische troepen Mantsjoekwo binnen. De zware industrie, de moderne spoorwegen, de mijnbouwinstallaties, die zonder mededogen met de plaatselijke bevolking onder leiding van de Japanners waren gebouwd, alles werd systematisch ontmanteld en in onderdelen naar de Sovjet-Unie vervoerd. Complete fabrieken werden gesloopt en door een onophoudelijke stroom treinen meegenomen. Uiteindelijk werden de treinen zelf en vaak ook de bielzen nog gestolen en naar de Sovjet-Unie gebracht. Dit gebeurde voordat de Chinezen de kans hadden gekregen om Mantsjoerije te heroveren. Maar hoe dan ook zouden noch de Chinese communisten, noch de nationalisten van Tsjang Kai-Sjek in staat zijn geweest om een einde te maken aan deze gigantische oefening in het slopen en plunderen van productiemiddelen. En in Noord-Japan zouden de Russen ongetwijfeld hetzelfde hebben gedaan als ze de tijd hadden gehad om het land binnen te vallen, wat een van de redenen was waarom de Verenigde Staten zo snel een einde wilden maken aan de oorlog in de Pacific.

De Duitsers in de Russische zone, de communisten incluis, zaten in een lastig parket, omdat ze niet alleen zichzelf, maar ook de Russische bezettingstroepen moesten voeden, terwijl tegelijkertijd hun economie geplunderd werd. In veel gevallen probeerden Duitse arbeiders de ontmantelde fabrieken opnieuw op te bouwen met de onderdelen van overgebleven machines, om vervolgens te moeten toezien hoe alles weer uit elkaar werd gehaald. Als de arbeiders protesteerden, werden ze in elkaar geslagen. Dit alles was niet erg bevorderlijk voor het kweken van sympathie voor de communistische zaak onder de Duitse arbeiders. Een populair liedje uit die tijd ging als volgt:

Willkommen Befreier
ihr nehmt uns die Eier
die Milch und die Butter
das Vieh und sein Futter.
Auch Uhren und Ringe
und ähnliche Dinge.
Waggons und die Gleise
nehmt ihr mit auf die Reise.
Von all diesen Plunder habt ihr uns befreit.
Wir weinen vor Freude wie nett ihr uns seit
wie schlecht wars doch früher wie schön ist es heut
Willkommen ihr Befreier ihr herrlichen Leut.[29]

Toch waren de rantsoenen die beloofd waren om de Duitsers in de Russische zone in leven te houden niet lager dan die in de andere geallieerde bezettingszones: ongeveer vijftienhonderd calorieën per dag voor iemand die werkte. Over het algemeen gaat men ervan uit dat een volwassene twaalfhonderd nodig heeft om gezond te blijven. In werkelijkheid hadden mensen in de stad in 1945 geluk als ze ongeveer de helft van dat aantal calorieën binnenkregen. Zelfs als er genoeg brood was, was er weinig vers voedsel. Wat de Duitsers en de Japanners in het eerste jaar na de oorlog voor een ramp behoedde, waren de militaire voorraden. Toen de geallieerde troepenmacht in Japan in de herfst van zeshonderdduizend tot tweehonderdduizend man werd teruggebracht, werden grote hoeveelheden voedsel van het leger, zoals cornedbeef en bonen, voor distributie onder de bevolking aan de Japanse regering overgedragen. Dat leidde tot een dieet waaraan de meeste Japanners niet gewend waren. Enkele deftige Japanse dames klaagden dat de bonen gênante gevallen van flatulentie veroorzaakten. Een zo'n dame klaagde tegen een gast: 'Men wordt zo ongemanierd door het nieuwe rantsoen.'[30] Maar zonder die rantsoenen zouden ze zijn omgekomen van de honger. In de zomer van 1946 kregen de inwoners van Tokyo nog steeds slechts honderdvijftig calorieën binnen uit Japanse bronnen.[31]

Maar zelfs met de geallieerde voorraden waren de meeste mensen in Europa en Japan nog steeds afhankelijk van dat grote criminele netwerk, de zwarte handel. Op veel plaatsen was de geldeconomie vervangen door vormen van ruilhandel, waarbij sigaretten als de belangrijkste valuta fungeerden. Voor de bezettingstroepen was de verleiding groot. In Nederland waren Canadese sigaretten, en vooral het merk Sweet Caporal, het meest in trek. Zwarthandelaren kochten ze voor één gulden per stuk en verkochten ze voor vijf gulden. Een Canadese soldaat kon vanuit Canada duizend sigaretten laten opsturen voor drie dollar en daarmee bijna duizend gulden verdienen.[32]

En met sigaretten kon je bijna alles kopen: antieke horloges, verrekijkers, diamanten ringen, Leica-camera's, het soort artikelen dat mensen graag voor brandstof en voedsel ruilden. Met sigaretten kon je ook essentiëlere zaken kopen. De Duitse schrijver Erich Kästner was in mei op het Oostenrijkse platteland en keek naar de eindeloze stroom Duitse soldaten die zich lopend, hinkend en strompelend van het oostfront naar huis begaven. In zijn dagboek schreef hij: 'Om aan een beetje geld te komen, verkopen ze sigaretten. De prijs loopt uiteen van een mark tot drie mark per stuk. Er is constant vraag naar burgerkleding. Het aanbod is zo goed als nihil. Iemand in het huis hiernaast krijgt 450 sigaretten voor een oude broek. Daarvoor zou ik best een oude broek willen ruilen, maar ik heb alleen de broek die ik aanheb. De handel en het resultaat daarvan zijn immoreel. Met slechts een broek kun je geen handel drijven.'[33]

Sakaguchi Ango, een Japanse essayist en schrijver van korte verhalen, die vaak samen met andere schrijvers uit de onmiddellijke naoorlogse periode bij de nieuwe school van 'schelmen' of 'decadenten' wordt ingedeeld, merkte op hoe snel jonge soldaten en kamikazepiloten zich tot zwarthandelaren omvormden. En oorlogsweduwen lieten net zo gemakkelijk alle trouw aan hun gesneuvelde echtgenoot varen en vonden troost in de armen van nieuwe minnaars. Zo was het nu eenmaal, schreef Ango. En hij had er geen moeite mee. Juist door ontaarding, menselijke hebzucht en lust in de rauwste zin te ervaren zouden Japanners hun gemeenschappelijke menselijkheid weer herontdekken. Weg met de idiote keizerverering! Weg met de heldendood in zelfmoordvliegtuigen! 'We zijn niet zo diep gevallen omdat we de oorlog hebben verloren. We vallen omdat we menselijk zijn, omdat we leven.'[34]

Veel veteranen van de Japanse Keizerlijke Strijdkrachten vonden samen met Koreaanse en Taiwanese gangsters, bendes Japanse verschoppelingen en al het andere menselijk wrakhout van een ingestorte samenleving inderdaad hun weg naar de zwarte markt. Een gezegde in die tijd was: 'Vrouwen worden panpan, mannen worden sjouwers voor de zwarte markt.'[35] Er waren meer dan vijftienduizend zwarte markten verspreid over heel Japan, vooral in de buurt van stations. Van sommige zijn er nog sporen te zien, met name de 'Ameyoko-cho', een drukke voedsel- en kledingmarkt in de buurt van het Ueno Station in Tokyo. Je moest wel naar de zwarte markt om de dingen te kopen die je nodig had om te overleven, of om te eten bij een van de duizenden haastig opgetrokken voedselkramen, waar men onder andere kon kiezen uit gekookte kikkers en stoofschotels van afvalvlees van een keur aan dieren – als je geluk had, tenminste; er deden geruchten de ronde dat ook mensenresten hun weg naar de stoofschotels vonden.

Alles werd gekocht en verkocht, waaronder ook ziekenhuisdekens vol bloedvlekken. De Japanse kolonisten in Mantsjoerije, die vijftien jaar lang de baas hadden gespeeld over de Chinezen en nu in paniek waren over de invasie van de Russische troepen omdat ze niet konden terugkeren naar Japan (bijna al het transport was gereserveerd voor de strijdkrachten en hoge Japanse functionarissen), overleefden door al hun bezittingen op de zwarte markt te verkopen: kimono's, meubels, antiek. En soms zelfs hun baby's. Door de koloniale mythes over de aangeboren superieure intelligentie van de Japanners waren Japanse baby's aantrekkelijk, vooral voor Chinese boeren die de toekomstige mankracht goed konden gebruiken. Fujiwara Sakuya, later vicepresident van de Japanse Bank, woonde als kind in Mantsjoerije toen er een einde aan de oorlog kwam. Zijn beide ouders verkochten hun bezittingen op de zwarte markt. Hij kon zich nog goed de Chinezen herinneren die 'Baby's te koop? Baby's te koop?' riepen. De verkoopprijs lag tussen de driehonderd en vijfhonderd yen. Soms werden er baby's gekocht en onmiddellijk voor meer geld doorverkocht.[36]

Veel van de goederen op de zwarte markt in Japan kwamen uit militaire voorraden en waren door geallieerde soldaten aan Japanse gangsters verkocht. Een gepensioneerde Japanse *yakuza* sprongen de tranen in de ogen toen hij me vertelde over de goede oude tijd waarin hij zoveel geld verdiende met het doorsluizen van goederen uit de Army PX naar de zwarte markt dat hij in een Amerikaanse slee reed die tot het dak zat volgestouwd met bankbiljetten. Maar hij was maar een kleine jongen vergeleken bij sommige Japanners die in een nog veel betere positie zaten en er aan het einde van de oorlog in geslaagd waren ongeveer zeventig procent van de militaire voorraden te verdonkeremanen. De rest, waaronder allerlei machines en bouwmaterialen, werd ten behoeve van het algemeen belang door de Amerikanen aan de Japanse regering overgedragen. Ook dat verdween bijna allemaal, tezamen met de geroofde goederen, waardoor een uitverkoren groep Japanse ambtenaren, onder wie een aantal oorlogsmisdadigers, rijk is geworden.

Op het gebied van politiek, cultuur, en geschiedenis waren er duidelijke verschillen tussen de Duitsers en de Japanners, maar onder vergelijkbare omstandigheden gedroegen ze zich ongeveer hetzelfde. Als gevolg van de gecriminaliseerde economie, waarin menselijk leed werd uitgebuit, was de sociale solidariteit grotendeels verdwenen – een onderdeel van de 'degeneratie' die Sakaguchi Ango beschreef. Het was iedere man, of nog vaker iedere vrouw, voor zich. Heinrich Böll beschreef het als volgt: 'Iedereen bezat slechts zijn leven en verder alles wat hem in handen kwam: kolen, hout, boeken, bouwmaterialen. Iedereen had iedereen terecht van diefstal kunnen beschuldigen.'[37]

En dat deden de meeste mensen ook. In Duitsland waren het de DP's en de Joden die vaak de schuld van het geweld en de gangsterpraktijken kregen. In Japan waren het de Koreanen, de Chinezen en de Taiwanezen, die bekendstonden als 'burgers uit derde landen' – dus geen Japanners of Amerikanen – die als de ergste misdadigers werden gezien. Velen waren indertijd als dwangarbeiders naar Japan verscheept. Er waren ook zeker Koreaanse en Taiwanese bendes die met de Japanners om de buit vochten, zoals er ook Joden en DP's waren die op de zwarte markt handelden; ook zij moesten op de een of andere manier zien te overleven. Bergen-Belsen werd een van de belangrijkste centra van de zwarte markt. Veel DP's – Joden, Polen, Oekraïners en Joegoslaven – zaten jarenlang vast in kampen waar geen fatsoenlijke voorzieningen waren. In zijn rapport over Duitsland en Oostenrijk waarschuwde Carl Zuckmayer dat er 'geen manier is om het antisemitisme in Duitsland uit te roeien zolang er geen internationale oplossing voor het DP-vraagstuk is'.[38] In werkelijkheid maakten de Duitsers helemaal geen onderscheid: zowel Letten die zich vrijwillig hadden gemeld voor de Arbeitseinsatz in Hitlers Reich als Joden waren allemaal 'buitenlanders'. En soms moesten Duitsers deze 'buitenlanders' wel exorbitante bedragen betalen om bepaalde goederen te kunnen aanschaffen. Maar uiteindelijk waren de meeste zwarthandelaren, en zeker de machtigste, helemaal geen Joden of andere 'buitenlanders', maar Duitsers.

Majoor Irving Heymont was de Amerikaanse officier die het bevel voerde over een gebied in Beieren waar de meeste Joodse DP-kampen waren, met name Landsberg, de stad waar Hitler ooit in de gevangenis had gezeten (en *Mein Kampf* geschreven had). Heymont merkte op dat 'de bewoners van het kamp, net als de meeste individuen in Duitsland, actief waren in de zwarte handel. [...] Hun activiteiten bestaan voornamelijk uit eenvoudige ruilhandel om aan gebruiksvoorwerpen en vers voedsel te komen.'[39] Het was hem ook opgevallen dat 'het kleine aantal grote handelaren' op de zwarte markt uit voormalige zakenmensen of criminelen bestond. Ze deden wat ze altijd al deden. Dit was gewoon hun vak.

Een van de redenen waarom Joden, burgers uit 'derde landen' en andere buitenlanders vaak als buitengewoon schandalige misdadigers werden beschouwd was vooringenomenheid. Deze normale menselijke karaktertrek, verergerd door moeilijke omstandigheden, werd nog verscherpt door het algemeen heersende idee dat de geallieerden de buitenlanders voortrokken, dat de Amerikaanse MP's in Japan de Koreanen maar hun gang lieten gaan of dat de geallieerde autoriteiten ervoor zorgden dat de Joden ten koste van onschuldige Duitsers een luxeleven leidden. Er zat een kern van waarheid in, hoewel maar heel weinig Joden, laat staan de Joden die wegkwijnden in de DP-kampen, een luxueus of zelfs maar comfortabel leven leidden. Meer dan een kern van waarheid was het ook niet. Want ook de geallieerde bevelhebbers waren niet immuun voor antisemitisme of racisme. Generaal Patton was waarschijnlijk wat extremer dan anderen, of in elk geval iets uitgesprokener, in zijn minachting voor de Joodse overlevenden in Dachau, die hij als 'lager dan beesten'[40] beschreef. En ondanks generaal Eisenhowers instructies om Joodse DP's in het bezette Duitsland voor te trekken, gebeurde dit maar zelden. Veel Amerikanen konden blijkbaar makkelijker overweg met de

Duitsers en met hun voormalige collaborateurs of met vluchtelingen uit de Baltische staten, dan met de getraumatiseerde Joden.[41]

Maar de beschuldigingen aan het adres van buitenlanders waren toch vooral het gevolg van een algeheel gevoel van ontkenning, een weigering om onder ogen te zien wat Duitsers en Japanners anderen hadden aangedaan. Het was makkelijker om medelijden met jezelf te hebben. Een verslaggever van het tijdschrift *Yank*, die in augustus door Berlijn liep, zag hoe een Duitse vrouw in een haveloze jurk en grote mannenschoenen haar tong naar een vrouwelijke Russische soldaat uitstak. 'Jullie hebben goed te eten en Duitsers gaan dood van de honger,' zei ze voordat ze op de grond spuugde.[42] Er waren dissidente stemmen, ook toen al. Een artikel in *Berliner Tagesspiegel* betreurde het 'oprichten van muren om zichzelf af te schermen van de wrede misdaden die tegen Polen, Joden en gevangenen zijn begaan; de stompzinnig arrogante ondankbaarheid voor de voedselpakketten die ze uit Amerika en Engeland ontvingen [...]'[43]

Op den duur werd de economie van de zwarte markt natuurlijk vervangen door een meer gereguleerde economie. Maar uiteindelijk hadden deze wetteloze tijden vooral in Duitsland en Japan toch ingrijpende gevolgen, omdat de naoorlogse ineenstorting van de economie en de zwarte markt die daarvan het gevolg was verantwoordelijk waren voor de verdwijning van de oude klassenverschillen. Vrouwen uit voorname families moesten met een karretje naar het platteland om hun familie-erfstukken voor voedsel te ruilen. Arme boeren zaten opeens ruim in de contanten. Het was niet ongebruikelijk om Japanse dorpsvrouwen in fraaie antieke kimono's die ooit een fortuin hadden gekost door de modderige rijstvelden te zien lopen. Verarmde dochters uit de aristocratie waren ineens gedwongen om met succesvolle en vaak verre van scrupuleuze nieuwe rijken te trouwen. Maar de naoorlogse chaos maakte het ook mogelijk om een onderneming te beginnen zonder dat men last had van gevestigde concurrenten. In 1945 begon Masaru Ibuka in een door bommen beschadigd warenhuis in Tokyo een werkplaats waar hij radio's repareerde. Het was het begin van de Sony Corporation.

Het is de moeite waard om een observatie van Alfred Döblin, de schrijver van het vooroorlogse meesterwerk *Berlin Alexanderplatz* (1929), in zijn geheel te citeren. Döblin had de oorlog in ballingschap doorgebracht in Californië en was weer teruggekeerd naar Duitsland, waar hij zich opnieuw een balling voelde. Dit schreef hij nadat hij in het kuuroord Baden-Baden aangekomen was:

> De belangrijkste indruk van het land, die de binnenkomende reiziger eind 1945 het meest verbaast, is dat de mensen hier als mieren in een vernielde hoop heen en weer rennen, opgewonden en werklustig tussen de ruïnes, en hun oprechte kommer is dat ze niet meteen kunnen aanpakken, door gebrek aan materiaal, door het ontbreken van richtlijnen.
>
> De vernietiging heeft op hen geen deprimerende uitwerking maar is een intensieve stimulans om te gaan werken. Ik ben ervan overtuigd: als ze de middelen zouden hebben die hun ontbreken, zouden ze morgen juichen, alleen juichen dat men hun oude, verouderde, slecht aangelegde dorpen en steden met de grond gelijk gemaakt heeft en hen in de gelegenheid stelt er nu iets prima's van te maken dat helemaal bij de tijd is.[44]

3. Wraak

1.

In de zomer van 1945 was er in Tsjecho-Slowakije, in de buurt van Budweis (České Budějovice), dat vooral bekend is vanwege zijn uitstekende bier, een concentratiekamp waar een bord bij de hoofdingang hing met het opschrift: 'Oog om oog, tand om tand.' Het kamp was nu in handen van de Tsjechen en was gevuld met Duitse gevangenen, overwegend burgers. De Tsjechische commandant, een jongeman die de reputatie had nogal wreed te zijn, gaf de Duitsers minimale rantsoenen en liet ze twaalf uur per dag werken, maakte ze midden in de nacht wakker en beval hun naar de *Appelplatz* te gaan om hen daar te laten zingen, dansen, kruipen, elkaar te laten slaan en aan alle andere kwellingen te onderwerpen waar de Tsjechische bewakers plezier aan beleefden.[1]

Wraakzucht is even menselijk als de behoefte aan seks of voedsel. Weinig schrijvers hebben dit beter, en rauwer, onder woorden gebracht dan de Poolse dichter Tadeusz Borowski. Hij werd in 1943 gearresteerd omdat hij zijn gedichten had gepubliceerd in de clandestiene pers – in de oorlog was er in Warschau een levendige en uitgebreide ondergrondse cultuur, inclusief scholen, kranten, theaters en poëzietijdschriften; deelname daaraan kon met een enkele reis concentratiekamp of een onmiddellijke executie bestraft worden –, overleefde een gevangenis van de Gestapo en vervolgens Auschwitz en Dachau. Nadat hij uit Dachau was bevrijd, werd hij als displaced person geïnterneerd in een voormalig SS-kamp in de buurt van München. Zijn getuigenis over zijn erbarmelijke ervaringen in dit niemandsland werd opgenomen in zijn klassieke verhalenbundel over leven en dood in de kampen, *Hierheen naar de gaskamer, dames en heren*.[2]

Een van de verhalen heet 'Het zwijgen'. Een aantal DP's ziet hoe een voormalige handlanger van de nazi's door een raam probeert te ontsnappen. Ze grijpen hem en beginnen 'gretig op hem los te slaan'. Als ze horen dat Amerikaanse soldaten, die de leiding hebben in het kamp, in aantocht zijn, duwen ze de man op een brits en verstoppen ze hem onder een laag beddengoed. De Amerikaanse officier, een vriendelijke jongeman in een keurig opgeperst uniform, laat hun via zijn tolk weten dat hij best begrijpt dat de overlevenden van de nazikampen een diepe haat koesteren jegens de Duitsers. Maar het is belangrijk om het recht te eerbiedigen. De schuldigen zullen rechtvaardig worden gestraft. Daar zullen de Amerikanen wel voor zorgen. De DP's gebaren instemmend en juichen voor de vriendelijke Amerikaan. Hij wenst hun een aangename nachtrust en verlaat het blok 'begeleid door een vriendschappelijk gemompel' om zijn ronde langs de barakken te vervolgen. Zodra hij naar de commandopost is teruggekeerd, wordt de Duitser van de brits getrokken en doodgetrapt op de betonnen vloer.

Dit soort incidenten was niet ongebruikelijk in de onmiddellijke nasleep van de bevrijding, of, in het geval van de DP's, semibevrijding. Soms waren de bevrijders zo geschokt door de zichtbare bewijzen van de Duitse ontaarding dat ze minder waarde hechtten aan de regels van een wettig proces, zo blijkt uit andere getuigenissen. In Dachau stonden Amerikaanse soldaten toe te kijken terwijl SS-bewakers werden gelyncht of verdronken, werden neergestoken, gewurgd of doodgeslagen met schoppen, en in minstens één geval werden onthoofd met een bajonet die een GI met dit doel aan een voormalige gedetineerde had uitgeleend. Soms schoten de GI's de Duitse bewakers zelf dood. In Dachau executeerde een Amerikaanse luitenant meer dan driehonderd bewakers met zijn machinegeweer. Zijn woede was begrijpelijk; hij had net de lijken gezien die voor het crematorium lagen opgestapeld.[3]

In Bergen-Belsen zag een Britse verpleegster in april 1945 wat er gebeurde toen er voor het eerst een groep Duitse verpleegsters het kamp in kwam. Ze hadden de opdracht gekregen om de allerziekssten te verplegen en liepen een van de ziekenzalen in, en in een oogwenk 'had zich een gillende meute geïnterneerden, onder wie zelfs stervenden, op de verpleegsters gestort, die geschramd en gestoken werden met messen en vorken of met instrumenten die van de rolwagentjes met verbandmateriaal waren gegrist'.[4]

In dit geval moesten de Britten Duitse burgers beschermen omdat hun aanwezigheid van vitaal belang was voor de overleving van de geïnterneerden. Voor geallieerde officieren, overheidsfunctionarissen die terugkwamen uit ballingschap, leden van liefdadigheidsorganisaties en alle anderen die enig gevoel voor orde in het verwoeste werelddeel wilden herstellen, was de omgang met deze natuurlijke behoefte aan wraak, aan het primitieve gevoel van oog om oog, een serieus probleem. Net als de arme GI in het verhaal van Borowski waren ze vaak niet bij machte om verdere ellende te voorkomen, vooral in landen die door een burgeroorlog werden verscheurd. In veel gevallen besloten ze dan ook de andere kant op te kijken, of om actief mee te werken, en soms op veel onverkwikkelijker manieren dan de GI in Dachau die zijn bajonet uitleende. Sterker nog, de meeste gevallen van georganiseerde wraak zouden nooit hebben plaatsgevonden als ze niet officieel waren aangemoedigd. Zoals seksuele lust niet vaak meteen tot orgieën leidt, hebben individuele initiatieven slechts zelden massaal geweld tot gevolg; daar is leiderschap voor nodig, een zekere mate van organisatie.

En het moet er ook het goede moment voor zijn. Een van de opmerkelijke zaken aan de nasleep van de oorlog is dat er niet meer geweld van Duitsers tegen Duitsers is geweest. Een journaliste in Berlijn, een van de weinige Duitsers die actief verzet hadden geboden tegen de nazi's, schreef na de oorlog in haar dagboek dat mensen 'rijp voor de afrekening' geweest waren. In de laatste oorlogsmaanden, een tijd van wanhoop voor veel Duitsers, begreep 'zelfs de grootste dwaas [...] hoe misdadig hij door het nazidom bedrogen was. [...] Drie dagen uitstel tussen ineenstorting en verovering – en duizenden en nog eens duizenden zouden met hun vijanden afgerekend hebben. Ieder met zijn eigen tiran. "Oog om oog," zwoeren ze toen. "Het eerste uur van de ineenstorting behoort toe aan de 'lange messen'!" Het lot wilde het anders.'[5]

Ze had gelijk; de gedeelde ontberingen onder de buitenlandse bezetting weerhielden de Duitsers ervan om elkaar naar de keel te vliegen. Het waren anderen die wraak op de Duitsers zouden nemen.

Hans Graf von Lehndorff werkte als arts in een ziekenhuis in de oude Pruisische stad Königsberg, nu het Russische Kaliningrad, toen die stad in april 1945 door het Rode Leger werd ingenomen. In zijn helder geschreven dagboek beschrijft de diepreligieuze Lehndorff hoe Russische troepen, stomdronken na de plundering van een nabijgelegen likeurstokerij, de ziekenzalen komen binnenstormen en iedere vrouw verkrachten die ze kunnen vinden, ook stokoude en bloedjonge, de verpleegsters en de patiënten, van wie sommigen zo zwaargewond zijn dat ze nauwelijks bij bewustzijn zijn. Enkele vrouwen smeken de soldaten om hen dood te schieten, maar deze daad van genade wordt hun zelden vergund voordat ze zo gewelddadig zijn verkracht, dat een executie in de meeste gevallen overbodig is.

Lehndorff was geen nazi. Integendeel. Net als de andere leden van zijn aristocratische familie gruwde hij van de nazi's. Zijn moeder was gearresteerd door de Gestapo. Een van zijn neven was terechtgesteld omdat hij had deelgenomen aan het complot van 20 juli 1944 om Hitler te vermoorden. Wanneer hij zijn stad ziet branden en er getuige van is dat de vrouwen worden verkracht, de mannen worden opgejaagd en de kapotgeschoten huizen systematisch worden geplunderd, vraagt dokter Lehndorff zich af wat dit allemaal betekent: 'Heeft dit nog iets met wilde natuur te maken of met wraakzucht? Met wraak misschien [...]. Wat een moeite om de chaos zo te openbaren! [...] En die opgehitste kinderen, vijftien, zestien jaar, die zich als wolven op de vrouwen werpen zonder goed te beseffen wat ze doen. Dat heeft niets met Rusland te maken, niets met een bepaald volk of een bepaald ras – dat is de mens zonder God, de karikatuur van de mens. Anders zou me dit alles niet zo'n pijn doen – als een persoonlijke schuld.'[6]

Het zijn nobele gevoelens en Lehndorff heeft zeker gelijk als hij zegt dat mensen, wanneer ze met anderen kunnen doen wat ze willen, tot het slechtste in staat zijn, en daar zelfs maar al te zeer toe bereid zijn. Maar het slechtste wordt juist vaak aangericht door mensen die ervan overtuigd zijn dat God, of een of ander wereldssubstituut daarvan, aan hun kant staat. Wraak komt zelden zomaar uit de lucht vallen. Gewoonlijk zit er een persoonlijke of collectieve geschiedenis aan vast. Als we de Joden buiten beschouwing laten, waren de burgers van de Sovjet-Unie het volk dat het meest onder de wreedheid van de Duitsers te lijden had gehad. De aantallen zijn haast onvoorstelbaar. Er sneuvelden meer dan acht miljoen Sovjet-Russische soldaten, van wie er 3,3 miljoen doelbewust werden doodgehongerd in openluchtkampen waar ze in de verstikkende hitte mochten wegrotten of in de vrieskou mochten verstenen. Onder de burgerbevolking vielen zestien miljoen doden. Alleen de Chinezen komen enigszins in de buurt met hun tien miljoen burgers die onder de Japanse bezetting het leven lieten. Maar dat zijn slechts statistieken en die vertellen niet het hele verhaal. Moord en uithongering gingen gepaard met onophoudelijke vernedering. In de ogen van de Duitsers waren de Russen, net als andere Slavische volkeren, een lagere mensensoort, *Untermenschen*, wier enige rol zou zijn om als slaven voor hun Duitse *Herren* te werken. En degenen die niet in staat waren om te werken verdienden het niet om gevoed te worden. Nazi-Duitsland had zelfs een beleid – het Hongerplan – om de Russische volkeren te laten doodhongeren zodat ze de Duitsers van meer *Lebensraum* en voedsel konden voorzien. Als het was uitgevoerd zou dit monsterlijke economische plan tientallen miljoenen mensen het leven hebben gekost.

Wraak was niet alleen een kwestie van woede of een gebrek aan discipline. Mannen die door hun eigen officieren wreed worden behandeld, reageren hun leed ook vaak af op de burgerbevolking. Dit is één verklaring voor de wreedheid van de Japanse soldaten in China, nog afgezien van de racistische minachting voor de Chinezen, die te vergelijken is met de Duitse houding tegenover de Slavische volkeren. En het is al te bekend dat Russische soldaten niet alleen meedogenloos werden behandeld door hun militaire superieuren, maar ook door de politiek commissarissen en door de geheime politie. Toen de Duitsers gedwongen werden zich terug te trekken uit de Sovjet-Unie kregen de troepen van het Rode Leger bovendien de expliciete opdracht om zich helemaal uit te leven wanneer ze eenmaal het Duitse grondgebied hadden betreden. Bij de grens stonden borden met in het Russisch: 'Soldaat, je bent in Duitsland: neem wraak op de hitleristen.'[7] De woorden van propagandisten als Ilja Ehrenburg waren dagelijks in hun hoofd gestampt: 'Als je een dag geen Duitser gedood hebt, heb je die dag verknoeid. [...] Als je een Duitser hebt gedood, dood dan een volgende: niets geeft meer vreugde dan Duitse lijken.'[8] Maarschalk Zjoekov stelde in zijn orders van januari 1945: 'Wee het land van de moordenaars. We zullen voor alles verschrikkelijk wraak nemen.'[9]

Mannen die jarenlang als Untermenschen waren vernederd en gewoonlijk vrienden en familieleden hadden verloren, veelal in gruwelijke omstandigheden, hadden weinig aanmoediging nodig. Er was nog een andere factor. De Russen waren al gevoed met propaganda over de hebzucht van het bourgeois kapitalisme. En dit was de gelegenheid voor revolutionair geweld. Wat de soldaten, van wie sommigen zelden elektriciteit hadden gezien, laat staan luxeproducten als polshorloges, nog het meest schokte, was dat de meeste Duitse burgers, zelfs in de verschrikkelijke omstandigheden van gebombardeerde steden en oorlogstekorten, nog in relatieve welvaart leefden. Hebzucht, etnische woede, klassenhaat, politieke propaganda, verse herinneringen aan de wandaden van de Duitsers, dat alles prikkelde de wraakzucht. Zoals een Russische officier het stelde: 'Hoe dieper we in Duitsland doordringen, hoe meer we walgen van de overvloed die we overal aantreffen. [...] Ik zou al die nette rijen blikken en flessen met mijn vuist kapot willen rammen.'[9]

Zelfs als het niet door wraakzucht werd gevoed, kon dit gevoel tot hevige agressie leiden. Toen het Russische Rode Leger op 9 augustus 1945, minder dan een week voor de Japanse capitulatie, Noordoost-China, of Mantsjoerije, binnenviel, gingen de troepen uitzinnig tekeer in grote steden als Harbin, Mukden (Shenyang) en Shinkyo (Changchun). De Russen hadden geen enkele reden om wraak te nemen op de grote Japanse bevolkingsgroepen in deze steden, laat staan op de Chinezen. Japan had nooit een deel van de Sovjet-Unie bezet, al hadden de Japanners Rusland een vernederende nederlaag toegebracht in de Russisch-Japanse oorlog van 1905-1906, die om hetzelfde Mantsjoerije werd uitgevochten. De enige keer dat Japan de stommiteit had begaan om de Sovjet-Unie aan te vallen, in 1939, aan de Mongoolse grens, werden de Japanners verpletterend verslagen. En toch leek het gedrag van de Sovjettroepen in Noordoost-China op dat van vijftiende-eeuwse *conquistadores*.

Net als de Duitse bevolkingsgroepen in Oost-Europa waren de Japanse burgers uiterst kwetsbaar. En wel om dezelfde reden: waar de meeste Duitse SS'ers, officieren van de Wehrmacht en hogere nazifunctionarissen naar het westen waren gevlucht, hadden de Japanse legerofficieren en regeringsambtenaren beslag gelegd op de laatste treinen naar de schepen die hen naar Japan zouden terugbrengen. De bevolking moest zich maar zelf zien te redden. Dit betekende dat er ongeveer twee miljoen Japanse burgers zonder enige vorm van verdediging in de val zaten. Het merendeel was na 1932 naar het vasteland geëmigreerd, toen Mantsjoerije de Japanse marionettenstaat Mantsjoekwo werd; emigratie werd actief bevorderd door de Japanse regering, die Lebensraum voor de plattelandsbevolking zocht. In de steden – Mukden, Shinkyo, Kirin, Harbin – ontstond een complete Japanse samenleving met banken, spoorwegen, warenhuizen, scholen, kunstacademies, bioscopen en restaurants. Op het platteland waren de Chinezen van hun land verjaagd om plaats te maken voor Japanse kolonisten. Dit werd allemaal gerechtvaardigd door de officiële Japanse propaganda over Azië voor de Aziaten, het dappere Nieuwe Oosten, dat moderner, efficiënter en rechtvaardiger zou zijn dan de oude westerse koloniale orde.

Sommige Chinezen maakten gebruik van de Japanse nederlaag door Japanse burgers te beroven. Zij hadden wel een reden om zich gekrenkt te voelen. In Mantsjoekwo, dat door het Japanse Kwantung-leger was gesticht, werden de Chinezen behandeld als derderangsburgers, minderwaardiger dan de Koreanen en overgeleverd aan de genade van bijna elke Japanner. Maar zoals veel Japanners het zich herinnerden waren de Russen veel erger dan de Chinezen. Uit een ooggetuigenverslag: 'Ze vielen schietend met hun pistolen de Japanse huizen binnen en grepen niet alleen ieder voorwerp dat hun wel beviel, maar verkrachtten ook iedere vrouw die hun wel aanstond.'[10]

De Japanners die, vooral te voet, verder naar het zuiden vluchtten om aan de Russische troepen te ontkomen, verging het vaak niet veel beter. Het eten raakte op. Er brak tyfus uit op de door luizen geteisterde lichamen. Baby's werden verstikt om te voorkomen dat ze met hun gehuil de aandacht van wraakzuchtige Chinese, Koreaanse of Sovjetsoldaten zouden trekken. Kleine kinderen werden aan Chinese boeren meegegeven, omdat de ouders hoopten dat ze op die manier tenminste zouden overleven. Al met al kwamen er bij deze beproevingen meer dan elfduizend Japanse kolonisten om het leven, waarvan ongeveer een derde door zelfmoord.

Verhalen over het Russische geweld verspreidden zich snel en waren de oorzaak van de vreemde maatregelen die men soms nam om de troepen van het Rode Leger kalm te houden. In de stad Andong, aan de grens tussen Mantsjoerije en Korea, besloot de Japanse gemeenschap de Russische troepen met een welkomstcomité te ontvangen. Japanse kinderen kregen rode vlaggetjes, bij het station verrees een boog die was versierd met nog meer rode vlaggen en spandoeken met slogans die de diepe gevoelens van vriendschap voor de Sovjet-Unie verwoordden, en de plaatselijke Japanse notabelen hadden uitbundige welkomsttoespraken voorbereid. Ze wachtten, en wachtten, en wachtten. De kinderen vielen in slaap met hun vlaggetjes nog in hun hand. Het was midden in de nacht toen de Japanners hoorden dat het Rode Leger besloten had een andere route te nemen en voorlopig nog niet in Andong zou arriveren.

In Japanse ooggetuigenverslagen wordt het leed dat door de Sovjettroepen onder de Chinezen werd aangericht nogal eens buiten beschouwing gelaten, maar het is waar dat de Japanse burgers meer te lijden hadden. Hun rijkdom, of althans hun vermeende rijkdom, was duidelijk een prikkel. De eerder aangehaalde getuige vertelde daarover het volgende: 'Russische soldaten paradeerden door de stad alsof ze er de baas waren, met polshorloges aan beide armen, camera's die aan hun schouders bungelden en vulpennen die in rijen uit hun jaszakken staken.'[11] Net als in Duitsland waren veel soldaten in Mantsjoerije onbekend met de attributen van de moderne wereld. Als horloges het niet meer deden omdat hun nieuwe eigenaren ze niet hadden opgewonden, werden ze weggegooid – om te worden opgeraapt door Chinese straatjongens die ze op de zwarte markt verkochten. Sommige soldaten waren zo bang van de elektrische ventilatoren dat ze er met hun geweer op schoten.

Toch zouden de Sovjetsoldaten nooit op zo'n grote schaal hebben geplunderd als het niet officieel was aangemoedigd, of als de autoriteiten niet zelf het voorbeeld hadden gegeven. Wat stellen een paar horloges nou voor vergeleken bij de complete Japanse fabrieken, mijnen, spoorwegen en banken die de autoriteiten stalen? De Sovjets konden het alleen maar verantwoorden – niet dat ze daar nu erg hun best voor deden – door het voor te stellen als een rechtvaardige handeling in de oorlog tegen het fascisme, dat in de communistische propaganda simpelweg een uitvloeisel van het kapitalisme was. Diefstal was onderdeel van het revolutionaire doel. In elk geval is vernedering, tenzij het de vernedering is van de armen die in een wereld van relatief rijken terechtkomen, geen afdoende verklaring voor het gedrag van de Sovjets in Noordoost-China. Duitsland was een andere zaak. En daar was het Russische geweld nog erger.

De beste manier om vernedering met vernedering te vergelden, is door de vrouwen in het openbaar te verkrachten in het bijzijn van de mannen, die niet bij machte zijn om er iets aan te doen. Het is de oudste vorm van terreur in menselijke conflicten, en de Russen waren hierin niet uniek. Daar had dokter Lehndorff gelijk in. Maar de rechtvaardigingen die mensen aanvoeren voor hun wreedheden zijn niet altijd dezelfde. Door het verschil in rijkdom, en door de rassenhaat, ontstond er een vicieuze cirkel van wederzijds vijandige propaganda die het gedrag van de Sovjets in Duitsland bijzonder gewelddadig maakte. Duitsers kregen te horen dat ze moesten strijden tot de dood om te voorkomen dat hun vrouwen ten prooi zouden vallen aan de 'Aziatische' of 'Mongoolse' barbaren. Hoe heviger het verzet van de Duitsers, hoe liever de 'barbaren' wraak wilden nemen voor de wreedheden van de Duitsers, die veel grootschaliger waren geweest dan wat zij de Duitsers nu aandeden. Maar ook hier werd wraak in verband gebracht met de oorlog tegen het kapitalisme. Duitse vrouwen werden in de Sovjetpropaganda niet alleen afgebeeld als nazi's die even erg waren als de mannen, maar als dikke, verwende, rijke nazi's. In een Russische spotprent zoeken een rijke Duitse vrouw, haar dochter en een dienstmeisje, die worden omringd door oorlogsbuit uit Rusland, naarstig naar iets wat ze als witte overgavevlag kunnen gebruiken. Ironisch genoeg ziet een karikatuur van een Duitse vrouw ('Miss Veronica Dankeschön') in een Amerikaans legertijdschrift – mollig, blond, swastika's op haar jurk geborduurd – er precies zo uit. Het enige verschil is dat de GI's te horen kregen dat ze uit de buurt moesten blijven van Miss Veronica om geslachtsziekten te voorkomen, terwijl Sovjet-Russische soldaten werden aangemoedigd om te pakken waar ze recht op hadden. Zoals de slanke Russische ex-dwangarbeidster tegen haar voormalige meesteres op een andere Sovjet-Russische spotprent zegt: 'Nu zult u het zien, Frau. Ik kom innen.'[12]

En dat deden ze. De anonieme auteur van *Een vrouw in Berlijn* beschrijft gedetailleerd welke vernederingen vrouwen te verduren kregen. Daaruit blijkt hetzelfde soort weerzin dat ook al beschreven was door de soldaat die al die keurige snuisterijen in de *gutbürgerliche* Duitse huizen met zijn vuisten kapot wou slaan. Een van de vele keren dat ze door een soldaat wordt verkracht terwijl de anderen op hun beurt staan te wachten, valt haar op dat haar verkrachter haar nauwelijks lijkt op te merken. Zij is ook slechts een voorwerp, 'des te angstaanjagender is de duw waarmee hij me op het bed gooit. [...] Opeens vingers bij mijn mond, stank van paarden en tabak. Ik sper mijn ogen open. Handig wrikken de vreemde handen mijn kaken van elkaar. Oog in oog. Dan laat de man boven me bedachtzaam het in zijn mond opgespaarde spuug in mijn mond vallen.'[13]

Door Duitse vrouwen, en vooral vrouwen die over een onbeperkte rijkdom leken te beschikken, te verkrachten, en dan bij voorkeur in het bijzijn van de ontmande ex-strijders van het *Herrenvolk*, voelden de verachte Untermenschen zich weer mannen. Een hoge Sovjetofficier in Berlijn verwoordde het als volgt: 'In de eerste overwinningsroes schonk het onze kameraden ongetwijfeld een bepaald genoegen om die vrouwen uit het Herrenvolk te grazen te nemen.'[14] Dat deden ze echter niet alleen in die eerste overwinningsroes. In zijn wilde vorm, zonder enige officiële beperkingen, ging het verkrachten van Duitse vrouwen de hele zomer van 1945 door. Daarna probeerden de Sovjet-Russische militaire en civiele autoriteiten er hardhandig tegen op te treden, in elk geval af en toe en soms met draconische maatregelen, waaronder de doodstraf. In feite verdween het risico om door een Russische soldaat te worden verkracht pas toen de troepen in 1947 in de kazerne waren geconsigneerd.

Als de gewelddadigheid van de Sovjetsoldaten in Duitsland inderdaad zou voortkomen uit de zucht naar vergelding voor de vernederingen en de behoefte om hun mannelijke eer te herstellen, dan verklaart dat misschien ook waarom mannen die veel minder te lijden hadden gehad dan de Sovjets zich zo wraakzuchtig gedroegen. Tijdens de zogenaamde 'wilde zuiveringen' (*l'épuration sauvage*) in Frankrijk, die al voor de bevrijding in 1944 waren begonnen en daarna verdergingen, doodden verschillende gewapende bendes die banden hadden met het verzet en vaak uit communisten bestonden, ongeveer zesduizend mannen en vrouwen die ervan verdacht werden met de Duitsers te hebben gecollaboreerd. Twee keer zoveel vrouwen liet men bloot rondparaderen, met kaalgeschoren hoofd en met hakenkruizen op verschillende lichaamsdelen geklad. Ze werden uitgejoeld, bespuugd en op andere manieren gekweld. Sommigen werden opgesloten in geïmproviseerde gevangenissen en door hun cipiers verkracht. Er werden meer dan tweeduizend vrouwen gedood. Soortgelijke taferelen, zij het zeker niet op dezelfde schaal, vonden ook plaats in België, Nederland, Noorwegen en andere landen die van de Duitse bezetting waren bevrijd. Soms werden de vrouwen op de traditionele wijze door wraakzuchtige menigten met pek en veren besmeurd.

Collaboratie van vrouwen draaide voornamelijk om seks met de bezetter. In tegenstelling tot verraad stond dit vergrijp in geen enkel wetboek omschreven. Men zou het tactloos, zelfzuchtig, onfatsoenlijk of beledigend kunnen noemen, maar geen misdrijf. Om dergelijke gevallen te kunnen afhandelen, stelden de Fransen daarom in 1944 een nieuwe wet op. Mensen die de nationale moraal hadden ondermijnd met hun onpatriottische gedrag door bijvoorbeeld het bed te delen met de bezetter, hadden zich schuldig gemaakt aan 'nationale onwaardigheid' (*indignité nationale*) en werden daarom de burgerrechten ontnomen.

Allerlei mensen, zowel mannen als vrouwen, werden na de bevrijding op vaak uiterst gewelddadige wijze gezuiverd. Een groot aantal was schuldig aan landverraad, anderen werden gezuiverd omdat iemand persoonlijk wraak wilde nemen, en weer anderen om politieke redenen, omdat ze de communistische partij in de weg liepen, bijvoorbeeld. Maar een buitenproportioneel deel van de volkswoede kwam, vooral in het openbaar, op de vrouwen terecht die van 'horizontale collaboratie' werden beschuldigd. Dit valt ook, althans gedeeltelijk, te verklaren vanuit een gemeenschappelijk gevoel van vernedering. De onderwerping van Frankrijk aan de superieure Duitse macht werd vaak in seksuele termen beschreven. Het onstuitbare Duitse leger, dat een machtige, viriele natie vertegenwoordigde, had het weke, decadente, verwijfde Frankrijk gedwongen zich aan zijn wil te onderwerpen. Horizontale collaboratie, de giechelende jonge Française die op de knieën van de *Boche* zat en dure champagne zoop, was het pijnlijkste symbool van deze onderwerping. En daarom waren het de vrouwen die met maximale schande moesten worden overladen en gestraft.

Vlak voor de bevrijding en de wilde zuiveringen hadden Franse vrouwen voor het eerst stemrecht gekregen, om precies te zijn in april 1944. De volgende zinnen uit *Le Patriote de l'Eure*, een verzetskrant, die in februari 1945 werden gepubliceerd, zeggen veel over de destijds heersende houding tegenover de vrouwen die in de verkeerde armen waren beland: 'Binnenkort zien we hoe deze vrouwen zij aan zij met onze moedige, gewone Franse vrouwen, goede moeders, de vrouwen van krijgsgevangenen, hun stem uitbrengen. Maar we moeten degenen die ons stiekem hebben uitgelachen, die ons hebben bedreigd, die in de armen van de Boches zwijmelden, toch zeker niet toestaan om een stem te hebben in het lot van het herboren Frankrijk.'[15]

Zet die stiekem lachende, zwijmelende sloeries naast de deugdzame moeders en vrouwen van krijgsgevangenen, en je krijgt een idee van de schande en van de puriteinse moraal. De horizontale collaborateurs waren niet alleen onpatriottisch, maar ook een bedreiging voor de burgerlijke gezinsmoraal. Voeg hier het altijd giftige element economische afgunst aan toe, en de heilige verontwaardiging kan gemakkelijk ontploffen. Uit de aanklachten tegen de slechte vrouwen wordt niet altijd duidelijk wat nu het ergste werd gevonden: het seksueel immorele gedrag of het feit er materiële voordelen verbonden waren aan dat gedrag. Het deugde al niet om met de vijand naar bed te gaan, maar als je het ook nog beter had dan anderen was het helemaal een ernstig misdrijf. Het geval van ene madame Polge, de vrouw van een bekende voetballer uit Nîmes, kan als een gruwelijk voorbeeld dienen.

Tijdens de bezetting werd madame Polge de minnares van de plaatselijke Duitse bevelhebber, die de Franse achternaam Saint Paul had. In ruil voor haar diensten genoot ze allerlei materiële voordelen. Volgens een krant uit die tijd, *Le Populaire*, gaf madame Polge toe 'dat er dagelijks twee of drie liter melk werd bezorgd, evenals twee of drie keer in de week vers wild, van de commandant van de Boches. Ze was ook in staat om haar huis knus en warm te houden en om haar haar te laten doen, en dat alles zonder een centime te betalen. [...] En terzelfdertijd stierven arbeiders en hun kinderen van de honger.'[16] Madame Polge werd ter dood veroordeeld. Kaalgeschoren en naakt werd ze naar het executieterrein gereden. Nadat ze was doodgeschoten werd haar lijk tentoongesteld aan het goede volk van Nîmes, dat het onderspuugde en er met een bezemsteel in porde, de laatste schande die bij een moderne heks paste.

De vurigste vervolgers van de *filles de Boche* waren gewoonlijk niet de mensen die zich tijdens de oorlog bijzonder moedig hadden gedragen. Zodra de bezette landen werden bevrijd, kregen allerlei mannen het voor elkaar om te doen alsof ze lid van het verzet waren geweest en rond te paraderen met zojuist verworven armbanden en stenguns, en zich als helden te vermaken door op landverraders en slechte vrouwen te jagen. Wraak nemen is een manier om te verhullen dat je een slecht geweten hebt omdat je niets hebt gedaan toen het gevaarlijk was. Ook dit lijkt een universeel verschijnsel te zijn. Zoals de werkelijk heldhaftige Poolse dissident Adam Michnik het formuleerde toen hij tegen de zuivering van voormalige communisten na 1989 protesteerde: voor die tijd was er niets waarvoor hij zich schaamde en daarom hoefde hij nu niet te bewijzen dat hij een held was door met de vinger naar anderen te wijzen. Deze menselijke houding, die altijd al zeldzaam is, was ook in 1945 niet bepaald gebruikelijk.

Hebzucht, vooroordelen en een slecht geweten speelden allicht ook een rol bij de meest perverse vorm van wraak die in 1945 werd genomen, namelijk de vervolging van de Joden in Polen. De oude Joodse gemeenschap in Polen was bijna geheel vernietigd. Drie miljoen Poolse Joden waren vermoord, ofwel doodgeschoten of vergast, bijna allemaal op Pools grondgebied. Tien procent was erin geslaagd te overleven door onder te duiken bij Poolse niet-Joden of door naar verre delen van de Sovjet-Unie te vluchten. Als deze fysiek en mentaal gewonde overlevenden naar hun woonplaats kwamen teruggestrompeld, nadat ze al hun of bijna al hun vrienden en verwanten hadden verloren, ontdekten ze meestal dat ze niet langer welkom waren. Of erger nog: ze werden vaak bedreigd en uit hun woonplaats verdreven. Er woonden nu andere mensen in hun huis. De synagogen waren verwoest. De bezittingen die ze eventueel hadden achtergelaten waren allang gestolen, vaak door vroegere buren. En er waren maar weinig mensen die bereid waren iets terug te geven.

Zo ging het ook in andere delen van Europa. Veel Joden die naar hun huis in Amsterdam, Brussel of Parijs teruggingen, kwamen tot de ontdekking dat ze daar ook geen thuis meer hadden. Maar in Polen, en vooral buiten de grote steden, liepen de Joden lichamelijk gevaar. Er waren gevallen van gezinnen die uit treinen werden getrokken, van al hun bezittingen werden beroofd en ter plekke werden gedood. Tussen de zomer van 1945 en die van 1946 werden meer dan duizend Joden vermoord. Zelfs in de steden waren ze niet altijd veilig.

Op 11 augustus 1945 werd in Kraków het gerucht verspreid dat er een christenkind door Joden in een synagoge was vermoord. Dit was een geactualiseerde versie van een eeuwenoud antisemitisch verzinsel. Er deden onheilspellende verhalen de ronde over Joodse overlevenden die christelijk bloed zouden drinken om weer op krachten te komen. Al snel verzamelde zich een meute die werd geleid door politieagenten en mannen van de Milicja. Ze vielen de synagoge aan, plunderden Joodse huizen en tuigden op straat mannen, vrouwen en kinderen af. Er werden diverse mensen vermoord (het precieze aantal is niet bekend). Het was een bloedige pogrom tegen mensen die maar net een genocide hadden overleefd. Zwaargewonde Joden werden naar het ziekenhuis gebracht, waar sommigen opnieuw in elkaar geslagen werden terwijl ze op een operatie wachtten. Een vrouwelijke overlevende herinnerde zich 'het commentaar van de soldaat en de verpleegkundige die meereden; ze spraken over ons als Joods tuig dat zij moesten redden, en dat ze dat niet zouden moeten doen omdat wij kinderen vermoordden, dat wij allemaal doodgeschoten moesten worden'. Een andere verpleegster beloofde de Joden aan stukken te rijten zodra ze klaar waren met de operaties. Een spoorwegman in het ziekenhuis zei: 'Het is toch schandalig dat een Pool niet de burgermoed bezit om een weerloos persoon te slaan.'[17] De man zette zijn woorden om in daden en begon een gewonde Jood te meppen.

Ook de Polen hadden verschrikkelijk onder de Duitse bezetting geleden. Als Untermenschen werden ze net als de Sovjets als slaven behandeld, hun hoofdstad was met de grond gelijkgemaakt en er waren meer dan een miljoen niet-Joodse Polen vermoord. Dat de Duitsers hadden besloten om hun vernietigingskampen op Pools grondgebied te bouwen, kon de Polen niet kwalijk genomen worden. Maar toch was het alsof de Polen hun eigen leed afreageerden op het enige volk dat nog meer had geleden.

Een veelgehoorde verklaring is dat de wraak van de Polen gebaseerd was op het idee dat de Joden verantwoordelijk waren voor de communistische onderdrukking. Toen Sovjet-Russische troepen verschillende delen van Polen hadden bezet, hoopten sommige Joden dat die hen tegen de Poolse antisemieten of de nog moordzuchtiger Duitsers zouden beschermen. Het communisme had als tegengif tegen het etnische nationalisme lange tijd een vanzelfsprekende aantrekkingskracht uitgeoefend op de leden van een kwetsbare minderheid. Maar terwijl veel communisten Joods waren, waren de meeste Joden geen communist. Daarom was wraak op Joden voor het zogenoemde 'Judeocommunisme' op zijn zachtst gezegd misplaatst. Misschien was de voornaamste reden om wraak te nemen trouwens helemaal niet politiek, want de meeste Joden werden na de oorlog niet aangevallen omdat ze communist waren, maar omdat ze Joods waren. En Joden werden in de antisemitische leer niet alleen met het bolsjewisme geassocieerd, maar ook met het kapitalisme. Men ging ervan uit dat ze geld hadden, dat ze het beter hadden dan anderen en zelfs dat ze voorgetrokken werden. Ook de communisten buitten het antisemitisme uit als dat ze zo uitkwam, en dat is de reden waarom de meeste Joodse overlevenden uiteindelijk hun geboorteland verlieten.

In wezen waren de meeste Joden arm, maar toch bleef de indruk bestaan dat ze bijzonder welvarend waren. Dit had iets te maken met een kwaad geweten, dat soms op een vreemde manier door de communistische propaganda tegen Joodse kapitalisten werd gesust. De Polen droegen beslist geen verantwoordelijkheid voor het Duitse plan om de Joden uit te roeien, maar ze stonden wel in groten getale met paard-en-wagen aan de rand van het getto toe te kijken en te wachten tot de Joden uit de weg waren geruimd en ze de kans kregen om hun huizen te plunderen. En net als veel andere Europeanen betrokken anderen graag de huizen en de appartementen waarvan de wettelijke eigenaren waren weggevoerd om vermoord te worden.

Op sommige plaatsen, vooral in dorpen in het noordoosten in de buurt van Białystok, namen Polen het moorden zelf voor hun rekening. In juli 1941 werden de Joden uit Radziłów opgesloten in een grote schuur en levend verbrand terwijl hun dorpsgenoten rondrenden en hun tassen volstopten met de buit. Een ooggetuige vertelt: 'Toen de Polen de Joden bijeen begonnen te drijven en verjoegen, begon meteen het plunderen van de Joodse huizen. [...] Ze werden krankzinnig, braken de huizen binnen, scheurden dekens aan stukken; de lucht was vol veren, en ze propten gewoon hun zakken vol, renden naar huis en kwamen weer terug met een lege zak.' Een familie, de Finkelsztajns, slaagde erin te vluchten. Toen ze waren teruggekeerd vroegen ze de priester om hen te bekeren zodat ze een betere overlevingskans zouden hebben. De dochter, Chaja, herinnert zich de gesprekken in het dorp: 'Ze hadden het altijd over één ding: wie wie geplunderd had en hoe rijk de Joden waren geweest.'[18]

We moeten vooral niet vergeten dat er ook niet-Joodse Polen waren die zich heel anders gedroegen. Het bracht grote risico's met zich mee om Joden verborgen te houden of te helpen, niet alleen voor degene die hulp bood, maar voor zijn of haar hele gezin. Iemand die in een West-

Europees land werd betrapt, kon wegens hulp aan Joden naar een concentratiekamp worden gedeporteerd. In Polen kon je ervoor worden opgehangen. Toch overleefde een klein aantal Joden dankzij de moed van niet-Joodse Polen. Polen adopteerden Joodse kinderen en hielpen gezinnen onderduiken. Een beroemd geval is dat van de kleine crimineel Leopold Socha. Hij hield verscheidene Joodse families verborgen in de riolen van Lwów. Meer dan twintig mensen overleefden ondergronds door Socha's broodkorsten te eten en zich in het donker de ratten van het lijf te houden, en verdronken ten minste één keer bijna toen de riolen na zware regenval onderliepen. Toen ze opdoken uit het mangat, waren ze bleek en uitgemergeld en zaten ze onder de luizen en de uitwerpselen, en waren de mensen boven de grond verbaasd dat ze nog een Jood in leven zagen. Enkele maanden later overleed Socha tijdens een ongeluk. Hij werd overreden door een dronken Russische vrachtwagenchauffeur. De buren fluisterden dat het Gods straf was omdat hij Joden had geholpen.[19]

Dat is misschien wel het schokkendste aan het verhaal over Polen na de oorlog. Mensen die Joden hadden geholpen en hadden voorkomen dat ze werden vermoord, konden er maar beter niet over praten. Niet alleen om Gods toorn over de geboden hulp aan de moordenaars van Christus, maar ook om de vermoede buit. De Joden hadden geld, zo veronderstelde men, en hadden hun redders vast rijkelijk beloond, en daarom was iedereen die toegaf dat hij Joden verborgen had gehouden een doelwit voor plundering.

Zelfs toen ze allang dood waren, dacht men dat er bij de Joden nog iets te halen viel. In het najaar van 1945 was het voormalige vernietigingskamp Treblinka, waar meer dan achthonderdduizend Joden waren omgebracht, één groot, modderig massagraf. De boeren uit de omgeving gingen er op zoek naar schedels waaruit ze misschien nog gouden kronen konden halen die de nazi's over het hoofd hadden gezien. Duizenden mensen ploegden het terrein om met machines of zeefden de bergen as, zodat het massagraf in een enorm veld van diepe kuilen en gebroken beenderen veranderde.

De Polen waren niet uniek, zoals gezegd. Inhaligheid was een veelvoorkomend gevolg van de bezetting die ontelbare Europeanen had getroffen. De historicus Tony Judt merkte op: 'De opvattingen van de nazi's over het recht op leven zijn terecht berucht. Toch vormen hun opvattingen over het recht op *eigendom* misschien wel hun belangrijkste praktische nalatenschap aan de manier waarop de wereld na de oorlog vorm kreeg.'[20] Eigendommen die voor het oprapen liggen, zetten nu eenmaal aan tot geweld. Wat ongebruikelijk is aan Polen is de *omvang* van de plunderingen. Door de oorlog was een hele nieuwe klasse opgekomen, die in principe de bezittingen van degenen die vermoord of verdreven waren inpikte. Een sluimerend schuldgevoel kan perverse gevolgen hebben.

Het werd in september 1945 bondig omschreven in het Poolse weekblad *Odrodzenie*: 'We kenden in dit land een volledige maatschappelijke laag – de nieuw ontstane Poolse bourgeoisie – die de plaats innam van vermoorde Joden, vaak letterlijk, en die de Joden heviger haatte dan ooit tevoren, mogelijk omdat ze het bloed aan haar eigen handen rook.'[21]

Deze ontwikkeling verklaart de soms bloedige wraak op de voornaamste slachtoffers van Hitlers Reich beter dan wat dan ook. Het plunderen van Joden maakte, in zekere zin, deel uit van een grotere maatschappelijke revolutie. En dit soort wraak zou ook nooit hebben plaatsgevonden als machtige opportunisten binnen het Poolse ambtelijke apparaat en de politie er niet stilzwijgend of actief aan hadden meegewerkt. Het was in 1945 niet het officiële beleid van de door de communisten overheerste regering om achter de Joden aan te gaan, maar aanmoediging van de lagere beambten was vaak al genoeg.

Dat de Polen wraak wilden nemen op de Duitsers is begrijpelijker. Maar ook dat was gedeeltelijk het gevolg van de klassenstrijd. Al eeuwenlang woonden er Duitsers in gebieden als Silezië en Oost-Pruisen, die nu deel van Polen zijn. Grote steden als Breslau (Wrocław) en Danzig (Gdańsk) waren grotendeels Duits. Duits was de taal van de stedelijke elite, de artsen, bankiers, professoren en zakenmensen. In 1945 woonden er nog altijd meer dan vier miljoen Duitsers in de voormalige Duitse gebieden die door de Russische troepen waren bezet. Ongeveer hetzelfde aantal mensen was zo bang geworden door de verhalen die ze over het gedrag van de Russen hadden gehoord dat ze al naar het westen waren gevlucht. De plannen om de rest van de Duitse bevolkingsgroepen uit te zetten waren al lang voor mei 1945 duidelijk. In 1941 had generaal Sikorski, de Poolse premier die in Londen in ballingschap zat, beweerd dat 'de Duitse horde, die eeuwenlang naar het Oosten doorgedrongen is, vernietigd moet worden en gedwongen om zich terug te trekken [naar het Westen]'.[22]

Dat beleid was goedgekeurd door de geallieerde leiders. Erger nog, Stalin raadde de Poolse communisten aan 'om de omstandigheden voor de Duitsers te creëren waardoor ze zelf zouden willen vluchten'. En Churchill had het Lagerhuis in december 1944 al laten weten dat 'uitzetting, voor zover we het kunnen overzien, de meest bevredigende en duurzame methode zal zijn'.[23]

Zolang het Rode Leger de macht had, hielden de Polen zich nog in. Libussa Fritz-Krockow, een telg uit een adellijke familie van grootgrondbezitters uit Pommeren, herinnerde zich dat ze zich soms zelfs beschermd voelden door de Russen, hoewel deze zelfde Russen 'verantwoordelijk waren voor het grootste deel van de verkrachtingen en de plunderingen'. Maar, merkte ze op, 'hun geweld was voor ons op de een of andere manier toch begrijpelijk, of we het nu verklaarden als het principe van oog om oog, als totale vervoering of als het recht van de veroveraar. De Polen waren daarentegen puur opportunistisch. Hun greep naar de macht was geheel verschillend van aard. Die had iets kouds en heimelijks, bijna stiekems, waardoor het veel onheilspellender was dan puur geweld.'[24]

De Krockows waren geen nazi's. Christian von Krockow, die de herinneringen van zijn zuster Libussa opschreef, was een liberaal die heel goed begreep dat hun leed 'het gevolg van onze eigen Duitse waanzin' was.[25] Maar misschien zit er een spoor van anti-Poolse vooringenomenheid of bitterheid in Libussa Fritz-Krockows verklaring, en misschien zelfs van een gevoel van verraad. Dat gevoel was niet ongebruikelijk. Een Duitse predikant, Helmut Richter, bracht hetzelfde onder woorden. Hij had altijd verwacht dat de Polen zich fatsoenlijk zouden gedragen. Hadden de Duitsers hen vroeger tenslotte niet goed behandeld? Maar nu was hij zich bewust van 'de verschrikkelijke aard van deze oosterse volkeren'. Lange tijd hadden ze zich fatsoenlijk gedragen, zolang ze tenminste 'een dreigende vuist boven hun hoofd' voelden, maar toen ze de 'kans kregen om macht over anderen te verwerven' werden ze barbaars.[26] Zo praten kolonisten altijd over de 'inboorlingen'. Het verschil met de meeste Europese koloniën in Afrika en Azië is echter dat veel van de voormalige kolonisten in dit geval zelf inboorlingen waren, al waren het dan inboorlingen van een bevoorrechte klasse.

Hoe dan ook mochten de Russische troepen van de Polen meteen vertrekken uit de veroverde gebieden die nu officieel deel van Polen waren. En de wreedheden die voortvloeiden uit de massale uitzettingen en volksverhuizingen waartoe de grootmachten in Jalta besloten hadden, waren niet alleen het gevolg van de Poolse wraak. Meer dan twee miljoen 'Congres-Polen' verhuisden van het gebied ten oosten van de Pools-Russische grens, dat nu deel van Oekraïne was, naar Silezië en andere gebieden die waren schoongeveegd. Daarom namen ze Duitse huizen, Duitse banen en Duitse bezittingen in, en dat proces verliep zelden vreedzaam.

De etnische zuiveringen begonnen natuurlijk niet pas in 1945. Hitler had Polen uitgezet en Joden vermoord om in Silezië en andere grensstreken ruimte vrij te maken voor Duitse immigranten. Maar de verbittering over betwiste gebieden ging verder terug. Zoals zo vaak met bloedige etnische wraak ging er een geschiedenis van burgeroorlogen aan vooraf. Bij de nederlaag van Duitsland en het Oostenrijks-Hongaarse Rijk in 1918 moest ook over het lot van hun grondgebieden in Silezië worden beslist. Er gingen stukjes naar Oostenrijk, naar Tsjecho-Slowakije, naar Polen en naar Duitsland. Over Opper-Silezië bleef echter onenigheid bestaan. Er bestond een sterke Opper-Silezische onafhankelijkheidsbeweging, die door plaatselijke Polen en Duitsers werd gesteund. Maar de geallieerden besloten in 1919 dat een plebisciet zou moeten bepalen of het gebied naar Polen of naar Duitsland ging. Dit besluit leidde tot ernstige gewelddadigheden. Gewapende Poolse nationalisten vielen Duitsers aan, vooral in de industriële gebieden rond Kattowitz (Katowice), niet ver van Auschwitz (Oświęcim). Deze aanvallen lokten nog bloediger represailles uit van gewelddadige Duitse huurlingen van het ultranationalistische, paramilitaire Freikorps, een broedplaats voor de toekomstige nazibeweging die na de Duitse nederlaag in het najaar van 1918 werd opgericht. 'Zwart-goud-rood, sla de Polen dood!' was een van hun charmante leuzen. De meerderheid koos voor Duits bestuur in Opper-Silezië, en deze uitslag veroorzaakte nog meer geweld. Uiteindelijk ging er toch een deel van Opper-Silezië naar Polen. Maar in 1945 waren de herinneringen nog vers, vooral vanwege de manier waarop de Polen onder de Duitse bezetting behandeld waren.

De familie van Josef Hoenisch woonde al vele generaties in Opper-Silezië. Omdat hij nooit lid was geworden van de NSDAP dacht hij in 1945 dat het veilig was om daar te blijven wonen. Dat was verkeerd gedacht. Hij werd gevangengenomen door de Poolse Milicja, die de plaats van de Sovjet-Russische troepen had ingenomen. Toen hem door de ondervragers van de Milicja werd gevraagd of hij een nazi was geweest, antwoordde hij natuurlijk ontkennend en werd hij in zijn gezicht geschopt. Dit ging enige tijd door, tot hij onder het bloed zat en naar een cel van twee bij drie meter werd gesleurd waar al negen andere Duitse gevangenen stonden. De leden van de Milicja, herinnerde hij zich, vonden het leuk om hun gevangenen, zowel mannen als vrouwen, te bevelen om zich uit te kleden en elkaar te slaan. Na acht dagen werd Hoenisch geconfronteerd met een voormalige klasgenoot, de Poolse wielenmaker Georg Pissarczik, die in 1919 tegen de Duitsers had gevochten over het lot van Opper-Silezië. Dit was Pissarcziks kans om wraak te nemen. Nu zou de Duitser eindelijk zijn verdiende loon krijgen. Het verhaal neemt echter nog een typisch Silezische wending. De twee mannen ontmoetten elkaar weer, en Pissarczik werd er door zijn vroegere klasgenoot aan herinnerd dat Hoenisch' vader de vader van Pissarczik aan het begin van de jaren twintig aan een baan geholpen had, toen geen enkele Duitser hem wilde aannemen. Kon Pissarczik hem nu op zijn beurt niet helpen? Vier weken later werd Hoenisch vrijgelaten.

Helaas wordt Hoenisch' verhaal net als veel andere ooggetuigenverslagen van Duitse slachtoffers ontsierd door een opmerkelijk onbegrip voor het leed van anderen. Hij merkt op dat hij veel geluk heeft gehad omdat hij na zijn vrijlating niet naar Auschwitz is gestuurd, een van die 'beruchte Poolse dodenkampen [na de oorlog] waar geen Duitser levend uit kwam'.[27] Dezelfde taal sluipt binnen in andere verslagen van Duitse conservatieven. In zijn dagboek uit 1945 heeft de soldaat-schrijver Ernst Jünger het over Russische 'vernietigingskampen' en vergelijkt hij het 'antigermanisme' met antisemitisme. Kranten, schrijft hij, 'bezondigen zich' aan anti-Duitse sentimenten 'als een orgie'.[28]

Zelfs in de Duitse verslagen die stijf staan van het zelfbeklag zijn er maar heel weinig bewijzen te vinden dat veel Polen zich spontaan te buiten zijn gegaan aan collectieve vergeldingsacties. Maar veel onschuldige Duitsers werden er wel degelijk valselijk van beschuldigd nazi's of zelfs ss'ers te zijn geweest en hebben vreselijk geleden. De interneringskampen, vaak in voormalige concentratiekampen van de nazi's, waren verschrikkelijk. En burgers in Silezië verloren hun burgerrechten als ze er niet voor kozen om de Poolse nationaliteit aan te nemen, wat hoe dan ook onmogelijk was als ze geen Pools spraken, en waren dan overgeleverd aan de genade van willekeurig welk lid van de Milicja of een kleine ambtenaar. Wie niet in staat was het appel in het Pools te volgen, kon op een reeks vuistslagen, stokslagen of erger rekenen.

Libussa Fritz-Krockow stond op het punt een tapijt uit haar ouderlijk huis te verkopen aan de vrouw van de Poolse burgemeester, die al eerder waardevolle goederen voor een fooi had overgenomen, toen ze op heterdaad werd betrapt door de Milicja. Voor Duitsers was het verboden om hun bezittingen te verkopen. Libussa werd voor dit misdrijf aan de schandpaal gezet zodat mensen haar in het gezicht konden spugen. Maar, vertelde ze, 'over het algemeen schraapten de Polen alleen hun keel, of ze spuugden op de grond, terwijl de Duitsers aan de andere kant van de straat gingen lopen'.[29]

De leden van de Milicja waren zonder enige twijfel schuldig aan de ergste gevallen van anti-Duits geweld. Ze hadden de leiding in de concentratiekampen, martelden en vermoordden willekeurige gevangenen en zetten mensen aan de schandpaal, soms zonder enige reden. De Milicja was haastig opgericht en rekruteerde veel van haar leden, vaak heel jonge criminelen, onder de meest louche Polen. Een van de beruchtste moordenaars, de commandant van het kamp Lamsdorf, Cesaro Gimborski, was pas achttien. Meer dan zesduizend mensen, onder wie achthonderd kinderen, werden onder zijn bevel gedood. Volgens alle ooggetuigenverslagen genoot hij van zijn macht, als een kind dat het leuk vindt om de poten van een vlieg uit te trekken.

Enkelen van de wreedste Milicja-mannen hadden de Duitse kampen overleefd, en dus speelde wraak zeker een rol. Maar opnieuw werd de bloeddorst aangewakkerd door afgunst en klassenhaat. Leraren, professoren, zakenlui en andere leden van de gegoede burgerij waren een populair doelwit. De Poolse bewakers, die kundige assistentie kregen van Duitse overlopers, beleefden een groot genoegen aan het martelen van hooggeplaatste gevangenen. Een professor die in Lamsdorf was geïnterneerd, werd doodgeslagen om de eenvoudige reden dat hij 'een intellectuele bril' droeg. Het doet, zowel door de jeugdigheid van de bewakers als hun voorkeur voor bepaalde slachtoffers, denken aan de Cambodjaanse

Rode Khmer, of aan de Rode Garde in China. Tieners opzetten tegen leraren en andere figuren die een bepaalde autoriteit bekleden is nooit zo moeilijk. In dit geval werd het sadisme nog heviger door het voorafgaande etnische conflict.

Ongeveer dezelfde dingen gebeurden in andere delen van het voormalige Oostenrijks-Hongaarse Keizerrijk waar Duitssprekende burgers woonden, die in 1919 opeens ingezetenen van een niet-Germaans land en vervolgens bevoorrechte onderdanen van Hitlers Reich waren geworden en uiteindelijk door hun voormalige buren, werknemers of zelfs vrienden werden verjaagd. Duitsers die het meest onder de wraakzucht te lijden hadden, waren het erover eens dat tienerjongens het gevaarlijkst waren. Ze werden opgehitst door volwassenen die vaak hun redenen hadden om wraakzuchtig te zijn. Veel Tsjechen en Slowaken hadden het zwaar gekregen toen Hitler in 1938 het Sudetenland annexeerde. Sommigen hadden Dachau, Buchenwald en andere Duitse concentratiekampen overleefd. Net als in Opper-Silezië zat de vijandschap diep: die ging terug tot de zeventiende eeuw, toen de protestantse Boheemse adel door de keizer van het Heilige Roomse Rijk werd weggevaagd. Sinds die tijd hadden de Duitsers de macht over de Tsjechen en de Slowaken en waren niet-Germanen slechts bedienden en kleine boeren. Dus ook hier was de zomer van 1945 de tijd van zowel etnische wraak als wraak op de hogere klasse. En ook hier werd de wraak van hogerhand aangemoedigd.

De Tsjechische president in ballingschap, Edvard Beneš, een nationalist die ooit van een harmonieus, multi-etnisch Tsjecho-Slowakije had gedroomd, besloot nu dat het Duitse vraagstuk eens en voor altijd moest worden opgelost. In 1945 verklaarde hij in een radio-uitzending: 'Wee, wee, wee, driemaal wee de Duitsers, we zullen jullie liquideren!'[30] In april, mei en juni werden de Duitsers door middel van verschillende decreten van hun recht op eigendom beroofd. Er werden 'Buitengewone volkstribunalen' opgericht om nazimisdadigers, landverraders en aanhangers van de nazi's te berechten. In oktober zou ook iedereen die de 'nationale eer' had geschonden worden gestraft, wat zo'n beetje op alle Duitsers van toepassing was.

Ook bij Tsjechen komt, net als bij andere menselijke wezens, het slechtste naar boven wanneer ze officieel tegen machteloze mensen worden opgezet. In Praag en in andere steden werden martelgevangenissen opgericht. Mannen die ervan verdacht werden ss'er te zijn geweest, werden aan lantaarnpalen opgehangen. Meer dan tienduizend Duitse ingezetenen werden samengedreven in het Strahov-stadion, waar er duizenden voor de lol met machinegeweren werden neergeschoten. De Revolutionaire Garde was het Tsjechische equivalent van de Poolse Milicja, jonge criminelen die van hogerhand toestemming kregen om hun bloeddorstige fantasieën uit te leven. Ze voerden de meutes aan, stenigden Duitsers op straat en molesteerden burgers die ooit bevoorrecht waren geweest of die 'een intellectuele bril' droegen. Maar ze genoten de steun van het leger en van de politieke kopstukken van het zojuist bevrijde land.

Eén verhaal – en lang niet het afschuwelijkste – moet volstaan om een indruk te geven van deze hete zomermaanden voordat er een einde kwam aan de geweldsorgie en er een nieuwe orde werd opgelegd – ongeveer op het moment dat het in andere delen van Europa wel zo'n beetje was afgelopen met de seksuele losbandigheid. Het is het verhaal van een Duitse actrice, Margarete Schell. Schell was in Praag geboren en was voor de oorlog beroemd door haar optredens in het theater en voor de radio. Op 9 mei werd ze gearresteerd door vier leden van de Revolutionaire Garde, van wie er een haar slager was. Samen met andere Duitse vrouwen werd ze naar het station gebracht om het puin van een bombardement op te ruimen. Ze moest zware tegels dragen, werd met geweerkolven geslagen en met zware legerlaarzen geschopt. De meute schreeuwde: 'Duitse varkens! Jullie hebben je al die jaren volgevreten, nou, daar moeten jullie je Führer voor bedanken!'

Vanaf dat moment escaleerde het snel: 'Ik had niets om mijn hoofd mee te bedekken, en het leek of de menigte geërgerd was over mijn haar. [...] Iemand herkende me en schreeuwde: "Zij was actrice!" Helaas waren mijn nagels gemanicuurd en gelakt, en mijn zilveren armband maakte de meute alleen maar razender.'[31]

Duitse vrouwen moesten foto's van Hitler opeten. Haar dat van hun hoofd was gehakt werd in hun mond gepropt. Schell werd naar een werkkamp gestuurd, waar ze om voor haar onbegrijpelijke redenen zweepslagen kreeg van Revolutionaire Gardisten. Toch was ze niet zo kortzichtig als andere Duitsers in Midden- en Oost-Europa. Niet alle Tsjechische gardisten misdroegen zich. Een man van de Revolutionaire Garde, die zag dat ze nauwelijks meer kon lopen, laat staan kon werken op haar versleten schoenen, bood aan om een paar sandalen voor haar te zoeken. En Schell merkte op: 'Als ik deze Revolutionaire Gardist hoor vertellen dat hij zeven maanden in een Duits concentratiekamp heeft gezeten, hoeven we niet echt verbaasd te zijn over de manier waarop we behandeld worden.'[32]

Schell begreep ook de achterliggende reden van de Tsjechische wrok. Ze vroeg zich nog steeds af waarom ze er op een dag werd uitgepikt voor een bijzonder harde afstraffing, maar herinnerde zich toen dat mensen haar hadden verteld dat de commandant haar 'te chic' vond. Op dezelfde dag, 8 augustus, schrijft ze in haar dagboek over een gemene vrouwelijke bewaker in de kampkeuken. 'De vrouwen,' merkt ze op, 'zijn overal het ergst. Dat heeft duidelijk met hun woede te maken omdat ze goed zien dat wij, ondanks ons huidige werk als slaven, nog altijd zijn wat we altijd waren.'[33]

Edvard Beneš was geen communist. Maar hij probeerde Stalin te vriend te houden en was zo onverstandig een bondgenootschap met de Sovjet-Unie te sluiten omdat hij zich nog herinnerde hoe zijn land al eerder door de westerse democratieën in de steek was gelaten. Dit duivelspact draaide erop uit dat de Communistische Partij in 1948 Tsjecho-Slowakije overnam. Maar het zaad van de revolutie was al aan het ontkiemen in het soort woede dat Margarete Schell zo scherp waarnam in de keuken van haar concentratiekamp. Het jaar 1945 was in Tsjecho-Slowakije, en vooral in de gebieden die eeuwenlang door Duitsers waren overheerst, een soort *Terreur*, behalve dan dat die hier, in tegenstelling tot twee eeuwen eerder in Frankrijk, voorafging aan de Revolutie.

Er staat nog iets in de dagboeken van Schell wat het vermelden waard is. Ze beschrijft hoe ze werd meegenomen naar een huis dat vroeger door agenten van de Gestapo werd bewoond. Haar groep gevangenen werd bevolen om de rommel van de schilders op te ruimen en het nieuwe meubilair naar binnen te brengen. De man die toezicht op hun werk moest houden was toevallig een Jood. Toch behandelde hij Schell en haar Duitse medegevangenen fatsoenlijk. 'Na vijf jaar in een concentratiekamp,' zei hij, waar hij zijn beide ouders en zijn zusters had verloren, wilde hij niemand slecht behandelen. Hij wist hoe het was om een gevangene te zijn. Hoewel hij een gegronde reden had om alle Duitsers te haten, reageerde hij zich niet op ons af.'[34]

Dat lijkt misschien opmerkelijk, een zeldzaam voorbeeld van medeleven in een tijd van gesanctioneerde onmenselijkheid. Maar terwijl er in heel Europa wraak werd genomen op Duitsers, op verraders, op vrouwen die de nationale eer hadden bezoedeld, op klassenvijanden en op fascisten, bleven de mensen die het meest te lijden hadden gehad uitzonderlijk beheerst. Dat is niet omdat Joden niet over de primitieve instincten beschikken die andere mensen tot wraak drijven. Het was ook zeker niet omdat de Joden in 1945 nog warme gevoelens koesterden voor de mensen die hadden geprobeerd hen uit te roeien. Het is wel zo dat de meeste kampoverlevenden te ziek of te afgestompt waren om zich nog in staat te voelen tot enige wraakzuchtige daad, ook al deden zich in sommige kampen gevallen van eigenrichting voor. En sommige Joodse Amerikanen die nazi's moesten ondervragen gaven misschien ook blijk van meer dan beroepsmatig enthousiasme voor hun taak. Een onderzoek naar de tamelijk hardhandige behandeling van Duitse SS-officieren in een gevangenis in de buurt van Stuttgart toonde aan dat van 137 mannen 'de testikels blijvend beschadigd waren door de trappen die ze van het Amerikaanse onderzoeksteam voor oorlogsmisdaden hadden gekregen'.[35] De meeste ondervragers hadden Joodse namen.

Maar dit waren individuele gevallen. De Joden deden geen georganiseerde poging om wraak te nemen. Dat was alweer niet omdat ze daar geen zin in hadden, maar om politieke redenen. Ze hadden er in 1945 wel degelijk grote behoefte aan. In 1944 werd er binnen het Britse leger een Joodse Brigade geformeerd. Na de Duitse nederlaag werd de Brigade in Tarvisio gestationeerd, aan de Italiaans-Oostenrijkse grens, en vervolgens aan de bezettingsmacht in Duitsland toegevoegd. Om te voorkomen dat individuele leden van de Brigade wraak zouden nemen op Duitsers, waartoe mannen die hun familie in de Holocaust hadden verloren natuurlijk geneigd zouden zijn, vaardigde de Brigade een gebod uit: 'Denk eraan dat deze bloedvete van ons allen is en één onverantwoordelijke daad allen doet falen...' Een ander gebod herinnerde de troepen eraan dat het vertoon van de zionistische vlag in Duitsland als wraak zoet genoeg was.[36]

In plaats van individuen hun gang te laten gaan, vormde de Brigade zijn eigen groep wrekers, die bekendstond als de Lick My Ass Business, of de Tilhaz Tizig Gesheften (TTG) en onder bevel stond van Israel Carmi. De mannen van de TTG gingen af op informatie die ze uit gevangenen of militaire contacten hadden losgekregen en verlieten 's nachts Tarvisio om beruchte SS-officieren en anderen die ervan verdacht werden Joden te hebben gedood of te hebben laten doden te vermoorden. Toen het Britse leger erachter kwam dat deze activiteiten plaatsvonden, werd de Brigade van Duitsland naar het minder opwindende België en Nederland overgeplaatst. We weten niet precies hoeveel nazi's ze hebben gedood, maar waarschijnlijk niet meer dan enkele honderden.

Toch was er één man die maar geen afstand kon doen van zijn wraakzucht, en dat was Abba Kovner, een Litouwse Jood, die er met zijn gevoelige ogen en lange krullende haar minder uitzag als een moordenaar dan als een dichter, wat hij trouwens ook was. In Israël is hij nu nog voornamelijk bekend om zijn poëzie. Kovner was geboren in Sebastopol en groeide op in Vilnius, waar hij voor de oorlog lid werd van de socialistische vleugel van de zionistische beweging. In 1941 lukte het hem om uit het getto van Vilnius te ontsnappen. Hij dook onder in een klooster en sloot zich vervolgens aan bij de partizanen in het bos. Na de capitulatie van Duitsland waren Kovner en enkele andere overlevenden, voornamelijk Poolse en Litouwse Joden, ervan overtuigd dat de oorlog nog niet werkelijk afgelopen was en ook nog niet afgelopen zou moeten zijn. Ze vormden een groep die ze Dam Yehudi Nakam noemden, Joods Bloed Zal Gewroken Worden, afgekort Nakam. Een van hun door Kovner opgestelde principes was: 'De gedachte dat Joods bloed zonder represailles vergoten kan worden moet uit de herinnering van de mensheid worden gewist.' Als de gepaste wraak uitbleef, meende Kovner, zou iemand weer proberen om de Joden uit te roeien. 'Het zal meer dan wraak zijn,' schreef hij, 'het moet de wet van het vermoorde Joodse volk zijn! Zijn naam zal DIN zijn [een Hebreeuws acroniem voor "het bloed van Israël is wraakzuchtig"] opdat het nageslacht zal weten dat er in deze meedogenloze, compassieloze wereld zowel rechters als vonnissen zijn.'[37]

Kovners grimmige, oudtestamentische ideeën gingen in 1945 heel wat verder dan geheime moorden op een paar SS'ers. De rekening moest vereffend worden. Alleen de dood van zes miljoen Duitsers zou voldoende genoegdoening zijn voor het leed dat de Duitsers de Joden hadden aangedaan. Jaren later, toen hij op een kibboets woonde, gaf Kovner toe dat zijn plan wel tekenen van waanzin vertoonde: 'Ieder verstandig mens had kunnen zien dat het een krankzinnig idee was. Maar mensen waren in die dagen bijna gek [...] en misschien nog wel erger dan gek. Het was een verschrikkelijk idee, dat uit wanhoop werd geboren, en het had iets suïcidaals [...].'[38] Wat interessant is, is hoe en waarom Kovners plan voor een 'georganiseerde, unieke wraak' mislukte.

Hij had het plan opgevat om dodelijke chemicaliën in de waterreservoirs van een aantal grote Duitse steden te gooien. Om aan het gif te komen reisde Kovner naar Palestina. Daar bestond wel enige sympathie voor zijn gevoelens, maar weinig geestdrift voor een massamoord, zelfs op voormalige nazi's. Voor Ben-Gurion en andere zionistische leiders lag de prioriteit bij de stichting van een nieuwe staat voor de Joden en daarvoor hadden ze de steun van de geallieerden nodig. De redding van de overlevenden van het Europese Jodendom en hun transformatie in trotse burgers van Israël was het doel. Het normale leven in Europa hervatten was onmogelijk. Europa vertegenwoordigde het verleden. Het was op zijn best tijdverlies om betrokken te raken bij plannen om Duitsers te vermoorden. En hoewel Kovner nooit onthulde hoe ver zijn plannen gingen, zag de paramilitaire tak van de zionistische beweging, de Haganah, geen enkele reden om hem te helpen.

De rest van het verhaal is bijna een klucht. Ondanks het gebrek aan officiële medewerking slaagde Kovner erin om gif te bemachtigen bij een chemisch laboratorium van de Hebreeuwse universiteit in Jeruzalem. Daar werkten twee laboratoriumassistenten, de broers Katzir, van wie er een, Ephraim, later de vierde president van Israël werd. Ze dachten dat Kovner het gif alleen zou gebruiken om ss-officieren te vermoorden, een doel waarmee maar weinig mensen moeite hadden, en gaven hem een uiterst dodelijke stof; met één milligram kon je een aanzienlijk aantal mensen doden.

Met een plunjezak gevuld met de blikken gif, die waren voorzien van een melkpoederetiket, gingen Kovner en een kameraad genaamd Rosenkranz in december 1945 aan boord van een schip naar Frankrijk. Ze reisden met valse identiteitspapieren en deden zich voor als Britse officieren, hoewel Kovner geen woord Engels sprak. Kovner was het grootste deel van de reis zeeziek. Net toen ze Toulon naderden, werd Kovners naam omgeroepen over de scheepsluidspreker. Kovner dacht dat ze zijn ware identiteit hadden ontdekt en dat de missie in gevaar was gebracht. Daarom gooide hij de helft van de blikken 'melkpoeder' overboord. Hij zei tegen Rosenkranz dat die de rest moest vernietigen als het allemaal mis zou gaan.

In werkelijkheid was Kovners ware identiteit helemaal niet ontdekt en wist niemand van zijn missie. Hij werd gearresteerd omdat men er, terecht, van uitging dat hij met vervalste papieren reisde. Maar het gif kwam nooit in Europa aan. In een vlaag van paniek had Rosenkranz de rest overboord gegooid. De waterreservoirs van Neurenberg en andere steden waren veilig en honderdduizenden Duitse levens waren gered. Enkele vrienden van Kovner deden nog een halfslachtige poging om het voedsel in een interneringskamp voor nazi's te vergiftigen, maar ook dit liep op niks uit. Een paar mannen werden ziek. Er vielen geen doden.

De Joodse wraak werd dus nooit voltrokken omdat er geen politieke steun voor was. Het doel van de zionistische leiders was een nieuwe vorm van normaliteit. Wat hun voor ogen stond was een heroïsch Israël met Joodse burgers die het land bewerkten en als trotse burger-soldaten tegen hun vijanden streden, ver verwijderd van de bloedlanden van Europa. Alleen de toekomst was voor hen van belang. Ook die zou getekend worden door bloedvergieten en etnische en godsdienstige conflicten, maar het was geen Duits bloed dat vergoten werd. Abba Kovner paste zich uiteindelijk nooit aan het leven van de toekomst aan. Hij werd bezocht door spoken uit het verleden en schreef tragische gedichten. 's Nachts werd hij meestal schreeuwend wakker. Over zijn zusje schreef hij: 'Uit het beloofde land riep ik je/ ik zocht je/ tussen de bergen schoentjes/ elke keer als de vakantie naderde.' En over zijn vader: 'Onze vader haalde zijn brood, God dank/ veertig jaar lang uit één oven/ hij heeft nooit bedacht dat er een heel volk uit de ovens zou opstijgen/ en dat de wereld, met de hulp van God, zou verdergaan.'[39]

2.

Over mensen die tijdens de oorlog in Frankrijk actief waren in het verzet of met de nazi's collaboreerden, schreef Tony Judt het volgende: 'Hun grootste vijand was meestal de andere partij: de Duitsers schitterden door afwezigheid.'[40] Hetzelfde zou gezegd kunnen worden over een groot aantal andere bezette landen: Joegoslavië, Griekenland, België, China, Vietnam, Indonesië. Bezettingsmachten hebben net als andere koloniale regeringen de gewoonte om reeds bestaande spanningen uit te buiten. Zonder de Duitsers zouden de reactionaire autocraten van Vichy nooit aan de macht zijn gekomen, evenmin als de moordzuchtige Kroaat Ante Pavelić en zijn fascistische Ustaša, wier gruweldaden zelfs de Duitsers choqueerden. In België collaboreerde het Vlaams Nationaal Verbond met de Duitse bezetter in de hoop dat de Vlamingen zich in een door Duitsers overheerst Europa van de Waalse overheersing konden bevrijden. In Italië en Griekenland werkten zowel fascisten als andere rechtse groeperingen uit eigenbelang met de Duitsers samen, maar ook om alles wat links was te bestrijden.

En in China? Toen de Japanse premier Tanaka Kakuei in 1972 Mao zijn verontschuldigingen aanbood voor wat zijn land de Chinezen tijdens de oorlog had aangedaan, zei Mao, die soms een macaber gevoel voor humor had, dat hij zich daar niet al te druk om moest maken: wij moeten *jullie* eigenlijk bedanken, zei hij, zonder jullie waren wij nooit aan de macht gekomen. Mao had gelijk. De gebeurtenissen in China waren het meest dramatische voorbeeld van ongewilde gevolgen. Zowel de Japanners als de Nationalisten van Tsjang Kai-Sjek haatten het communisme; ze deden zelfs pogingen om samen te werken; er was ook één factie van de Nationalisten die daadwerkelijk collaboreerde. Maar door de Nationalisten dodelijk te verwonden hielpen de Japanners de communisten om de burgeroorlog te winnen. Die was in 1945 nog aan het broeien en kwam daarna snel tot een hoogtepunt.

In China en ook in Griekenland was de burgeroorlog al lang voor de invasies van de buitenlandse legers begonnen. In Frankrijk en Italië was een burgeroorlog nooit ver weg. En in de Aziatische koloniën had de Europese verdeel-en-heerspolitiek zoveel kwaad bloed gezet dat alle mogelijke sociale conflicten tot uitbarsting konden komen. Maar deze verdeeldheid werd dodelijk toen ze door de Duitsers en Japanners werd uitgebuit.

Communisten en andere linkse groeperingen hadden een belangrijke rol gespeeld in het verzet tegen de nazi's en de fascisten, terwijl veel figuren van rechts door de Duitse en Japanse expansiepogingen met collaborationisme waren besmet. De Franse Communistische Partij, trots op haar verzetsverleden, noemde zich 'le Parti des Fusillés', de Partij van de Gefusilleerden. Zelfs linkse medestanders die zich tegen de stalinistische lijn van de Partij verzetten, werden openlijk van onpatriottisch gedrag of zelfs collaboratie beschuldigd en als 'hitlerotrotskisten' weggezet. Dit verleden in het linkse gewapende verzet leidde tot revolutionaire eisen voor een nieuwe orde, wat niet onbegrijpelijk was. Na de oorlog buitte de Sovjet-Unie deze eisen uit, in elk geval in de landen binnen haar invloedssfeer, terwijl de westelijke geallieerden sommige groeperingen die aan hun zijde tegen Duitsland en Japan hadden gestreden juist ontwapenden en zelfs hielpen onderdrukken. En dat niet alleen, sommige leden van de collaborerende elite kwamen dankzij de hulp van de geallieerden weer aan de macht. Dit waren de zaden waaruit later de Koude Oorlog zou ontspruiten.

Toch was collaboratie niet altijd een eenduidige zaak. In Joegoslavië onderhandelden de communistische Partizanen van Tito in 1943 met de Duitsers omdat Tito 'de vrije hand' wilde om de Servische royalistische četniks aan te vallen. In de herfst van hetzelfde jaar collaboreerden de četniks met de Duitsers in hun strijd tegen Tito's Partizanen. De Bosnische moslims werkten samen met iedereen die hen maar wilde beschermen: de Kroatische fascisten, Servische Partizanen en zelfs de nazi's. En al deze tijdelijke bondgenootschappen werden gesloten in de strijd tegen binnenlandse, en niet tegen buitenlandse vijanden.

In Frankrijk werkten de meeste collaborateurs niet rechtstreeks voor de Duitse bezetter, maar voor de Franse regering onder maarschalk Philippe Pétain. Met de hulp van de Duitsers dacht de Vichy-regering Frankrijk in ere te kunnen herstellen, het 'echte' Frankrijk van Kerk, gezin en patriottisme, dat van liberalen, Joden, vrijmetselaars en andere smetten op *La France profonde* was ontdaan. De Italiaanse fascisten konden pas in 1943 als collaborateurs worden bestempeld, toen Italië door Duitse troepen werd bezet en het gezag van Benito Mussolini's fascisten werd teruggebracht tot een minuscule marionettenstaat van de nazi's aan het Gardameer. Maar gedurende de voorafgaande twintig jaar had het Italiaanse fascisme genoeg weerzin gewekt bij links om een meedogenloze wraakcampagne te ontketenen zodra de Duitsers begonnen te vertrekken.

Harold Macmillan, de latere Britse premier, was Churchills gevolmachtigde voor de landen aan de Middellandse Zee. In april 1945 werd hij in een legerjeep naar Bologna gereden voor een ontmoeting met de geallieerde bevelhebber, die zich zojuist in het schitterende en onbeschadigde Municipio, het stadhuis, had geïnstalleerd. Hij zag de lichamen van twee bekende plaatselijke liberale politici, die lagen opgebaard terwijl massa's mensen in tranen langskwamen om de laatste eer te bewijzen. De twee liberalen waren doodgeschoten door leden van de fascistische Zwarte Brigade, die de dag ervoor uit de stad waren gevlucht. 'De lijkkisten waren open,' schreef Macmillan in zijn dagboek, 'zodat vrienden en bewonderaars de gezichten van hun leiders nog een laatste keer konden zien. Ze waren tegen de muur van het Municipio doodgeschoten – de bloedvlekken waren duidelijk te zien. Boven de plek waar ze hadden gestaan waren al bloemen gehangen en – ontroerend – foto's van mannen en vrouwen van alle leeftijden die gedurende de afgelopen maanden door de fascistische Zwarte Brigade ter dood waren gebracht.'

Nadat hij deze passage uit zijn dagboek heeft geciteerd, gaat Macmillan als volgt verder: 'De prefect – een fascist – was er niet in geslaagd op tijd te ontsnappen. Hij was door partizanen naast zijn laatste slachtoffer doodgeschoten. Je kon de hersenen die tegen de bakstenen waren gespat en het bloed op de grond nog zien.'[41] Vervolgens ging Macmillan lunchen en viel het hem op dat de Italiaanse koks die de Duitse officieren Italiaans voedsel hadden geserveerd nu Amerikaans voedsel aan de geallieerden serveerden. 'Hierin zat een moraal,' schreef hij, zonder erbij te vertellen welke moraal dat dan was.

Onder de slachtoffers van de represailles van de partizanen bevonden zich ook Mussolini en zijn minnares, Clara Petacci. Ze werden in april 1945 gevangengenomen toen ze met Duitse soldaten van een eenheid van de luchtafweer naar Oostenrijk probeerden te vluchten. Toen ze bij een wegblokkade van de partizanen werden tegengehouden, kregen de Duitsers te horen dat ze konden doorrijden; de partizanen waren niet meer in ze geïnteresseerd. Maar de Italianen moesten achterblijven. Mussolini droeg een Duitse legerjas over zijn Italiaanse generaalsbroek met rode strepen, maar werd toch herkend. Op 28 april werd hij samen met Clara en vijftien willekeurig uitgekozen fascisten voor een landhuis aan het Gardameer gefusilleerd met machinegeweren. De volgende dag werden ze, als afgeschoten wild, ondersteboven aan het afdak van een

Esso-tankstation aan een vervallen plein in Milaan gehangen en blootgesteld aan de woede van de menigte. Al snel was hun gezicht onherkenbaar toegetakeld.

Een maand later kreeg Edmund Wilson de plek te zien waar het allemaal was gebeurd. De namen van de terechtgestelden, in zwarte letters op het afdak van het tankstation geklad, waren nog steeds te zien. Wilson schreef: 'Over de hele stad hing de stank van de moord op Mussolini en zijn aanhangers, de openbare vertoning van hun lijk en de lijkschennis van de menigte. Italianen spraken je aan in cafés en lieten de foto's zien die ze hadden genomen.'[42]

Maar dit is slechts een voorbeeld van de ongeveer twintigduizend moorden die tussen april en juli in het noorden van Italië op fascisten en collaborateurs werden gepleegd. Achtduizend in Piemonte. Vierduizend in Lombardije. Drieduizend in Emilia. Drieduizend in de provincie Milaan.[43] Veel mensen werden zonder enige vorm van proces geëxecuteerd door de veelal communistische partizanen. Anderen werden berecht door haastig samengestelde volksrechtbanken, de zogenaamde 'rechtspraak van de piazza'. De vonnissen werden snel voltrokken, soms op onschuldigen. Bekende fascisten werden samen met hun vrouw en kinderen doodgeschoten. De meeste slachtoffers van deze volksgerichten waren politiebeambten en ambtenaren van de fascistische regering. Zelfs mensen die al in de gevangenis zaten, waren niet veilig. Op 17 juli werd de Schio-gevangenis in de buurt van Vicenza overvallen door gemaskerde partizanen, die vijfenvijftig gevangen fascisten doodschoten. Enkele van deze wrekers waren geharde verzetsstrijders. Anderen waren het soort spijtoptanten dat zich overal op het laatste moment bij het verzet aansloot, toen de strijd eenmaal over was. Weer anderen waren misdadigers die gebruikmaakten van hun nieuwe 'patriottische' status om rijke zakenmensen en grootgrondbezitters af te persen of hun bezittingen te plunderen.

Ook in Italië had wraak vaak een politiek doel; het was een revolutionaire afrekening. Communistische partizanen zagen de zuiveringen als een noodzakelijk onderdeel van de strijd tegen het kapitalisme. Grote bedrijven, zoals Fiat in Turijn, hadden samengewerkt met Mussolini's regime en werden daarom als legitieme doelwitten beschouwd. En terwijl de machtigste zakenlieden uit Milaan en Turijn er meestal in geslaagd waren om naar Zwitserland uit te wijken of potentiële moordenaars af te kopen met goederen van de zwarte markt, eindigden de lijken van figuren die lager op de ladder stonden wel vaak voor de hekken van de plaatselijke begraafplaatsen.

Uit angst voor een communistische revolutie in Italië probeerde het geallieerde militaire gezag de partizanen, van wie er velen moedig tegen de Duitsers gestreden hadden, snel te ontwapenen. Conservatieve Italiaanse politici steunden dit streven, wat niet geheel verbazingwekkend was omdat sommigen van hen zelf nauwe banden met de fascisten hadden onderhouden. Sterker nog, 'het recht van de piazza' ontstond juist omdat de voorlopige Italiaanse regering in Rome weinig haast maakte om de fascisten te straffen.

Als zoenoffer voor de trots van de voormalige partizanen werden er in verschillende steden parades georganiseerd. Geallieerde officieren werden geflankeerd door Italiaanse notabelen en namen het defilé af van de militaire eenheden van de partizanen, die zich hadden uitgedost met sjaals waaraan hun politieke overtuigingen te herkennen waren: rood voor de communisten en socialisten, blauw voor de christenen, groen voor de *autonomi*, voornamelijk deserteurs uit het Italiaanse leger. Een groot aantal had zijn wapens al ingeleverd, maar zeker niet iedereen. De linkse radicalen waren nog steeds sterk, en soms bewapend. Toch bleek uiteindelijk dat de conservatieven zich geen zorgen hadden hoeven maken. Er zou geen revolutie in Italië uitbreken. In ruil voor een uitbreiding van zijn rijk in Midden-Europa stemde Stalin ermee in om het Middellandse Zeegebied aan de westelijke geallieerden over te laten. Maar er bleven moorddadige represailles plaatsvinden, en de angst voor het communisme in Italië en een bitter gevoel van verraad bij links zouden blijven bestaan, in sommige gevallen tot in de eenentwintigste eeuw.

Edmund Wilson, die altijd sterke linkse sympathieën had gehad, bezag deze ontwikkelingen met afkeer. De voornaamste Amerikaanse bijdrage aan de naoorlogse Italiaanse democratie, schreef hij, 'bestaat erin dat we een van onze telefooncentrales de naam Vrijheid hebben gegeven; en nadat we de partizanen bewapend en gesteund hebben in de tijd dat ze onze doeleinden dienden, pakken we nu hun wapens af, verbieden we hun om politieke redevoeringen te houden en gooien we hen in de gevangenis als ze moeilijkheden veroorzaken.' Hij was zich ervan bewust dat er ook bloed aan de handen van links kleefde, maar, betoogde hij, 'de nieuwe Italiaanse revolutie is iets meer dan een brute vendetta, en je kunt geloof ik toch niet zeggen dat het een beweging is waarvan de stuwkracht op dit moment kan worden beteugeld'.[44]

De linkse stuwkracht in Italië werd echter wel beteugeld, net als in Zuid-Korea, Frankrijk, Zuid-Vietnam, Japan en Griekenland, waar Wilson in de zomer van 1945 arriveerde. Hij verbleef in Athene in Hotel Grande Bretagne, aan het Syntagmaplein. Het personeel was nors, bijna vijandig, en Wilson zag kogelgaten in de muren van zijn kamer. Deze norsheid had een reden die als een walm boven Athene hing, de walm van het verraad.

De kogelgaten behoeven enige uitleg. In december was er een grote demonstratie geweest van aanhangers van het Grieks Nationaal Bevrijdingsfront, het EAM, de partizanenorganisatie die door de communisten werd geleid. Het Britse leger had het formeel voor het zeggen in het bevrijde Griekenland. Athene werd bestuurd door een voorlopige Regering van Nationale Eenheid, die vooral uit conservatieven en royalisten bestond, maar waartoe ook enkele communisten en socialisten behoorden. Een groot deel van de rest van het land was nog in handen van het EAM en zijn strijdkrachten, het ELAS. Het EAM/ELAS had verwacht de regering te kunnen vormen en Griekenland revolutionair te kunnen veranderen omdat ze tegen de Duitsers hadden gestreden. De conservatieven, die werden gesteund door de Britten, wilden dit tegen elke prijs voorkomen, en dat was de aanleiding voor de demonstratie van 3 december 1944, de dag waarop, volgens Harold Macmillan, 'de burgeroorlog begon'.[45]

Eigenlijk was de burgeroorlog al veel eerder uitgebroken, zoals Macmillan zeker moet hebben geweten. Griekenland was diep verdeeld geraakt tijdens de Eerste Wereldoorlog, toen de premier, Eleftherios Venizelos, in tegenstelling tot koning Constantijn I en zijn chef-staf, Ioannis Metaxas, de geallieerden wilde steunen. Er volgden jaren van bittere strijd tussen royalisten en 'venizelisten', tot Metaxas in 1936 de macht greep en zich ontpopte tot een dictator met het gezicht van een bankier en de wreedheid van een fascistische caudillo. Metaxas, een bewonderaar van Hitlers Derde Rijk, wierp zich op als de vader des vaderlands en 'verenigde' Griekenland door alle politieke partijen te verbieden en communisten en andere tegenstanders van zijn regime in de gevangenis te gooien. Tot opluchting van veel Grieken overleed Metaxas in 1941.

Toen vielen de Duitsers het land binnen. De meeste aanhangers van het regime van Metaxas collaboreerden, terwijl het verzet werd geleid door communisten, die uit de gevangenissen van Metaxas waren opgedoken. Griekse fascistische bataljons, opgehitst door de Duitsers, bestreden de linkse guerrilla's, die aanvankelijk door de geallieerden werden gesteund. Er was barbaars gedrag aan beide kanten. Veel slachtoffers waren onschuldige mensen die tussen twee vuren terechtgekomen waren.

Voor de Britten begon de strijd pas echt in 1944, toen Britse soldaten, met versterking van extra troepen uit Italië, ten strijde trokken tegen de linkse partizanen, die nog maar enkele maanden daarvoor tegen de Duitsers hadden gestreden. Veel mensen deelden de afkeuring van Edmund Wilson, vooral in de Verenigde Staten, waar deze ingreep als een typisch Britse imperialistische interventie werd gezien. Maar ook in Groot-Brittannië dachten veel mensen er hetzelfde over; Churchill, die men bewonderde voor de manier waarop hij de strijd tegen de Duitsers had geleid, werd nu ook gewantrouwd omdat hij zo hard van leer trok tegen communistische partizanen.

Harold Macmillan merkte op dat zowel in Griekenland als in andere landen 'de verzetsbeweging door onze propaganda is afgeschilderd als troepen romantische idealisten die met byroniaanse opoffering voor de vrijheid van hun land vechten'.[46] De meest byroniaanse held was Aris Velouchiotis. Aris trok te paard door de bergen met zijn zwarte bende partizanen – zwarte baretten, zwarte jassen, zwarte baarden. Deze romantische held, die in 1945 met de communisten brak, was ook een moordenaar. In de gebieden waar hij opereerde zijn massagraven blootgelegd met daarin de beenderen van zijn politieke vijanden.

De vraag waar het na de bevrijding werkelijk om ging was net als in Italië (en in China, en in veel andere landen) het monopolie op het gebruik van geweld. EAM/ELAS, het Grieks Nationaal Bevrijdingsfront, had er na veel onderhandelingen mee ingestemd om de wapens neer te leggen, op voorwaarde dat de rechtse gewapende milities, zoals de beruchte Veiligheidsbataljons, die tijdens de nazibezetting waren opgericht, dat ook deden. De regering streefde ernaar de beste elementen van beide partijen in het leger op te nemen. Volgens EAM/ELAS hield de regering zich niet aan de afspraken; terwijl links (tot op zekere hoogte) demobiliseerde, kreeg rechts toestemming om zijn wapens te behouden. Dit werd door veel voormalige ELAS-strijders om begrijpelijke redenen als verraad beschouwd. Een partizaan herinnerde zich hoe ze in 1944 een groep collaborateurs inrekenden. In plaats van hen te doden, leverden ze hen uit aan de politie. Dat was een slechte zet. De politie gaf hun namelijk geweren en liet hen vervolgens weer vrij. Voor de partizanen, die in 1945 verslagen werden, was de moraal duidelijk: 'Degenen die "maak ze dood" hadden gezegd, konden erop wijzen dat de tweede ronde, de burgeroorlog, nooit zou hebben plaatsgevonden als we alle fascisten hadden gedood.'[47]

Dit was dus de koortsachtige sfeer in Athene, waarvan Edmund Wilson nog sporen in zijn hotelkamer vond. Op 3 december 1944 naderde een grote menigte, vrouwen en kinderen voorop, het Hotel Grande Bretagne op het Syntagmaplein, waar de regering zich had verschanst. Er wordt beweerd dat ze het hotel wilden bestormen. Volgens de verhalen die Wilson van linkse sympathisanten hoorde en die door de meeste Grieken toentertijd werden bevestigd, liepen de meeste demonstranten vreedzaam te protesteren toen de royalistische politie het vuur opende en ongeveer honderd mensen doodde en verwondde. De volgende dag, toen de demonstranten weer langs het hotel marcheerden, ditmaal in een rouwstoet, doodden de royalisten nog eens meer dan tweehonderd ongewapende burgers door met geweren vanuit de ramen van het hotel te schieten.

Macmillan hield er, zoals te verwachten viel, een ietwat andere visie op na. In de 'zogenaamd onschuldige menigte', herinnerde hij zich, 'bevond zich een groot aantal gewapende ELAS-guerrilla's met hun volledige wapenrusting,' en de fatale schoten werden waarschijnlijk afgevuurd door een communistische *agent provocateur*.[48]

Zelfs al blijft de waarheid over deze tragische gebeurtenis onduidelijk, twee dingen zijn moeilijk te ontkennen. De door de communisten geleide partizanen waren meedogenloze strijders die al voordat Griekenland in oktober 1944 van de Duitsers werd bevrijd een groot aantal werkelijke of vermeende collaborateurs en 'klassenvijanden' hadden gedood en daarna ook nog enige tijd bleven doorgaan met zuiveren en moorden.

De tweede waarheid is dat de linkse Grieken ruim voldoende redenen hadden om zich verraden te voelen.

In veel landen waren communisten en andere linkse groeperingen de ruggengraat van het verzet tegen de nazi's en de fascisten. In Griekenland hadden ze het verzet gemonopoliseerd door alle andere verzetsgroeperingen weg te zuiveren. Op het platteland had ELAS/EAM een soort guerrillastaat gesticht en volksrechtbanken ingesteld om met alle vijanden van de revolutie af te rekenen. Een Britse officier die in september 1944 in Griekenland was gestationeerd, schreef over het communistische 'terreurbewind' in Attika en Boeotië. 'De laatste weken zijn er meer dan vijfhonderd mensen geëxecuteerd. Door de stank van de rottende lijken is het onmogelijk om langs een plek in de buurt van mijn kamp te lopen. Naakte lijken met afgehakte hoofden liggen open en bloot op de grond. Wegens sterke reactionaire elementen onder de bevolking [heeft ELAS] het juist op dit gebied gemunt.'[49]

Er was dus een goede reden om bang te zijn voor de gevolgen van een revolutie in Griekenland. Koning George II weer op de troon zetten, wat Churchill graag wilde, zoals blijkt uit zijn monarchistische preken waar zelfs sommige Griekse conservatieven zich aan ergerden, was geen geweldig idee. De korte periode aan het einde van de jaren dertig dat hij koning was geweest, viel samen met de hardvochtige rechtse dictatuur van Ioannis Metaxas, en de bevolking verlangde niet echt naar die tijd terug.

Maar gezien de angst voor het communisme hadden de Britten het gevoel dat ze niets anders konden doen dan de regering in Athene bijstaan in de strijd tegen de linkse partizanen. De gevechten die begin 1945 plaatsvonden, duurden vijf weken. Bijna twintigduizend 'klassenvijanden' werden door ELAS gedeporteerd en na gedwongen marsen vaak ook vermoord in de bergen. Aan de andere kant werden veel verdachte linkse strijders door de Britten naar kampen in Afrika gedeporteerd. De strijd was aan beide kanten zo inhumaan dat de bevolking buitengewoon opgelucht was toen er in februari een vredespact werd getekend. Churchill verscheen op het balkon van Hotel Grande Bretagne, met de aartsbisschop van de Grieks-Orthodoxe Kerk aan zijn zijde, en sprak voor een enorme, juichende menigte: 'Griekenland voor altijd! Griekenland voor iedereen!'[50]

Het was slechts een korte onderbreking van de strijd. De Griekse burgeroorlog zou het volgende jaar worden hervat en nog eens drie jaar duren. Maar zelfs daarvoor al, meteen nadat Churchill zijn bezielende redevoering had gehouden, begon er een ander soort wraak, een weerwraak, en ditmaal tegen links. Rechtse paramilitaire groepen en gendarmes gingen als wilden tekeer. Communisten of anderen die van linkse sympathieën werden verdacht werden zonder aanhoudingsbevel opgepakt, in elkaar geslagen, vermoord of in groten getale opgesloten. EAM stelde een oproep op om internationaal aandacht te vragen voor 'een terreurbewind dat nog afgrijselijker is dan de dictatuur van Metaxas'.[51] Tegen het einde van 1945 zaten er ongeveer zestigduizend aanhangers van het Grieks Nationaal Bevrijdingsfront (EAM) in de gevangenis. Onder hen waren vrouwen en kinderen, zelfs zoveel dat er speciale interneringskampen voor vrouwen moesten worden gebouwd. Gewoonlijk waren de gevangenen aangeklaagd voor misdrijven die tijdens de bezetting waren gepleegd. Maar de misdrijven van voormalige nazicollaborateurs of de rechtse Veiligheidsbataljons werden nauwelijks bestraft.

Harold Macmillan en Edmund Wilson kwamen in een totaal verschillende hoedanigheid naar Griekenland, de een als de Britse minister-president, de ander als een Amerikaanse literaire journalist, maar over een ding waren ze het wel eens. Men had meer moeten doen om democratisch links van de communistische revolutionairen te scheiden. Macmillan dacht dat 'een gematigde, redelijke, progressieve politiek [...] het vage, radicale element van de harde, communistische kern'[52] had kunnen losweken. Wilson vond dat Engeland de leiders van EAM had 'kunnen helpen om zich los te maken uit de Russische omstrengeling en bij het beteugelen van de wildere elementen, wier felheid in de dagen van het verzet door de Britten maar al te graag was opgestookt'.[53] Het is jammer dat dat soort hulp, zelfs al had men die willen geven, al snel werd verstikt in een zucht naar wraak, die werd aangemoedigd door politieke krachten die er baat bij dachten te hebben om die op te stoken.

'Bevrijding' is misschien niet het juiste woord om het einde van de oorlog in koloniale samenlevingen te beschrijven. De meeste Aziaten waren maar al te blij dat ze van de Japanners waren verlost omdat hun 'Aziatische bevrijding' uiteindelijk erger was gebleken dan het westerse imperialisme waarvoor deze tijdelijk in de plaats gekomen was. Maar bevrijding is niet precies wat de Nederlanders in 1945 voor Nederlands-Indië in gedachten hadden, of de Fransen voor Indochina, of de Britten voor Malakka.

De Amerikanen waren iets inschikkelijker, gezien hun plannen voor de Filipijnen, en lord Louis Mountbatten, Supreme Allied Commander in Zuidoost-Azië, stond redelijk welwillend tegenover het Aziatische streven naar nationale onafhankelijkheid. Maar de Nederlanders en de Fransen wilden de vooroorlogse koloniale orde zo snel mogelijk herstellen. Zelfs de Nederlandse socialisten, die niet geheel afkeurend tegenover het Indonesische streven naar onafhankelijkheid stonden, waren bang dat de Nederlandse economie, die al zo beschadigd was door de Duitse bezetting, zonder de kolonie in Azië volledig zou instorten. Vandaar de populaire leus uit die tijd: 'Indië verloren, rampspoed geboren.' Wat de relatief progressieve Nederlandse regering de Indonesische nationalisten hoogstens wilde toestaan, was een zekere mate van autonomie onder de Nederlandse kroon. En ze weigerde te onderhandelen met Indonesiërs die met de Japanners hadden samengewerkt.

Hierdoor was het vraagstuk over collaboratie en wraak tamelijk ingewikkeld. Want de Zuidoost-Aziaten waren, zeker in de beginjaren van de oorlog, nogal enthousiast geweest over de Japanse propaganda van 'Azië voor de Aziaten'. Voor activisten als Soekarno was samenwerking met de Japanners de beste manier om zich van de Nederlandse koloniale machthebbers te bevrijden. Maar in de ogen van de Nederlanders had hij daardoor met de vijand geheuld. Er kon geen sprake van zijn om na de oorlog met hem over de onafhankelijkheid van Indonesië te onderhandelen; integendeel, de Nederlanders vonden dat hij berecht moest worden als verrader.

Ook de Aziaten werden in 1945 verteerd door wraakzucht, maar die was niet altijd op de Europese kolonialisten gericht. De wraak was vaak indirecter en gold vormen van collaboratie die aan de Japanse bezetting vooraf waren gegaan. Net als in delen van Europa waren de slachtoffers van de wraak vaak de weinig geliefde minderheden, vooral als men de indruk had dat ze bevoorrecht en rijker waren en met de westerse koloniale machthebbers hadden samengespannen.

De Chinezen, vaak 'de Joden van Azië' genoemd, hadden de volle laag van het Japanse geweld in Zuidoost-Azië te verduren gekregen. In Malakka, bijvoorbeeld, stelden de Japanners de Maleiers boven de Chinezen, die gewantrouwd werden omdat Chinese handelaren van het westerse kolonialisme zouden hebben geprofiteerd. En daarom moesten de Chinezen worden onderdrukt, terwijl de Maleise elite bij de ambtenarij en de politie werd voorgetrokken. Niet dat de Maleise en Indonesische boeren en arbeiders goed behandeld werden; Indonesiërs die tewerk waren gesteld bij Japanse militaire projecten kwamen in groten getale om en leefden onder nog gruwelijker omstandigheden dan de meeste westerse krijgsgevangenen. Het platteland was op vele plaatsen verwoest, waardoor miljoenen boeren berooid waren achtergebleven; de steden waren geplunderd, er was nauwelijks meer enige dienstverlening en de straten waren in handen van criminele bendes.

Het Japanse bestuur in Zuidoost-Azië was genadeloos geweest, maar toch was er een nieuw soort zelfbewustzijn doorgedrongen tot de bevolking, die zich daarvoor min of meer onderdanig had opgesteld. De westerse machthebbers waren door Japan vernederd en kwetsbaar gebleken. Honderdduizenden jonge Maleiers en Indonesiërs waren door de Japanners getraind als soldaten voor de reservetroepen, milities en verschillende militante jeugdbewegingen. Dit gaf hun een tamelijk onwennig gevoel van eigenwaarde. De Japanners buitten het algemene gevoel van vernedering en minderwaardigheid uit en wakkerden zo bewust de antiwesterse en anti-Chinese gevoelens aan.

Het meeste verzet tegen de Japanners in Malakka was door Chinezen gepleegd. Het werd geleid door de Communistische Partij van Malakka, die geïnspireerd was door de Communistische Partij in China, maar misschien ook door het internationalisme dat het communisme voor minderheden elders aantrekkelijk maakte. Hoewel deze partij niet per se tegen Maleiers was, waren bijna alle leden Chinezen. De militaire tak was het Maleise Anti-Japanse Volksleger, dat in augustus 1945 ongeveer tienduizend man in de gelederen had. Ze hadden een groot deel van het platteland in handen en vormden een staat binnen de staat, met eigen regels en wetten, waar ze zich overgaven aan wijdverbreide zuiveringen onder bestuurders die niet met hen sympathiseerden, ongeveer zoals de communistische guerrilla's in Griekenland.

Na de oorlog namen leden van het Anti-Japanse Volksleger al snel wraak op de collaborateurs, van wie de meesten Indiërs en Maleiers waren; burgemeesters, politieagenten, journalisten, informanten, de voormalige minnaressen van Japanse bestuurders en andere 'verraders en loophonden' werden door de straten gesleurd, in kooien tentoongesteld, snel berecht door 'volksrechtbanken' en vervolgens in het openbaar terechtgesteld. Dit joeg de andere Maleiers de stuipen op het lijf. En toen het Britse koloniale bestuur, dat nauw met het Anti-Japanse Volksleger had samengewerkt, in oktober besloot om Chinezen gelijke burgerrechten te geven, vreesden de Maleiers – en met recht – dat ze de macht over hun eigen land zouden verliezen, een angst die tot op de dag van vandaag door Maleise politici wordt uitgebuit.

De Maleiers besloten om terug te slaan naar de Chinezen. Hun aanvoerder was een voormalige gangster met een woest uiterlijk die een tulband droeg en Kiyai Salleh heette. Hij was na de oorlog opgedoken als de bendeleider van de Roodbanden van Sabilillah (Heilige Oorlog). Hun doel was om de islam tegen de Chinese heidenen te beschermen en wraak te nemen voor de Maleiers die na de Japanse nederlaag waren vertrapt en vermoord door de Chinezen. Hoewel de jihad tegen de Chinezen ogenschijnlijk islamitisch was – er werden teksten uit de Koran voorgelezen en soefistische heiligen aangeroepen – modelleerde Salleh zich naar de Maleise mystici. Hij ging prat op zijn vermeende onkwetsbaarheid: 'Hij kan niet door kogels worden gedood; hij kan droogvoets door rivieren waden; hij kan alle ketenen die hem worden omgehangen verbreken; zijn stem kan zijn aanvallers verlammen.'[54] Zijn volgelingen geloofden dat zij over gelijksoortige krachten zouden beschikken als ze zich met gouden naalden hadden gestoken en toverdranken hadden gedronken die door de heilige aanvoerder waren gezegend.

Het favoriete moordwapen van de Roodbanden was de machete of de kris, de Maleise dolk die net als de strijders zelf met mystieke krachten was bezield. Op 6 november deed zich het soort incident voor dat veel vaker voorkwam: een bende Maleise jihadstrijders overviel een Chinees dorp in Padang Lebar en hakte vijf mannen en vijfendertig vrouwen en kinderen dood met krissen en machetes. De kinderlijken werden in een put gegooid. Maleise politici waren niet bepaald voor dit soort praktijken, maar deden ook niet veel om ze te voorkomen. Volgens een rapport van de Britse inlichtingendienst 'lijkt er een serieuze bezorgdheid te bestaan onder hoogopgeleide Maleiers met betrekking tot de toekomstige status van de Maleiers in Malakka en heerst er tamelijk wijdverbreid de overtuiging dat de Chinezen hun economische greep op het land versterken en uiteindelijk ook de politieke macht in handen krijgen als dit niet verhinderd wordt'.[55]

Daar waren de Indonesiërs ook bang voor, en daarom was het geen toeval dat de drie belangrijkste luitenants van de Maleise hoofdman Indonesische nationalisten uit Nederlands-Indië waren, waar de toestand in het najaar van 1945 nog een stuk ernstiger was dan in Malakka.

G.F. Jacobs, een Zuid-Afrikaanse majoor in de Britse marine, werd als een van de eerste geallieerde soldaten in augustus 1945 op Sumatra gedropt. Zijn opdracht was om contact te leggen met het Japanse militaire gezag en de Japanse overgave en de landing van de geallieerde troepen voor te bereiden. Jacobs was ook als een van de eersten getuige van de deplorabele toestand in de jappenkampen, waar duizenden zieke, uitgemergelde, geslagen en uitgehongerde burgers werden vastgehouden. Nederlandse gevangenen begrepen niet waarom Jacobs hen niet het recht in eigen hand liet nemen: 'Waarom hield je ons tegen... kun je niet zien dat we deze kleine gele klootzakken willen koudmaken?'[56]

De reden waarom majoor Jacobs de krijgsgevangenen moest tegenhouden toen ze hun bewakers wilden lynchen, was zijn angst voor een veel groter gevaar. Indonesiërs zwierven door het land met geweren, krissen en speren en schreeuwden: 'Bunuh Belanda! Dood aan de blanke man!' De Japanners waren onmisbaar omdat ze hun voormalige gevangenen moesten beschermen.

In de ochtend van 17 augustus, twee dagen na de Japanse capitulatie, had Soekarno voor een kleine menigte in Batavia (Jakarta) een korte getypte verklaring voorgelezen: 'Wij, het volk van Indonesië, verklaren Indonesië hierbij onafhankelijk. Aangelegenheden met betrekking tot de overdracht van de macht en andere kwesties zullen op ordelijke wijze en zo snel mogelijk worden geregeld.'

De verklaring was opgesteld door Soekarno, de zelfbenoemde president van de nieuwe Republiek Indonesië, en zijn vicepresident Mohammed Hatta, in nauwe samenspraak met de bevelhebbers van het Japanse leger en de marine. Toen de nederlaag onvermijdelijk leek, in de zomer van 1945, besloten de Japanners dat een onafhankelijk, antiwesters Indonesië hun beste optie was. De meeste Japanners namen de leus 'Azië voor de Aziaten' tenslotte serieus, ook al hadden ze gehoopt dat ze als het superieure ras over de andere Aziaten zouden heersen. De meeste Indonesiërs, die moe waren van het geweld, die waren afgebeuld door de Japanners en vatbaar waren voor de ziektes die door de overlevenden van de Birma-spoorlijn en andere helse projecten van de Japanners waren meegenomen, wisten nog niet zeker wat ze ervan moesten denken. Er bestond nog weinig vijandigheid tegenover Nederlandse burgers in de eerste weken na de Japanse nederlaag. Soekarno, Hatta en andere leiders, zoals Sutan Syahrir, een in Nederland opgeleide socialist die nooit met de Japanners had gecollaboreerd, deden hun best om het potentiële geweld te beteugelen en vat te krijgen op de archipel waarover ze nog niet veel macht hadden.

De nieuwe Indonesische leiders hadden in elk geval maar weinig invloed op de grote aantallen vechtersbazen die waren geradicaliseerd en waren getraind als hulptroepen van het Japanse leger. Deze jongens hadden zin om te knokken. Via sympathisanten in het Japanse leger bemachtigden ze wapens, die soms gekocht en soms gestolen waren uit Japanse depots. Volgens een schatting hadden de strijders meer dan vijftigduizend geweren, drieduizend lichte en zware machinegeweren en honderd miljoen stuks ammunitie.[57] Op dat moment hadden de Nederlanders datgene moeten doen waartoe hun westerse bondgenoten hen probeerden aan te zetten, namelijk onderhandelen met Soekarno en de andere Indonesische leiders, die niet geïnteresseerd waren in revolutionair geweld. Zo sprak Mountbatten hoopvol: 'Het enige wat we willen is dat de Nederlanders en de Indonesiërs hun ruzie bijleggen en als vrienden uit elkaar gaan.'[58] In plaats daarvan schreven de Nederlanders een memorandum aan het Britse ministerie van Buitenlandse Zaken waarin het 'z.g. Soekarno-bewind' een Quisling-regering werd genoemd en de jonge Indonesische onafhankelijkheidsstrijders werden vergeleken met de Hitlerjugend en de ss. Soekarno's onafhankelijkheidsverklaring werd voorgesteld als een Japans complot om een fascistisch regime in Nederlands Oost-Indië voort te zetten.[59]

Dat Soekarno met de Japanners collaboreerde lijdt geen twijfel. Hij had het grootste deel van de jaren dertig in Nederlandse koloniale gevangenissen en in ballingschap op een afgelegen eiland doorgebracht. De Japanners hadden hem met meer respect behandeld dan de Nederlanders. Het was in elk geval niet onredelijk dat Soekarno Japan als de snelste weg naar de bevrijding van zijn land zag. 'Voor het eerst in mijn leven,' zei hij in 1942, 'zag ik mijzelf in de spiegel van Azië.'[60]

Maar Soekarno's collaboratie ging zelfs veel Indonesiërs te ver. Zijn steun voor Indonesische dwangarbeid ten bate van de Japanse oorlogsinspanning was een smet op zijn blazoen en de jonge radicalen waren boos dat hij de Japanners bij zijn onafhankelijkheidsverklaring had betrokken. Zij wilden niets met de Japanners te maken hebben. Maar niemand betwijfelde dat hij een oprechte Indonesische nationalist was.

In plaats van direct met Soekarno te onderhandelen, deden de Nederlanders echter liever vage beloften over Indonesische autonomie binnen een door Nederlanders bestuurd gemenebest. Tegelijkertijd trokken er vanaf september ook KNIL-veteranen schietend door Indonesische dorpen en buurten, waar ze rood met witte Indonesische vlaggen neerhaalden en mensen bedreigden om te laten zien wie er de baas was. Het beruchtst was Bataljon X, dat door Nederlanders en indo's werd geleid, maar vooral uit Ambonese christenen, Medanezen en andere minderheden bestond, die liever door de Nederlanders dan door andere Indonesiërs werden overheerst en trouwe dienaren van het koloniale systeem waren geweest. Toen het bericht kwam dat er Nederlandse en Britse slagschepen met geallieerde troepen, vooral Indiërs, en agenten van de Netherlands-Indies Civil Administration (NICA) in aantocht waren om de oude orde te herstellen, waren alle ingrediënten aanwezig voor het bloedigste geweld in Zuidoost-Azië, geweld dat deels revolutionair, deels wraakzuchtig en deels crimineel was, hetzelfde dodelijke brouwsel dat eerder dat jaar Midden-Europa deed ontploffen.

De bendes gewapende extremisten die in oktober en november 1945 de terreurgolf ontketenden die bekendstaat als *bersiap* ('Maak je klaar!'), bestonden vooral uit voormalige leden van de door de Japanners geleide milities en uit kleine criminelen, vaak tieners, die uit bendes in Jakarta, Soerabaja en andere steden waren gerekruteerd. Maar de jeugdgroeperingen, of *pemoeda's*, bestonden ook uit studenten, fabrieksarbeiders en dorpelingen. Sommige leiders waren gangsterbazen, wier redenen om de rijken en machtigen te beroven en te vermoorden minder met politiek dan met inhaligheid te maken hadden. Sommigen waren charismatische figuren, zoals Vader Tijger, een roverhoofdman die zijn mannen amuletten verkocht die onkwetsbaar zouden maken. De mengeling van Javaanse mystiek en Japanse indoctrinatie over de krijgersgeest vervulde de jonge strijders van een roekeloos gevoel van heldendom: 'Merdeka atau mati!', de vrijheid of de dood! In sommige gevallen vielen jongeren slechts gewapend met machetes en bamboesperen tanks aan.

De belangrijkste slachtoffers van de revolutionaire wraaklust waren de Chinezen, die veelal werkzaam waren in de handel en verdacht werden van verraad, en de indo's en andere minderheden die vaak partij hadden gekozen voor de Nederlanders. En verder waren er die vaak denkbeeldige schepsels die NICA-spionnen heetten. De definitie van een NICA-spion kon heel willekeurig zijn; iemand met iets te veel rood, wit en blauw in zijn sarong kon al worden opgepakt als een agent van het Nederlandse bestuur.

Chinezen, indo's en Ambonezen wisten dat er geweld op komst was als ze hoorden dat er met bamboesperen op de holle metalen lantaarnpalen werd geslagen, als het geluid van oorlogstrommels. De gewapende Japanse soldaten die bij afwezigheid van de geallieerde troepen het bevel hadden gekregen de burgers te beschermen, maakten vaak dat ze wegkwamen als ze het geluid hoorden. Winkels werden geplunderd en huizen in brand gestoken. Gezinnen werden doodgehakt door uitzinnige jongeren, die letterlijk verliefd waren op hun kris en zich soms aan het bloed van hun slachtoffers laafden. In een gebied bij Jakarta was geen schoon water meer omdat de bronnen vol rottende Chinese lijken waren gepropt.

De Indische uitdrukking voor de meest gebruikte moordmethode was 'tjintjangen', iemand met een kris of een machete aan stukken hakken. Veel Nederlandse burgers die zo onverstandig waren om zich buiten de door de Japanners bewaakte kampen te wagen, werden getjintjangd, net als Japanse soldaten die weigerden de rebellen te helpen of die hun wapens niet wilden inleveren. Hoewel de oude jappenkampen, grote smerige dorpen vol zieke en hongerige mensen, ook werden aangevallen, waren het nog steeds de veiligste plekken waar je je kon bevinden, zolang de Japanse bewakers tenminste op hun post bleven.

Een jongeman, Peter van Berkum, die net als veel Nederlandse burgers in Indonesië geboren was, werd op een avond in Soerabaja zomaar opgepakt door een groep wilde tieners met bamboesperen. Hij werd in een vrachtauto naar de plaatselijke gevangenis gebracht: 'Toen de vrachtwagen langzamer ging rijden werden we omringd door een menigte schreeuwende mensen. Ik zag alleen een vlek van bruine, bezwete gezichten met verwrongen, wijd opengesperde monden. Ze dreigden met gebalde vuisten en zwaaiden met allerlei soorten wapens.' Onder het roepen van 'Dood aan de blanken!' werden de gevangenen uit de vrachtwagen geduwd: 'De menigte begon onmiddellijk op hen in te slaan, te hakken en te steken met stokken en bajonetten, met bijlen, geweerkolven en speren.'[61]

De Indonesische leiders, die dit nooit gewild hadden, hadden de bersiap totaal niet meer in de hand. Op heel Java en Sumatra brak het geweld los. Er waren niet alleen wraakacties op kolonialen en hun vermeende helpers, maar ook gevechten tussen rebellen en Japanners, waardoor er een bloedige cyclus van wraak en weerwraak ontstond. In Semarang raakte een Japanse eenheid onder bevel van majoor Kido Shinichiro in gevecht met pemoeda's, die de Japanners ervan verdachten hun watertoevoer te saboteren. De Japanners probeerden hen met geweld te intimideren en doodden een aantal Indonesische militanten, waarop de Indonesiërs op hun beurt meer dan tweehonderd Japanse burgers in de stadsgevangenis vermoordden. Uit een rapport van het Britse leger: 'Sommige lijken hingen aan het dak en uit de ramen, andere waren talloze malen met bamboesperen gestoken. [...] Sommige mensen hadden geprobeerd met hun bloed een laatste boodschap op de muur te schrijven.'[62] Ter vergelding slachtten de razende Japanners meer dan tweeduizend Indonesiërs af.

Het ergste geweld was voorbehouden aan de industriestad Soerabaja, die tegen het einde van oktober geheel in handen van de Indonesiërs was. De gevangenissen waren opengebroken. Meutes pemoeda's, kleine boefjes en romantische jongeren waren de baas op straat. Zij werden opgezweept door radiotoespraken over oude Javaanse helden van een charismatische, langharige figuur die bekendstond als Boeng Tomo. Chinezen, Ambonezen en indo's die ervan beschuldigd werden NICA-spionnen te zijn werden met dolken en speren toegetakeld. En de Japanners, die voor hun eigen leven vreesden, voorzagen de meutes graag van nog dodelijker wapens.

De zus van Peter van Berkum, Carla, arriveerde met andere Nederlandse vluchtelingen uit een naburig jappenkamp: 'Wat was dàt! We werden bestormd door een horde inlanders. Aggressief [sic] staken ze hun scherpe bamboesperen naar ons uit. Woest schreeuwden ze: "*Merdeka! Merdeka! Merdeka!*" Ze waren in lompen gekleed. Hun donkere ogen hadden een wilde en angstaanjagende uitdrukking. Ik was bang.'[63]

De geallieerden besloten in te grijpen. P.J.G. Huijer, een Nederlandse kapitein-ter-zee, werd naar de stad gestuurd om voorbereidingen te treffen voor de komst van de geallieerde troepen. Natuurlijk werd zijn verschijning als een verdere provocatie gezien. De wapens uit de Japanse arsenalen bleven naar de pemoeda's stromen. Op 25 oktober landden er ongeveer vierduizend Britse troepen, voornamelijk Indiërs en Nepalese Gurkha's. Het gerucht ging dat het Nederlanders met geschminkte gezichten waren. Ze werden aangevallen door een ongeregeld leger van Indonesiërs. Uit angst dat hun troepen zouden worden afgeslacht vroegen de Britten Soekarno en Hatta om ter plekke te proberen de meutes in te tomen. Ze stemden toe en boekten enig succes. Het staakt-het-vuren hield min of meer stand tot 31 oktober, toen de Britse bevelhebber, brigadier-generaal A.W.S. Mallaby, door Indonesiërs werd doodgeschoten terwijl hij probeerde in te grijpen bij een gevecht.

Ditmaal waren het de Britten die vergelding eisten. Vanaf 10 november werd Soerabaja drie weken lang gebombardeerd, beschoten en onder vuur genomen. Een ooggetuige beschreef de toestand in het centrum van de stad: 'Lichamen van mensen, paarden, katten en honden, lagen in de goot; gebroken glas, meubels en verwarde telefoondraden versperden de weg, en het lawaai van de gevechten weerklonk tussen de lege kantoorpanden. Het Indonesisch verzet had twee fases. Eerst was het fanatieke zelfopoffering, met mannen die met niet meer dan dolken Sherman-tanks aanvielen, later werd het beter georganiseerd en efficiënter, waarbij nauwkeurig de Japanse gevechtsregels werden gevolgd.'[64]

Eind november was de orde in Soerabaja hersteld, maar er was weinig meer van over dan een gebombardeerde puinhoop die nog stonk naar de dood van Indonesiërs, Indiërs, Britten, Nederlanders, indo's en Chinezen. Indonesië werd uiteindelijk pas in 1949 onafhankelijk, nadat er nog veel meer vergeldingsacties plaatsgevonden hadden. In 1946 werden duizenden burgers in Zuid-Sulawesi het slachtoffer van doodseskaders onder leiding van Raymond 'Turk' Westerling. (Westerling, die tijdens de Tweede Wereldoorlog in Noord-Afrika tegen de Duitsers had gevochten, werd later overigens een vrome moslim.)

Bloed eist echter bloed. De Nederlanders zagen Soekarno niet alleen als een verrader, maar ook als een voorman van de communisten. Precies twintig jaar na de slag om Soerabaja zetten officieren van het Indonesische leger Soekarno af tijdens een militaire coup, zogenaamd om te voorkomen dat de communisten de macht in Indonesië zouden grijpen. Dit markeerde het begin van een landelijke zuivering van communisten. Islamitische huurlingen, gewapende jongeren, legerbataljons, Javaanse mystici en gewone burgers namen allemaal deel aan de moord op een half miljoen mensen, van wie er een groot aantal Chinees was. De leider van de staatsgreep, en de toekomstige president van Indonesië, was majoor-generaal Soeharto. Hij was getraind door het Japanse leger en grondig geïndoctrineerd tegen het westerse imperialisme en had in 1945 tegen de Nederlanders gestreden. Hij zou tweeëndertig jaar president blijven. In die tijd genoot hij, als onverzettelijke tegenstander van het communisme, de warme en onwrikbare steun van alle westerse mogendheden, waaronder natuurlijk ook Nederland.

De Fransen waren in 1945 even bang om hun koloniën kwijt te raken als de Nederlanders en voelden zich misschien nog wel meer vernederd, niet alleen vanwege hun nederlaag in 1940, maar ook omdat ze officieel hadden gecollaboreerd. Frans Indochina werd tijdens de Japanse bezetting nog altijd bestuurd door een Vichy-georiënteerde koloniale regering. Dat betekende dat de Japanners de kolonie als een militaire basis gebruikten terwijl de Fransen in de Cercle Sportif van Saigon hun aperitief konden blijven drinken en zich verder in het algemeen met hun eigen zaken bemoeiden. Maar aan dit goede leven kwam in maart 1945 een einde. Toen Frankrijk was bevrijd, konden de Japanners niet meer klakkeloos vertrouwen op de Franse medewerking en daarom werden de Franse troepen en bestuurders snel gevangengezet in Saigon en Hanoi.

Toen de nederlaag in de eerste week van augustus bijna zeker leek, droegen de Japanners het politieke gezag over aan de koninklijke regering van Vietnam, terwijl de communistische Vietminh (Verbond voor de Onafhankelijkheid van Vietnam) de macht over het noorden in handen kreeg. Enkele weken later, toen Chinese troepen over de noordgrens het land binnenstroomden en de komst van Britse troepen in het zuiden ophanden was, maakte zowel keizer Bao Dai als de communistische leider Hồ Chí Minh duidelijk dat het herstel van het Franse gezag hoe dan ook onacceptabel was. In Hanoi werden al standbeelden van Franse koloniale hoogwaardigheidsbekleders neergehaald. Op 2 september verzamelden zich meer dan driehonderdduizend Vietnamezen op het Quảng trường Ba Đình-plein, in de buurt van het paleis van de voormalige Franse gouverneur-generaal, om te horen hoe Hồ Chí Minh het land onafhankelijk verklaarde. Er werden communistische marsliederen met dreigende woorden over 'het drinken van Frans bloed' gespeeld. Soldaten van de Vietminh, gewapend met pistolen, bewaakten het met rode vlaggen versierde podium. Iemand hield een koninklijke parasol boven het hoofd van 'oom' Hồ, die zachtjes in de microfoon sprak: 'Landgenoten, kunt u me horen?' De menigte schreeuwde terug dat dat zo was.

Een Amerikaanse inlichtingenofficier, die getuige was van deze gebeurtenis, bracht verslag uit aan zijn superieuren in de Zuid-Chinese stad Kunming: 'Uit wat ik gezien heb, menen deze mensen het serieus en ik ben bang dat de Fransen het met hen te stellen zullen krijgen. Eerlijk gezegd denk ik dat we het allemaal met hen te stellen zullen krijgen.'[65] Hij kon niet weten hoe profetisch zijn woorden zouden blijken te zijn.

De Fransen in Vietnam, van wie er nog velen in de gevangenis zaten en die nog door Japanse soldaten werden bewaakt, waren erg geschrokken van wat zich had afgespeeld, maar in Algerije waren de Franse kolonisten echt in paniek. Zowel Algerije als Indochina had begin 1945 met ernstige hongersnood te kampen als gevolg van droogte en omdat de voedselvoorraden naar elders waren getransporteerd voor militaire doeleinden. In Indochina kwamen meer dan een miljoen mensen om van de honger. In Algerije voedde de honger een volkswoede die door angstige Fransen als het begin van een bloedige revolutie werd gezien.

In wezen wilden de meeste Algerijnen, ondanks enige onrust onder Algerijnse communisten en radicale nationalisten, alleen gelijke rechten. Maar telkens wanneer er een islamitische steen naar een Franse kolonist werd gegooid, dachten de Fransen dat er een 'Arabische revolutie' ophanden was. Het nieuwe koloniale bestuur werd in 1945 geleid door linkse Fransen, van wie er velen actief waren geweest in het verzet tegen de Duitsers. Veel Fransen in Algerije waren juist pro-Vichy geweest en fel antisemitisch. (De enigen die onder het Franse bestuur de rechten van de Joden hadden verdedigd waren Algerijnse moslims geweest.) En toch werden de moslims die aanspraak op de onafhankelijkheid van Algerije of op gelijke rechten maakten vaak als 'nazi's' bestempeld. Zo werden ook de Indonesische en Vietnamese aanspraken op onafhankelijkheid als een onderdeel van een Japans fascistisch complot gezien. Dat maakte het zowel voor de linkse koloniale autoriteiten als voor de voormalige vichyïsten makkelijker om met harde hand tegen hen op te treden.

Het geweld begon steeds ernstiger vormen aan te nemen in Algerije, vooral in de door hongersnood getroffen gebieden in de buurt van de stad Sétif in het noordoosten. Kolonisten raakten slaags met nomaden, hooghartige politieagenten werden uit dorpen verjaagd, rechtse Europese jongeren provoceerden moslims in Algiers door 'Vive Pétain!' of zelfs 'Vive Hitler!' te roepen. Franse politieagenten schoten op een menigte moslims die deel wilde nemen aan een 1 mei-demonstratie.

Sétif, het centrum van de islamitische onrust en het Algerijnse nationalisme, was een logische plek voor een ernstige geweldsexplosie. Op 8 mei besloten de Fransen ondanks hun eerdere trouw aan Duitsland de overwinning van de geallieerden met patriottische pracht en praal te vieren. Vroeg in dezelfde ochtend verzamelden moslims, vooral boeren, zowel mannen als vrouwen als kinderen, zich voor de belangrijkste moskee. Sommige mannen droegen traditionele dolken onder hun djellaba. Een enkeling had een pistool. De kopstukken van de AML, de Amis du Manifeste et de la Liberté, de islamitische organisatie voor gelijke rechten, verzekerden de autoriteiten dat dit geen politieke demonstratie was. Nationalistische spandoeken zouden thuis worden gelaten.

Rond acht uur was de menigte uitgegroeid tot ongeveer drieduizend mannen, vrouwen en kinderen en zette de stoet zich in beweging over de Avenue Georges Clémenceau om een krans te leggen bij het oorlogsmonument. Ondanks de beloften van de AML rolden enkele nationalisten spandoeken uit met de tekst: 'We willen dezelfde rechten als jullie.' Toen politiemannen bij een wegblokkade een spandoek met de tekst 'Lang leve de Algerijnse onafhankelijkheid!' zagen, rukten ze dat uit de handen van een arme Algerijn, die ter plekke werd neergeknald. Daarop begonnen Franse burgers, die op dit moment leken te hebben gewacht, vanaf hun balkon en vanuit de ramen van het Café de France met machinepistolen op de menigte te schieten. Er kwamen twintig tot veertig mensen om het leven. In blinde paniek door de schietpartij renden de moslims de zijstraten in en gingen Europeanen te lijf met hun messen en pistolen. De Franse leider van de communisten, Albert Denier, raakte zo zwaar gewond dat zijn handen moesten worden geamputeerd.

Een Franse lerares vertelde later dat ze iets aan het drinken was bij een café tegenover haar school toen 'er van alle kanten schreeuwende Algerijnen kwamen aanstormen, met dolken in hun hand. Ze renden in de richting van de Arabische markt. Er waren afgrijselijke dingen gebeurd. Ik zag hoe ongeveer vijftien mannen een oude vriend van de Arabieren, monsieur Vaillant, met knuppels sloegen. [...] Het is verschrikkelijk als je eraan terugdenkt. Het vreemde is dat de meeste slachtoffers arabofielen waren.'[66]

Binnen de kortste keren had het nieuws over de moordpartijen de dorpen bereikt. Er werd slechts hier en daar wraak genomen, maar wel op vreselijke wijze: 'We waren bewapend met messen en geweren. Mijn vader doodde de bakker omdat hij Frans was. We trapten de deuren in en staken de huizen in brand met de olie en de benzine die we aantroffen.'[67] Franse kolonisten vluchtten naar plaatselijke politiebureaus. Er werden een paar mensen gevangen die met messen werden verminkt. Hun borsten werden afgesneden of hun genitaliën werden in hun mond gepropt. In drie dagen tijd werden meer dan honderd Europeanen gedood.

In plaats van aan te dringen op kalmte, riep de socialistische gouverneur-generaal Yves Chataigneau tienduizend manschappen op: Marokkanen, West-Afrikanen en eenheden van het Vreemdelingenlegioen. Dit zou niet slechts een exercitie worden om de orde te herstellen. De opstandelingen moesten een lesje leren. De moord op Franse burgers moest worden gewroken.

Franse kolonisten vormden milities en begonnen de plaatselijke bevolking aan te vallen. Een van de meest meedogenloze infanterieregimenten, een regiment van Algerijnse soldaten, werd teruggestuurd vanuit Duitsland, waar ze net een felle strijd tegen Hitlers troepen hadden geleverd. In hun geboorteland werden ze naar de dorpen gestuurd om op hun landgenoten te jagen. Tegen het einde van juni was het platteland in een verschrikkelijke stilte gehuld. Dorpen en steden waren wekenlang vanuit de lucht gebombardeerd en vanuit kruisers beschoten, duizenden mensen waren gearresteerd en daarna vaak gemarteld en geëxecuteerd. Het precieze aantal Algerijnen dat in 1945 is omgekomen is niet bekend. Sommige mensen zeggen dat het er dertigduizend waren. De moordpartijen gingen gepaard met doelbewuste vernederingen. Een negentiende-eeuws gebruik om de plaatselijke bevolking zich ceremonieel aan de veroveraar te laten onderwerpen werd in ere hersteld. Duizenden uitgehongerde boeren, die de bombardementen niet meer konden verdragen, moesten knielen voor de Franse vlag en om vergiffenis smeken. Anderen werden tegen de grond geduwd en moesten 'Wij zijn Joden! Wij zijn honden! Vive la France!' schreeuwen.

Voor sommige Fransen leek het misschien alsof het normale leven in Algerije weer was hersteld. Maar de fijngevoeliger Fransen, onder wie generaal De Gaulle, wisten heel goed dat de massamoord op de plaatselijke bevolking beschamend was voor *La France éternelle*, dat zich volgens de officiële mythologie zo moedig tegen het nazistische gevaar had verzet. Daarom werden de gebeurtenissen in Sétif en omgeving jarenlang officieel in stilzwijgen gehuld.

De Fransen in Saigon zagen Sétif echter als een waarschuwing voor wat hun zou kunnen overkomen als er niet snel een einde aan het streven naar Vietnamese onafhankelijkheid zou worden gemaakt. In augustus zagen de zaken er niet goed uit voor de Fransen. Een groot aantal zat nog in een Japanse gevangenis. De Vietminh kreeg steeds meer wapens van de Japanners, of stal die gewoon. Sommige Japanse officieren sloten zich aan bij de Vietminh, ofwel uit overtuiging ('Azië voor de Aziaten'), ofwel omdat ze aan vervolging wegens ernstige oorlogsmisdrijven probeerden te ontkomen. De Franse imperialistische plannen waren niet erg geliefd bij de Amerikanen, hoewel de Chinezen, nog altijd onder Tsjang Kai-Sjeks Nationalisten, geen bezwaren hadden tegen een Frans bestuur in Indochina. De enigen die geheel aan de kant van de Fransen stonden, waren de Britten, wat natuurlijk niet zo vreemd was.

Geweldsuitbarstingen beginnen vaak met een gerucht. Zo was het ook op 20 september in Hanoi, toen er verhalen werden verspreid over een complot dat de Fransen met Vietnamese leden van de Franse koloniale veiligheidstroepen aan het smeden zouden zijn om de macht weer in handen te krijgen. Er zouden geheime wapenvoorraden zijn gevonden.

Er was sprake van gifgas. Franse soldaten waren door de Japanners uit de gevangenis vrijgelaten en hadden zelfs wapens gekregen. Om deze duistere Franse plannen te verijdelen plunderden duizenden met messen, speren en machetes bewapende Vietnamezen Franse huizen en molesteerden ze alle Fransen die ze op straat tegenkwamen. De Japanse soldaten stonden meestal gewoon toe te kijken.

De obers in het beste hotel van Hanoi, het Metropole, vielen de gasten in hun kamers aan en barricadeerden de deuren van de eetzaal. Een Fransman die erin slaagde te ontsnappen vroeg aan de Japanners om de Franse gevangenen te ontzetten en de orde te herstellen.

Françoise Martin was een jonge Française, die naar Hanoi was gekomen 'niet om in dit land geld te verdienen, maar omdat ze vervuld was van humanitair idealisme'. Ze voelde alleen maar 'respect voor de Sino-Annamitische cultuur'. Maar haar gevoelens tegenover de Vietnamezen die in de straten voor onafhankelijkheid demonstreerden, waren waarschijnlijk kenmerkend voor de meeste Franse kolonialen: 'Het is mogelijk dat er échte patriotten bij waren. [...] Maar die bende criminelen en imbecielen die met hun vlaggen door de stad rennen, zou bij de aanblik van een half dozijn geweren weer meteen terugkruipen in zijn rattenhol. Helaas hebben we geen half dozijn geweren, en het ziet er niet naar uit dat we die binnenkort wel zullen hebben.'[68]

In augustus waren er ook al geruchten geweest over wapenvoorraden die in een Franse villa waren gevonden. Demonstranten protesteerden tegen het Franse imperialisme. Maar afgezien van enkele moorden op het platteland liep het Vietnamese geweld tegen de Fransen nooit volledig uit de hand. Niettemin waren de Fransen doodsbang, temeer omdat ze zich nog steeds niet konden beschermen, ondanks dappere woorden uit Frankrijk, waar generaal De Gaulle zei dat hij de ontwikkeling van Indochina als 'een van de voornaamste doelen van [Frankrijks] bedrijvigheid in zijn herboren macht en herontdekte grandeur' zag.[69]

'Iedereen is tot de tanden bewapend,' vertelde Françoise Martin over de toestand in Hanoi, 'Amerikanen, Chinezen, Annamieten; alleen de Fransen hebben slechts stokken en lege flessen om zich te verdedigen.'[70] Haar analyse van de Vietnamese onafhankelijkheidsstrijd was even kenmerkend voor haar tijd en plaats als haar standpunten over de 'imbeciele' demonstranten. Het was allemaal een complot: 'Officieel hadden de

Japanners hun wapens neergelegd, maar ze bleven op een andere manier oorlog voeren, namelijk door het herstel van het Europese gezag in Indonesië en Malakka te belemmeren; hun methodes waren overal hetzelfde: een perfide plan, dat bewonderenswaardig was voorbereid en zorgvuldig werd uitgevoerd. [...] Een bewonderenswaardig en nieuw voorbeeld van de Aziatische dubbelhartigheid, waar de blanke man zich elke keer weer door laat misleiden.'[71]

Toen het geweld uiteindelijk losbarstte, was dat echter niet in Hanoi, maar in Saigon. De eerste tekenen dat er serieuze problemen waren, leken opmerkelijk veel op die in Algerije. Op 2 september verzamelden honderdduizenden Vietnamezen, of 'Annamieten', zoals ze in de westerse pers werden genoemd, onder wie velen van het platteland, zich in Saigon om over de radio te horen hoe Hồ Chí Minh vanuit Hanoi de onafhankelijkheidsverklaring uitsprak. Eerder die ochtend hadden gewapende Vietnamese jongeren gedemonstreerd bij de poort van een legerkamp waar de Franse soldaten nog altijd waren geïnterneerd. De Fransen beantwoordden de Vietnamese provocaties door allerlei beledigingen terug te schreeuwen en de 'Marseillaise' te zingen. Door een technisch probleem kon de menigte Hồ Chí Minhs toespraak niet op de radio horen. De menigte werd nog helser omdat ze vermoedde dat de Fransen de uitzending hadden gesaboteerd. Juist toen de demonstranten de kathedraal bereikten, werden er schoten afgevuurd. In een vlaag van paniek begon de massa alle Fransen aan te vallen omdat ze de Fransen van de schietpartij verdachten. Chinese en Europese winkels werden geplunderd, priesters werden vermoord en vrouwen werden in elkaar geslagen.

De Fransen gaven Vietnamese provocateurs de schuld van de schoten die de onlusten hadden veroorzaakt. Iets meer dan twee weken later overtuigden ze de Britse generaal Douglas Gracey ervan dat het tijd werd om de Vietnamezen uit de politiebureaus en het ambtelijke apparaat te schoppen en de Fransen te herbewapenen. En in een geest van koloniale solidariteit willigden de Britten hun verzoeken in. Op 23 september leek het of de orde in Saigon was hersteld: de Fransen hadden de macht weer in handen. Maar door de schande en de hulpeloosheid die ze weken, maanden en misschien zelfs jaren hadden gevoeld, liep de Franse vreugde over de overwinning uit op een grote moordpartij: nu was het de beurt aan de Vietnamezen om te worden gelyncht. Een Britse officier meldde in een verslag dat er 'wilde schietpartijen waren en dat Annamieten openlijk door de straten werden gesleurd om te worden opgesloten in de gevangenis'.[72]

Het duurde niet lang voordat er weer wraak genomen werd. De volgende dag overvielen Vietnamezen de huizen van Fransen en vlogen ze de bewoners aan. Mensen werden gemarteld aan de oever van de rivier. De Vietnamese vrouwen van Fransen werden met messen verminkt. Volgens een ooggetuigenverslag werd de buik van een vrouw die acht maanden zwanger was opengereten. Bijna twee maanden lang woedden er gevechten in Saigon en streden de Fransen, de Britten en de Japanners tegen de Vietnamezen. Sommige Japanners liepen over naar de Vietnamezen. In het Franse Vreemdelingenlegioen zaten Duitsers die in Noord-Afrika tegen de geallieerden hadden gevochten, en mogelijk ook voormalige ss-officieren. Duizenden Vietnamezen werden gemarteld in de gevangenis en werden na 'processen' die nauwelijks vijf minuten hadden geduurd tot lange gevangenisstraffen of de doodstraf veroordeeld.

Rond half november konden de Fransen weer hun aperitief gebruiken in de Cercle Sportif en genieten van het idee dat alles weer bij het oude was. Deze illusie zou nog enige tijd standhouden, in het zuiden tot 1949, toen Zuid-Vietnam onafhankelijk werd, en in het noorden tot 1954, toen de communisten van Hồ Chí Minh als de machthebbers van de Socialistische Republiek Noord-Vietnam, met als hoofdstad Hanoi, werden erkend. Maar nergens waren de woorden die Macbeth tegen zijn vrouw sprak, over bloed dat meer bloed eist, meer van toepassing dan in dat smalle Zuidoost-Aziatische land, dat ooit als drie landen werd gezien en vervolgens als twee, en dat uiteindelijk één land werd.

DEEL II

Puinruimen

4. Naar huis

Mijn vader was een van de meer dan acht miljoen displaced persons die in mei 1945 in Duitsland waren gestrand en op repatriëring wachtten. In andere delen van Europa waren er ruwweg nog eens drie miljoen, van wie sommigen naar huis verlangden, anderen overal naartoe wilden behalve naar huis en weer anderen geen thuis meer hadden om naar terug te keren: Polen in Oekraïne, Serviërs en Kroaten in Oostenrijk, Wit-Russen in Joegoslavië, Joodse vluchtelingen in Kazachstan, enzovoort. De aantallen voor Azië zijn al even verbijsterend: zesenhalf miljoen Japanners, van wie de helft burgers, waren in Azië en de Pacific gestrand. In Japan bevonden zich meer dan een miljoen Koreaanse arbeiders. En in China, Japan, Taiwan en Zuidoost-Azië zaten duizenden Australische, Europese en Amerikaanse krijgsgevangenen, die daar aan hun lot waren overgelaten, net als de Indonesiërs en andere Aziaten die dwangarbeid bij Japanse militaire projecten in de regio hadden verricht. Meer dan honderdtachtigduizend Aziaten hadden aan de Birma-spoorlijn gewerkt; ongeveer de helft had het overleefd.

In alle oorlogen raken mensen ontheemd; tijdens de oorlog in Irak zijn sinds de Amerikaanse invasie in 2003 bijna vijf miljoen mensen uit hun huis verjaagd. Dat het aantal ontheemden na de Tweede Wereldoorlog zo groot was, vloeide voort uit het feit dat veel mensen om praktische en ideologische redenen rücksichtslos uit hun streek waren verdreven: slavenarbeidprogramma's, het uitwisselen van bevolkingsgroepen, 'etnische zuiveringen', het verleggen van landsgrenzen, emigratie in het kader van de zoektocht naar Lebensraum voor het Duitse en Japanse Herrenvolk, uitgelokte burgeroorlogen, deportaties van complete volkeren die moesten worden uitgeroeid of die men in ballingschap liet wegkwijnen. De voornaamste schuldigen in Europa waren de Duitsers, maar Stalins beleid in de Sovjet-Unie en de aangrenzende gebieden was vaak even moorddadig als dat van Hitler.[1]

Voor mijn vader was het idee om naar huis te gaan niet moeilijk. Hoewel hij al sinds 1944 niet meer met zijn familie had kunnen corresponderen omdat de geallieerden al een deel van Nederland hadden bevrijd en Nijmegen van de communicatie met Duitsland afgesneden was, had hij tenminste een thuis waarnaar hij kon terugkeren. In de zomer van 1945 werd hij vanuit een Brits DP-kamp in Magdeburg met Britse legertrucks en waar mogelijk per trein en bus tot aan de Nederlandse grens vervoerd. Het ontvangstcomité in Enschede ondervroeg hem en andere repatrianten en wilde weten of ze zich vrijwillig voor de *Arbeitseinsatz* hadden gemeld of niet. Degenen die ervan verdacht werden vrijwillig naar Duitsland te zijn gegaan, verloren hun recht op voedselrantsoenen en kregen te maken met problemen die slechts een kleine voorbode zouden zijn van een kwestie die de Nederlanders decennialang zou bezighouden, als een nationale korst die iedere keer weer werd opengekrabd: wie 'goed' en wie 'fout' was geweest, wie zich moedig of laf had betoond, een collaborateur was geweest of in het verzet had gezeten, een held of een schurk was. (In wezen behoorden natuurlijk maar heel weinig mensen duidelijk tot een van beide categorieën.) Het was niet de meest plezierige manier om weer in je land terug te keren. Maar mijn vader was onder de indruk van de beleefdheid van zijn ondervragers: hij was niet meer gewend aan beambten die hem niet afblaften.

Toen hij eenmaal in Nijmegen arriveerde, waren de gevoelens van mijn vader iets ingewikkelder. Berlijn was één grote ruïne toen hij de stad verlaten had. Hij was dus wel het een en ander gewend. Maar in Nijmegen moet hij zich toch gedesoriënteerd hebben gevoeld toen hij door het centrum liep, want ook daar was in 1944 heel wat per ongeluk door een Amerikaans bombardement verwoest. Nadat hij jarenlang naar huis had verlangd, had mijn vader opeens lood in zijn schoenen. Opeens durfde hij de betrekkelijk korte afstand naar het huis van zijn familie niet meer af te leggen. De redenen zijn hem niet helemaal meer duidelijk. Misschien was het omdat hij niet zeker wist of zijn ouders nog wel leefden en of het huis er nog wel stond. Of misschien was hij bang dat het weerzien waar hij zo naar uitgekeken had uiteindelijk ongemakkelijk zou zijn; er was zoveel gebeurd sinds hij vertrokken was.

Uiteindelijk ging hij wel naar huis. De hele familie had het overleefd. Het was een vreugdevol weerzien. Hij vond zijn oude plek in de samenleving al snel terug; hij hoorde er weer bij. Hij was een van de gelukkigen.

Voor anderen duurde het gevoel van ontheemding langer en liep de thuiskomst op een teleurstelling uit, of erger. Extreme ervaringen waren vaak de oorzaak van een kloof van onbegrip tussen mensen. Iedereen had het gevoel dat hij een verhaal kwijt moest. Hoe kon iemand die Auschwitz had overleefd de mensen thuis, die nauwelijks van de vernietigingskampen hadden gehoord, duidelijk maken wat hij of zij had meegemaakt?

De Hongaarse schrijver Imre Kertész beschrijft dit onbegrip in zijn roman *Onbepaald door het lot*.[2] De schrijver zelf, een geassimileerde Jood uit Boedapest, had in Auschwitz en Buchenwald gezeten. Hij was pas veertien toen hij werd gedeporteerd en werd, bij wijze van spreken, volwassen in de kampen. Zijn fictieve alter ego, György, is nog steeds gekleed in zijn haveloze gestreepte jas uit Buchenwald en heeft een ingevallen pokdalig oudemannengezicht als hij terugkeert in Boedapest. In het oude appartement van de familie wonen nu vreemden, onvriendelijke, argwanende mensen die de deur in zijn gezicht dichtsmijten. Dat was geen ongebruikelijke ervaring voor overlevenden uit de kampen, vooral Joden, die niet terug werden verwacht en wie het vaak kwalijk werd genomen als ze dat wel deden. Maar eigenlijk is het weerzien met zijn vroegere Joodse buren, die erin geslaagd zijn in Boedapest te blijven, nog pijnlijker. Ze zeggen hem dat ook 'het leven in Boedapest "niet gemakkelijk" was geweest'. Als ze horen waar hij vandaan komt, adviseren ze hem vriendelijk om 'alle gruwelen te vergeten' en alleen aan de toekomst te denken. Dat heeft iemand anders, een bezorgde 'democratische' journalist die György net in de tram is tegengekomen, ook ongeveer tegen hem gezegd: dat het voornaamste was dat het nu allemaal voorbij was, 'de krochten van de nazi-hel'.

Wat György niet lukte, was mensen duidelijk maken dat hij niet in de hel was geweest; het was geen metafysische ervaring; hij had in de concentratiekampen gezeten. Hoe kon hij het nu vergeten en alleen aan de toekomst denken, alsof zijn vroegere leven alleen een boze droom of een horrorfilm was geweest? Mensen zaten niet uit vrije wil in de kampen en het leven was er niet aangenaam, maar het was toch nog een leven, zíjn leven. Je kon de continuïteit niet negeren. Het probleem was dat mensen die niet ongeveer hetzelfde hadden meegemaakt zich met geen mogelijkheid konden, of wilden, voorstellen hoe het geweest was en daarom hun toevlucht namen tot abstracties als 'een hel' of 'de gruwelen' die zo snel mogelijk vergeten moesten worden.

De mensen die aan het einde van Kertész' roman worden beschreven, de journalist en de buren, meneer Steiner en meneer en mevrouw Fleischmann, bedoelden het goed. Dat gold niet voor iedereen die tijdens de oorlog thuis was gebleven en met overlevenden van de kampen of andere repatrianten, zoals krijgsgevangenen of dwangarbeiders uit het Derde Rijk, werd geconfronteerd. Lijden is een persoonlijke aangelegenheid. De meeste mensen willen dat hun eigen leed wordt erkend. Het leed van anderen kon, zeker als dat duidelijk erger was, een bron van ergernis zijn, en misschien zelfs van schuldgevoelens: 'Het leven in Boedapest was ook niet gemakkelijk geweest.'

De soms ijzige ontvangst van terugkerende Joodse overlevenden, niet alleen in Polen en in andere met bloed doordrenkte landen in Midden-Europa, maar ook in West-Europese landen zoals Nederland, was voor een deel te wijten aan een vaag en niet geheel onderdrukt kwaad geweten, maar ook aan antisemitische vooroordelen die nog waren versterkt door de jaren van Duitse bezetting – propaganda blijft hangen.

Dat gold zeker niet alleen voor collaborateurs en nazi-aanhangers. Toen de latere programmamaakster Netty Rosenfeld na de bevrijding van Zuid-Nederland in 1944 opdook uit de onderduik en solliciteerde op een baan bij een radio-omroep van het Nederlandse verzet, kreeg ze te horen dat Rosenfeld geen geschikte naam was voor de omroep. Er waren al genoeg Joden die voor Radio Herrijzend Nederland werkten. De omroep had al de bijnaam Radio Herrijzend Jeruzalem gekregen. Een les die de Joden toch van hun ongelukkige ervaringen moesten hebben geleerd, was dat ze niet moesten voordringen en er niet van uit moesten gaan dat ze de samenleving weer konden domineren. En dat was dan nog bedoeld als een vriendelijk advies.

In december 1945 schreef Siegfried Goudsmit in *Paraat*, het blad van het kader van de PvdA:

> Amstelveen. Wachtgelegenheid voor de bus. Wachtende passagiers op de bus voor Amsterdam. Hieronder twee joden. Een van deze neemt

> plaats op de daarvoor bestemde bank. Een niet-joodse 'dame' vindt dit niet goed en geeft hem te verstaan, dat hij maar moet blijven staan; 'anderen hebben recht op deze plaats'. Ja mevrouw, onder andere omstandigheden was ik ook wel blijven staan, maar ik heb juist het ziekenhuis verlaten, waarheen men mij in uitgeputte toestand had getransporteerd, na mijn terugkomst uit een Duits concentratiekamp, en ziet U, ik ben nog heel zwak. 'Hadden ze je maar in het concentratiekamp gehouden, hier hebben we genoeg van jullie soort', antwoordde de lieftallige, toch Hollandsche dame.[3]

Het voormalige verzetsblad *De Patriot* publiceerde een beschouwing over het probleem van het antisemitisme in het naoorlogse Nederland. Deze tekst verscheen op 2 juli 1945:

> Er kan geen twijfel bestaan, dat de Joden, juist door de Duitse vervolging, zich in grote sympathie van het Nederlandse volk hebben mogen verheugen. Thans dienen de Joden zich te onthouden van excessen, behoren ze voortdurend voor ogen te houden dat ze dankbaar moeten zijn en die dankbaarheid het eerst moeten uiten door goed te maken wat er goed te maken is aan hen, die ter wille van Joden het slachtoffer zijn geworden. Zij mogen God danken, dat ze zelf er het leven hebben afgebracht. Het is ook mogelijk, de sympathie te verspelen. [...] Zij zijn waarlijk niet de enigen, die het slecht hebben gehad en geleden hebben.[4]

Het is dus niet zo verbazingwekkend dat de meeste Joodse overlevenden ervoor kozen om te zwijgen. Te zwijgen over het feit dat vijfenzeventig procent van de ongeveer honderdvijftigduizend Joden die in 1940 in Nederland woonden het niet had overleefd. Te zwijgen over de nauwelijks vijfduizend Joden die uit de kampen terugkwamen. Te zwijgen over de bekwame bijstand die Nederlandse ambtenaren, politiemannen en juristen aan de nazimoordenaars hadden verleend. Te zwijgen over het zwijgen dat aanhield terwijl de deportaties doorgingen, trein na trein na trein.

In de vroege naoorlogse jaren verrees het ene na het andere oorlogsmonument in Nederland, monumenten voor verzetsstrijders, voor gevallen soldaten, voor het leed van het vaderland, voor het offer dat moedige individuen hadden gebracht. Het eerste monument voor de Jodenvervolging werd pas in 1950 opgericht, in Amsterdam, in de buurt van de oude Jodenmarkt, de zeventiende-eeuwse Portugese synagoge en de verlaten en vervolgens geplunderde huizen van de Joden die uit hun huizen waren gesleurd. Het is gemaakt van wit natuursteen, wordt bekroond door een davidsster en bestaat uit vijf reliëfs die de liefde, de afweer, de weerstand, de berusting en de rouw van de Nederlandse niet-Joodse gemeenschap uitbeelden. Het heet het Monument van Joodse Erkentelijkheid.

Eigenlijk was de bevolking in verlegenheid gebracht door de Joodse overlevenden. Ze pasten niet in het heldenverhaal dat haastig tussen de brokstukken van de oorlog werd verzonnen, zowel in Nederland als in Frankrijk als in willekeurig welk land waar mensen de onbehaaglijke, pijnlijke waarheden van de voorgaande jaren probeerden te vergeten. Mannen en vrouwen die de vernederingen van de bezetting zo goed mogelijk hadden doorstaan door zich gedeisd te houden en de andere kant op te kijken wanneer anderen nare dingen overkwamen, deden alsof ze al die tijd helden waren geweest. Op de lagere school in de jaren vijftig groeide ik op met de trotse verhalen van onderwijzers over hun kleine verzetsdaden: Duitse soldaten die de weg vroegen de verkeerde kant op sturen, en zo nog meer.

Mijn lievelingsschrijver was toen K. Norel, wiens boeken over de waaghalzerij van jonge verzetshelden kranige titels hadden als *De tyrannie verdrijven*, *Houen, jongens!* en *Verzet en Victorie*. De oude vooroordelen waren nog niet verdwenen. Dit is een passage uit K. Norels *De tyrannie verdrijven* (1947): 'Want de Joden mogen geen helden zijn, geslepen zijn ze zeker. [...] Pas toen de Nazi's hun grijpvingers uitstrekten naar hun vermogen en huisraad werden zij wakker. En toen ook goed. Met grote sluwheid hebben zij voor ongetelde millioenen onttrokken aan den vijand.'

In Frankrijk, dat eerst een periode van bloedige represailles had doorgemaakt, probeerde de gaullistische regering de diepe wonden in de samenleving te helen door te doen alsof de meeste burgers zich dapper tegen de Duitse vijand hadden verzet. Daarom pasten de terugkerende krijgsgevangenen ook daar niet in het officiële verhaal. Er waren geen vieringen bij de terugkeer van de armzalige mannen in versleten, ouderwetse uniformen die verantwoordelijk werden gehouden voor de smadelijke nederlaag in 1940. In 'het Frankrijk dat vecht, het enige Frankrijk, het ware Frankrijk, het eeuwige Frankrijk' (De Gaulles woorden op de dag dat Parijs werd bevrijd), was er voor hen geen plaats. Het enige waarop ze konden hopen was een bon voor een voedselrantsoen, wat geld, een doktersonderzoek en enkele noten uit de 'Marseillaise' (als de groep omvangrijk genoeg was om een muzikaal welkom te verdienen).

Dat het bewind van Vichy de krijgsgevangenen in zijn propaganda had gepresenteerd als moedige strijders die hun gevangenschap voor de meerdere ere en glorie van Frankrijk doorstonden, hielp niet na de oorlog. Roger Ikor, die later een beroemd schrijver werd, werd in mei 1940 krijgsgevangen gemaakt en ondanks zijn Joodse afkomst met andere krijgsgevangenen in Pommeren geïnterneerd. In zijn memoires schrijft hij: 'We konden niet praten en waren niet in staat om te protesteren en vertegenwoordigden daarom voor Pétain en zijn clan de perfecte volgelingen. Was het voor hem niet vanzelfsprekend om ons in verband te brengen met het zuiverste bloed van Frankrijk? Om precies de tegenovergestelde redenen werden we door de gaullisten geminacht. Twee miljoen krijgsgevangenen, en dan ook nog eens gevangenen die met het pétainisme waren besmet, dat was gênant voor de haantjes die het voor het zeggen hadden en voor het idee dat ze van Frankrijk hadden. Hadden we ons niet gevangen laten nemen in plaats van dapper te strijden zoals zij? Dan moesten we wel lafaards zijn, niet van het zuiverste, maar van het meest verdorven bloed.'[5]

Daarom behandelde men de krijgsgevangenen bij hun terugkeer gewoonlijk met kille vormelijkheid en verholen minachting of, in het beste geval, met minzaamheid. In repatriëringscentra werden ze opgevangen door bazige functionarissen in uniform, vaak vrouwen, die soms een hogere rang hadden dan deze mannen die de oorlog achter het prikkeldraad hadden doorgebracht en die niet schroomden om dat te laten blijken.

Marguerite Duras, die zelf in het verzet had gezeten, beschreef het in haar memoires *De pijn*:

Steeds komen er mensen aan. Er rijden vrachtauto's voor. [...] In groepen van vijftig stromen de gevangenen het centrum binnen. [...]

> De 'arme jongens' bekijken de ontvangstzaal, ze glimlachen allemaal. De repatriëringsofficieren sluiten ze in; 'Vooruit vrienden, in de rij.' Ze gaan in de rij staan en blijven glimlachen. [...] De afgelopen dagen was ik op het gare de l'Est, één van die dames voer uit tegen een soldaat van het Vreemdelingenlegioen, ze liet haar strepen zien: 'Wel, vriendje, wordt er niet gegroet, zie je niet dat ik kapiteinse (sic) ben.'[6]

Duras was links en walgde vooral van het soort functionarissen dat ze beschreef. Ze waren reactionair en zouden zich, in de woorden van Dionys Mascolo ('D.'), haar minnaar en haar kameraad in het linkse verzet, 'tegen elke verzetsbeweging [...] keren die niet direct gaullistisch is. Ze zullen Frankrijk bezetten. Ze beschouwen zichzelf als het behoedende en denkende deel van Frankrijk.'[7] Ze zouden het heldenverhaal van 'het eeuwige Frankrijk' construeren waarin ze er zelf goed afkwamen.

Er staat een nog aangrijpender beschrijving in Duras' memoires. Haar echtgenoot, Robert Antelme, ook een linkse verzetsman, was gearresteerd en naar Buchenwald gedeporteerd. Hoewel ze het al tijdens de oorlog met 'D.' had aangelegd, verlangde Duras er nog steeds naar om haar man levend terug te zien. Dat is de reden waarom ze naar de repatriëringscentra en het gare de l'Est bleef gaan en hoopte te horen dat hij nog in leven was. Toen Antelme bij toeval door de latere president François Mitterrand in een Duits kamp werd gevonden, was hij nauwelijks in staat om te spreken of te lopen. Maar het langverwachte weerzien in Parijs vond ten slotte toch plaats:

> Beauchamp en D. ondersteunden hem onder zijn oksels. Ze hadden haltgehouden op de overloop van de eerste verdieping. Hij had zijn ogen opgeslagen.
>
> Ik weet het niet meer precies. Hij moet me herkend en geglimlacht hebben. Ik brulde nee, dat ik niet wilde kijken. Ik ben weer teruggegaan, ben de trap weer op geklommen. Ik brulde, dat kan ik me nog wel herinneren. De oorlog kwam naar buiten met gebrul. Zes jaar zonder schreeuwen. Bij buren kwam ik weer tot mezelf. Ze dwongen me rum te drinken, ze goten het in mijn mond. Tussen het schreeuwen door.

Even later ziet ze hem weer. Hij glimlacht nog steeds.

> Aan die glimlach herken ik hem opeens, maar van heel ver weg, als zag ik hem aan het eind van een tunnel. Het is een glimlach van verwarring. Hij verontschuldigt zich dat hij er zo aan toe is, niet meer dan een stuk afval. Vervolgens verdwijnt de glimlach. En wordt hij weer een onbekende.[8]

Mijn vader zat niet in Buchenwald. En hij had ook geen vrouw die in het verzet had gezeten, een minnaar had genomen en al snel van hem zou scheiden. Zijn thuiskomst verliep veel minder dramatisch. Maar iets in deze passage uit de memoires van Duras wijst op de oorzaak van zijn angst om naar huis te gaan, de angst dat je een onbekende bent.

Voor de Franse krijgsgevangenen was het misschien moeilijk om terug te keren, maar voor de Duitsers en de Japanners was het nog veel moeilijker. Ze droegen niet alleen de last van de nederlaag op hun schouders, wat op zichzelf al zwaar genoeg was, maar kregen ook nog te maken met de minachting en zelfs de haat van hun landgenoten, omdat ze verantwoordelijk werden geacht voor een rampspoedige oorlog en onbeschrijflijke misdaden en omdat ze als arrogante strijders de baas over het land hadden gespeeld en als abjecte verliezers terugkwamen. Dat was natuurlijk niet helemaal billijk. Andere mensen, onder wie miljoenen vrouwen, hadden hen toegejuicht toen ze ten strijde trokken, met vlaggen gezwaaid, patriottische liederen gezongen en geproost op hun overwinningen, die soms werkelijke overwinningen waren en soms verzinsels van de regeringspropaganda. In de autoritaire staat was de gewone soldaat opgezweept door de officiële hysterie en daarom droeg hij niet meer verantwoordelijkheid voor de gevolgen dan de gewone burgers die hem luidruchtig hadden aangemoedigd. In Duitsland konden ze de nazi's tenminste van alles de schuld geven. De Japanners, die nooit een eigen versie van de nazi's hadden gehad, legden de schuld voor de catastrofe bij de 'militaristen' en, in het verlengde daarvan, bij iedereen die iets met de strijdkrachten te maken had. Dit was ook het standpunt dat in de naoorlogse Amerikaanse propaganda werd verkondigd en dat trouw door de Japanse pers werd overgenomen.

Zoals de Japanse essayist Sakaguchi Ango schreef: de kamikazepiloten (*tokkotai*) 'die zijn ontkomen aan het lot om als kersenbloesem te sterven, zijn nu gangsters op de zwarte markt'.[9] Voor deze zondeval, dit massale ontwaken uit een nationaal waanidee, werd de schuld volledig bij de mannen gelegd die op pad waren gestuurd om voor de keizer te sterven en nu de beschamende pech hadden om terug te keren. Een uitdrukking die na de oorlog vaak in Japan werd gebruikt, was *tokkotai kuzure*, 'gedegenereerde kamikazes', jongemannen wier morbide idealisme was ontaard in één grote slemppartij en hoererij.

Al voor de nederlaag van 1945 bestond er ressentiment tegen de snoeverige Japanse soldaten, hoewel men er wel voor oppaste om dat te laten blijken. Maar het trotse imago van de keizerlijke strijdkrachten werd nog verder aangetast toen de bevolking zag hoe snel de soldaten van geweld in de oorlog tot crimineel gedrag in vredestijd vervielen. Aan het einde van de oorlog lagen de militaire magazijnen nog vol met goederen, van wapens tot dekens en kleding, waaraan grote behoefte bestond onder de berooide bevolking. Na grootschalige, georganiseerde plunderingen door hogere officieren en hun handlangers uit de burgerbevolking, vaak gangsters met een schimmig oorlogsverleden, waren ze echter leeg. De goederen vonden langzaam hun weg naar de zwarte markt, waar ze van de hand gingen voor bedragen die de meeste mensen moeilijk konden opbrengen.

Het is natuurlijk nooit eenvoudig om miljoenen jongemannen die zijn opgeleid om voor hun vaderland te moorden weer in de burgermaatschappij in te passen. En het is nog veel ingewikkelder als om dat proces ook nog de schandelijke geur van de nederlaag hangt. Het lijkt dan ook bijzonder toepasselijk dat een radioprogramma, dat in de zomer van 1946 voor het eerst werd uitgezonden en dat inlichtingen over vermisten gaf, een speciaal programmaonderdeel voor gedesoriënteerde veteranen bevatte dat 'Wie ben ik?' heette.[10]

De gedemoraliseerde soldaten, die al ontmand waren door de militaire nederlaag, kregen nog meer klappen te verduren wanneer ze thuiskwamen en ontdekten dat hun huis verwoest was of dat hun huwelijk was stukgelopen. Een thema dat regelmatig terugkeert in Duitse en Japanse films en boeken over de onmiddellijke naoorlogse jaren is de breuk tussen de terugkerende soldaten en hun vrouw, die een minnaar heeft genomen om de eenzaamheid te verzachten of simpelweg om te overleven. Het thema is even oud als de oorlog zelf: bij zijn terugkeer uit Troje wordt

Agamemnon in zijn eigen huis vermoord door zijn vrouw, of door haar minnaar, of door beiden, afhankelijk van de versie van het verhaal die je leest. Een van de beste Duitse voorbeelden is Fassbinders *Die Ehe der Maria Braun* (1979): Maria's man, die net de gruwelen van het oostfront achter de rug heeft, treft zijn vrouw letterlijk naakt in de armen van een zwarte Amerikaanse soldaat aan. In dit geval is het de minnaar die sterft. Een veel minder bekend Japans voorbeeld is *Kaze no naka no mendori* (*Een kip in de wind*) van Ozu Yasujiro uit 1948. Het einde van de film is niet bepaald kenmerkend voor het werk van Ozu: in een uitzonderlijk melodramatische scène gooit de jaloerse echtgenoot zijn vrouw van de trap omdat ze in zijn afwezigheid met een andere man naar bed is geweest. Strompelend door haar verwondingen smeekt de vrouw hem om vergeving. En uiteindelijk loopt het allemaal goed af en vloeien de tranen rijkelijk.

Het verhaal dat aan dit overspannen einde voorafgaat, is heel kenmerkend voor die tijden. De vrouw, Tokiko, weet niet of haar echtgenoot nog in leven is en moet samen met haar zoontje in leven zien te blijven van het hongerloon dat ze als naaister verdient. Wanneer haar zoon ernstig ziek wordt, heeft ze geen geld om het ziekenhuis te betalen en daarom besluit ze om zichzelf voor één nacht aan een vreemde te verkopen. Wanneer haar echtgenoot, Shuichi, eindelijk weer thuis is, biecht Tokiko hem op dat ze zich eenmalig heeft geprostitueerd. De woede over de ontrouw van zijn vrouw wordt een obsessie voor Shuichi. Maar trouw is niet waar de film werkelijk over gaat: de strijd van de verslagen soldaat om een gevoel van zelfrespect terug te krijgen is de motor van zijn woede. De film is zeer realistisch, al zou het huwelijk in het echte leven misschien niet zijn gered tijdens een verzoeningsscène waarin ze elkaar snikkend in de armen vallen.

Ingezonden brieven in kranten laten zien hoe groot de problemen van de repatriëring waren. Op 16 december 1945 werd in de krant *Asahi* een brief van de beroemde schrijver Shiga Naoya afgedrukt. Hij stelde dat het de plicht van de overheid was om de voormalige kamikazepiloten om te scholen. Hoe waren jongemannen die waren opgeleid om zelfmoord te plegen voor de glorie van het vaderland nu in staat om hun leven opnieuw op te bouwen in de cynische, meedogenloze wereld van 1945? Alleen de overheid kon voorkomen dat ze tot wanhoop vervielen en 'degenereerden' door een speciaal opleidingsprogramma te beginnen. Een briefschrijver die daarop reageerde was het ermee eens, maar wees erop dat de Japanse samenleving zelf dringend heropgevoed moest worden. Een andere briefschrijver, een man die zelf was opgeleid als zelfmoordpiloot, beweerde dat er in de gedegenereerde cultuur van het naoorlogse Japan juist behoefte was aan de militaire discipline en de ware geest van de *tokkotai*.

Een van de aangrijpendste brieven aan *Asahi* werd geschreven door een andere ex-soldaat en werd op 13 december gepubliceerd:

> Medeveteranen! Nu zijn we vrij. We zijn teruggekeerd uit het donkere en meedogenloze militaire leven, van de bloederige slagvelden. Maar thuis wachtten ons de scherpe ogen van burgers die gevuld waren met weerzin voor militaristen en ontdekten we dat onze woonplaatsen vernietigd waren door het vuur van de oorlog. [...] De bloedige strijd is over, maar de strijd van het echte leven is maar net begonnen.[11]

In feite, schrijft hij, waren zijn jeugdige illusies al vervlogen door zijn leven als soldaat. Hij besefte al snel dat de holle frasen over trouw aan het vaderland en andere hooggestemde idealen van zelfzuchtige en koeionerende officieren geen enkele inhoud hadden. De gewone soldaat was gereduceerd tot een machine. En nu, schrijft hij, 'is het woord veteraan synoniem voor schurk'.

'Wat voelt de bevolking nu werkelijk ten opzichte van ons veteranen?' vraagt een andere schrijver zich diezelfde dag af. 'Mensen denken dat een soldaat hetzelfde is als een militarist. Natuurlijk, de militaristen moeten de verantwoordelijkheid voor de militaire nederlaag op zich nemen. Maar de gewone soldaat was niet zo. Hij was gewoon een patriot die voor zijn land vocht. Geloven jullie nou echt dat we onze jonge levens hebben vergooid om op het slagveld of in de Pacific te strijden omdat we er beter van werden of omdat we dat zelf wilden? Mensen zouden zich wel wat hartelijker mogen betonen tegenover ons veteranen.'[12]

Zulke gevoelens zouden zeker weerklank vinden bij de Amerikaanse Vietnam-veteranen. Maar zelfs de overwinnaars in een oorlog die bijna overal als rechtvaardig werd beschouwd, hadden problemen om zich weer aan te passen aan het gewone leven. William 'Bill' Mauldin was de populairste cartoonist van het Amerikaanse leger. Door zijn oneerbiedige tekeningen in de *Stars and Stripes* over Willie en Joe, twee GI's die zich staande proberen te houden aan het front in Europa, was hij een held onder de GI's of 'dogfaces'. Willie en Joe praten als gewone soldaten, en zo denken ze ook. Wat ze dachten was vaak niet erg vleiend voor hun meerderen, wat Mauldin op een uitbrander kwam te staan van generaal Patton, die dreigde dat hij hem 'in de cel zou laten smijten'. In juni 1945 stond Willie op het omslag van *Time*. Hij zag er vermoeid, ongeschoren en slonzig uit, met een sigaret in zijn linkermondhoek, en beantwoordde dus niet aan het heroïsche beeld van de soldaat.

Back Home (1945) is het verslag, in woorden en cartoons, van de terugkeer van Willie en Joe. De problemen waarmee ze in Mauldins cartoons te maken krijgen en hun reactie daarop zijn mildere versies van sommige gevoelens waaraan de veteranen uitdrukking gaven in de ingezondenbrievenrubrieken in Japanse kranten. Het ressentiment tegen de hogere rangen, bijvoorbeeld: Willie en Joe zijn gekleed in flodderige pakken en wachten bij de balie van een hotel tot ze zijn ingecheckt, terwijl een chagrijnige portier in een gestreepte broek, een pet en een jas met epauletten en gouden knopen hun koffers draagt. Joe: 'Kijk, majoor Wilson, u bent weer in uniform, zie ik.'

Het ressentiment van Willie en Joe is niet zo sterk als de haat van de Japanse soldaten voor de officieren, die tienduizenden soldaten op zelfmoordmissies stuurden, of hen doodden om hun vlees te consumeren wanneer ze onder vijandelijk vuur lagen in Nieuw-Guinea of de Filipijnen en het eten begon op te raken. Maar Mauldins punt dat een slechte soldaat vooral zichzelf schade toebrengt, terwijl 'een slechte officier een aanzienlijke hoeveelheid ellende onder zijn ondergeschikten kan veroorzaken',[13] gaat voor beide gevallen op.

Het dichten van de kloof tussen het militaire leven en het burgerlijke bestaan was een pijnlijk proces, voor de helden van het slagveld en misschien nog wel meer voor de mannen die zich niet werkelijk hadden onderscheiden in de strijd. Voor de vrouwen en de vriendinnen leken de teruggekeerde soldaten niet altijd heldhaftig genoeg. Op één cartoon is Willie te zien in een slechtzittend pak. Hij staat er nogal onhandig bij, met de oorlogsbaby die hij nooit eerder heeft gezien in zijn armen. Zijn vrouw draagt een feestelijke hoed en handschoenen en zegt: 'Ik had gehoopt dat je je soldatenpak zou aantrekken zodat ik trots op je kon zijn.' Mauldins commentaar: 'Mevrouw Willie, die op college zat toen ze Willie leerde kennen, viel net als haar vrouwelijke klasgenoten in die eerste aantrekkelijke fase van de oorlog op mooie uniformen. Ze was altijd een beetje teleurgesteld in Willie omdat hij geen officier in *pinks* en met een rottinkje geworden was.' Hij had niet eens onderscheidingen. En daarom, vervolgt Mauldin, 'werd haar niet alleen het genoegen om met zijn medailles te pronken ontzegd, maar realiseerde ze zich plotseling ook dat ze hem nooit in burgerkleding had gezien, en daarin zag hij er wel een beetje hobbezakkerig en gewoontjes uit.'[14]

Het hoeft ons niet te verbazen dat sommige veteranen die gedesillusioneerd zijn, of zich niet kunnen aanpassen aan het burgerleven, of getraumatiseerd zijn, tot geweld vervallen. Dat komt na elke oorlog voor. Maar in het eerste jaar na de Tweede Wereldoorlog kregen hun gewelddaden buitensporig veel aandacht in de pers. Willies vrouw leest een krant, met een grote kop 'Veteraan schopt tante', terwijl een mismoedige Willie met een glas whisky in zijn hand in een leunstoel zit. Het onderschrift: 'Op pagina 17 staat een kort bericht over een drievoudige moord met een bijl. Er waren geen veteranen bij betrokken.'[15] Mauldin wijst op het treurige feit dat zulke sensationele koppen 'alleen maar bevorderlijk waren voor de geruchten die na de oorlog in elk land altijd de kop opsteken, namelijk dat de teruggekeerde soldaten zijn opgeleid om te moorden en dus een potentiële bedreiging voor de samenleving vormen.'

De problemen van de teruggekeerde GI's vielen misschien in het niet bij die van de veteranen in Duitsland en Japan. Als helden keerden ze terug in het rijkste land ter wereld. Ze koesterden zich in hun zege en zouden snel profiteren van door de overheid gefinancierde opleidingsprogramma's, die mogelijk gemaakt waren door de GI Bill. Maar zelfs in Amerika konden de mannen in uniform de verwachtingen die door de heldenverhalen waren gewekt vaak niet waarmaken. Er was echter een belangrijk verschil tussen de zegevierende en de verslagen landen, en dat verschil zou veel langduriger gevolgen hebben dan de ontberingen die op iedere verschrikkelijke oorlog volgen. De Duitsers en de Japanners waren ontgoocheld door het heroïsche ideaal. Ze wilden niets meer met oorlog te maken hebben. De Britten en de Amerikanen bleven daarentegen altijd terugverlangen naar hun *finest hour* en kregen daardoor de fatale neiging om zich in onbezonnen militaire avonturen te storten zodat ze hun heldendom nogmaals konden bewijzen.

Maar hoe zit het met de mensen die niet naar huis wilden?

De Drauvallei in Karinthië, een landelijk deel van Oostenrijk dat beroemd is om zijn prachtige alpenlandschap van koele bergmeren en sappige groene weiden vol dennenbomen en bloemen, was waarschijnlijk een visioen van het paradijs in de ogen van de Sloveense vluchtelingen uit Joegoslavië die waren opgedoken uit een aardedonkere, ondergelopen bergtunnel, die tijdens de oorlog door slavenarbeiders van het Duitse leger was gegraven. Anderen kwamen er aan na een uitputtende tocht over rotsige, ijskoude bergpassen. Een van hen vertelde later: 'In dit prachtige gebied leek het of het schitterende, verheven woord *leven* oplichtte en aan alle kanten weerklonk.'[16]

Wie in de mooie lente van 1945 een nadere blik op dit gezegende landschap van pittoreske dorpen en lieflijke kerkjes had geworpen, zou echter iets vreemders en verontrustenders hebben ontdekt. Overal in de Drauvallei bevonden zich kampementen en barakkenkampen, het noodkwartier van tienduizenden mensen, voormalige soldaten, vrouwen en kinderen, met hun paarden, ossenkarren en zelfs kamelen. Er waren trotse Kozakken met hoge mutsen van schapenvacht, Sloveense boeren, Servische četniks, van wie sommigen royalistisch, anderen fascistisch en weer anderen van beide een beetje waren, Kroatische fascisten van de gevreesde Ustaša, Oekraïners, Russen, voormalige krijgsgevangenen uit verschillende Europese landen en zelfs enkele nazistische massamoordenaars die zich in berghutten verscholen, zoals Odilo Globocnik ('Globus' voor zijn kameraden), een Sloveense Duitser die onder andere verantwoordelijk was voor de bouw van de vernietigingskampen in Polen. Een verslaggever van *The Times* vergeleek deze menigte uitgeputte vluchtelingen, die vooral voor Tito's communistische partizanen en het Russische Rode Leger op de vlucht waren, met 'een massamigratie zoals die van de Ostrogothen vijftienhonderd jaar eerder'.[17] Volgens Nigel Nicolson, een Britse inlichtingenofficier en later een bekende Londense uitgever, was Karinthië 'de beerput van Europa'.[18]

Karinthië, dat door het Britse leger was bezet, was in zekere zin wel een passend decor voor de ellende van massamigratie, aangezien haar eigen beleid kenmerkend was geweest voor het soort etnisch nationalisme dat een menselijke en culturele ramp in Europa had aangericht. Een groot deel van de bevolking in Zuid-Karinthië was Sloveens. De *Gauleiter* tijdens de oorlog, een Duitstalige Karinthiër genaamd Friedrich Rainer, had het zuiden proberen te 'germaniseren' door de bevolking te verplichten om Duits te spreken of door eenvoudigweg de Slovenen te deporteren en hen door mensen van Germaanse afkomst te vervangen. Aan het einde van de oorlog vielen Tito's Partizanen het gebied binnen en eisten ze het op voor Joegoslavië, tot ze door het Britse leger werden verdreven.

Maar dit was slechts een klein deel van het probleem in 'de beerput van Europa', die was gevuld met mensen, zowel burgers als soldaten, die niet wilden teruggaan naar hun land of geen thuis meer hadden om naar terug te keren. Nigel Nicolson merkte daarover het volgende op:

> Er leek geen einde te komen aan het aantal nationaliteiten dat zich onder onze bescherming wilde plaatsen. De Duitsers wilden beschermd worden tegen Tito, de Kozakken tegen de Bulgaren, de četniks tegen de Kroaten, de Witte Russen tegen de Rode Russen, de Oostenrijkers tegen de Slovenen, de Hongaren tegen alle anderen, en vice versa door de lijst. [...] Karinthië was niet alleen het laatste toevluchtsoord van nazi-oorlogsmisdadigers, maar ook van relatief onschuldige mensen die op de vlucht waren voor de Russen en Tito en die overal ongewenst waren en bijna overal werden vervolgd.[19]

En in veel gevallen niet alleen maar werden vervolgd. De Slovenen, Kroaten en Serviërs die, soms aan de kant van de Duitsers en soms ook niet, tegen Tito's communisten hadden gestreden, verwachtten dat ze gemarteld en vermoord zouden worden als ze aan hun aartsvijand in Joegoslavië werden uitgeleverd. Kozakken, van wie er velen al in de burgeroorlog na 1917 tegen de communisten hadden gestreden en hun leven sindsdien als ober, taxichauffeur of schrijver voor obscure emigrantentijdschriften in verschillende Europese hoofdsteden hadden gesleten, wisten dat hun in de Sovjet-Unie executie of een langzame dood in een goelag te wachten stond. Dat was ook de angst van de Oekraïners, die om begrijpelijke redenen zo onverstandig waren geweest zich aan Hitler vast te klampen in de hoop van Stalin af te komen. Deze angstige verwachtingen zouden allemaal uitkomen. Maar wat ze niet hadden verwacht, was dat de Britten, die ze als het hoffelijkste, fatsoenlijkste en meest genereuze volk van Europa beschouwden, hen in de armen van hun vijanden zouden drijven.

In het Oostenrijkse Bleiburg, aan de Joegoslavische grens in Zuid-Karinthië, ontving brigadier T.P. Scott, commandant van de 38ste (Ierse) Brigade, op 14 mei het bericht dat tweehonderdduizend man van het Kroatische leger, die vergezeld werden door een half miljoen Kroatische burgers, op weg waren naar de Britse linies. Tijdens een ontmoeting met hun afgezanten moest Scott, die volgens iedereen een barmhartig man was, hun mededelen dat er geen sprake van kon zijn hen Oostenrijk binnen te laten. Er was geen plek voor ze. Ze zouden van de honger omkomen. Goed, antwoordden sommigen, dan komen we om van de honger. Anderen vroegen zich af of er de mogelijkheid was hen naar Afrika of Amerika te transporteren. Nee, dat was ook niet mogelijk. Daarop vertelden ze dat ze 'liever ter plaatse tot de laatste man zouden strijden, dan zich over te geven aan de Bolsjewieken'.[20]

Er was veel overtuigingskracht voor nodig, maar uiteindelijk besloten de Kroaten, die dorst hadden en bijna aan ondervoeding en uitputting bezweken, zich over te geven aan de titoïsten (of 'Tits', zoals de Britten zeiden). Er werd hun beloofd dat de mannen als krijgsgevangenen behandeld zouden worden en dat de vrouwen naar Kroatië zouden worden teruggebracht. Brigadier Scott kon gerust zijn.

Wat er precies gebeurd is, zullen we nooit zeker weten. De verklaringen van de weinige overlevenden zijn bitter en misschien overdreven. Maar ze zeggen wel iets over de manier waarop ze behandeld werden. Op 15 en 16 mei werden er volgens sommige verslagen aan de Joegoslavische kant van de grens tienduizend soldaten en officieren doodgeschoten en in greppels gegooid. Op de zeventiende mei begon er een 'dodenmars' langs de oevers van de rivier de Drau (of Drava) in de richting van Maribor in Slovenië. Volgens één versie van het verhaal werden 'tienduizenden Kroaten in kolonnes samengevoegd, hun handen op z'n Russisch met staaldraad vastgebonden en zo werden ze verhongerd, smachtend van de dorst, vermagerd en verminkt en pijn lijdend, gedwongen grote afstanden hard te lopen naast hun bereden "bevrijders". Degenen die zo'n geforceerde mars niet meer konden volhouden, werden gestoken, geslagen of doodgeschoten en langs de weg of in een greppel achtergelaten.'[21] Volgens een ander verslag werden er 'ongeveer twaalfduizend Kroaten' in greppels begraven. 'Omdat de bodem doordrenkt raakte van het bloed en de grond zelf omhoog begon te komen ten gevolge van het opzwellen van de lijken, strooiden de Partizanen een alkalische oplossing en meer aarde uit, om het terrein vervolgens met tanks weer vlak te maken.'[22]

Hoewel deze verhalen worden gekleurd door haat, is er geen enkele twijfel over dat grote aantallen mensen door Tito's Partizanen werden vermoord, niet alleen Kroaten op hun dodenmarsen, maar ook Serviërs en Slovenen, die met machinegeweren werden neergeschoten in de dichte en mooie bossen van Kočevje, waar nog altijd everzwijnen, lynxen en edelherten rondlopen. Ze waren daar als gevangenen van de communisten beland doordat de Britten hen op de trein naar Joegoslavië hadden gezet met de mededeling dat ze naar Italië gingen. Als ze hun hadden verteld wat de werkelijke bestemming was, zouden ze het soort pandemonium hebben veroorzaakt dat de Britse troepen juist tegen elke prijs probeerden te voorkomen.

De Britten rechtvaardigden hun beleid om Russische en andere anticommunisten, indien nodig onder valse voorwendselen en soms met geweld, aan hun vijanden uit te leveren door zichzelf voor te houden dat deze Kroaten, Serviërs, Slovenen, Wit-Russen en Oekraïners tenslotte verraders waren, mannen die aan de kant van de Duitsers hadden gevochten. Ze waren, kortom, niet alleen vijanden van de Russische bondgenoot, maar ook van de Britten. Nog afgezien van het feit dat vrouwen en kinderen moeilijk als vijandelijke soldaten konden worden beschouwd, lagen de zaken nooit werkelijk zo eenvoudig.

Het klopt dat bijna tien procent van de soldaten in een Duits uniform die in Frankrijk na de invasie in Normandië krijgsgevangen werd gemaakt Russisch was. Maar deze Russen, van wie de meesten geen woord Duits spraken en die blij, ja zelfs opgelucht waren dat ze zich aan de Britten konden overgeven, waren slechts zelden gemotiveerd door enige geestdrift voor Hitlers zaak. Een groot aantal bestond uit krijgsgevangenen die aan het oostfront gevangengenomen waren. Degenen die het gerichte Duitse beleid om de Russische gevangen te laten uithongeren hadden overleefd, werden in 1943, toen de Duitsers een nijpend tekort aan mankracht hadden, voor een brute keuze gesteld: ofwel dienst nemen in het Duitse leger in speciale bataljons voor buitenlanders of sterven.

Het geval van de Kozakken was nog iets ingewikkelder. Hun oudere officieren, veteranen van de burgeroorlog die nu in de zestig waren, zagen de Duitse invasie in de Sovjet-Unie als hun laatste kans om de traditionele woongebieden van de Kozakken terug te krijgen en weer het leven van hun grootvaders te leiden, als een soort achttiende-eeuwse krijgerskaste. De Duitsers beloofden hun daarbij te helpen als ze aan de kant van de Duitsers zouden strijden, en daarom deden ze het, als een woeste bende krijgers uitgerust met de kromme sabels en met juwelen bezette dolken van hun voorvaderen. Het was een romantische, blinde en vaak wilde poging om een manier van leven te herstellen die waarschijnlijk voor altijd verloren was gegaan. Ze streden in de Sovjet-Unie, en toen ze gedwongen waren zich in Joegoslavië terug te trekken, werden ze vergezeld door duizenden vluchtende burgers die het niet meer verdroegen om onder Stalin te leven. Tegen het einde van de oorlog, toen de Duitsers – net als de Japanners in Zuidoost-Azië – aan collaborerende regimes gebieden begonnen uit te delen in een ultieme poging de strijd gaande te houden, werd de Kozakken gezegd dat ze in de Italiaanse Alpen 'Kozakkia' konden stichten. Zodra de Britten arriveerden, deelden de Kozakken mee dat de Russische communisten hun vijanden waren en niet de Britten en gaven ze Kozakkia op om de oversteek te maken naar de idyllische valleien van Karinthië.

Er wordt weleens beweerd dat het gedrag van de Kroatische fascisten, die werden geleid door de ijzingwekkende Ante Pavelić, zo beestachtig was dat zelfs de Duitsers geschokt waren. De Italiaanse journalist Curzio Malaparte, wiens verslagen vaak door een levendige fantasie werden gekleurd, beschreef een interview met Pavelić. Op het bureau van de dictator zag hij een rieten mand die was gevuld met kleine, ronde, glibberige voorwerpen, misschien mosselen, of oesters. Toen hem gevraagd werd of dit nou de beroemde oesters uit Dalmatië waren, antwoordde Pavelić met een zuinige glimlach dat het twintig kilo Partizanenogen waren die hem waren geschonken door zijn trouwe Ustaša.

De Ustaša waren meedogenloos, net als Tito's Partizanen, de Sloveense Domobranci en de Servische četniks. Maar hun oorlog kan niet netjes in een hokje worden ingedeeld zoals een oorlog tussen geallieerden en Duitsers, democraten en fascisten of zelfs communisten en anticommunisten. Ze waren partij in verschillende burgeroorlogen die tegelijkertijd en langs etnische, politieke en godsdienstige lijnen werden uitgevochten: Kroatische katholieken tegen orthodoxe Serviërs tegen islamitische Bosniërs tegen Servische royalisten tegen communistische Partizanen tegen Sloveense Domobranci tegen Sloveense communisten en, om Nigel Nicolson opnieuw te citeren, vice versa door de lijst. Ideologie – fascistisch, communistisch, nazistisch – was slechts een deel van het verhaal. Alle partijen sloten overeenkomsten met buitenstaanders, inclusief de Duitse bezetter, als de binnenlandse doelstellingen erbij gebaat waren. Hoe moest een Britse soldaat die geconfronteerd werd met voormalige četniks en Partizanen, die beide op een of ander moment bondgenoten tegen de Duitsers waren geweest, nu weten wie hij als vriend en wie hij als vijand moest behandelen?

Ten slotte werd ook deze vraag door geweld beslist. Harold Macmillan, de Britse gevolmachtigde in het Middellandse Zeegebied, beschreef het als volgt: 'In december 1943 was het standpunt van de best ingelichte Britse partijen dat de Partizanen uiteindelijk in Joegoslavië zouden regeren en dat de monarchie weinig toekomst had en niet langer een bindend element was. Tegelijkertijd was het gebied van het grootste militaire belang, aangezien Tito's troepen, wanneer ze adequaat werden ondersteund, in staat waren een zeer groot aantal Duitse divisies tegen te houden, tot groot voordeel van het Italiaanse en later Franse front.'[23] De royalistische četniks hadden de pech dat ze aan de verliezende kant van de burgeroorlog streden.

Als Tito in 1945 al als een belangrijke bondgenoot van het Westen kon worden beschouwd, dan zeker ook Stalin, die door veel mensen in Groot-Brittannië en de Verenigde Staten nog liefkozend 'Uncle Joe' werd genoemd. Daarom was het voor de Britse minister van Buitenlandse Zaken, Anthony Eden, niet zo'n probleem om zijn Russische collega tijdens een conferentie in Moskou in september 1944 te beloven dat alle Sovjetburgers zouden worden gerepatrieerd, 'of ze nu gerepatrieerd wilden worden of niet'.[24] De Britten achtten het niet alleen van cruciaal belang om een goede verstandhouding met hun bondgenoten te onderhouden, maar wilden ook de duizenden Britse krijgsgevangenen in de door de Russen bezette gebieden niet in gevaar brengen.

Andere leden van de Britse regering, onder wie Winston Churchill, voelden wel enige scrupules tegenover een beleid waarvan de consequenties hun duidelijk voor ogen stonden. Lord Selborne, de minister van Economische Oorlogsvoering, schreef Churchill dat de repatriëring van deze mensen 'een zekere dood voor hen [zal] betekenen'. Maar Eden liet de eerste minister weten: 'We kunnen ons niet veroorloven daar sentimenteel over te doen.' Deze mensen waren tenslotte gevangengenomen 'terwijl ze in dienst waren van Duitse militaire of paramilitaire organisaties, waarvan het gedrag in Frankrijk vaak mensonterend was'. Hij voegde er nog iets aan toe, iets wat dichter in de buurt van de waarheid kwam: 'Natuurlijk hebben we er geen behoefte aan permanent met een aantal van hen opgescheept te zitten.'[25] En daarom werd tijdens de conferentie van Jalta formeel bevestigd dat ze allemaal gerepatrieerd zouden worden.

Het feit dat veel Russen gedwongen waren geweest een Duits uniform te dragen, dat de vrouwen en kinderen als slaven of dwangarbeiders naar Duitsland waren gebracht en nooit een Duits uniform hadden gedragen of dat een groot aantal Kozakken nooit onderdanen van de Sovjet-Unie was geweest en derhalve juridisch gezien helemaal niet 'gerepatrieerd' kon worden, kon noch Eden noch de Sovjetautoriteiten veel schelen. Voor de laatsten had dit ook iets met het heldenverhaal te maken, maar niet helemaal op dezelfde manier als in Frankrijk of Nederland. Het idee dat zoveel Russen en andere Sovjetburgers tegen de Sovjet-Unie hadden gestreden, en sommigen maar al te graag, en dat anderen er misschien enkel voor hadden gekozen om in Duitsland te gaan werken om te overleven, was gênant. Volgens de officiële lezing hadden alle burgers van het arbeidersparadijs van de sovjets tegen de fascistische vijand gestreden. Overgave was een misdaad. Degenen die in Duitse handen waren gevallen, *moesten* wel landverraders zijn en zouden als zodanig behandeld worden.

Er was nog een andere complicatie. Tito's Partizanen, die in de verbeelding van de Britten werden geromantiseerd en nobele boerenhelden waren geworden, waren dan misschien wel bondgenoten tegen de nazi's, maar hun aanspraken op delen van Italië en Zuid-Oostenrijk begonnen behoorlijk hinderlijk te worden. Het laatste wat de westelijke geallieerden konden gebruiken was een oorlog met de oude oorlogskameraden. Maar om er absoluut zeker van te zijn dat een titoïstische opmars gedwarsboomd kon worden, eiste veldmaarschalk Harold Alexander, die al met een miljoen krijgsgevangenen zat opgescheept, het recht op om in Oostenrijk eerst 'schoon schip te maken'. Dit betekende dat de Joegoslaven zo snel mogelijk aan Joegoslavië overgedragen moesten worden en de Russen aan de Sovjet-Unie.

Verschrikkelijke taferelen waren het directe gevolg van dit schone schip. Als list en bedrog niet volstonden om mensen tot meegaandheid te bewegen, moesten de geharde Britse soldaten, soms zelf in tranen, hen duwend, slaand en soms met behulp van hun bajonet de veewagons en vrachtwagens zien in te werken. Jammerende vrouwen wierpen zich voor hun voeten, kinderen werden vertrapt door panische menigtes, sommige mensen werden neergeschoten, en bij het vooruitzicht te worden gedeporteerd sneden sommige mensen zich de hals door of sprongen ze in de Drau.

De Kozakken waren misschien het treurigste geval. Hun waanideeën – dat ze als soldaten van het Britse Rijk naar Afrika zouden worden gestuurd, of naar Azië om tegen de Japanners te strijden – werden doelbewust gevoed; alles om ze kalm te houden voordat hun onvermijdelijke lot bezegeld werd. Ze vermaakten zichzelf en hun Britse bewakers met demonstraties van hun ruiterkunsten. Zelfs hun ontwapening berustte op bedrog: de soldaten werd beloofd dat zc nicuwere, betere wapens zouden krijgen nadat ze hun oude hadden ingeleverd. De Britten begrepen dat de kans kleiner was dat ze de bevelen zouden weigeren op te volgen wanneer hun officieren er niet bij waren. Eind mei kregen de officieren, vijftienhonderd man, te horen dat ze een 'conferentie' moesten bijwonen waar over hun toekomst zou worden beslist. In de loop van de avond zouden ze weer terug zijn bij hun gezin. In werkelijkheid werden ze nooit meer gezien. Nadat ze aan het Rode Leger waren uitgeleverd, werden degenen die niet onmiddellijk werden geëxecuteerd naar een goelag gestuurd, waar maar een klein aantal overleefde.

De andere Kozakken, die uitzinnig van bezorgdheid werden omdat de officieren maar niet terugkwamen, begonnen argwaan te krijgen. Het was tijd voor hardere maatregelen. De onaangename taak om ongewapende mannen te dwingen zich aan hun aartsvijanden over te geven werd toevertrouwd aan de Royal Irish Inniskilling Fusiliers, omdat Ieren daar volgens majoor-generaal Arbuthnott waarschijnlijk minder moeite mee zouden hebben dan Engelse troepen. Maar de soldaten waren zo geschokt dat ze bijna opstandig werden. Hun commandant, David Shaw, vertelde:

> De soldaten klaagden steen en been, maar uiteindelijk voerden ook zij hun opdracht uit. Het was verschrikkelijk. Ik herinner me die vrouwen die op de grond lagen – sommigen van hen zwanger – schreeuwend en rollend. Mijn mannen legden hun geweren op de grond, tilden de vrouwen de trein in, sloten de deuren en bleven erbij staan als de trein wegreed met de vrouwen, die uit de ramen schreeuwden.[26]

In een ander kamp aan de oevers van de Drau had een menigte van duizenden mensen, die het bevel hadden gekregen om in de trein te stappen, zich in een massief vierkant opgesteld om hun priesters, die in hun orthodoxe misgewaden baden en psalmen zongen. In het midden van de massa bevonden zich de vrouwen en kinderen, knielend en de armen ineengeslagen, met de jonge mannen eromheen. Overal zag men iconen en zwarte vlaggen en er stond ook een altaar met een groot kruis. De gedachte was dat soldaten biddende mensen niet weg zouden slepen. Er moest iets gebeuren. Majoor 'Rusty' Davies, die met veel Kozakken bevriend was geraakt, vertelde het volgende: 'Toen mensen aan de buitenkant van de groep werden weggetrokken drukten de overblijvenden zich nog dichter op elkaar en toen de paniek losbarstte begonnen ze over elkaar heen te klimmen om aan de soldaten te ontkomen. Het gevolg was een piramide van hysterische mensen, waaronder weer andere mensen begraven lagen.'[27]

Een jonge vrouw, die ernstige snijwonden aan haar benen had opgelopen toen ze door de menigte door een raam was gedrukt, beschrijft wat er gebeurde toen de schutting aan een kant van de mensenmassa het begaf:

> Mensen renden langs mijn benen, buiten zichzelf van angst. Alles was in chaos: het gezang, de gebeden, het gekreun en gekrijs, het

schreeuwen van mensen die door de soldaten gegrepen werden, de huilende kinderen en het gevloek van de soldaten. Iedereen kreeg klappen, zelfs de priesters, die hun kruisen boven hun hoofd hieven en bleven doorbidden.[28]

Uiteindelijk was de klus geklaard. Sommige mensen hadden zich in de rivier verdronken met hun kinderen. Een paar mensen hadden zich opgehangen aan de dennenbomen buiten het kamp. Maar het grootste deel van de resterende Kozakken belandde uiteindelijk in verzegelde veewagons, met een klein raam en één emmer die voor iedereen als wc diende. Brigadier T.P. Scott had tegen zijn commandant gezegd dat het hele verhaal 'een zeer slechte beurt' zou zijn. Majoor 'Rusty' Davies zei: 'Ik kijk er nog steeds vol afschuw op terug.'[29]

De Kozakken waren slechts een van de verweesde volkeren die werden verpletterd en uiteindelijk door de geschiedenis werden gedecimeerd. Eigenlijk is 'geschiedenis' te abstract. Ze werden uitgeroeid door mensen die handelden naar bepaalde ideeën, over revolutie, over gezuiverde etnische staten. Ook anderen werden het slachtoffer van deze ideeën, en soms ook mensen die zelf in deze ideeën hadden geloofd.

De woorden waartoe de drie zegevierende geallieerde mogendheden – Groot-Brittannië, de Verenigde Staten en de Sovjet-Unie – in de verstikkende hitte van juli 1945 op de Conferentie van Potsdam besloten, klonken best redelijk, en zelfs een tikje sussend. Waar het ging om het uitzetten van Duitse inwoners uit Oost- en Midden-Europa concludeerden ze het volgende: 'De drie regeringen erkennen, alle aspecten van het vraagstuk in ogenschouw nemend, dat een verplaatsing naar Duitsland van Duitse bevolkingen of elementen daarvan, welke nog over zijn in Polen, Tsjecho-Slowakije en Hongarije, ondernomen zal moeten worden. Ze zijn het erover eens dat elke verplaatsing op een ordelijke en humane wijze dient te geschieden.'

Dit klonk alleszins billijk. Het verdrag, dat volgde op besluiten over de overdracht van een groot stuk van Oost-Polen aan de Sovjet-Unie die twee jaar eerder tijdens de conferentie in Teheran al waren genomen, was geheel in de geest van een eigenaardig soort jovialiteit, met name tussen de Amerikaanse president Harry Truman en Josef Stalin. (Truman was minder op Churchill gesteld; de Britse premier zou hebben geprobeerd hem 'stroop om de mond te smeren'.) Toen Truman voor Stalin en Churchill Paderewski's *Menuet in G* speelde in het presidentiële 'Little White House' in Potsdam, merkte Stalin op: 'O, ja, muziek is zoiets moois, het verdrijft het beest in de mens.'[30]

Trumans warme gevoelens voor Stalin leken in die tijd door veel Amerikaanse soldaten te worden gedeeld. Stalin, schreef het Amerikaanse legertijdschrift *Yank*, 'was met gemak de grootste attractie voor soldaten die dit universum van vips te bieden heeft. En dat was al zo voor het gerucht dat Joe de Japanse capitulatie in zijn broekzak had. Korporaal John Tuohy uit Long Island, NY, die vroeger vertegenwoordiger was voor Paramount Pictures en die nu wacht loopt voor het met beroemdheden bevolkte Little White House, beschrijft Stalin als "kleiner dan ik had verwacht, maar een onberispelijke man die prachtige uniformen draagt".'[31] In *The New York Times* werden de drie zegevierende leiders bij hun conferentie tussen de puinhopen in de buurt van de Duitse hoofdstad beschreven als 'drie mannen die over een begraafplaats lopen; het zijn de mannen die bijna alle macht ter wereld in handen hebben'.[32] En daaronder viel natuurlijk ook het lot van de meer dan elf miljoen Volksdeutsche, van wie er velen diepe wortels hadden in gebieden die nu door Polen, Tsjecho-Slowakije, Hongarije en Roemenië werden opgeëist.

Achter de nietszeggende retoriek van Potsdam gingen echter gevoelens schuil die op veel gewelddadiger wijze tot uiting kwamen. Miljoenen Duitsers waren al uit hun huis in het Sudetenland, Silezië en Oost-Pruisen verdreven. Vlak voor de Potsdam-conferentie had Stalin de Tsjecho-Slowaakse minister-president Zdeněk Fierlinger nog gerustgesteld: 'We zullen jullie niet tegenhouden. Gooi ze er maar uit.'[33]

Toen Churchill Stalin in Jalta mededeelde dat hij 'niet geschokt was bij het idee miljoenen mensen met harde hand te deporteren', stelde Stalin op zijn beurt de Britse premier weer gerust: 'Daar [in Polen] zullen geen Duitsers meer zijn, want als onze troepen binnenvallen, rennen de Duitsers weg en dan zijn er geen Duitsers meer over.' Waarop Churchill zei: 'Dan hebben we nog wel het probleem van hoe we dat in Duitsland moeten oplossen. We hebben er zes of zeven miljoen gedood en zullen er waarschijnlijk voor het einde van de oorlog nog wel een miljoen doden.' Stalin, die van nauwkeurige aantallen hield, wilde weten: 'Een of twee?' Churchill: 'O, ik stel voor dat we onszelf geen beperkingen opleggen. Dus zal er in Duitsland wel plaats zijn voor een aantal mensen die de ruimte kunnen opvullen.'[34]

Er waren onder deze Duitsers mensen die kort daarvoor nog fervent nazi of zelfs oorlogsmisdadiger waren geweest. Een groot aantal Duitse burgers in de randgebieden van het Duitse Reich, misschien wel het merendeel, had uitermate welwillend tegenover de NSDAP en haar plaatselijke afdelingen gestaan, vooral in het Sudetenland, waar de Duitsers voor 1938, ondanks hun grotere welvaart, voor hun gevoel door de Tsjechen als tweederangsburgers werden behandeld. Een groot aantal had echter niets met de nazi's te maken willen hebben, en sommigen waren actief antinazi geweest. Maar Churchill noch Stalin was geneigd om zorgvuldig onderscheid te maken. Alle Duitsers moesten weg: misdadigers, nazi's, antinazi's, mannen, vrouwen en kinderen.

Volksverhuizingen, massale verdrijvingen en het verleggen van grenzen waren gemeengoed in de politiek van Stalin en Hitler. Maar Churchill had een ander precedent in gedachten: de Vrede van Lausanne van 1923, toen besloten werd de Griekse moslims naar Turkije over te brengen en Grieks-orthodoxe burgers van het oude Ottomaanse rijk naar Griekenland. In werkelijkheid had een groot deel van de ruil door de Grieks-Turkse Oorlog voor 1923 als het ware spontaan al plaatsgevonden. De officiële uitwisseling verliep tamelijk vreedzaam. Maar wat er in 1945 en 1946 in Oost- en Midden-Europa plaatsvond, was van een compleet andere omvang. Er vond een ruil plaats, dat is zeker waar: Polen uit Oost-Polen, dat een onderdeel van Oekraïne werd, verhuisden naar Silezië, dat ooit een deel van Duitsland was en nu door de Duitsers werd opgegeven. Maar wat er werkelijk gebeurde, is dat ongeveer elf miljoen mensen uit hun huis werden gehaald, en zelden op ordelijke en humane wijze.

Hans Graf von Lehndorff, de dokter uit Königsberg die geloofde dat mensen zich als wilden gedroegen omdat ze zich van God hadden afgewend, probeerde op een gegeven moment zijn gebombardeerde, afgebrande en grondig geplunderde geboortestad te voet te verlaten. Hij vermoedde dat het te gevaarlijk was om zich in een trein naar het westen, meestal een kolen- of een veewagen, te persen. En zo liep hij in de koude regen door een 'land zonder mensen', langs 'het niet geoogste graan

[...]. Bomtrechters op de weg, verminkte bomen, gevechtswagens in de greppels, uitgebrande dorpen. In een vervallen huis zoek ik een poosje een schuilplaats tegen regen en wind. Dichtbij beweegt zich iets. Ik hoor een schurend geluid en zie dan een paar verschooierde mensen, die suf voor zich uit staan te kijken. Er zijn drie kinderen bij. Ze bekijken me vol achterdocht. Blijkbaar zijn ze ook uit Koningsbergen gevlucht en hier blijven hangen. De Russen hebben hun verboden verder te trekken en nu kunnen ze voor- noch achteruit. Hun laatste voedsel bestond uit wat aardappels, die ze uit een vrachtauto hebben gehaald. Naar de prijs die ze ervoor hebben betaald vraag ik niet. Uit de manier waarop ze erover praten, blijkt wel dat de vrouwen er weer onderdoor moesten. Mijn hemel, zulke spookachtige wezens, wie kan daar nog behagen in scheppen?'[35]

Er gebeurden veel ergere dingen. Maar meer nog dan andere verhalen van sadistisch geweld, moord en hongersnood, geeft dit geval iets weer over het gevoel van hulpeloosheid van mensen die opeens geen thuis meer hebben. Ze konden voor- noch achteruit; ze waren nergens zeker van en bevonden zich in een vacuüm, een uitgestorven land dat het hunne niet meer was.

Het was terecht dat Lenhdorff argwaan tegen treinen had. Mensen kwamen niet alleen dagenlang vast te zitten in overvolle goederenwagons, waar ze zonder voedsel, drinken of sanitaire faciliteiten met vele anderen werden samengeperst en waren blootgesteld aan alle weersomstandigheden, maar liepen ook het risico weggevoerd te worden naar werkkampen of onderweg op zijn minst te worden beroofd. Paul Löbe, een sociaaldemocratische journalist die eerder door het naziregime was gearresteerd, beschrijft hoe dit tijdens een reis door Silezië in zijn werk ging:

> Nadat de Russen de locomotief hadden losgekoppeld, werden we tweeëntwintig uur vastgehouden. Er vonden meerdere van dergelijke onderbrekingen plaats. [...] De trein werd vier keer geplunderd, twee keer door Polen en twee keer door Russen. Dit was een eenvoudige procedure. Zodra de trein vanwege beschadigingen aan het spoor langzamer begon te rijden, klommen de overvallers aan boord van de wagons, grepen onze koffers en rugzakken en smeten ze op de kant. Na een halfuur vertrokken ze weer en pakten ze de buit bij elkaar.[36]

In deze wetteloze tijd, waarin politieagenten en andere functionarissen vaak samenwerkten met de plunderaars, bleken stations de gevaarlijkste plekken die er waren. Bendes overvallers loerden op iedereen die de pech had daar de nacht te moeten doorbrengen. Vrouwen van alle leeftijden liepen de kans om verkracht te worden door dronken soldaten die op zoek waren naar een verzetje. Mensen die ontheemd zijn, hebben niet alleen al hun rechten verloren, maar zijn ook overgeleverd aan de wil van anderen.

Wat de Duitsers in Silezië, Pruisen en het Sudetenland werd aangedaan, was in sommige opzichten een grotesk spiegelbeeld van wat Duitsers anderen hadden aangedaan, in het bijzonder de Joden. Veel openbare ruimtes waren voor hen verboden gebied, ze moesten armbanden dragen met de letter N (voor *Niemiec*, Duitser), ze mochten geen eieren, fruit, melk of kaas kopen en mochten niet met Polen trouwen.

Natuurlijk gaat de parallel maar ten dele op. Een vriendin van Ernst Jünger, de conservatieve schrijver, schreef hem vanuit haar gevangenis in Tsjecho-Slowakije: 'De tragedie van wat er nu in zowel de Duitse als de Hongaarse delen van Tsjecho-Slowakije gebeurt, kan alleen vergeleken worden met wat de Joden is overkomen.'[37] Dat is onzin. Er is nog steeds veel discussie over het aantal Duitsers dat tijdens de deportaties is omgekomen. Sommige Duitse historici beweren dat het er meer dan een miljoen zijn. Er is ook beweerd dat het ruwweg de helft van dat aantal was.[38] Dat is erg genoeg. Maar er was geen systematisch plan om alle Duitsers uit te roeien. En soms kregen de Volksdeutschen uit Silezië en het Sudetenland de keuze om de Poolse of Tsjecho-Slowaakse nationaliteit aan te nemen, een optie die Joden onder het naziregime nooit hadden.

Duitse vrouwen, die waren blootgesteld aan willekeurige seksuele vergrijpen van Russische troepen, Polen of Tsjechen, beschreven zichzelf als *Freiwild*. Dat gaat min of meer op voor alle ontheemde mensen zonder rechten. Silezië stond in de zomer van 1945 bekend als 'het wilde westen'. Het voorlopige hoofd van het nieuwe Poolse bestuur van Gdansk, de voormalige Duitse stad Dantzig, sprak van een 'goudkoorts': 'Over alle wegen en met alle mogelijke transportmiddelen begeven grote aantallen mensen zich vanuit alle hoeken van Polen naar dit Klondike, en hun enige doel is niet werken, maar roven en plunderen.'[39] Duitse huizen,

Duitse bedrijven, alle soorten Duitse bezittingen, inclusief de Duitsers zelf, alles werd ingenomen.

De etnische zuivering van 1945 ging echter nog verder dan deportaties en slavernij. Herbert Hupka, een half-Joodse inwoner van Ratibor (Racibórz) in Opper-Silezië, herinnert zich dat hij in de regen langs zijn vroegere school werd geleid, waar zijn vader Latijn en Grieks gegeven had. Hij zag een stapel verscheurde en doorweekte boeken, van Thomas Mann, Alfred Döblin, Franz Werfel en andere auteurs die de nazi's hadden verboden. De boeken waren in beslag genomen door de nazi's en op de Joodse begraafplaats gesmeten. Op de een of andere manier waren ze nu op straat terechtgekomen, en daar, in Hupka's woorden, 'lagen ze zonder eigenaar voor het gymnasium'.[40]

Wat in 1945 systematisch gesloopt werd, was de Duitse cultuur en tegelijkertijd een groot aantal mensen die die cultuur belichaamden. De belangrijke steden in oude delen van het Duitse Reich en het Oostenrijks-Hongaarse Keizerrijk – Breslau, Dantzig, Königsberg, Lemberg, Brünn, Czernowitz, Praag – waren centra van een Duitse cultuur die vaak door Duitssprekende Joden was vertegenwoordigd. Dit alles moest nu worden 'gedegermaniseerd'. Straatnaamborden en uithangborden werden overgeschilderd, plaatsnamen werden gewijzigd, Duitse bibliotheken geplunderd, monumenten verbrijzeld, opschriften, die soms heel oud waren, werden van kerken en andere openbare gebouwen verwijderd; de Duitse taal zelf moest worden opgeheven. Uit een artikel over Praag in *Yank*: 'Als je de weg vraagt in het Duits (voor het geval je geen Tsjechisch spreekt), word je alleen maar glazig aangestaard. [...] Dat is niet omdat de Tsjechen het niet verstaan. Duits is jarenlang praktisch een tweede taal voor ze geweest. Een Tsjech die dwangarbeid voor de Duitsers heeft verricht in een fabriek in Praag [...] formuleert het als volgt: "Spreekt u hier alstublieft geen Duits. Dat is de taal van het beest." '[41]

Er waren verschillende motieven om niet alleen de Duitsers en hun cultuur, maar zelfs alle herinneringen aan hun aanwezigheid in Oost- en Midden-Europa uit te wissen. Voor de communisten was het een revolutionair project dat hen van een gehate bourgeoisie moest verlossen. Voor niet-communistische nationalisten, zoals president Edvard Beneš, was het de wraak voor het verraad: 'Onze Duitsers hebben ons land verraden, onze democratie verraden, ons verraden, de menslievendheid en de mensheid verraden.'[42] Een hooggeplaatste geestelijke in de Tsjecho-Slowaakse Katholieke Kerk verklaarde: 'Eens in de duizend jaar is de tijd gekomen om de rekening te vereffenen met de Duitsers, die het kwaad vertegenwoordigen en op wie het gebod om je naaste lief te hebben dus niet van toepassing is.'[43] Maar het gevoel dat door allen werd gedeeld, werd door de eerste communistische leider van Polen, Władysław Gomułka, tijdens een vergadering van het Centrale Comité van de Poolse Verenigde Arbeiderspartij onder woorden gebracht: 'We moeten alle Duitsers verdrijven omdat landen langs nationale grenzen en niet langs multinationale grenzen zijn gebouwd.'[44]

Op deze manier werden Hitlers plannen voor etnische zuiverheid en nationale identiteit, die gebaseerd waren op ideeën die teruggingen tot de eerste decennia van de twintigste eeuw of tot nog eerder, uiteindelijk uitgevoerd door mensen die Duitsland haatten. Hoewel de naoorlogse etnische zuiveringen in Polen, Tsjecho-Slowakije, Hongarije en Roemenië gruwelijk waren, moeten we niet vergeten dat de Duitse cultuur in Midden-Europa in de eerste plaats door de Duitsers zelf vernietigd is. Ze zijn het proces zelf begonnen met de uitroeiing van de Midden-Europese Joden, van wie er velen de Duitse hoge cultuur altijd loyaal hadden gediend. Om het karwei af te maken hoefden de Polen slechts de Duitsers het land uit te schoppen.

Het was niet uit liefde voor Duitsland dat er in de zomer en de herfst van 1945 zoveel Joodse overlevenden in Duitse DP-kampen zaten; het was omdat ze het idee hadden dat het veiliger was in Duitsland, het land dat net zo zijn best had gedaan om ze allemaal te vermoorden – veiliger in elk geval dan in hun geboorteland, zoals Litouwen of Polen. In de DP-kampen waren Amerikaanse en Britse bewakers, en daar zouden ze tenminste niet vervolgd worden. Tienduizenden Joden die de kampen in Polen hadden overleefd, met de partizanen hadden gestreden of uit ballingschap in de Sovjet-Unie terugkeerden, stroomden in de zomer Duitsland binnen. Hoewel de DP-kampen natuurlijk maar tijdelijk onderdak boden, waren ze nog steeds ver van huis. Maar wat was 'thuis' eigenlijk nog? De meeste overlevenden hadden geen thuis, behalve misschien in de verbeelding. Thuis was vernietigd. Zoals sommige DP's het formuleerden: 'We zijn niet in Beieren... We zijn nergens.'[45]

De overlevenden van het Europese Jodendom waren er in veel gevallen te slecht aan toe om voor zichzelf te zorgen en te bang en te boos om de hulp van anderen te accepteren, vooral als deze helpers niet-Joden waren. De DP-kampen, waar Joden om te beginnen vaak met niet-Joden, en in sommige beruchte gevallen van bureaucratisch knoeiwerk en onverschilligheid zelfs met voormalige nazi's waren ondergebracht, waren onvoorstelbaar smerig. Hoe konden mensen die slechter behandeld waren dan de laagste beesten opeens hun zelfrespect terugkrijgen? Dat generaal Patton, die niet bekendstond om zijn filosemitisme, de Joodse overlevenden 'lager dan dieren' noemde, was niet zo verwonderlijk. Maar zelfs geharde Palestijnse Joden die naar Duitsland waren gekomen om hen te helpen, konden niet verhullen dat ze geschokt waren. In Hanoch Bartovs autobiografische roman *Brigade* merkt een soldaat van de Joodse Brigade op: 'Ik bleef tegen mezelf zeggen dat dit de mensen waren over wie we al jaren met elkaar gesproken hadden – maar ik was zo ver van ze verwijderd dat we wel door schrikdraad van elkaar gescheiden leken.'[46] Een Amerikaanse soldaat schreef een brief naar huis over zijn ontmoeting met een Poolse Jood die 'net uit Dachau' kwam. De man zat in elkaar gedoken in de hoek van een openbaar toilet in München en 'huilde als een kind'. 'Ik hoefde hem niet te vragen waarom hij huilde; de antwoorden waren toch altijd allemaal hetzelfde en luidden als volgt: ouders doodgemarteld; vrouw vergast en kinderen doodgehongerd, of een combinatie van deze drie.'[47]

Als er één volk was dat behoefte had aan een heldenverhaal waren het de Joden wel, de ergste slachtoffers onder de vele slachtoffers – iets wat trouwens nog niet algemeen werd erkend. De omvang van de Joodse genocide was zelfs voor veel Joden nog niet te bevatten. Dr. Solomon Schonfeld, de orthodoxe opperrabbijn van Engeland, die in december 1945 verslag uitbracht over de toestand van de Joodse overlevenden, kreeg het voor elkaar om de volgende zin op te schrijven: 'Poolse Joden zijn het erover eens dat de dood in Oświęcim [Auschwitz] (met badkamers, gas en dienstverlening van het Rode Kruis) menselijker was dan elders.'[48] *Menselijker!*

Al tijdens de oorlog had de Joodse pers in Palestina de heroïek van de opstand in het getto van Warschau in 1943 vergeleken met Massada, de gewijde plek van de laatste stelling tegen de Romeinen waar de Joodse

Zeloten in 73 n.Chr. massaal zelfmoord pleegden. De kop van *Yediot Ahronot* van 16 mei 1943 luidde: 'Het Massada van Warschau is gevallen – de nazi's hebben de overblijfselen van het getto van Warschau in brand gestoken'. Maar eigenlijk werd de opstand in het getto van Warschau pas in de jaren zeventig als de stichtingsmythe van de nieuwe staat Israël erkend. Toch waren er onmiddellijk na de oorlog ook pogingen ondernomen om de Joodse moraal met heldendaden te herstellen. En die waren allemaal nauw verbonden met het zionisme, een droom van een thuis die werd verkondigd om het gebroken volk te inspireren. De Joodse Brigade, die vanuit Italië Duitsland kwam binnenrijden met de mededeling: 'Achtung! Die Juden kommen!', is al ter sprake gekomen. Op 25 juli gaven Joodse vertegenwoordigers van kampcomités over heel West-Duitsland een proclamatie uit waarin ze eisten dat ze tot Palestina werden toegelaten. De plaats die ze voor deze inspirerende gebeurtenis hadden gekozen, was de *Bierkeller* in München waar Hitler in 1923 zijn mislukte putsch had gepleegd.

Er bestond nog altijd maar een oppervlakkige band tussen de Joden in het Heilige Land en die in de diaspora, en dat verklaarde de behoefte om Warschau gelijk te stellen aan Massada, alsof Mordechai Anielewicz en de anderen in het getto waren gestorven voor Eretz Yisrael. Maar zionistische jeugdgroepen hadden deze banden tijdens de oorlog actief gesmeed, en ook daarna, in de kampen, waar Joodse overlevenden snel in kibboetsim werden georganiseerd. Majoor Irving Heymont, de Amerikaanse officier die de leiding had over het DP-kamp in Landsberg, was zelf Joods. Desondanks wist hij niet goed wat hij van de kibboetsniks in zijn kamp moest vinden: 'Alsof mijn leven al niet lastig genoeg was, kwam ik er vandaag achter dat de jonge en beste elementen in het kamp in kibboetsim zijn georganiseerd. Het blijkt dat een kibboets een hechte, gedisciplineerde groep is die de intense wens koestert om naar Palestina te emigreren. Het is hun bedoeling om hun leven daar volgens de lijnen van dit idealistische collectivisme te organiseren. Elke kibboets vormt een aparte gemeenschap en toont weinig interesse in het kampleven.'[49]

Er waren veel overlevenden die eigenlijk van de Verenigde Staten droomden als hun nieuwe thuis. De straten in Föhrenwald, een van de grootste DP-kampen in Beieren, hadden aansprekende namen als New York, Michigan en Wisconsin Avenue gekregen.[50] Maar het land dat zo aanlokkelijk was, heette de laatste overlevenden van het Europese Jodendom niet welkom, en zeker niet kort na de oorlog. En het waren de jeugd, de relatieve fitheid, de discipline, de verheven principes, het idealisme, de nadruk op sport, agrarisch werk en zelfverdediging die de jonge zionisten uit Midden-Europa onder de overlevenden zoveel aanzien gaven. Tien dagen na de Duitse nederlaag schreef rabbi Levy van het Britse leger een brief naar de Londense *Jewish Chronicle* waarin hij een lofzang op de zionisten in Bergen-Belsen aanhief: 'Kan ik ooit vergeten hoe we in die hutten zaten en Hebreeuwse liederen zongen? Het is haast niet te geloven dat ze zo onverzettelijk en standvastig waren. Twee dagen geleden ontmoette ik een groep jonge zionisten uit Polen. Ze woonden in een van de smerigste blokken, maar hun eigen hoek was vlekkeloos schoon.'[51]

Een van de taaiste Joden in Bergen-Belsen was een kleine, pezige man genaamd Josef ('Yossele') Rosensaft. Hij voldeed aan het beeld van de Joodse held. Rosensaft was in 1911 in Polen geboren, was als jongeman tegen de godsdienstige beperkingen van zijn chassidische familie in opstand gekomen en werd een linkse zionist. In juli 1943 werd hij tijdens een razzia met zijn vrouw en stiefzoon in het getto van Będzin opgepakt en in een trein naar Auschwitz geduwd. Op de een of andere manier lukte het hem uit de trein te ontsnappen en sprong hij onder het vuur van machinegeweren in de Wisła. In het getto werd hij opnieuw gearresteerd, maar het lukte hem om weer te ontsnappen, om vervolgens opnieuw te worden opgepakt en naar Birkenau, het vernietigingskamp bij Auschwitz, te worden gestuurd. Na twee maanden slavenarbeid in een steengroeve werd hij naar een ander kamp getransporteerd, waaruit hij in maart 1944 ontsnapte. Toen hij in april weer gevangen werd genomen, werd hij een aantal maanden in Birkenau gemarteld, maar hij liet niet los wie hem had geholpen bij zijn vlucht. Nadat hij tewerk was gesteld in Mittelbau-Dora, waar de gevangenen zich in klamme ondergrondse tunnels moesten doodwerken en v2-rakketten voor de Wehrmacht bouwden, belandde hij uiteindelijk in Bergen-Belsen.

Rosensaft was geen lid van de hogeropgeleide stedelijke Joodse elite. Hij sprak alleen Jiddisch, maar dat was niet de enige reden waarom hij er – tot grote ergernis van zijn Britse gesprekspartners – op stond dat de onderhandelingen met de geallieerde autoriteiten in het Jiddisch werden gevoerd. Het was een kwestie van trots. Als leider van het Centraal Comité van Bevrijde Joden uit Bergen-Belsen wilde hij dat de Joden werden behandeld als een volk met een gemeenschappelijk land, dat volgens hem alleen maar Palestina kon zijn. Joden moesten van gevangenen met een andere nationaliteit worden gescheiden, moesten toestemming krijgen om zelf hun zaken te regelen en zich opmaken om naar het land van de Joden te vertrekken.[52]

Zo werd er ook in andere kampen gesproken. Irving Heymont was vaak geërgerd door de eisen van het Joodse comité in Landsberg. Maar in een brief naar huis citeert hij uit een toespraak van een van de kampvertegenwoordigers, een agronoom uit Litouwen, dr. J. Oleiski, die hij 'zeer verhelderend' vindt. Dr. Oleiski spreekt over zijn tijd in het getto, toen de Joden, 'door de schuttingen over de Vilnia naar Kaunas en andere Litouwse steden keken', en 'Ik wil mijn huis weer zien' zongen. Maar vandaag, vervolgt Oleiski, 'na dat alles, na de concentratiekampen in Duitsland, nu we definitief hebben vastgesteld dat ons voormalige thuis een massagraf is geworden, kunnen we alleen nog maar met onze vingertoppen naar de schaduwen van onze dierbaren tasten en in afgrijzen uitroepen: Ik kan nimmer mijn huis meer zien. De zegevierende landen die de pest in Europa in de twintigste eeuw hebben bestreden, moeten het specifiek Joodse probleem eens en voor al begrijpen. Nee, we zijn geen Polen als we in Polen zijn geboren, we zijn geen Litouwers hoewel we ooit door Litouwen zijn gekomen, en we zijn ook geen Roemenen, hoewel we de zonneschijn voor het eerst van ons leven in Roemenië hebben gezien. We zijn Joden!'

Heymont was noch een zionist, noch een godsdienstig man, schijnt het. Hij zei ook nooit dat hij zelf Joods was omdat hij bang was dat dat zijn toch al ingewikkelde opdracht in Duitsland nog moeilijker zou maken. Maar ondanks zijn vele ergernissen had hij wel enige sympathie voor dr. Oleiski's idealen, waaronder 'het bouwen van een Joods gemenebest in Palestina'. Inderdaad, schreef Heymont, 'hoe meer ik erover nadenk, hoe minder boos ik word op het comité. Het is voor de groep van vitaal belang dat het comité de rechten van het volk beschermt en ervoor zorgt dat ze uit Duitsland kunnen vertrekken. Met rechten van het volk bedoel ik dat ze als een vrij volk en niet als minderjarigen of liefdadigheidsgevallen behandeld willen worden.'[53]

Het idee dat de Joden van een abjecte, vervolgde minderheid – die het de meerderheid naar de zin probeerde te maken door zich aan te passen, maar altijd over haar schouder moest kijken – van 'liefdadigheidsgevallen' konden worden omgevormd tot een trotse natie van strijders die hun eigen heilige grond bebouwden, bestond al lang voor de genocide. Dit streven kende veel verschillende varianten, een socialistische, een religieuze en zelfs een raciale. En de verschillende facties waren constant met elkaar in een soms bittere strijd verwikkeld. Zodra mensen weer gezond genoeg waren om te stemmen werden er in Bergen-Belsen en andere kampen politieke partijen gevormd. David Ben-Gurion, net als Rosensaft een taaie Pool en de leider van de zionistische beweging in Palestina, begreep al snel hoe het Joodse leed van nut zou kunnen zijn voor het plan waar hij zo vurig in geloofde. In oktober 1942 zei hij tegen de Zionistische Uitvoerende Raad in Palestina: 'Men kan kracht ontlenen aan rampspoed indien die productief wordt gebruikt; de hele truc van het zionisme is dat het weet hoe onze ramp kan worden gekanaliseerd, niet in moedeloosheid of vernedering zoals het geval is in de diaspora, maar in een bron van creativiteit en profijt.'[54]

Dat klinkt spijkerhard, dit eerste voorbeeld van de 'instrumentalisering' van de Holocaust. Een stellige afwijzing van teerhartigheid was zeker onderdeel van Ben-Gurions stijl, en dat was misschien ook nodig om een nieuw heldenverhaal voor de Joden te cultiveren. Hij was een pragmaticus en beschouwde het tonen van sentimenten als weinig productief. Maar in 1942 was ook Ben-Gurion zich nog niet bewust van de omvang van de Joodse catastrofe in Europa. Dat waren maar heel weinig mensen. Een van de eersten die het leken te hebben begrepen, was een zionistisch lid van het Reddingscomité van het Europese Jodendom, Apolinari Hartglass. Al in 1940 waarschuwde hij dat de nazi's 'de [Joodse] bevolking in Polen aan het uitroeien waren'. Maar toen vluchtelingen uit Polen zijn ergste vermoedens in 1942 bevestigden, reageerde zelfs Hartglass ongelovig: 'Als ik alles zou geloven wat je zegt, zou ik zelfmoord plegen.'[55] Ben-Gurion kende de feiten. Maar net als de meeste mensen kon hij zich nog geen voorstelling maken van de waarheid.

Niettemin zou men zowel Hartglass als Ben-Gurion kunnen verwijten dat ze menselijk leed hebben uitgebuit ten behoeve van hun eigen politieke doeleinden. In een memorandum aan het reddingscomité stelde

Hartglass dat er waarschijnlijk zeven miljoen Europese Joden zouden worden vermoord en dat de Joden in Palestina (de Jisjoev) er niet veel aan konden doen. Maar, schreef hij, als er maar een handvol Joden gered zou kunnen worden, 'moeten we in ieder geval enkele politieke voordelen met ze kunnen behalen. Vanuit zionistisch oogpunt kunnen we deze politieke voordelen onder de volgende omstandigheden behalen. A: als de hele wereld weet dat Palestina het enige land is dat de geredde Joden wil opvangen en dat de enige gemeenschap die hen wil opnemen de Jisjoev is.'[56]

In oktober 1945 besloot Ben-Gurion de voormalige concentratiekampen in Duitsland zelf te gaan bekijken. In zijn dagboek maakte hij daarover korte, feitelijke aantekeningen. Over Dachau: 'Ik heb de ovens, de gaskamers, de kennels, de galgen, de gevangenenverblijven en de SS-verblijven gezien.' In Bergen-Belsen: 'Tot 15 april dit jaar waren hier 48 000 Joden. [...] Sinds die tijd zijn er 31 000 gestorven (aan tyfus, tuberculose).'[57] Ben-Gurions doelen pasten volgens zijn biograaf Shabtai Teveth eerder in een heroïsch sjabloon. Hij zag voor zich hoe 'de overlevenden van de vernietigingskampen strijdend naar de kust van Palestina trokken en door een blokkade van Britse soldaten braken'. Teveth merkt droog op: 'Bij zijn inspectie van de skeletachtige overlevenden moet hij iets hebben gehad van een commandant die zijn troepen voor de strijd inspecteert.'[58]

Het nieuws over Ben-Gurions reis deed al snel de ronde, en overal waar hij kwam, werd hij belaagd door DP's. Heymont wist pas dat hij in Landsberg was toen hij 'de mensen zag die naar buiten stroomden om langs de weg naar München te gaan staan. Ze droegen bloemen en haastig vervaardigde spandoeken en borden. Het kamp zelf was opgebloeid met allerlei versieringen. We hadden nog nooit zo'n vertoon van energie in het kamp gezien. Ik denk niet dat een bezoek van president Truman zoveel opwinding zou hebben veroorzaakt.'[59] Voor de mensen in het kamp, merkt Heymont op, 'is Ben-Gurion God'.

Zijn beroemdste toespraak tijdens deze reis naar Duitsland hield Ben-Gurion in een ziekenhuis voor kampoverlevenden in het oude benedictijner klooster van Sankt Ottilien bij München, niet ver van Dachau. Toen hij de Joodse weeskinderen zag, schoot hij voor één keer vol. Maar hij wist zich snel te beheersen: 'Ik zal niet proberen mijn gevoelens uit te drukken [...] dat is onmogelijk.' Hij hield zijn gehoor, dat deels nog gekleed was in de gestreepte gevangenenkleding, in plaats daarvan het volgende voor: 'Ik kan jullie vertellen dat er een levendig Joods Palestina bestaat en dat, zelfs als de poorten gesloten zijn, de Jisjoev ze met zijn sterke handen zal openbreken. [...] Vandaag de dag zijn wij de beslissende macht in Palestina. [...] We hebben onze eigen winkels, onze eigen fabrieken, onze eigen cultuur en onze eigen geweren. [...] Hitler was niet ver van Palestina. Er had daar een verschrikkelijke vernietiging kunnen plaatsvinden, maar wat er in Polen is gebeurd, is in Palestina niet denkbaar. Ze zouden ons niet in onze synagogen hebben afgeslacht. Iedere jongen en ieder meisje zou op iedere Duitse soldaat hebben geschoten.'[60]

Sterke... macht... onze eigen... geweren... Deze heldhaftige woorden van de zionistische leider waren wat de Britten nu juist niet wilden horen, hoewel de minister van Buitenlandse Zaken Arthur James Balfour in 1917 had beloofd om van Palestina 'een nationaal tehuis voor het Joodse volk' te maken. Maar dat zou lastig worden omdat de Britse regering de Arabische bevolking van Palestina in de Balfour-verklaring uit 1917 had beloofd dat er 'niets gedaan zou worden dat de burgerrechten en godsdienstige rechten van de bestaande niet-Joodse gemeenschappen in Palestina zou schaden'. Aangezien eenennegentig procent van de ongeveer zevenhonderdduizend inwoners Arabisch was, zaten de Britten dus in een lastig parket. Vandaar de White Paper, dat de Britse regering in 1939 aannam, waarmee de Joodse immigratie naar Palestina van 1940 tot 1944 tot tienduizend personen per jaar werd beperkt, waaraan in een noodgeval nog eens vijfentwintigduizend personen konden worden toegevoegd. Dat noodgeval deed zich voor; er waren net genoeg Joden die Palestina haalden om de volstrekt ontoereikende quota vol te maken. Ben-Gurion drong er nu op aan om op alle mogelijke manieren, legaal of niet, ten minste een miljoen Joodse overlevenden naar Palestina te brengen. President Truman, die geschokt was door een rapport over de toestand van de Joodse DP's in Duitsland[61], betoogde in een brief aan de Britse minister-president Clement Attlee dat ten minste honderdduizend Joden toestemming zouden moeten krijgen om te emigreren. Hij voegde eraan toe: 'Zoals ik u ook al in Potsdam zei, is het Amerikaanse volk, als geheel, ervan overtuigd dat de immigratie in Palestina niet gesloten zou moeten zijn en dat een redelijk aantal vervolgde Europese Joden, overeenkomstig hun wensen, toestemming zou moeten krijgen om zich daar te vestigen.'[62]

Wat Truman niet in zijn brief zei, was dat hij niet wilde dat die honderdduizend Joden zich in de Verenigde Staten zouden vestigen. Het was trouwens om praktische redenen dat de Britten actief probeerden te voorkomen dat Joden naar Palestina emigreerden en soms zelfs geweld gebruikten tegen mensen die de vernietigingskampen van de nazi's ternauwernood hadden overleefd: Palestina was nog steeds een Brits mandaatgebied. Zelfs onder een Labour-regering wilden de Britten invloed blijven uitoefenen in het Midden-Oosten, dat ze als de toegangspoort naar India beschouwden. De Arabieren, naar wie de sympathie van het Britse ministerie van Buitenlandse Zaken trouwens sowieso meer uitging, zouden de wapens grijpen als te veel Joden toestemming zouden krijgen om zich in het overwegend Arabische land te vestigen. Vanuit het Britse standpunt gezien kwam dat dus niet goed uit. En daarom liepen Joden die illegaal aan land probeerden te komen de kans om door Britse soldaten te worden neergeknuppeld en in hun gammele bootjes te worden teruggeduwd of zelfs te worden neergeschoten.

Maar de Britten hadden niet altijd praktische argumenten en waren ook niet altijd te goeder trouw. Als het zionisme werd gedefinieerd als een strijd voor de Joodse identiteit, brachten de Britten een alternatief idee van identiteit naar voren. In reactie op het Amerikaanse speciale rapport over de DP's in Duitsland van Earl G. Harrison, de Amerikaanse gezant bij het Intergouvernementele Comité voor Vluchtelingen, betoogde het Britse ministerie van Buitenlandse Zaken dat het niet alleen verkeerd was om Joden en andere DP's van elkaar te scheiden, zoals het rapport aanbeval, maar ook om te concluderen dat er in Europa geen toekomst voor de Joden was. Het zou tenslotte 'ver gaan om impliciet toe te geven dat de nazi's gelijk hadden toen ze meenden dat er in Europa geen plaats voor de Joden was'. Het was aan de geallieerden om 'de voorwaarden te scheppen waarin [de Joden] zelf het gevoel hebben dat het natuurlijk en juist is om naar huis te gaan in plaats van in dit stadium toe te geven dat zulke voorwaarden onmogelijk te scheppen zijn'.[63]

Hoe het Britse ministerie van Buitenlandse Zaken die voorwaarden in landen als Polen, Litouwen en Oekraïne wilde scheppen, werd er niet duidelijk bij verteld. Niet dat de Joden het allemaal eens waren over de juiste route naar Zion. Er was een hevige rivaliteit tussen het Jewish Agency, dat alle zionistische groeperingen in Palestina vertegenwoordigde, en het American Jewish Joint Distribution Committee, het JDC of 'Joint'. Functionarissen van Joint, die Joodse vluchtelingen en DP's zo goed mogelijk probeerden te helpen door ze van geld, voedsel en andere eerste levensbehoeften te voorzien, hadden weinig op met de zionistische indoctrinatie, die ze als autoritair en contraproductief beschouwden. Er deden zich zelfs gevallen voor waarbij kinderen door het Jewish Agency werden gehinderd bij het vinden van een pleeggezin in Europa of de Verenigde Staten, omdat dit hun 'aliyah' (letterlijk stijging) naar het Joodse thuisland niet zou bevorderen.

Het zou nog een paar jaar duren, maar uiteindelijk kregen de zionisten hun zin. De staat Israël werd in 1948 gesticht en miljoenen Joden vonden er een toevluchtsoord. De meeste landen in Europa stonden er welwillend tegenover, evenals de Sovjet-Unie en de Verenigde Staten, misschien uit schuldgevoel, of misschien vanwege het voortlevende negentiende-eeuwse idee dat ieder volk zijn eigen natie moest hebben, of misschien omdat ze moesten onderkennen dat Israël voor veel Joden de enige plausibele optie was. Wat Eden over de Kozakken zei, gold evenzeer voor de Europese Joden: 'Hier willen we ze niet hebben.'[64]

5. Het gif uitzuigen

Door oorlog, bezetting en dictatuur worden landen niet alleen fysiek beschadigd, maar ook moreel gecorrumpeerd. De politieke legitimiteit is verdwenen. De burgerzin is aangevreten door cynisme. De mensen die gedijen in een tirannie zijn de opportunisten, of erger, degenen die het makkelijkst te corrumperen zijn. Degenen die in moreel opzicht nog het meest recht van spreken hebben wanneer de overgang plaatsvindt, nemen vaak een marginale positie in tijdens de dictatuur. In de Tweede Wereldoorlog kwam dat vaak neer op het kleine aantal mannen en vrouwen die actief waren geweest in het verzet en hun eigen leven op het spel hadden gezet in de bezette landen of iets veiliger hadden geopereerd vanuit Londen, waar de verschillende 'vrije' regeringen in ballingschap hun bestaan pro forma voortzetten.

Het verzet, dat na de oorlog zeer bewust is geromantiseerd, speelde een minieme rol in de militaire nederlaag van nazi-Duitsland en het Japanse keizerrijk. Gewelddadige verzetsdaden lokten wrede represailles tegen onschuldige burgers uit en hebben vaak meer ellende opgeleverd dan ze waard waren. Daarom was het wat behoedzamer deel van de bevolking niet altijd geporteerd voor de heroïsche figuren wier daden soms tot nog brutere onderdrukking leidden. Het verzet heeft natuurlijk een symbolische waarde en laat zien dat niet alles verloren is, dat de tirannie niet onkwetsbaar is. Maar het werkelijke belang van het verzet wordt pas duidelijk als de oorlog voorbij is. Die paar mensen die tegen alle verwachtingen in trouw zijn gebleven aan hun principes voorzien samenlevingen die zijn vergiftigd door collaboratie of die zich simpelweg in moorddadige regimes hebben geschikt van de stof voor een heldenverhaal. Het herstel van de democratie berust op zulke verhalen, omdat ze niet alleen bijdragen aan de wederopbouw van een gevoel van burgerlijke moraal, maar ook van de politieke legitimiteit voor naoorlogse regeringen. Het zijn de stichtingsmythen van de nationale wedergeboorte in het naoorlogse Europa.

In delen van Midden- en Oost-Europa was de rol van het verzet ingewikkelder omdat er twee tirannieën te bestrijden waren. Degenen die Stalin als de voornaamste vijand zagen, collaboreerden soms met de Duitsers. De beroemdste verzetsheld in Oekraïne was Stepan Bandera, de leider van de Organisatie van Oekraïense Nationalisten. Toen Oekraïne na de ineenstorting van de Sovjet-Unie eindelijk onafhankelijk werd, in 1991, werd hij opgevoerd als de vader des vaderlands, een soort Oekraïense George Washington. Overal werden Bandera-standbeelden, Bandera-monumenten, Bandera-altaars en Bandera-musea neergezet. Maar Bandera is niet echt een verbindende figuur, omdat hij afkomstig was uit West-Oekraïne, dat ooit deel uitmaakte van het Oostenrijks-Hongaarse Rijk. In het Russisch-orthodoxe Oost-Oekraïne wordt Bandera nog altijd als een fascist beschouwd omdat hij in 1941 partij koos voor de nazi's. Bandera's nationalisten waren in 1944 verantwoordelijk voor de moord op zo'n veertigduizend Polen. Toen die moorden plaatsvonden, bevond de held zich overigens zelf in een Duits concentratiekamp en had hij zich al onafhankelijk van zowel de Duitsers als de Russen verklaard. In 1959, toen hij in ballingschap in München leefde, werd hij vermoord door een KGB-agent.

In West-Europa lagen de zaken wat simpeler. De heldenmythe was vooral belangrijk in een land als Frankrijk, waar het ambtenarenapparaat, de politiemacht, het rechtssysteem, de industriële elite en zelfs veel kunstenaars en schrijvers ernstig waren gecompromitteerd doordat ze zich hadden verbonden aan het collaborerende Vichy-regime. Toen generaal De Gaulle op 18 juni 1940 vanuit Londen zijn uitdagende radiotoespraak hield, was hij bij de meeste Fransen onbekend. De grote vaderfiguur van het Franse *patrie* was nog altijd maarschalk Pétain. Er waren zelfs maar weinig mensen die De Gaulle op de radio in zijn ietwat hortende maar toch roerende spreektrant hoorden zeggen: 'Wat er ook gebeurt, de vlam van het Franse verzet mag niet doven en zal niet doven.'

Er was gedurende de eerste oorlogsjaren in feite maar weinig verzet in Frankrijk. Maar De Gaulle kwam in 1944 terug naar Frankrijk als het onbetwiste symbool van nationale rechtschapenheid, fier paraderend in zijn uniform aan het hoofd van de Franse troepen die Parijs 'bevrijdden' nadat de geallieerden de Duitsers in Normandië hadden verpletterd. Er werd zelfs op hem geschoten door pronazistische scherpschutters, maar hij marcheerde verder alsof er niets aan de hand was. En daarom kon deze schijnbaar onkwetsbare figuur, voordat in oktober 1945 de eerste naoorlogse verkiezingen zouden plaatsvinden, een voorlopige regering vormen, een regering die nog steeds werd gevormd uit een groot aantal vichyïsten en die op gespannen voet stond met de veelal door communisten geleide verzetsgroepen, die De Gaulles bedoelingen met enig recht wantrouwden, zoals hij de hunne, ook met recht, wantrouwde. Maar De Gaulle was het trotse gezicht van het verzet en daarom werd zijn leiderschap als legitiem beschouwd. Hij was de man die de natie uit het morele faillissement zou kunnen redden.

Duitsland en Japan hadden geen heroïsche symbolen of leiders op wie men kon bouwen (hoewel er in de communistische zone van Oost-Duitsland wel zoiets als een heldenmythe van het 'antifascisme' werd verzonnen). De officieren die in juli 1944 een moordaanslag op Hitler hadden beraamd en dat met hun leven hadden bekocht, werden door de meeste Duitsers nog niet als helden beschouwd. En omdat deze mannen ook merendeels uit de Pruisische militaire aristocratie afkomstig waren, werden ze door veel niet-Duitsers, en ook door veel Duitsers, in verband gebracht met een militaristische traditie (het 'pruisianisme') die over het algemeen juist als de oorzaak van de oorlog werd beschouwd. Er waren wel een paar Japanners die zich hadden verzet tegen het oorlogsregime, maar dat waren merendeels communisten of linkse radicalen die de oorlogstijd in de gevangenis hadden doorgebracht. Tegenstanders van Hitlers Reich en de Japanse keizerlijke regering hadden hun mening meestal voor zich gehouden of waren, in het geval van Duitsland, naar het buitenland gevlucht.

Er waren in Duitsland wel wat mensen geweest die actief verzet hadden gepleegd, kleine groepen mensen die in bijna volledige afzondering hun leven hadden gewaagd. Een van deze figuren was Ruth Andreas-Friedrich, een journaliste die zich had aangesloten bij de verzetsgroep Onkel Emil. Ze had samen met haar moedige vrienden Joden en andere slachtoffers van de nazivervolging helpen onderduiken en in het geheim antinazistische pamfletten verspreid. Niet veel mensen die dit soort dingen hadden gedaan, waren erin geslaagd in leven te blijven. In elk geval waren er niet genoeg mensen als Andreas-Friedrich om een nationale verzetsmythe te creëren. Toch was er behoefte aan een soort morele verlossing, toen er een einde was gekomen aan de oorlog en het gevaar geweken was. Op 15 mei 1945, toen ze de naoorlogse ellende moest zien door te komen in de door de Russen bezette ruïnes van Berlijn, schreef Andreas-Friedrich in haar dagboek:

> Overal heerst politieke hoogspanning. Als paddenstoelen schieten de 'antifascistische' groepen uit de grond. Om de andere straathoek doemt een politieke vereniging op. 'Kampfverband freies Deutschland'... 'Seydlitzgruppe'... 'Antifa'... 'Bund der Hitlergegner'... Niet alle strijdgroepen tegen Hitler kunnen terugblikken op een lang leven. Bij vele begon het verzet pas toen Hitlers verzet ophield.[1]

In landen die van de Duitsers waren bevrijd was dezelfde soort hypocrisie ook aanwezig, al was het iets minder opvallend. Maar zelfs in deze landen, en al helemaal in Duitsland en Japan, waren deze heldenverhalen niet genoeg om de morele ineenstorting het hoofd te bieden. Om de naoorlogse orde enige mate van legitimiteit te geven, moest er een zuivering plaatsvinden in de gelederen van de nazi's, de Japanse militaristen en hun collaborateurs. De mensen die verantwoordelijk waren geweest voor de oorlog, de dictatuur, de vervolging, de slavenarbeid en de massamoorden moesten verdwijnen. Waar moest men beginnen? Hoe moest dit worden aangepakt? Hoe moest schuld worden gedefinieerd? Volstond medeplichtigheid als reden om iemand te zuiveren? Hoe moesten de schuldigen gevonden worden? En waar lagen de grenzen? Als iedere Duitse ambtenaar die een nazi was geweest of had meegewerkt met de nazi's gezuiverd moest worden, zou de Duitse samenleving, die al aan flarden was, volledig zijn ingestort. Het ging om te veel mensen. Als er in Japan een volledige zuivering van het ambtenarenapparaat en het politieke establishment zou hebben plaatsgevonden, zouden er maar heel weinig Japanners zijn overgebleven die over voldoende kennis en capaciteiten beschikten om het land, dat al aan het doodhongeren was, draaiende te houden. Maar er moest toch iets gebeuren om het volk het gevoel te geven dat het recht zijn beloop kreeg.

Voor een land dat de verkeerde weg is ingeslagen, is de oudste en eenvoudigste oplossing – afgezien van de boosdoeners gewoon doodmaken – om mensen te verbannen. Dat stelde een conservatieve christelijke senator van de CVP in België voor, toen men zich afvroeg wat er met de voormalige collaborateurs moest gebeuren: 'Indien er werkelijk geen plaats meer in het land moest zijn om die menschen in het normale leven in te schakelen, zou het niet mogelijk zijn ze naar andere landen te laten vertrekken? [...] nochtans er zijn landen, nl. in Zuid-Amerika, waar zij een nieuw leven zouden kunnen opbouwen.'[2] Een aantal massamoordenaars maakte daadwerkelijk gebruik van deze mogelijkheid, weliswaar in het geheim, maar het was niet echt een uitvoerbaar regeringsbeleid. En het idee om alle Europese collaborateurs, en al helemaal om alle Duitse nazi's, naar Zuid-Amerika uit te wijzen was niet meer dan een hersenschim.

Niettemin waren de Russische, Britse en Amerikaanse leiders het er tijdens de conferentie van Potsdam in juli 1945 over eens dat er iets radicaals moest gebeuren om de verslagen landen van hun kwade erfenis te zuiveren en op te bouwen tot democratieën die nooit meer oorlog zouden voeren. Zowel Duitsland als Japan zou worden 'gedemilitariseerd' en 'gedemocratiseerd'. Nationaalsocialistische organisaties en dito politiekorpsen zouden, natuurlijk, verboden worden, maar ook 'alle militaire en quasi-militaire organisaties, clubs en vereenigingen, welke ertoe dienen de militaire traditie in Duitschland levendig te houden'. En als deel van de Duitse democratisering zouden 'alle leden van de nazipartij die meer dan alleen in naam aan de werkzaamheden van de partij hebben deelgenomen, en alle andere personen die vijandig staan tegenover de doeleinden die de geallieerden nastreven [...] uit openbare en semiopenbare functies worden verwijderd en ook van belangrijke posten in het particuliere bedrijfsleven'.

Waarover de Sovjets en hun westerse bondgenoten natuurlijk van mening verschilden, was hun opvatting over democratie. Wat verder onduidelijk bleef was het onderscheid, als dat er al was, tussen een nazi en een 'militarist' en 'vijandig staan tegenover de doeleinden die de geallieerden nastreven'. Je kunt je, tenslotte, een voormalige nazi voorstellen die best bereid was om de doeleinden van de geallieerden na te streven, of een voormalige antinazi die het hartgrondig oneens was met de geallieerde maatregelen – laten we zeggen, een communist in de westerse zones of een liberaal democraat in de Russische zone. Het idee dat men over de aanpak van de zuiveringen had, hing ook af van hoe men tegen de oorzaken van de Duitse ramp aankeek. Daarover bestond meer overeenstemming tussen de grootmachten. Het Pruisische militarisme, of pruisianisme, werd als het voornaamste probleem gezien; dat was wat moest worden uitgeroeid. Dat dit niet helemaal terecht was, werd pas later algemeen erkend.

Voor Japan werd in Potsdam een andere formulering gekozen: 'Voor altoos moeten gezag en invloed worden uitgeschakeld van degenen, die het volk van Japan hebben bedrogen en misleid tot een poging om de wereld te veroveren, want het is onze vaste overtuiging, dat een nieuwe orde van vrede, veiligheid en gerechtigheid niet kan bestaan zolang het onverantwoordelijke militarisme niet uit de wereld is verdwenen.'

Ook dit was een beetje vaag en zelfs misleidend. Bestaat er wel zoiets als '*verantwoordelijk* militarisme'? En wie had wie precies misleid? Generaal Douglas MacArthur, de Supreme Commander for the Allied Powers (SCAP), die voorlopig de hoogste autoriteit in Japan was, sloeg keizer Hirohito's aanbod af om de volledige verantwoordelijkheid voor de oorlog op zich te nemen. SCAP was ervan overtuigd dat ze de keizer nodig hadden om chaos te voorkomen en daarom werd de keizer van alle schuld vrijgepleit.

Als machtigste man in Japan, die ook bewust als de grote blanke vaderfiguur poseerde, ontving MacArthur een groot aantal brieven van Japanse burgers, waarin hij soms met een bizarre eerbied werd aangesproken. SCAP wilde de almachtige shogun van de symbolische Japanse keizer spelen. Op een bepaalde manier was het echter net alsof hijzelf een heilige was geworden. 'Geachte heer,' luidde een van de brieven, 'als ik bedenk dat uwe excellentie grootmoedige maatregelen heeft genomen in plaats van wraak te nemen, word ik vervuld van eerbiedig ontzag alsof ik in de aanwezigheid ben van God.'[3]

Tijdens de oorlog was de keizer voor veel Japanners een heilige geweest, maar niet voor Japanners met liberale of linkse voorkeuren. Een Japanner, misschien wel een christen, die SCAP een brief schreef, vroeg zich af waarom de keizer niet als oorlogsmisdadiger was opgepakt: 'Om ware, wettelijke gerechtigheid en menselijke rechtvaardigheid te laten geschieden, zonder schaamte voor de wereld en voor God, vragen we u de huidige keizer streng te straffen als oorlogsmisdadiger. Ik ben ervan overtuigd dat alle goedbedoelde maatregelen van de geallieerde strijdkrachten na uw vertrek op niets zullen uitdraaien als u de keizer ongemoeid laat, enkel om het volk te manipuleren.'[4]

Maar er waren ook brieven waarin werd gewaarschuwd dat de gevolgen verschrikkelijk zouden zijn als de keizer een haar zou worden gekrenkt: 'Vanzelfsprekend zou de verschrikkelijkste tragedie van de wereld het gevolg zijn. Het zou alleen maar lukken nadat alle tachtig miljoen Yamato [Japanners] totaal vernietigd zijn.'[5] Het woord 'Yamato' wijst al op een hardnekkige chauvinist. SCAP besloot dat hij rekening moest houden met dit soort stemmen. En daarom was de keizer, in wiens naam iedere oorlogshandeling, waaronder de meest barbaarse, was uitgevoerd, zogenaamd zelf ook 'misleid'. Het kon, en kan nog steeds, tot ernstige problemen leiden wanneer men in het openbaar afwijkt van dit verhaal.*

Omdat Japan geen equivalent van de NSDAP kende, laat staan van een Hitler of van een coup die vergelijkbaar was met wat er in 1933 in Duitsland was gebeurd, waren 'militarisme', 'ultranationalisme' en zelfs 'feodalisme' het verderfelijke onkruid dat moest worden uitgeroeid. En daarom moest, in de woorden van een richtlijn van het Amerikaanse leger, 'iedereen die een actieve exponent van het militarisme en van het militante nationalisme is geweest, verwijderd worden uit en uitgesloten worden van openbare functies en alle andere functies met een openbare en particuliere verantwoordelijkheid'.[6] Het zou natuurlijk betrekkelijk eenvoudig zijn om propagandisten, oorlogsmisdadigers en bevelhebbers van de strijdkrachten te zuiveren, maar het werd heel wat ingewikkelder waar het ging om de ambtenaren, wier carrières vaak teruggingen tot ver voor de oorlog in de Pacific, of om zakenlieden en industriëlen, die tijdens de oorlog wel hadden samengewerkt met de Japanse regering en daarvan hadden geprofiteerd, maar die in veel gevallen niet als militaristen en ultranationalisten beschreven konden worden.

Het idee dat je 'militarisme', 'feodalisme' of 'pruisianisme' zou kunnen wegsnijden alsof het kankercellen in een menselijk organisme waren, vond meer weerklank onder linkse geallieerde bestuurders dan on-

* In 1988 beweerde de christelijke burgemeester van Nagasaki, Motoshima Hitoshi, dat keizer Hirohito toch wel enige schuld aan de oorlog op zich had moeten nemen. Hij werd een doelwit van extreem rechts. Twee jaar later werd hij door een huurmoordenaar in zijn rug geschoten.

der de conservatieven. Dat gold ook voor Duitsers, Japanners en burgers in de landen die bezet waren geweest. Omdat links, inclusief de communisten, in veel landen een belangrijke rol in het verzet had gespeeld, eisten linkse leden van het verzet dat naoorlogse samenlevingen volgens hun wensen zouden worden ingericht. Voor hen was 1945 de uitgelezen kans om voor altijd af te rekenen met de militaire, financiële en politieke gevestigde orde die met het fascisme had gecollaboreerd.

Generaal MacArthur, zelf een conservatieve Republikein, werd in de beginjaren van de Japanse bezetting omringd door idealistische juristen en hervormingsgezinde New Dealers die sterk aandrongen op zuiveringen als onderdeel van hun pogingen om Japan te democratiseren. Ze waren geen deskundigen die voor de oorlog al banden met de Japanse elites hadden gehad. Het was, in hun ogen, ook niet nodig om over deskundigheid van de cultuur te beschikken. Ieder land kon worden omgevormd tot een democratie, als er maar een goede grondwet was en als het land op weg werd geholpen door de oprichting van onafhankelijke vakbonden en andere progressieve maatregelen. De eerste zuiveringen in Japan stonden onder toezicht van figuren als luitenant-kolonel Charles Kades, een New Dealer die in de sector landsbestuur van SCAP's hoofdkantoor werkte. Zijn baas was brigadier-generaal Courtney Whitney, een voormalige advocaat uit Manila, die dezelfde voorliefde voor bombastische retoriek had als zijn geliefde baas: 'MacArthurs filosofie, die geen precedenten kent in de annalen van de militaire bezettingen in het verleden, is een model en lichtend voorbeeld voor toekomstige militaire bezettingen.'[7] Hun vijand in SCAP's complexe hof in Tokyo was majoor-generaal Charles Willoughby, MacArthurs hoofd van de inlichtingendienst.

MacArthur noemde Willoughby, die als Karl von Tscheppe und Weidenbach in Duitsland was geboren, graag 'mijn kleine huisfascist'. Daar had hij alle reden toe. Willoughby, een enthousiaste jager met een zachte stem, zijige manieren en een opvliegend karakter, had de neiging om overal Joodse en communistische samenzweringen te zien, ook binnen de leiding van het Amerikaanse leger zelf. Ook de Franse ambassadeur vond hij verdacht omdat die toevallig een Russische naam had. Willoughby onderhield warmere banden met de reactionaire hovelingen rondom keizer Hirohito dan met de New Dealers van SCAP. Na zijn pensionering in de jaren vijftig verhuisde Willoughby naar Madrid en werd hij adviseur van generaal Franco, een man voor wie hij grote bewondering had. Omdat hij formeel de leiding had over de politie van de bezettingsmacht, was het in 1945 echter Willoughby's plicht om toe te zien op de zuivering van publieke figuren met wie hij het persoonlijk eens was. Nadat hij een van Willoughby's eindeloze tirades tegen de zuiveringen had aangehoord, merkte kolonel Whitney op: 'Ik meen te mogen zeggen dat iemand die zo tegen een programma is, de verkeerde man is om het uit te voeren.'[8] En daarmee was de kous, althans voorlopig, af.

De belangrijkste denker achter de zuiveringen in Duitsland was Franz Neumann, een marxist die uiteindelijk voor de Office of Strategic Services (OSS), de voorloper van de CIA, ging werken. Neumann was een Joodse vluchteling die voor de oorlog in Duitsland naam had gemaakt als politicoloog en arbeidsrechtadvocaat. Tijdens zijn ballingschap in de Verenigde Staten stelde hij samen met Herbert Marcuse, een van de vele andere gevluchte marxistische wetenschappers die tot de Frankfurter Schule behoorden, een *Denazificatiegids* samen voor de Amerikaanse regering. Zij stelden dat het Derde Rijk een typisch geval van 'totalitair monopolistisch kapitalisme' was.[9] Achter de nazibeweging stonden de industrialisten. De Jodenvervolging was een afleidingsmanoeuvre geweest om de algehele onvrede over het monopolistische kapitalisme te kanaliseren.

Met de steun van de hoofdcommandant in de Amerikaanse zone, generaal Lucius Clay, hielp Neumann met het opstellen van de beruchte *Fragebogen*, de lijst met 131 vragen die iedere Duitse volwassene moest invullen. Op basis van de antwoorden op deze gedetailleerde vragen over vroegere banden en sympathieën hoopte het Amerikaanse leger de schuld of onschuld van ten minste drieëntwintig miljoen mensen vast te stellen. Een typische vraag was: 'Hebt u of heeft een van uw familieleden goederen of bezittingen die op grond van geloof of ras van anderen zijn gestolen in zijn bezit gekregen?' Een andere vraag betrof het lidmaatschap van studentenverenigingen, alsof deze een onderdeel van het nazi-apparaat waren geweest en niet na 1935 verboden waren. In werkelijkheid werd er natuurlijk zelden eerlijk antwoord op deze vragen gegeven. Het inleveren van de formulieren werd uitgesteld, soms voor altijd. Er werden onophoudelijk bezwaarschriften ingediend. De geallieerden hadden onvoldoende personeel, of kennis, om de documenten te beoordelen. Er waren zelfs maar weinig Amerikanen die Duits spraken of lazen. Een militair bestuur dat al bedolven was onder het werk en dat formeel tot taak had om de democratie in Duitsland opnieuw op te bouwen, kreeg het nog veel drukker door de nieuwe 'wet no. 8', die op 1 december van kracht werd.

Ruth Andreas-Friedrich, de voormalige verzetsvrouw uit Berlijn, maakte een goedkeurende aantekening over deze wet in haar dagboek:

> Drie weken geleden zijn de eerste maatregelen tegen partijgenoten uitgevaardigd. Verwijdering van alle nazi's uit leidende functies in de industrie en het economische leven. Uitsluiting van partijgenoten uit culturele werkzaamheden. Voormalige leden van de NSDAP mogen in de bedrijven alleen nog maar als arbeiders tewerkgesteld worden.[10]

Andreas-Friedrich was een voorstander van het idee om voormalige nazi's puin te laten ruimen en ander onaangenaam fysiek werk te laten doen. Maar dat was blijkbaar een ongebruikelijk standpunt. Ze noteerde wat ze mensen om zich heen hoorde zeggen: 'Wat een ongehoorde terreur! Een nieuwe onrechtvaardigheid, waarbij de haren je te berge rijzen. Ze kunnen toch niet twintig procent van het volk onder speciale verordeningen laten vallen.' Waarop zij in de beslotenheid van haar dagboek antwoordde: 'Zeker kunnen ze dat! Hebben ze [de Duitsers] vergeten dat deze speciale verordeningen bijna woordelijk dezelfde inhoud hebben als acht jaar geleden de speciale verordeningen tegen de Joden?'[11]

Zij voelde geen enkel medeleven voor de protesterende Duitsers. Maar de parallel die ze trok, was onderdeel van het probleem. Het is één ding om mensen uit te sluiten uit de samenleving onder een nazistisch regime, maar het is een neteliger kwestie als je zoiets doet wanneer je weer een democratie wilt opbouwen. Lidmaatschap van de partij betekende op zichzelf ook niet veel. Ongeveer honderdveertigduizend mensen raakten hun baan kwijt. Onder hen bevonden zich veel onbeduidende ambtenaren en opportunisten die zich uit angst of berekening bij de nazi's hadden aangesloten, terwijl de belangrijker en schuldiger figuren ongemoeid werden gelaten: de zakenlieden die niet de moeite hadden genomen om lid te worden van de partij, en miljoenen hadden verdiend met het plunderen van Joods bezit; de bankiers die het goud uit de tanden van de vermoorde Joden hadden opgeslagen; de professoren die kwalijke rassentheorieën hadden verspreid; de juristen en rechters die de verordeningen van Hitlers Reich nauwgezet hadden opgevolgd en mannen en vrouwen hadden veroordeeld wegens ondermijning van de nationaalsocialistische staat of vanwege de 'Rassenschande' dat ze verliefd waren geworden op iemand van een 'inferieur ras'.

Theodor Heuss was voor de oorlog een liberale journalist en politicus geweest, en hoewel hij niet actief was geweest in het verzet, was hij fel antinazi. Heuss was het soort Duitser dat de geallieerden voor hun gevoel konden vertrouwen. In 1945 benoemden de Amerikanen hem tot minister van Cultuur van Baden Württemberg. Een van Heuss' problemen was het gebrek aan geschikte leraren om de jongeren twaalf jaar nazipropaganda af te leren. Zijn taak werd nog verder bemoeilijkt door de zuiveringen. In een wanhopige brief aan het militair gezag schreef hij dat naar zijn mening slechts zo'n tien tot vijftien procent van de mensen die tijdens de zuiveringen ontslagen waren overtuigde nazi's waren geweest. Maar er waren zoveel leraren ontslagen dat veel kinderen helemaal niet meer onderwezen werden. Het zou niet moeilijk zijn, betoogde hij, 'om het bruine vernis af te krabben' van de oudere leraren die hun opleiding vóór het Derde Rijk hadden genoten en om 'hun goede krachten opnieuw te doen ontwaken'. Hij smeekte de autoriteiten om hun vertrouwen: 'We beloven dat we de leraren van het nazisme zullen verlossen en van hen de voorvechters van nieuwe en betere ideeën zullen maken zodat ze in staat zullen zijn de jeugd in de juiste geest op te voeden.'[12] Zijn verzoek werd afgewezen.

Toneelschrijver Carl Zuckmayer, die in 1946 uit zijn Amerikaanse ballingschap naar Duitsland terugkeerde om een rapport voor het Amerikaanse ministerie van Defensie te schrijven, betoogde dat de Amerikaanse zuiveringen zo klunzig waren en zo vaak hun werkelijke doel voorbijschoten dat het gevaar bestond dat de denazificatie op renazificatie zou uitdraaien. Sommige Duitse conservatieven zagen de denazificatie als een socialistisch complot. Ze geloofden dat Duitse radicalen, die iedere stad en ieder dorp wilden zuiveren van iedereen die ook maar een beetje fascistisch was geweest, doelbewust door de geallieerde autoriteiten naar voren werden geschoven. Zuckmayer vertelt een grap die hij in Oostenrijk heeft gehoord over een man die naar het plaatselijke politiebureau gaat om zijn naam te laten registreren. Waarom wil hij dat? vraagt de politieman. Omdat ik een nazi ben, antwoordt de man. Dan had u zich een jaar geleden hier al moeten laten registreren, zegt de agent. Waarop de man antwoordt: Een jaar geleden was ik nog geen nazi.[13]

Tegen de tijd dat deze grap de ronde deed, was de taak om de ex-nazi's van de vermeend onschuldigen te scheiden uit pure noodzaak al grotendeels aan Duitse commissies overgedragen. Deze overdracht werd geformaliseerd in de 'Wet ter bevrijding van nationaalsocialisme en militarisme' (*Befreiungsgesetz*). Het draaide uit op een klucht. Duitse politici hadden weinig zin in nog meer zuiveringen. Zuiveringscommissies, die zogenaamd uit radicale revolutionairen bestonden, zaten in werkelijkheid vol voormalige nazi's. Katholieke geestelijken hielden de Duitsers voor dat ze een zonde begingen als ze belastend materiaal tegen hun landgenoten indienden. Plaatselijke kopstukken die een fortuin hadden vergaard in het Derde Rijk, kochten een uitweg uit de problemen en toverden veelal een of andere zielige overlevende van de nazivervolgingen tevoorschijn als getuige à décharge. Het sleutelwoord in deze periode, die in 1946 begon, was *Persilschein*, naar het wasmiddel. Talloze ex-nazi's ontvingen hun Persil-schone documenten, waaruit alle bruine vlekken uit hun recente verleden waren weggewassen. Bewijzen die aantoonden dat iemand in een naziconcentratiekamp had gezeten, waren te koop op de zwarte markt; het was niet goedkoop, vijfentwintigduizend mark, maar dat konden veel voormalige SS-officieren zich wel veroorloven.

Het ging niet veel beter in de oostelijke helft van Duitsland, ondanks beweringen van de communisten dat de zuiveringen in de 'democratische zone' een groot succes waren geweest. Aan het einde van de lente van 1945 werd de leiding over de zuiveringen overgedragen aan het soort Duitse 'antifascistische' comités dat Ruth Andreas-Friedrich beschreef. In de vroege zomer werden ze al ontbonden, toen de Duitse Communistische Partij (KPD) het overnam, hoewel de partij nog altijd onderhorig was aan de Sovjetautoriteiten. In theorie waren de zuiveringen ook inderdaad rigoureuzer dan in de westelijke zones. De stichtingsmythe van de Duitse Democratische Republiek zou tenslotte gebaseerd zijn op de trotse geschiedenis van het 'antifascisme'; dit was het 'betere Duitsland', het Duitsland van het verzet. Maar deze mythe werd verstoord door de aanname dat de Duitsers collectief schuldig waren en dat ze aan een diepgewortelde Teutoonse ziekte leden, waardoor de communisten geobsedeerd waren. Soms lijkt hun eigen retoriek door dit Duitse virus geïnfecteerd. Zo eiste de KPD de totale 'liquidatie' van de overblijfselen van het Hitler-regime.[14] In een stad in Brandenburg werden ex-nazi's verplicht om swastika's op hun kleding te spelden. Er werd veel over strenge straffen gesproken. De districtsrechter van een andere plaats waarschuwde: 'De nazi's zullen op dezelfde manier behandeld worden als ze ons behandeld hebben, dat wil zeggen: hard. Wij zullen de weigeraars dwingen om te werken en als het nodig is, sluiten we ze op. [...] Volgend jaar moet Duitsland *nazirein* zijn.'[15]

Ondanks al deze harde maatregelen waren de zuiveringen in Oost-Duitsland toch bijna even ontoereikend als die in de 'kapitalistische zones'. Er diende onderscheid te worden gemaakt tussen 'actieve' leden en mensen die alleen 'in naam' aan de werkzaamheden van de partij hadden deelgenomen, maar dat onderscheid bleek vaak lastig te maken. De Sovjetautoriteiten kregen al snel genoeg van dit soort details en bevalen dat álle voormalige leden van de nationaalsocialistische partij uit overheidsdienst ontslagen moesten worden en dat dat binnen enkele maanden moest zijn gebeurd – wat natuurlijk onmogelijk was. Ze hadden er toch al weinig vertrouwen in dat de Duitsers de zuiveringen naar behoren zouden afhandelen en hadden hun ook geen fatsoenlijke richtlijnen gegeven. Ze hadden ook wel redenen om wantrouwig te zijn. Veel Duitsers weigerden mee te werken omdat al snel bleek dat een teveel aan zuiveringen tot een volledige ineenstorting van het onderwijs, de sociale diensten en iedere vorm van economisch herstel zou leiden. En daarom vonden Duitsers in Leipzig en Dresden, net als in München en Keulen, altijd weer argumenten om voormalige nazi's hun oude baan terug te geven of om te voorkomen dat ex-nazi's werden vervolgd. Zelfs de Sovjetautoriteiten deden hieraan mee toen fabrieken waarover ze de leiding hadden door de zuiveringen de productiequota niet dreigden te halen. De meeste 'onbelangrijke' nazi's werden zonder moeilijkheden opgenomen in de Communistische Partij, waarvan de autoritaire gebruiken hun waarschijnlijk niet onbekend voorkwamen. Van de belangrijker voormalige nazi's werden dossiers aangelegd, voor het geval ze lastig zouden worden.

In alle zones stuitte men op hetzelfde dilemma. Het was onmogelijk om de Duitse elite weg te snijden, hoe weerzinwekkend die misschien ook geweest was, als je het land weer hoopte op te bouwen, ongeacht of dat land nu communistisch of kapitalistisch moest worden. Al snel zagen de westerse geallieerden economisch herstel als een belangrijker doel dan het herstel van een gevoel van gerechtigheid, zij het om redenen die tegenovergesteld waren aan die van de Sovjets. Die wilden hun 'antifascistische' Duitsland opbouwen als een buffer tegen het kapitalistische imperialisme; de Verenigde Staten, Groot-Brittannië en hun bondgenoten hadden 'hun' Duitsland nodig als een democratisch bastion tegen het communisme.

Generaal Patton had historisch gezien nogal lompe standpunten over de denazificatie en de voormalige nazi's – 'dat nazigedoe lijkt net een democratische en republikeinse verkiezingsstrijd' en 'we zullen deze mensen nog nodig hebben' – en vanuit carrièreperspectief bekeken had hij beter voorlopig zijn mond kunnen houden. Eisenhower moest hem ontslaan als militair gouverneur van Beieren. Toch was hij eerder indiscreet dan excentriek in zijn standpunten. Een jaar na de Duitse nederlaag en de eerste zuiveringen waren de meeste Amerikanen van de bezettingsautoriteiten Pattons mening toegedaan. De Britten hadden de Amerikaanse ijver om de Duitsers te straffen zelfs al meteen belachelijk en contraproductief gevonden. Con O'Neill, een medewerker van Buitenlandse Zaken met een complete minachting voor wat hij 'laaggeplaatste fanatiekelingen' noemde, had het volgende te zeggen over de bepaling in Wet no. 8, volgens welke alle voormalige leden van de NSDAP in bedrijven alleen nog maar als arbeider aangesteld mochten worden: 'Als een voorbeeld van systematische en pietepeuterige imbeciliteit is dit moeilijk te overtreffen.'[16]

Het voorbeeld van Hermann Josef Abs is leerzaam. Vergeleken bij die van andere zakenmensen en industriëlen lijken de misdaden die hij als bankier tijdens het Derde Rijk pleegde misschien onbetekenend. In tegenstelling tot bijvoorbeeld Alfried Krupp had hij geen vrouwen en kinderen in dienst die zich als slaven dood moesten werken. Hij was ook geen persoonlijke vriend van Himmler, zoals Friedrich Flick, in wiens kolen- en staalimperium de arbeidskrachten uit de concentratiekampen op een bijzonder brute manier werden uitgebuit. Abs was niet eens lid geweest van de NSDAP en was ook geen SS-officier, zoals Wilhelm Zangen, de voorzitter van Mannesmann in Düsseldorff, of Otto Ohlendorf, de economische bureaucraat en bevelhebber van een moordbrigade in Oekraïne.

Abs had zijn handen zelf nooit vuilgemaakt. Als Rijnlander had hij slechts minachting voor de Pruisische militaire geest. Hij was een beminnelijke, katholieke anglofiel die vloeiend Engels sprak. Voor de oorlog had hij met Joodse banken samengewerkt en was hij bevriend geweest met de Joodse bankier Sigmund Warburg. Waarschijnlijk zou hij nooit iets met de nazi's te maken hebben gehad als hij in de jaren dertig niet toevallig ook een bijzonder ambitieuze Duitse technocraat was geweest. Maar Abs was directielid van de Deutsche Bank en hij had zijn bedrijf verrijkt door Joodse bedrijven te 'ariseren'. Hij was niet alleen degene die Hitlers privérekeningen beheerde, maar ook de bankier van bedrijven als Siemens, Krupp en IG Farben, die grote slavenkampen hadden gebouwd bij Auschwitz. Abs heeft misschien niet uit vulgaire ideologische ijver gehandeld. Hij heeft dat zelfs vrijwel zeker niet gedaan. Maar zonder mannen als Abs zou Hitlers misdadige onderneming een stuk minder efficiënt zijn geweest.

Toen Abs in juni 1945 in het huis van een aristocratische vriend was aangetroffen en in een Britse jeep werd geduwd, vreesde hij het ergste. Hij werd echter niet naar de gevangenis overgebracht, maar naar een van de weinige hotels in Hamburg die nog overeind stonden. Daar werd hij hartelijk ontvangen door zijn oude vriend uit de Londense City, de bankier Charles Dunston. Dunston had voor de oorlog zaken gedaan in Duitsland en wel enige bewondering gehad voor het militaire geparadeer van de nazibeweging. 'Het was net als vroeger,' vertelde Dunston later over hun vriendschappelijke hereniging. 'Ik vroeg hem niet naar de oorlog. Die deed er ook niet toe.' Abs verontschuldigde zich voor zijn verschijning en legde uit dat er een groot gebrek aan fatsoenlijk scheergerei heerste. Maar volgens Dunston zag hij er nog hetzelfde uit: 'Elke haar zat op zijn plek. Ik vroeg hem meteen of hij ons wilde helpen om het Duitse bankwezen opnieuw op te bouwen. Hij stemde er van harte mee in.'[17]

De zaken verliepen niet helemaal volgens plan. De Amerikanen stonden er ondanks Britse protesten toch op dat Abs werd gearresteerd omdat hij van oorlogsmisdaden werd verdacht. Maar zodra hij opgesloten zat, weigerde Abs de Britten verder financieel advies te geven tenzij hij werd vrijgelaten. Het kostte de Britten drie maanden om de Amerikaanse autoriteiten ervan te overtuigen daaraan gehoor te geven.

Alfried Krupp, die de Amerikanen die hem gevangen kwamen nemen in de hal van zijn landgoed in Essen begroette met de woorden: 'Dit is mijn huis. Wat doet u hier?', werd in Neurenberg berecht, net als Friedrich Flick. Toen de Britten baron Georg von Schnitzler, de directeur van IG Farben, dat onder meer verantwoordelijk was geweest voor de slavenarbeid in Auschwitz, kwamen arresteren, ontving hij hen hartelijk en was hij gekleed in golfkleding van het beste Schotse tweed. Het deed hem een groot genoegen, verklaarde hij, dat hij weer de vrijheid genoot om zijn oude vriendschap met Lord X en Lord Y, en met de Du Ponts uit Wilmington, Delaware, te hervatten. Ze waren zulke goede vrienden en het was heel pijnlijk geweest dat hij de afgelopen jaren geen contact met hen had kunnen hebben.[18] Hij werd tot vijf jaar veroordeeld wegens 'plundering'. Na een jaar keerde Schnitzler alweer terug in het zakenleven en de *high society*. Krupp werd tot twaalf jaar veroordeeld wegens slavernij en zat er daar drie van uit. Ook Flick werd vrijgelaten uit de comfortabele Landsberg-gevangenis nadat hij drie jaar had uitgezeten van de zeven jaar gevangenisstraf die hem was opgelegd. Tijdens zijn gevangenschap had Flick financieel advies ingewonnen bij Hermann Abs, die later een leidende rol kreeg in de wederopbouw van West-Duitsland en in de raad van bestuur van de Deutsche Bank, Daimler-Benz, Lufthansa en andere bedrijven zat. Toen Krupp in de jaren zestig in een naamloze vennootschap werd omgezet en in een stichting werd ondergebracht, was een van de belangrijkste toezichthouders bij deze transactie Hermann Abs.

De leden van Hitlers industriële elite hadden in de gevangenis dan wel de beschikking over goed eten en alleszins acceptabele wijn, maar ze brachten er tenminste nog enige tijd door. Hun Japanse collega's bleef zelfs dat lot bespaard. De zuiveringen in Japan waren, behalve in het geval van mensen die van oorlogsmisdaden werden verdacht en gearresteerd, als preventieve maatregel en niet als strafmaatregel bedoeld. Wat ze moesten voorkomen was de heropleving van 'het militarisme'. Maar het probleem was dat de Amerikanen niet goed wisten wie er gezuiverd moesten worden en nogal eens geneigd waren om Japan als een oosterse versie van het Derde Rijk te beschouwen.

Wie had nu precies 'het volk van Japan misleid'? De keizer niet, aangezien SCAP al had besloten dat hij onschuldig was. De militaire organisatie die nog de meeste nazistische trekjes vertoonde was de militaire politie, de Kempeitai, waar zowel Japanners als niet-Japanners doodsbang voor waren omdat ze een grote expertise in marteling en moord aan den dag legde. Ongeveer veertigduizend officieren van de Kempeitai raakten hun baan kwijt; daar waren maar weinig Japanse burgers rouwig om. Andere patriottische organisaties, die met de Shinto-godsdienst, keizerverering, vechtsporten of de economische oorlogsplanning te maken hadden, leken misschien wel op naziorganisaties, maar waren dat eigenlijk helemaal niet, evenmin als de Taisei Yokusankai (het Verbond ter Ondersteuning van het Keizerlijk Bewind), die in 1940 was opgericht als een hervormingsgezinde overkoepelende politieke groepering die politici, ambtenaren en intellectuelen voor de oorlogsinspanning moest mobiliseren. De Taisei Yokusankai had geen coherente ideologie en enkele oprichters waren zelfs socialisten. Er zaten ook linkse economen in de Oorlogsraad. Zelfs de richtlijnen over wat er met de officieren van de strijdkrachten moest gebeuren waren onduidelijk. Aanvankelijk werd besloten dat alle officieren vanaf de rang van majoor gezuiverd moesten worden. Iemand van een lagere rang had toch zeker niemand kunnen misleiden. Toen majoor-generaal Richard Marshall, de vicestafchef, hier lucht van kreeg, barstte hij in woede uit. Zijn ervaring was dat Japanse kapiteins en luitenants de ergste fanatici waren geweest. Als die niet aan de lijst werden toegevoegd, zei hij, zouden ze het volk van Japan weer misleiden. En daarom werden ze ook maar aan de lijst toegevoegd.[19] Kortom, SCAP's Amerikanen hadden weinig idee wat ze moesten doen.

Als er één institutie een belangrijke rol had gespeeld bij de oorlogsinspanning was het wel de bureaucratie: het ministerie van Binnenlandse Zaken, dat belast was met het uitschakelen van elke vorm van binnenlands verzet, maar ook het ministerie van Handel en Industrie (dat tijdens de oorlog opging in het ministerie van Munitie), dat de leiding had over het beleid van de oorlogseconomie. Zelfs het ministerie van Financiën, dat voor een groot deel verantwoordelijk was voor de uitbuiting van de hulpbronnen in de veroverde Aziatische landen. Industriële bureaucraten waren verantwoordelijk geweest voor de grootschalige slavenarbeidoperaties in China, in de marionettenstaat Mantsjoekwo en in Japan zelf, waar grote aantallen mensen tewerkgesteld werden in fabrieken en in mijnen, meestal onder verschrikkelijke omstandigheden. Maar de richtlijnen van de Amerikaanse bezettingsmacht voor deze gevallen waren vaag. De mensen met de hoogste posities moesten uit hun functie worden verwijderd. Mensen met een lagere positie konden hun baan houden. Het was de bedoeling dat de gezuiverde functionarissen geen invloed meer konden uitoefenen. Hoe voorkomen kon worden dat ze met hun vroegere ondergeschikten informele besprekingen voerden, werd nooit precies duidelijk. En daarom gingen die besprekingen gewoon door.

De Amerikaanse bezettingsmacht was vooral verdeeld over de vraag wat er met de elite uit het zakenleven en de industrie moest gebeuren. Op zijn karakteristieke, ronkende manier verkondigde SCAP: 'Het waren deze zelfde mensen, die als feodale opperheren zijn geboren en getogen, die de meerderheid van het Japanse volk feitelijk in slavernij hielden en die [...] het land uitrustten met het gereedschap en de wil om een aanvalsoorlog te voeren.' Hij benadrukte dat ze ontslagen moesten worden om te voorkomen dat ze nog invloed konden uitoefenen op de ontwikkeling van de toekomstige economie van Japan.[20]

MacArthur zei dit in 1947, een jaar na het begin van het Proces van Tokyo (formeel het Internationale Militaire Tribunaal voor het Verre Oosten), dat was gemodelleerd naar het proces van Neurenberg. Andere Amerikanen waren een heel ander standpunt toegedaan. De hoofdaanklager van het Tokyo-tribunaal, Joseph B. Keenan, een voormalige hoge ambtenaar van het Amerikaanse ministerie van Justitie, zei datzelfde jaar: 'We hebben bewijzen ontvangen noch gevonden van gevallen waarin prominente zaken- en industriële leiders met wie dan ook samenzwoeren om de oorlog te plannen of te beginnen.'[21]

Hoe de Japanners zelf over de zuiveringen dachten, was afhankelijk van hun politieke overtuigingen. Iemand die een brief aan MacArthur schreef wilde dat deze begreep dat 'negenennegentig procent van het Japanse volk, tot op dit moment tenminste, fanatiek en militaristisch was ingesteld'.[22] Een andere, iets gematigder schrijver beweerde dat de 'bureaucraten geen principes hebben, zozeer dat ze zelfs een fascist en oorlogsmisdadiger als [...] de voormalige minister van Binnenlandse Zaken op zijn post lieten zitten. Zelfs als er al een progressieve figuur tussen zou zitten, zou hij timide en passief zijn.'[23]

Wat de zaken iets gemakkelijker maakte in Japan is dat er slechts een van de geallieerden, de Verenigde Staten, verantwoordelijk was voor de 'demilitarisatie' en 'democratisering'. Er was geen equivalent van SCAP in Duitsland, zelfs niet generaal Lucius Clay, die ook zeker geen brieven als de volgende zou hebben ontvangen: 'We zien MacArthur als de tweede Jezus Christus.'[24] Maar de Amerikanen waren intern verdeeld op bureaucratisch gebied en qua politieke overtuiging, en dus kwam er uiteindelijk geen consistente zuiveringsstrategie. Het feitelijke bestuur van Japan werd overgelaten aan een Japans kabinet, dat het ambtenarenapparaat opdracht gaf zelf hervormingen op gang te brengen. Die waren op zijn best oppervlakkig, terwijl er wel een ander doel was dat de New Dealers, ondanks de standpunten van Joseph B. Keenan, veel serieuzer namen. 'Individuen die de toekomstige Japanse economische inspanningen niet alleen op vreedzame doelstellingen richten' moesten verwijderd worden en 'industriële en financiële conglomeraten die de leiding hebben gehad over een groot deel van de Japanse handel en industrie' moesten worden ontbonden.[25] Deze conglomeraten, of *zaibatsu*, werden aangewezen als de voornaamste economische oorlogshitsers.

Dit was een schok voor de industriëlen, die net als bankier Hermann Abs en zijn collega's in Duitsland hun vooroorlogse contacten in de bestuurskamers van Londen en New York koesterden. Nog voor het einde van de oorlog riep de president van een groot staalbedrijf die was afgestudeerd aan Harvard tijdens een geheime vergadering van industriëlen (in het Engels): 'Onze vrienden komen eraan!'[26] De belangrijkste Japanse zakenlieden met internationale ervaring, van wie er een groot aantal in Europa of de Verenigde Staten had gestudeerd, verwachtten dat gelijkgestemde Amerikanen hun opdracht zouden geven om de Japanse economie opnieuw op te bouwen. In plaats daarvan werden ze ontslagen, en hun conglomeraten werden in stukken verdeeld.

De New Dealers in MacArthurs Militaire Regering beschouwden dit als hun belangrijkste wapenfeit; dit, en de landhervormingen waarmee een einde werd gemaakt aan het 'feodalisme' op het platteland van Japan. Veel linkse Japanners voelden zich enorm gesteund door het beleid van de Amerikanen. In de eerste jaren van de bezetting werd Washington gezien als de beste vriend van links. Vrouwenkiesrecht, stakingsrecht, collectieve arbeidsovereenkomsten, het waren allemaal geweldige vernieuwingen die door de Amerikanen bevorderd werden en door de Japanners dankbaar werden doorgevoerd. Communisten en socialisten begonnen aanzienlijke macht uit te oefenen in de vakbonden en in het hoger onderwijs.

Toch waren zelfs een paar Japanners met linkse standpunten die geen warme gevoelens hadden voor de industrialisten wel enigszins verbijsterd over de speciale schuld die de zaibatsu in de schoenen geschoven kregen. In een brief aan zijn vriend Donald Keene beschrijft Theodore de Bary, die toen marineofficier was, een gesprek met een zakenman in Tokyo, Miyauchi, die zich socialist en democraat noemt. De Bary vroeg hem naar de rol die de *zaibatsu* in de oorlog hadden gespeeld. Miyauchi antwoordde dat ze niet erg belangrijk waren geweest voor de militaire gevestigde orde. Ja, een paar nieuwe zaibatsu, zoals Nissan, hadden wel van de oorlog geprofiteerd, maar de 'Grote Vier', de oude zaibatsu-families, Mitsubishi, Mitsui, Sumitomo en Yasuda, waren net als ieder ander gewoon ingelijfd: 'Ze waren zwak, de zaibatsu waren zwak.'[27]

De Bary was niet helemaal overtuigd. Hij had de Japanners dit zo vaak horen zeggen dat hij de invloed van militaire propaganda vermoedde. Hij schrijft: 'Waarschijnlijk heeft het leger dit idee in de jaren dertig als eerste verkondigd en vervolgens bewezen dat het waar was door de zaibatsu over te nemen of te intimideren.'

Eén ding is zeker: door achter de zaibatsu aan te gaan en het ambtenarenapparaat min of meer met rust te laten, lieten de Amerikanen zien dat ze niet echt begrepen hadden hoe het Japanse stelsel tijdens de oorlog had gefunctioneerd. Maar dit was niet alleen maar het gevolg van onwetendheid of onbegrip; er was ook sprake van een versmelting van de standpunten van idealistische Amerikaanse planners, die wilden helpen bij de opbouw van een nieuw Japan, en die van Japanse 'hervormingsbureaucraten', die verwachtten dat ze de invloed die ze tijdens de oorlog over de economie hadden gehad konden behouden en voor vreedzamer doeleinden konden aanwenden.

Niet dat er niets gebeurde. In 1948 waren de carrières van meer dan negenhonderdduizend mensen onder de loep genomen en waren meer dan anderhalf miljoen ingevulde vragenlijsten bestudeerd. Het ministerie van Binnenlandse Zaken was ontbonden, de strijdkrachten waren opgeheven en achttienhonderd bureaucraten waren gezuiverd. Maar dat waren vooral (voor zeventig procent) voormalige politiemensen en andere ambtenaren van het ministerie van Binnenlandse Zaken. Economische bureaucraten werden nauwelijks gezuiverd. Bij het voormalige ministerie van Munitie werden slechts tweeënveertig mensen ontslagen en bij het ministerie van Financiën maar negen.[28] De man die de leiding had gehad over het ministerie van Munitie en daarvoor al verantwoordelijk was geweest voor de slavenarbeid in Mantsjoerije en de planning van de Japanse imperialistische expansie in Azië, werd wel aangeklaagd voor oorlogsmisdaden, maar nooit veroordeeld. Zijn naam was Kishi Nobusuke en na zijn vrijlating uit de gevangenis zou zijn carrière voorspoedig verlopen: hij werd uiteindelijk premier van Japan.

In de geschiedenis van de Groot-Oostaziatische Welvaartssfeer, de officiële naam voor het Japanse imperium tijdens de oorlog, namen de Filipijnen een merkwaardige positie in. In december 1941 vielen de Japanners het land binnen. Douglas MacArthur, destijds officieel veldmaarschalk van het Filipijnse leger, trok zich in maart van het daaropvolgende jaar terug in Australië. De Filipijnse president Manuel Quezon vertrok ook naar Australië en daarvandaan naar Washington DC, waar hij een regering in ballingschap vestigde. Dit was op zichzelf ongebruikelijk; er was geen Indonesische regering in ballingschap, of een Birmese regering in ballingschap. Er was wel een Thaise regering in ballingschap, maar Thailand was nooit een kolonie geweest. Toen de Japanners het land binnenvielen, waren de Filipijnen niet echt meer een kolonie en ook geen zelfstandige staat. Het land had al de status van een gemenebestland en zou in 1946 volledig onafhankelijk worden, maar werd nu opnieuw en op veel wredere wijze in feite gekoloniseerd, ondanks de belofte van de Japanners om de Filipino's, zoals generaal Homma Masaharu zei, van de tirannieke overheersing door de Verenigde Staten te bevrijden. Hoewel de Filipijnen vervolgens in 1943, onder president José P. Laurel, formeel tot een onafhankelijke republiek werden uitgeroepen, hadden de Japanners de macht volledig in handen. Achter iedere Filipijnse regeringsambtenaar stond een Japanse 'adviseur', en achter iedere 'adviseur' stonden het Japanse leger en de gevreesde Kempeitai. De republiek was, kortom, een schijnvertoning.

Wel was er een stevige verzetsbeweging tegen de Japanners. De effectiefste anti-Japanse guerrilla's, die in de landelijke gebieden van het grootste eiland Luzon opereerden, deelden noch de politieke overtuigingen van Quezon, noch die van Laurel. De Hukbalahap, dat wil zeggen het Anti-Japanse Volksleger, waren ongeschoeide revolutionaire boeren, wier vijanden niet alleen de Japanners, maar ook de machtige Filipijnse grootgrondbezitters waren. De landeigenaren, die een fortuin hadden vergaard met hun uitgestrekte suiker- en kokosnotenplantages, deden zich voor als democraten, maar bestuurden het land als een feodale oligarchie. De beroemdste Huk-leider was de zoon van deelpachters en heette Luis Taruc. Een andere kleurrijke Huk was de enorme en meedogenloze vrouwelijke krijger Felipa Culala. Haar *nom de guerre* was Dayang Dayang. Zelfs de Japanners waren bang voor haar.

Omdat veel grootgrondbezitters tijdens de Japanse bezetting hun plantages hadden verlaten en naar Manila waren gevlucht, deden de Huks datgene wat de communisten in andere landen hadden gedaan: ze namen het land in bezit en vestigden een soort staat binnen de staat. Hun gedisciplineerde gevechts-'eskaders' waren meedogenloos, niet alleen voor de Japanners, maar ook voor alle Filipino's die ze van collaboratie of tuchteloosheid verdachten. Zelfs de indrukwekkende Dayang Dayang werd gestraft toen ze de regels overtrad. Ze was trouw aan haar eigen motto dat 'degenen die in deze oorlog niet rijk worden geen hersens hebben', en was op rooftocht gegaan, waarbij ze van alles buitmaakte, van waterbuffels tot juwelen. Ze werd gevangengenomen, berecht en geëxecuteerd.[29]

José Laurel en de meeste van zijn trawanten in de marionettenregering, zoals Manuel Roxas en Benigno Aquino, kwamen uit de elite van grootgrondbezitters, wier macht de Huks hoe dan ook wilden breken, Japanse bezetting of geen bezetting. Omdat ze onder de Japanners dienden en voor een anti-Amerikaanse en pan-Aziatische zaak streden, waren deze mannen zonder enige twijfel collaborateurs, maar hun motieven waren niet altijd simpel te duiden, evenmin als die van andere Aziatische nationalisten in voormalige westerse koloniën. Laurel was een indrukwekkende man, een alumnus van de Yale Law School, senator en rechter bij het hooggerechtshof van Manila. Hoewel hij deel uitmaakte van de koloniale elite was hij er misschien oprecht van overtuigd dat het Japanse militante 'azianisme' noodzakelijk was om de Filipijnen onafhankelijk te maken van de Verenigde Staten. Dit soort standpunten werd ook vaak verkondigd door Europese quislings, die dachten dat een nieuwe, door nazi-Duitsland geleide orde weer enige vitaliteit in hun decadente samenlevingen kon brengen. Maar zij verraadden onafhankelijke landen; Laurel, Soekarno en anderen opereerden, zowel voor als na de landing van de Japanners, onder buitenlands bestuur of buitenlandse overheersing.

Laurel bleef een belangrijk doelwit voor Filipijnse guerrilla's. In juni 1943 werd hij tijdens een rondje golf met Benigno Aquino bij de Wack Wack Golf and Country Club in de rug geschoten door twee belagers, van wie er een de naam 'Little Joe' droeg. Toen hij later datzelfde jaar van zijn verwondingen was hersteld, bezocht Laurel de Groot-Oostaziatische Conferentie in Tokyo, waar een eed werd afgelegd op de Aziatische broederschap en samenwerking. Het jaar daarop voldeed hij aan de eis van de Japanners om de Verenigde Staten de oorlog te verklaren.

Ondertussen hield generaal MacArthur zich aan zijn belofte aan de Filipino's. In oktober 1944 landde hij bij het eiland Leyte. Om de dramatiek van deze gebeurtenis uit te vergroten, waadde hij door de branding, een dreigende figuur met een vliegeniersbril. Hij waadde zelfs een paar keer door de branding zodat het bioscoopjournaal het allemaal goed in beeld kon krijgen. En in Luzon deed hij dezelfde scène nog eens over. Op de hem kenmerkende Bijbelse manier, die ongetwijfeld zowel de katholieke als de mystieke kant van de Filipino's aansprak, verkondigde hij: 'Volk van de Filipijnen, ik ben teruggekomen. Door de genade van de Almachtige God komen onze troepen weer aan land op de Filipijnen – het land dat door het bloed van onze beide volkeren is geheiligd. [...] Sluit u zich bij me aan. [...] De geest van God leidt de weg.'

Op hun lange en vaak bloedige tocht naar Manila kregen de Amerikaanse troepen actieve hulp van de Huks. De Filipijnse guerrilla's verdreven de Japanners uit verschillende delen van het binnenland van Luzon, hesen de Stars and Stripes en de Filipijnse vlag en zetten hun eigen bestuur op in de verwachting dat de Amerikanen de onafhankelijke socialistische republiek van de Filipijnen zouden steunen. Maar dat gebeurde niet. MacArthur sprak wel zijn bewondering uit over de vechtlust van de Huks, maar liet zich overhalen om de mensen die hij het best kende, dat wil zeggen de oude elite van de grootgrondbezitters, weer op hun oude plek te zetten. Ondanks zijn belofte dat hij 'iedere ontrouwe Filipino zou opsporen', benoemde MacArthur Manuel Roxas, een trouw lid van Laurels marionettenregering, tot brigadier-generaal in het Amerikaanse leger.[30]

De Huks kregen bevel hun wapens in te leveren. Toen ze dat weigerden, werden ze gearresteerd. Sommigen van hen werden zonder formele aanklacht opgesloten. Zo ook Luis Taruc, die zijn cel met een aantal voormalige collaborateurs van de Japanners moest delen. Toen vijftigduizend boeren uit protest naar het Malakanyang-paleis in Manila marcheerden, werd Taruc vrijgelaten, maar veel van zijn mannen bleven opgesloten in de gevangenis. De gebeurtenissen die daarop volgden, zijn nooit helemaal duidelijk geworden. Er werden mensen onder druk gezet en steekpenningen uitgedeeld. In Manila verschenen verhalen in de pers over Laurel en zijn collega's, die zich tijdens de oorlog als onberispelijke patriotten zouden hebben gedragen en de Filipijnen naar beste kunnen tegen de verschrikkingen van de Japanners hadden beschermd. MacArthur noemde Roxas 'een van de belangrijkste vertegenwoordigers van de guerrillabeweging'. De Filipino's werden vermaand om boven 'bekrompen jaloezie' en 'onnodig onbegrip' te staan, aangezien zulke zaken alleen 'de vooruitgang zouden belemmeren'.[31]

Als eerste president van de Filipijnen na de Tweede Wereldoorlog vaardigde Manuel Roxas een amnestie uit voor oorlogscollaborateurs. Duizenden mensen werden vrijgelaten. Luis Taruc trok zich terug in de bergen en de Huks werden het Volksbevrijdingsleger, de voorloper van het maoïstische Nieuwe Volksleger. En de oude families van grootgrondbezitters, die hun bezittingen weer stevig in handen hadden, bleven de Filipijnse politiek overheersen. Dat deden ze in 1986 nog altijd, nadat 'People Power' Ferdinand Marcos had afgezet en de wereld een inspirerende belofte van democratie in Azië voorhield. De ster van People Power was Corazon 'Cory' Aquino, de schoondochter van Benigno Aquino. Haar vicepresident was 'Doy' Laurel, de zoon van José Laurel. Terwijl ik dit schrijf is Benigno Aquino III, de oudste zoon van Cory, de president.

Bij het herstellen van de legitimiteit in een verwoest land kan een symbolisch figuur om wie het volk zich kan scharen goed van pas komen. Dit kan een gerespecteerde monarch zijn, een verzetsheld of zelfs een buitenlandse generaal die zich op een geloofwaardige manier als redder voordoet. De stijl van generaal MacArthur was voor sommige mensen misschien iets te theatraal en zelfs egomaniakaal, maar zowel in Japan als op de Filipijnen speelde hij zijn rol voorbeeldig. Hij zette de Japanse keizer bewust in als symbool van continuïteit om zijn eigen optreden als tijdelijke shogun te vervolmaken. Heldendom, ook dat van MacArthur, is vaak een kwestie van theater en in sommige gevallen een compleet verzinsel. In Noord-Korea, bijvoorbeeld, werd 'de Grote Leider' Kim Ilsung door het Russische Rode Leger neergezet als een heldhaftige partizanenleider die de Japanners in zijn eentje van het Koreaanse schiereiland had verdreven. In werkelijkheid had hij het grootste deel van de oorlog in een trainingskamp van het Russische leger in de buurt van Chabarovsk doorgebracht.

Als de boegbeelden van de vooroorlogse regimes hun geloofwaardigheid hebben verloren en de legitimiteit van de regering in twijfel wordt getrokken, heb je de basis voor een burgeroorlog. Deze brak in volle hevigheid uit in Griekenland en zou na een jaar van schaduwboksen en schermutselingen ook in China losbarsten.

Generalissimo Tsjang Kai-Sjek, die bij de Amerikanen bekendstond als de Gimo, en bij de Amerikaanse opperbevelhebber in China in oorlogstijd, generaal Joseph ('Vinegar Joe') Stilwell, als 'Pindahoofd', was formeel de machthebber in China. Maar er waren veel delen van het land waar hij duidelijk geen greep op had. De Gimo presenteerde zichzelf als de grote nationale leider, die op heldhaftige wijze tegen de Japanners streed, en zo werd hij ook in de Amerikaanse oorlogspropaganda afgebeeld. Maar Mao Zedoeng, die zich met zijn guerrillaleger in het noordwesten schuilhield, verkondigde de – niet geheel onjuiste – opvatting dat Tsjang in het beste geval passief was geweest en in het ergste geval met de Japanners had gecollaboreerd. De communisten beweerden dat zijzelf de ware verzetsstrijders waren en dat Mao de nationale held was. In wezen beschouwden beide partijen de Japanners vaak als een vervelende bijkomstigheid, waar de Verenigde Staten uiteindelijk wel mee zouden afrekenen. De werkelijke vijand kwam uit eigen land. Terwijl de twee vijandige Chinese legers zich opmaakten voor de eindstrijd, werd het ene heldenverhaal tegenover het andere gesteld.

De twee leiders hadden elkaar in levenden lijve ontmoet voor een langdurige bespreking in de hoofdstad van de Nationalisten, Chungking. Ze konden elkaar eigenlijk niet uitstaan, maar hadden wederzijds respect voor elkaars stoerheid, als de hoofdmannen van twee rivaliserende bendes. Mao dronk Tsjang tijdens het officiële diner toe en wenste hem tienduizend jaar welvaart. In een poging om een totale burgeroorlog af te wenden, werden er beleefde gesprekken gevoerd over het delen van de macht, wie welke delen van het land zou bezetten, welke soort regeringsvorm gedeeld zou kunnen worden, enzovoort. Er werden geen duidelijke afspraken gemaakt. Aan zijn kameraden vertelde Mao dat de verklaring van vreedzame bedoelingen ('democratie', 'één leger', 'Tsjangs leiderschap'), 'slechts een vod papier was'.[32] Maar de Amerikaanse ambassadeur in China, de geestelijk instabiele Patrick J. Hurley, die zijn Chinese gastheren in verlegenheid bracht door oorlogskreten van de Choctaw-indianen te slaken, had nog steeds de hoop dat hij, hoewel hij vrijwel niets van China wist, beide partijen tot elkaar kon brengen. Iedere Amerikaan die daaraan twijfelde, ook diplomaten die veel deskundiger waren, was in Hurleys verhitte verbeelding een verrader en waarschijnlijk een communist.

De verslaggever van *The New York Times* had het bij het juiste eind. In een reportage van 6 oktober schreef hij: 'Westerlingen die zich afvragen waarom er zoveel onderhandeld wordt, moeten erop gewezen worden dat in de Chinese politiek de troepenaantallen de doorslaggevende factor zijn.' En dat niet alleen, ook wapens waren doorslaggevend. En dat is waarom Tsjang benadrukte dat alleen hij het recht had de Japanners te ontwapenen en waarom Mao besloot dit te negeren.

In de zomer van 1945 hadden de Nationalisten van Tsjang een leger van ongeveer vier miljoen man dat over heel Zuid- en Midden-China verspreid zat. Maar de soldaten waren slecht getraind en ongedisciplineerd en werden vaak aangevoerd door corrupte en incompetente officieren. 'Marionettenlegers' van de Japanners in Mantsjoekwo, Noord-China en Nanking, de oude hoofdstad van de Nationalisten, telden meer dan een miljoen man. Ze hadden beter materieel en waren vaak ook effectievere soldaten dan de Nationalisten, en Tsjang gaf er dan ook de voorkeur aan ze niet te ontwapenen, maar ze in zijn eigen leger op te nemen. Verder was er nog een keur aan regionale krijgsheren, die vooral loyaal aan zichzelf waren en met alle winden meewaaiden.

Chinese burgers waren bevreesd voor de komst van Nationalisten in hun steden en dorpen, aangezien de troepen zich eerder als bandieten dan als soldaten gedroegen, bezittingen buitmaakten, voedsel roofden, vrouwen verkrachtten en boeren meenamen als rekruten. De 'marionetten'-troepen en de manschappen van de krijgsheren waren niet veel beter. De communisten, die over ongeveer een miljoen soldaten en twee miljoen militialeden beschikten, konden ook meedogenloze heersers zijn, maar begrepen in elk geval wel de waarde van discipline. Ze konden zichzelf beter verkopen; ze beseften dat een oorlog deels door propaganda wordt gewonnen. Een van hun grote voordelen was dat ze als een heldhaftig volksleger werden gezien.

Een groot deel van China was niet alleen verschrikkelijk beschadigd, maar ook gecorrumpeerd door de buitenlandse bezetting, het wanbeleid van de krijgsheren en de vele jaren van zuiveringen en contrazuiveringen in een binnenlands conflict dat vaak even destructief was als de oorlog met Japan. De Japandeskundige Donald Keene was als jonge Amerikaanse marineofficier gelegerd in Tsingtao, een havenstad aan de Gele Zee die bekend is om zijn marinebasis, Europese architectuur en brouwerijen die een soort Duits bier produceren. De Japanse Keizerlijke Zeemacht was nog in de stad toen de Amerikaanse mariniers arriveerden en Keene voelde al snel dat er 'iets verdachts in de lucht' hing, de geur van bedrog en corruptie; 'de beschuldiging van collaboratie is niet minder alomtegenwoordig dan het algeheel verdachte karakter van de stad zelf.'[33]

Hij kwam tot de ontdekking dat Tsingtao nog steeds werd bestuurd door Chinezen die door de Japanners waren aangesteld, over het algemeen louche types die van de buitenlandse bezetting hadden geprofiteerd. Hij ontmoette Japanse marineofficieren die opschepten over hun heldendaden tijdens de oorlog en Chinezen die, omdat ze gecollaboreerd zouden hebben, werden gezuiverd door andere Chinezen wier antecedenten al even bezoedeld waren; ze wilden de verdachten gewoon van hun bezittingen beroven. Tsingtao was een stad van onbetrouwbare opportunisten, gangsters, spionnen met wisselende loyaliteiten en Japanners die zich nog steeds als een Herrenvolk gedroegen. Tsingtao was daarin zeker niet uniek. Keene hoorde berichten dat de Nationalisten in andere delen van China aan zwaarbewapende Japanse troepen hulp vroegen om de communisten onder de duim te houden. Deze berichten waren volkomen juist. Enkele rechtse facties in Tsjangs regering zochten daadwerkelijk de actieve steun van de Japanners om meteen een oorlog tegen de communisten te beginnen. De behoedzame Gimo wilde niet onmiddellijk zo ver gaan, maar een groot aantal Japanse troepen werd wel ingezet om de Chinese spoorwegen en andere infrastructuur tegen mogelijke aanvallen van de communisten te beschermen.

Hier en daar vonden vergeldingsacties tegen de Japanners plaats, maar over het algemeen concentreerden zowel de Nationalisten als de communisten zich op hun binnenlandse vijanden, en de Nationalisten hadden de hulp van de Japanners nodig. Bovendien was de relatie tussen Chinezen en Japanners vaak te ingewikkeld voor eenvoudige oplossingen.

Een van de meest groteske scènes die onmiddellijk na de oorlog plaatsvonden, speelde zich af in Nanking, waar in 1937 tijdens een langdurige woeste belegering tienduizenden, en mogelijk honderdduizenden Chinezen door Japanse troepen waren afgeslacht en verkracht. Het bloedbad van Nanking wordt nog steeds als een van de ergste gruweldaden van de Tweede Wereldoorlog beschouwd. Generaal Okamura Yasuji was niet rechtstreeks betrokken bij die moordpartij, maar hij was wel verantwoordelijk voor even afschuwelijke oorlogsmisdaden. In 1938 vermoordden troepen die onder zijn bevel stonden talloze burgers met chemische wapens. In 1942 kostte zijn tactiek van de verschroeide aarde, die de Chinezen kennen als de 'Drie Allen' ('dood alles, verbrand alles, roof alles'), meer dan twee miljoen mensen het leven. Alle mannen tussen de vijftien en de zestig werden als potentiële vijandige krachten gezien en waren daarom een doelwit. En de systematische ontvoering van jonge vrouwen, voornamelijk uit Korea, die als troostmeisjes in Japanse legerbordelen konden dienen, viel ook onder Okamura's bevelen.

Maar toen deze zelfde Okamura zich op 9 september 1945 in Nanking aan generaal Ho Yin-chin overgaf, boog generaal Ho voor de Japanse generaal en verontschuldigde hij zich voor de onwaardigheid van deze vernederende ceremonie. Ho, die onder Okamura aan de militaire academie in Tokyo was opgeleid, noemde hem *sensei*, meester.[34] En daarom bleef Okamura in het gebouw van het ministerie van Buitenlandse Zaken in Nanking zitten alsof er niets veranderd was. Toen hij drie jaar later eindelijk door een rechtbank in Nanking van oorlogsmisdaden werd beschuldigd, schermde de generalissimo zelf hem af van verdere vernederingen en stelde hij hem aan als militair adviseur voor de Nationalisten. Okamura Yasuji stierf in 1966 vredig in zijn bed.

De sleutel tot de Chinese burgeroorlog lag in Mantsjoerije, de voormalige Japanse marionettenstaat. De partij die dit centrum van de zware industrie en de mijnen, dat door de Japanners was opgezet en geleid, als eerste zou weten te veroveren zou een onneembare positie hebben ingenomen. De Sovjets waren er, zoals we al gezien hebben, natuurlijk als eerste en plunderden alle industriële voorzieningen en bezittingen die naar de Sovjet-Unie konden worden getransporteerd. Hun eerste contacten met de Chinese communisten waren niet altijd even hartelijk. De slonzige Chinese soldaten werden vaak minachtend behandeld door de officieren van het Rode Leger, en door een gebrek aan tolken was het nagenoeg onmogelijk om te communiceren. Bovendien had Stalin in het belang van de stabiliteit tussen de grootmachten besloten om de generalissimo als de legitieme Chinese leider te erkennen.

Toch druppelden er meer en meer Chinese communisten van het Achtste Route Leger Mantsjoerije binnen. In sommige gebieden namen ze met de hulp van bevelhebbers van het Rode Leger het plaatselijke bestuur over, wat niet gemakkelijk was omdat de meeste communistische kaders uit andere streken kwamen en ook niets af wisten van deze regio, die door de meeste Chinezen als het Wilde Noorden werd beschouwd, als het land van de nomaden en de wilden. De verstandhoudingen met de Russen waren gespannen, er waren overal rondzwervende bendes 'marionetten'-troepen, en daarnaast had het Achtste Route Leger ook nog te maken met verschillende plaatselijke ondergrondse guerrillabendes, waarvan er sommige banden met de Russen hadden, sommige bij de regionale krijgsheren hoorden en andere aangesloten waren bij het Nationalistische kamp. Zoals de Nationalisten steun zochten bij de Japanners en de Amerikanen om tegen de communisten te strijden, zo verzochten de communisten de Russen om steun om de 'anti-Russische bandieten' onder de duim te houden.[35]

In de tussentijd raakte Tsjang in paniek door de communistische opmars in Mantsjoerije en verzocht hij de Amerikanen dringend om Nationalistische troepen naar het noorden te transporteren. De Verenigde Staten voldeden aan het verzoek, maar niet geheel van harte, omdat de officiële richtlijn was om niet bij een 'broederstrijd' betrokken te raken. De Nationalisten arriveerden vaak te laat in het noordoosten, en in te kleine aantallen, en soms ook op de verkeerde plekken.

Het merkwaardige karakter van de slangenkuil die Mantsjoerije was – het zou nog veel erger worden; tijdens het beleg van Changchun door de communisten in 1948 zouden ongeveer driehonderdduizend burgers omkomen van de honger en door ziektes – kan het best geïllustreerd worden aan de hand van het verhaal over een beroemd bordeel in Andong, aan de grens met Noord-Korea.

In het najaar van 1945 was Andong een behoorlijk kosmopolitische plaats, een soort Casablanca van Noordoost-Azië, waar niet alleen Chinezen uit Mantsjoerije woonden, maar ook Koreanen, Russen en ongeveer zeventigduizend Japanners, niet alleen soldaten en burgers die er al gevestigd waren, maar ook vluchtelingen uit andere delen van de voormalige marionettenstaat. Omdat ze doodsbenauwd waren voor de verschrikkingen die de oprukkende Russische troepen vooral onder de vrouwen zouden aanrichten, besloten enkele kopstukken van de Japanse burgerbevolking een 'cabaret' te openen, eigenlijk een bordeel, om de onwelkome belangstelling van de Russen van de Japanse vrouwen af te leiden. De leiding van dit etablissement, de Annei Hanten (Hanten Herberg), werd toevertrouwd aan een voormalige geisha van begin veertig, O-Machi. Ze rekruteerde Japanse vrouwen, die over het algemeen geen ervaring hadden als animeermeisjes, door een beroep te doen op hun patriottisme. Hun werd verzocht om zich op te offeren voor Japan; ze waren de vrouwelijke kamikazes van Andong.[36]

In haar geboortestad in Japan is er nog steeds een gedenksteen voor O-Machi, die daar is neergezet door dankbare Japanners wier levens mede dankzij haar hulp gered zijn. O-Machi ging prat op haar 'apolitieke' houding en maakte geen onderscheid tussen mannen met een hoge functie, bedienden, Russen, Japanners en Chinezen. Hoewel het in eerste instantie bedoeld was als amusement voor de Russen, trok O-Machi's 'cabaret' allerlei klanten, zoals Japanse ex-officieren en leiders van de

Japanse gemeenschap, maar ook Chinezen die hadden gecollaboreerd met de Japanners en nu aan de kant van de Nationalisten stonden, en zelfs Chinese en Japanse communisten. De sake, wodka en Chinese wijn maakten de klanten loslippiger en daardoor verliep de uitwisseling van allerlei informatie een stuk soepeler in de Annei Hanten.

O-Machi gaf aan de Japanners door wat ze van de Russen over troepenbewegingen en voorgenomen arrestaties had vernomen, zodat veel Japanners dankzij haar waarschuwing nog op het juiste moment konden verdwijnen. Er waren spionnen en dubbelspionnen, 'rode radijzen' (anticommunisten die deden alsof ze 'roden' waren) en 'blauwe radijzen', oftewel communistische infiltranten die zich als anticommunisten voordeden. Er werden complotten en contracomplotten gesmeed. Er werd een huwelijk in de Annei Hanten gearrangeerd tussen een Japanse medewerkster en een Chinese communistische spion (misschien een rode radijs), zodat de Japanners konden uitvinden wat de communisten van plan waren. In de Annei Hanten werd ook een rechtse militaire coup beraamd door Chinese Nationalisten en Japanse ex-officieren, die artillerie in de heuvels boven Andong hadden verborgen, maar daar kwam niets van terecht omdat de verwachte Nationalistische troepen niet kwamen opdagen.

Kort daarop kwam wel het communistische Achtste Leger de stad binnenmarcheren om de plaats van het Russische Rode Leger in te nemen. Aanvankelijk leek er weinig te veranderen. De communisten werden in de Annei Hanten verwelkomd met een Chinees banket, zij het niet met vrouwelijke vrijpostigheden, omdat de kaders daar niet van gediend waren. Misschien konden de Japanners het Achtste Route Leger van dienst zijn? Voormalige medewerkers van het Japanse Elektriciteitsbedrijf van Mantsjoekwo richtten een 'rood toneelgezelschap' op, in de hoop dat ze socialistisch 'volkstoneel' op de planken konden brengen.

Maar de wittebroodsweken duurden niet lang. De communisten besloten dat een internationaal bordeel in de nieuwe orde onwenselijk was. En omdat ze de Japanners van betrokkenheid bij de mislukte Nationalistische coup verdachten, arresteerden ze O-Machi en een aantal Japanse gemeenschapsleiders op verdenking van spionage voor de Nationalisten. Van hun verdere lot is niet veel bekend. O-Machi zat ongeveer een jaar in de gevangenis en werd in september 1946 aan de oever van de rivier de Yalu terechtgesteld. Of ze nu wel of geen spion was, en zo ja, voor wie, is nog altijd een mysterie.

Frankrijk had dringend behoefte aan een gevoel van continuïteit en legitimiteit. Het smeulende vuur van de burgeroorlog was nooit werkelijk gedoofd sinds de Revolutie van 1789. Al vanaf het begin hadden royalistische en katholieke reactionairen tegen de Republiek gestreden. De Duitse bezetting en het Vichy-regime hadden hun tijdelijk de overwinning bezorgd. De Gaulle was bepaald geen man van links en hield zich liever afzijdig van de lastige parlementaire democratie. Maar in het belang van de continuïteit presenteerde hij zich als de natuurlijke erfgenaam van de Republiek, die hij minachtte. Hoewel de Assemblée Nationale maarschalk Pétain in 1940 bij stemming de macht had gegeven om een nieuwe grondwet op te stellen, werd zijn Vichy-bewind meteen aan het einde van de oorlog ongrondwettelijk verklaard. In 1944 en 1945 rustte op De Gaulle de taak om het verscheurde Frankrijk weer samen te voegen.

De angst voor een burgeroorlog was niet ongegrond. De communisten, die zo'n belangrijke rol hadden gespeeld in het verzet, hadden al vanaf 1941 lijsten opgesteld van vijanden die gezuiverd moesten worden. Ze wilden zowel achter de industriëlen als de schurken van de pronazistische *Milice* aan gaan. Alle voormalige verzetsstrijders vonden het echter het belangrijkst om de elite te straffen, de leiders, en niet alleen de 'lampistes', de ondergeschikten die aan lantaarnpalen werden opgehangen terwijl de leiders vrijuit gingen.[37] De Gaulle begreep dat er gerechtigheid moest zijn, maar ook dat Frankrijk zich niet zoveel zuiveringen kon veroorloven dat de last voor een samenleving die al gehavend was ondraaglijk werd, en wilde daarom het proces zo snel mogelijk afgehandeld hebben, bij voorkeur binnen enkele maanden. In februari 1945 moesten ze eigenlijk al klaar zijn, maar dat was natuurlijk onhaalbaar.

Tegen die tijd hadden veel mensen het recht al in eigen hand genomen. Er waren gevangenen gelyncht, meer dan vierduizend mensen waren zonder vorm van proces terechtgesteld, er waren mensen opgehangen door hysterische menigtes. Sommige regio's, vooral in het zuiden van Frankrijk, verkeerden bijna in staat van anarchie. De Gaulle keurde dit soort zaken af; alleen de staat moest het recht hebben om straffen op te leggen. Er werd zelfs een aantal voormalige verzetsstrijders gearresteerd omdat ze een bovenmatige ijver hadden betoond bij het executeren van vermeende collaborateurs. Maar kon De Gaulle hun dat werkelijk kwalijk nemen? Pascal Copeau, een journalist en verzetsleider uit het zuiden, schreef in januari 1945: 'Tijdens die vier verschrikkelijke jaren hebben de beste Fransen geleerd om te doden, te moorden, te saboteren, treinen te laten ontsporen en soms om te plunderen en om in elk geval nooit te gehoorzamen aan datgene waarvan men zei dat het de wet was. [...] Wie heeft die Fransen dat geleerd, wie gaf hun het bevel om te moorden? Wie was het als u het niet was, *mon général*?'[38]

Om ervoor te zorgen dat de staat weer het monopolie op geweld kreeg, moest De Gaulle allereerst het verzet ontwapenen. Dat was een delicate kwestie, aangezien de *maquisards* hun wapens tijdens de oorlog met groot gevaar hadden bemachtigd, terwijl De Gaulle veilig in de Britse hoofdstad zat. Communistische verzetsstrijders koesterden nog steeds de hoop op een tweede Franse Revolutie, waarvoor ze hun wapens nodig zouden hebben. Maar deze mogelijkheid was uitgesloten, niet alleen omdat de communisten in Frankrijk onvoldoende steun genoten voor zo'n radicale onderneming, maar ook omdat Stalin hun duidelijk maakte dat hij een revolutie binnen de Amerikaanse invloedssfeer niet zou steunen. Stalin had wel wat anders aan zijn hoofd. Daarom zei hij tegen de Franse communisten dat ze ervan af moesten zien. En De Gaulle sloot een overeenkomst met de Franse communisten. Als ze wilden dat hun leider, Maurice Thorez, die in 1939 uit het Franse leger was gedeserteerd en naar Moskou was gevlucht, toestemming kreeg om weer naar huis te komen zonder voor zijn verraad te worden vervolgd, moesten ze ermee instemmen om hun gewapende eenheden te ontbinden. Veel wapens waren nog steeds zorgvuldig in afgelegen boerderijen, onder vloeren of in pakhuizen verstopt. Maar de communisten gaven toe, en langzaam maar zeker kreeg de staat de macht weer in handen.

Enkele kopstukken die tijdens de bezetting al te veel in het oog gesprongen waren of zich buitengewoon schandalig hadden gedragen, werden berecht. Pétain zelf kwam voor de rechtbank, maar nadat hij was veroordeeld voor hoogverraad, werd hij te oud en te voornaam bevonden om te worden geëxecuteerd, en daarom werd hij maar verbannen naar het île d'Yeu, een eilandje voor de Atlantische kust. Daar overleed hij en werd hij begraven, een volkomen demente oude man wie al zijn militaire onderscheidingen waren afgenomen, een smadelijk lot dat de woede van een aantal van zijn loyale aanhangers wekte. In 1973 deden loyalisten een poging om Pétains vernedering recht te zetten door zijn overblijfselen op te graven en naar het vasteland te transporteren, zodat ze in een roemrijker graf op de begraafplaats voor de gevallenen uit de oorlog zouden komen te rusten. Toen het gebeente van de *maréchal* in de garage van zijn advocaat, *maître* Jacques Isorni, werd ontdekt, werd het snel terugverscheept naar het eiland, waar het zich, voor zover bekend, nog steeds bevindt.

De machtigste minister van Pétain in oorlogstijd, de onaantrekkelijke en gehate Pierre Laval, had minder geluk. Zijn doodvonnis werd voltrokken: hij werd in oktober 1945 geëxecuteerd, na een zelfmoordpoging met cyanide, die mislukte omdat het gif te oud was.

Er vonden ook andere processen wegens oorlogsmisdrijven plaats, maar voordat die ook maar enigszins als overtuigend konden worden beschouwd, moest het juridische apparaat zelf worden gezuiverd. Dat was een probleem, aangezien er in Frankrijk maar één rechter was die tijdens de oorlog geweigerd had een loyaliteitsverklaring aan maarschalk Pétain te tekenen. Een zuiveringscommissie van rechters en voormalige verzetsleden moest vaststellen of magistraten zich als loyale Fransen hadden gedragen. Nadat men deze zeer losse definitie had toegepast, werd vastgesteld dat 266 rechters zich hadden misdragen. Dezelfde criteria werden toegepast op ambtenaren. De straffen liepen uiteen van tijdelijke schorsing met behoud van de helft van het salaris tot ontslag en uitsluiting uit de samenleving. Van de ongeveer één miljoen ambtenaren kregen er 11 343 een of andere straf opgelegd en raakten er vijfduizend hun baan kwijt. Net als in andere landen kwamen de industriële elite en de top van het bedrijfsleven er grotendeels zonder kleerscheuren af. Bekende sympathisanten van de nazi's, zoals de oprichter van L'Oréal, het cosmeticabedrijf, liet men volledig ongemoeid.

Louis Renault, de oprichter van de Renault-fabriek, was voor zover bekend geen nazi. Zelf vertelde hij dat hij door de Duitsers voor een onmogelijke keuze werd gesteld: hij kon zijn bedrijf laten overnemen door Daimler Benz en zijn werknemers naar Duitsland laten afvoeren of voertuigen maken voor het Duitse leger. Hij koos voor het laatste. In communistische verzetskringen werd Renault beschouwd als de ergste soort industriële verrader, een eersterangs klassenvijand. De communistische krant *L'Humanité* schreef in augustus 1944: 'De directeuren van de Renault-fabrieken zullen moeten boeten voor de dood van geallieerde soldaten die omkwamen als gevolg van het enthousiasme waarmee men de vijand bevoorraadde.'[39] Omdat er maar zo weinig andere industriëlen werden gezuiverd, was Renault waarschijnlijk de zondebok. Hij overleed in de gevangenis aan verwondingen aan zijn hoofd voordat hij zich in een rechtszaak had kunnen verdedigen.

In veel gevallen keerden de gezuiverde magistraten en ambtenaren al snel weer terug naar hun vroegere plek of maakten ze een respectabele carrière in de particuliere sector. Het geval van Maurice Papon, de laatste Fransman die werd berecht voor oorlogsmisdrijven, is in alle opzichten kenmerkend, op het uiteindelijke *dénouement* na. Als hooggeplaatste politiefunctionaris in Bordeaux was hij verantwoordelijk voor de deportatie van meer dan duizend Joden naar de kampen, maar hij werd in 1945 helemaal niet berecht. Integendeel. Hij vervolgde zijn carrière als hoge ambtenaar onder verschillende regeringen: staatssecretaris onder De Gaulle, prefect in Corsica, prefect in Algerije, waar hij hielp bij het neerslaan van de antikoloniale opstand, en, weer onder De Gaulle, die hem het Légion d'Honneur gaf voor bewezen diensten aan de Franse staat, hoofdcommissaris in Parijs, en uiteindelijk minister van Financiën onder Giscard d'Estaing. Het ongebruikelijke aan Papons luisterrijke carrière was dat hij lang genoeg leefde om door zijn bezoedelde verleden te worden ingehaald. Het proces tegen hem begon in 1995. Hij werd in 1999 opgesloten, in 2002 weer vrijgelaten en ten slotte veroordeeld tot een boete van vijfentwintighonderd euro wegens het illegaal dragen van de onderscheidingen van zijn Légion d'Honneur, dat hem was afgenomen.

De Gaulle herstelde Frankrijk op de manier waarop ook Japan, of Italië, of België, of zelfs Duitsland werd 'hersteld', namelijk door de schade voor de vooroorlogse elite tot een minimum te beperken. Verdere polarisatie van zijn land kon hij zich niet veroorloven. De natie had de ervaring van zakenmensen, financiers, rechters, professoren, artsen en ambtenaren nodig. Die hadden de juiste contacten.

De mannen en vrouwen van het verzet hadden hun rol gespeeld, als dappere buitenbeentjes die hun leven op het spel zetten terwijl anderen zich gedeisd hielden. Dit hadden ze om allerlei redenen gedaan: uit godsdienstige overtuiging, politieke ideologie, verveling, woede, een hang naar avontuur of gewoon een gevoel voor fatsoen. Maar in de keuzes die ze hadden gemaakt waren ze minder representatief voor het grootste deel van de bevolking dan de opportunisten en de hielenlikkers.

In Frankrijk was de straf voor wandaden, net als elders, toch vaak eerder symbolisch. De straffen waren ook niet eerlijk verdeeld. Terwijl de gevestigde orde relatief ongemoeid werd gelaten, oefende de voormalige prostituee en misschien ook wel spionne Marthe Richard in december 1945 druk uit op de politieke besluitvorming om de bordelen in Parijs te sluiten. Een jaar later werden alle bordelen in Frankrijk gesloten ten gevolge van 'la loi Marthe Richard'. De reden die werd opgegeven voor deze zeer on-Franse ijver was dat bordelen tijdens de bezetting de voornaamste centra van 'collaboratie' waren geweest.

6. De rechtsstaat

Zodra het communistische Achtste Route Leger aan het einde van het najaar van 1945 Mantsjoerije had bereikt en de ene na de andere stad veroverde op de Chinese Nationalisten, die op sommige plekken de plaats van de Japanners en op andere die van het Russische Rode Leger hadden ingenomen, volgden er al snel zogenaamde 'volksprocessen'. Er werd vluchtig rechtgesproken, de juridische rituelen waren rudimentair, om niet te zeggen primitief.

Soms werden in Chinese kranten advertenties geplaatst waarin iedereen die iets te klagen had over voormalige beambten van Mantsjoekwo werd opgeroepen zich te melden. In Andong, aan de Noord-Koreaanse grens, werd een basisschool ingericht als 'volksrechtbank'. Veel aanklachten waren onbeduidend, en soms waren ze het gevolg van lang opgekropte rancune. De trekker van een riksja beschuldigde een Japanse zakenman ervan zijn lantaarn te hebben kapotgemaakt en geen vergoeding te hebben aangeboden. Een jongeman verklaarde dat zijn vader zo was afgebeuld als koelie voor een Japans bedrijf dat hij van uitputting was gestorven. De beklaagden, die zich gewoonlijk niets van hun vergrijpen konden herinneren, hadden geluk als ze er met een torenhoge boete van afkwamen.

Vaak waren de aanklachten ernstiger, maar ook hier werd er door het volk haastig rechtgesproken. In december werden driehonderd Japanse en Chinese ambtenaren in de provincie Andong terechtgesteld aan de oevers van de Yalu Jiang. Ze hadden allemaal voor het bestuur van Mantsjoekwo gewerkt. In een ooggetuigenverslag wordt beschreven wat er met twee van hen gebeurde, de ex-gouverneur van Andong, de Chinees Cao en zijn Japanse vicegouverneur Watanabe.

Ze kregen een zwarte kap over hun hoofd en hun Mantsjoekwose onderscheidingen op hun borst gespeld – hun eretekenen getransformeerd tot tekens van schande. Vervolgens werden ze in paardenkarren door de straten van Andong geleid, waarbij ze gedwongen werden hun hoofd te buigen om hun berouw te tonen en houten borden met knalrode tekens op te houden. Op het ene bord stond 'reactionair', op het andere 'marionet'. Het volksgericht vond plaats in de openlucht, met een grote menigte toeschouwers die een glimp van de schuldigen probeerde op te vangen. De volksrechter brulde: 'Wat zullen we met ze doen?' 'Maak ze dood!' schreeuwde de meute terug. En zo werd besloten. De mannen werden naar de oever van de rivier geleid, gedwongen te knielen en van achteren doodgeschoten. (Er wordt wel beweerd dat eerst Watanabes oren nog werden afgesneden, maar dat verhaal is misschien apocrief.)[1]

Wat interessant is aan dit verslag is niet zozeer het bijna kluchtige karakter van deze flitsprocessen, maar het feit dat men het kennelijk nodig vond dat er een proces plaatsvond. Waarom drongen de Chinese communisten überhaupt op deze processen aan? Waarom schoten ze de schurken niet gewoon dood? Klaarblijkelijk wilden ze de executies een schijn van wettigheid geven. Het instellen van een soort rechtsorde is een noodzakelijke voorwaarde voor legitimiteit, zelfs in een dictatuur, of misschien juist in een dictatuur. Maar bij showprocessen wordt het vonnis door de politiek bepaald. Het proces is een ritueel om het gezag van de Communistische Partij te demonstreren. De beklaagden in Andong werden er niet alleen van beschuldigd dat ze instrumenten van de Japanse marionettenstaat waren geweest, maar ook dat ze na de bevrijding met de 'reactionaire' Chinese Nationalisten hadden gecollaboreerd – iets wat vrijwel onontkoombaar was geweest, aangezien de Nationalisten Andong hadden bezet voordat de communisten kwamen. Omdat de Communistische Partij de macht van het volk heette te vertegenwoordigen, was het de taak van het volk in deze ceremoniële zaken om het vonnis dat van hen verwacht werd te schreeuwen.

In dit opzicht was China exotisch noch uitzonderlijk. Overal waar de communisten aan de macht kwamen, verschenen dit soort volksrechtbanken. De Hongaarse schrijver Sándor Márai was in Boedapest toen de Hongaarse 'antifascisten' die door het Russische Rode Leger waren aangesteld in 1945 de macht in handen kregen. Dit was nog geen communistisch regime. Stalin had bedacht dat het beter was om geleidelijk de macht te grijpen; hij wilde de westelijke geallieerden niet te alarmeren. In november werden er verkiezingen gehouden waarbij de communisten het niet al te best deden, maar de Sovjets besloten dat ze toch in de regering zouden komen. Vervolgens werden hun rivalen in mootjes gehakt 'als plakken salami', zoals hun leider Mátyás Rákosi zei, tot de Hongaarse Volksrepubliek in 1949 werd uitgeroepen.

Boedapest was in 1945 zwaar beschadigd door het beleg van de Russische en Roemeense troepen, dat maandenlang had geduurd. De koninklijke burcht was een puinhoop, er was geen elektriciteit, de telefoon deed het niet, de bruggen waren als gewonde stalen monsters in de Donau gestort. Voedsel was schaars. Vreemdelingen vielen gewoon huizen binnen in de verwachting dat ze te eten zouden krijgen of om mensen lastig te vallen (om hun 'haat' uit te drukken, schreef Márai). Huizen van rijke burgers waren een geliefd doelwit van de volkswoede. De oude folterkamers van de fascistische Pijlkruisers waren overgenomen door de nieuwe autoriteiten en gangsters scheurden in zojuist geïmporteerde Amerikaanse luxewagens over de met puin bedekte straten. In de stad, merkte Márai, heerste een fanatieke bedrijvigheid, die pas later overging in een apathische onverschilligheid. De oneerlijkheid verspreidde zich 'als de builenpest', schreef hij in zijn memoires. Recht en rechtvaardigheid 'waren nergens te bekennen, maar de volksrechtbanken functioneerden al en de politieke executies boden het werkloze uitvaagsel een dagelijkse bron van vermaak, zoals in Rome ten tijde van Caligula'.[2]

Sinds 1920 werd Hongarije bij ontstentenis van de koning geregeerd door admiraal Miklós Horthy, officieel Zijne Doorluchtige Hoogheid de Regent van het Koninkrijk Hongarije. Deze vreemde regeling volgde op een jaar dictatuur door de Communistische Partij onder Béla Kun in 1919. Witte terreur volgde op rode terreur. Horthy, een bijzonder reactionair type, zij het niet direct een fascist, was een vurige anticommunist. Zoals zoveel anderen vermoedde hij dat de Joden achter het communisme zaten. Hoewel hij een hekel had aan Joden, ging dit ook weer niet zover dat hij wilde dat ze allemaal gedood werden. Hij was zo dom om zich aan het einde van de jaren dertig aan de kant van nazi-Duitsland te scharen, maar hij stribbelde tegen toen Hitler hem om hulp bij de Holocaust vroeg. De Hongaarse Joden werden wel vervolgd, maar bleven gevrijwaard van de massamoorden – tot 1944, toen de Duitsers het heft maar in eigen hand namen en het land binnenvielen. In de Sovjet-Unie werden de Duitse legers afgeslacht, hun toevoerlinies waren doorgesneden, er was een gebrek aan materieel en transportroutes waren afgesloten door de vijand. Maar de Duitsers wilden laten zien waar nu werkelijk hun prioriteiten lagen en deporteerden met brute efficiëntie meer dan vierhonderdduizend Hongaarse Joden. De meesten werden in Auschwitz-Birkenau afgemaakt. Horthy werd gedwongen om af te treden en opgevolgd door de rabiaat antisemitische leider van de Pijlkruisers, Ferenc Szálasi, die 163 dagen lang met een ongekende gewelddadigheid heerste en Adolf Eichmann, officieel de baas van de Endlösung in Boedapest, terzijde stond wanneer dat maar nodig was.

Het antifascistische regime maakte in 1945 duidelijk dat de hele Pijlkruisersregering zou worden berecht. Dat ze geëxecuteerd zouden worden stond al bij voorbaat vast. Wat alle vormen van volksrechtspraak met elkaar gemeen hadden, was dat er zelden enige twijfel over de uitkomst van de processen bestond. Maar die uitkomst was niet alleen een zaak voor het volkstribunaal zelf. Ook de pers speelde een belangrijke rol. Béla Imrédy, een voormalige bankier die in 1938 Jodenvervolger en premier was geworden, werd tijdens zijn proces door een bekende journalist beschreven als 'een spichtige gnoom die in paniek om zich heen tast', 'een meelijwekkend, verachtelijk type [...] dat als een grijze hagedis onder de bewijslast spartelt'.[3] Overigens drukte de westerse pers zich vaak niet minder schril uit als het om het veroordelen van nazi's ging.

Een Hongaarse juridisch deskundige heeft uitgelegd wat het werkelijke doel van de volksrechtbanken was. Het ging niet om het berechten en veroordelen van oorlogsmisdadigers voor 'eenvoudige wetsovertredingen', maar om 'wraak op ze te nemen voor de politieke fouten die ze hadden gemaakt'.[4] De rechtbanken bestonden uit leden van de partij en van de vakbonden en werden voorgezeten door professionele rechters. Vooral bij beroepszaken die door de Nationale Raad van Volksrechtbanken werden behandeld, werden de rechters soms bekritiseerd omdat ze te veel clementie toonden. De communistische krant *Szabad Nép* schreef verontwaardigd dat 'de professionele rechters in de Raad helemaal zijn vergeten dat ze de rechters van het volk zijn. Het volk goochelt niet met documenten; het zoekt in zaken tegen oorlogsmisdadigers niet naar verzachtende omstandigheden, maar eist genadeloze wraak op degenen die verantwoordelijk zijn voor hun ellende, leed en vernedering.'[5]

Ook het verleden werd stevig onder het gezag van de nieuwe orde geplaatst, die, zoals gezegd, wel door de Sovjets werd gestuurd, maar nog geen communistisch regime was. Rechters stelden enkele beklaagden, zoals László Bárdossy, de premier in 1941, verantwoordelijk voor het neerslaan van de 'democratie' in 1919. Wat in werkelijkheid was neergeslagen, was Béla Kuns communistische dictatuur van het proletariaat, die zijn eigen vormen van misdadigheid en snelrecht kende. Deze mannen stonden niet alleen terecht voor hun vergrijpen, maar voor het systeem dat ze vertegenwoordigden. László Budinszky, de minister van Justitie in de regering van de Pijlkruisers, werd volgens de Nationale Raad ter dood veroordeeld omdat 'het land door vijfentwintig jaar onderdrukking door het systeem aan de rand van de vernietiging was gebracht'.[6]

Als je alleen naar de aantallen kijkt, behoorde Hongarije niet eens tot de hardvochtigste landen. In België werden meer dan zevenenvijftigduizend mensen veroordeeld wegens collaboratie.[7] In Nederland meer dan vijftigduizend.[8] In Hongarije lag dat aantal meer in de buurt van zevenentwintigduizend. In Griekenland zaten aan het einde van 1945 48 956 mensen opgesloten. Maar die stonden aan de andere kant: ze waren allemaal links.

Griekenland is het beste voorbeeld van een land waar zowel communisten als anticommunisten de processen voor politieke doeleinden misbruikten. Soms deden ze dat zelfs tegelijkertijd. Al in 1943 werden er volksrechtbanken opgericht in gebieden die waren bevrijd door het linkse Griekse Nationale Bevrijdingsleger (ELAS), de militaire afdeling van het Grieks Nationaal Bevrijdingsfront (EAM), dat overwegend communistisch was. De rechtbanken waren een onderdeel van een poging om een socialistische staat te vestigen in het bezette Griekenland. De volksrechtbanken, die waren samengesteld uit ELAS-strijders en andere 'kameraden' – boeren, vrachtwagenchauffeurs en dergelijke –, behandelden zaken tegen misdadigers, oorlogsmisdadigers en collaborateurs.[9] Over het algemeen waren de vonnissen nogal streng. Veel mensen werden na een snel proces, of soms zelfs zonder enige vorm van proces, door de guerrilla's geëxecuteerd.

Het meest voorkomende misdrijf op het Griekse platteland was kennelijk veediefstal. In het dorp Deskati, in Midden-Griekenland, hadden de guerrilla's het echter te druk om zich met veedieven bezig te houden. De dorpelingen kregen eenvoudigweg te horen dat het afgelopen moest zijn met de veedieverij 'omdat we geen gevangenissen of ballingsoorden hebben om dieven vast te houden. Als we iemand van jullie op diefstal betrappen, moet hij ons maar vertellen of we zijn hoofd of zijn voeten moeten afhakken. De keuze is aan jullie.'[10] Dat hielp kennelijk. Er kwam een einde aan de veedieverij, althans in Deskati. De volksrechtbank boog zich wel over de opmerkelijke zaak van een jongeman die aan één vrouw zijn liefde had verklaard, maar vervolgens een andere vrouw ten huwelijk vroeg. Hij kon kiezen: of hij trouwde met de eerste vrouw, of hij werd geëxecuteerd. Hij twijfelde tot het allerlaatste ogenblik, maar besloot uiteindelijk dat hij toch liever in leven bleef.

Volksrechtbanken waren genadeloos voor collaborateurs. Dat waren de agenten van de verschillende politiekorpsen die voor de Duitsers hadden gewerkt, de mensen die het fascisme hadden verspreid, de Slavischsprekenden in Macedonië die de Bulgaarse pogingen om zich een deel van het Griekse grondgebied toe te eigenen hadden gesteund, en de klassenvijanden die de revolutie in de weg stonden. Toen Griekenland in het voorjaar van 1944 van de Duitsers werd bevrijd, was er een korte periode waarin het land werd bestuurd door een Regering van Nationale Eenheid, maar zelfs nadat die regering officiële rechtbanken had opgezet om collaborateurs te vervolgen, bleven de volksrechtbanken in bepaalde gebieden tot ver in 1945 functioneren. Uit die twee verschillende rechtssystemen, een officieel systeem met een beperkt gezag en een ander, inofficieel systeem dat zich over een veel groter gebied uitstrekte, blijkt wel hoe weinig consensus er over de politieke legitimiteit bestond. Er was geen Griekse De Gaulle die de ruzies tussen de communisten en de conservatieven en tussen de royalisten en de liberalen weer bij kon leggen. De wonden waren nog te vers, de verdeeldheid was te diep.

De officiële rechtbanken van de regering begonnen wel processen tegen de hoogstgeplaatste collaborateurs, zoals de Griekse premiers onder de Duitsers, maar deze verliepen traag en werden op vaak onbeholpen wijze gevoerd. De quislings beweerden, zoals quislings nu eenmaal doen, dat ze uit liefde voor het vaderland waren aangebleven. Sterker nog, zeiden ze, en soms met recht, ze hadden van de Griekse regering in ballingschap te horen gekregen dat ze in functie moesten blijven om deze afschuwelijke toestand zo goed mogelijk het hoofd te bieden. De leider van de regering in ballingschap was niemand minder dan de eerste naoorlogse premier, Giorgos Papandreou, wiens zoon en kleinzoon later ook premier zouden worden.

Collaborateurs die veel gewelddadiger waren geweest, zoals de wrede Veiligheidsbataljons, werden nauwelijks vervolgd. Nadat de zogenaamde Overeenkomst van Varkiza in februari 1945 getekend was en links in afwachting van een nationaal referendum over de toekomstige regering gedwongen was de wapens neer te leggen, werd de Griekse wereld ondersteboven gekeerd. Voormalige rechtse collaborateurs, die weigerden hun wapens in te leveren, begonnen iedereen die ze van linkse sympathieën verdachten te terroriseren. Mensen werden gearresteerd, en soms doodgeschoten, om de eenvoudige reden dat ze deel hadden uitgemaakt van een volksrechtbank. Ditmaal werd de staat binnen de staat geleid door rechtse militia's die zich aan de macht van de regering onttrokken. De rechtbanken konden deze voormalige collaborateurs ook niet laten oppakken, omdat de politie grotendeels aan de kant van rechts stond. Nu waren het de oude partizanen en hun aanhangers die in elkaar geslagen, gemarteld en opgesloten werden door gewapende bendes die voor de Duitsers hadden gewerkt. In 1945 zaten er tien keer zoveel ELAS-aanhangers in de gevangenis als voormalige collaborateurs.

De ex-partizaan Panayiotis leverde in februari 1945 zijn geweer in. Enkele weken later werd hij opgepakt door voormalige leden van een Veiligheidsbataljon, naar een nabijgelegen school gebracht, ondersteboven opgehangen en met geweerkolven geslagen. Vervolgens sloegen ze zijn voetzolen stuk met zwepen zodat hij naar huis moest kruipen. En toch bedacht hij later, in zijn huis in Australië, dat hij geluk had gehad 'dat hij alleen het slachtoffer van de eerste golf fascistische wraak was geweest', en niet van 'de tweede golf, toen de fascisten duizenden mensen in hun rechtbanken ter dood veroordeelden'.[11] De bevrijding in Griekenland was dus niet het einde van de binnenlandse conflicten en van de schijnbaar eindeloze cycli van wraak, maar het begin van nog veel meer ellende.

Het Athene van ongeveer vijfentwintighonderd jaar daarvoor vormt het decor van Aischylos' tragedie *Eumenides*. Die draait om een moordzaak. Orestes heeft zijn moeder gedood om de moord op zijn vader te wreken. Vanwege deze gruweldaden wordt hij achtervolgd door de wraakgodinnen, de instrumenten van het 'oog om oog tand om tand'-principe, die erop moeten toezien dat er gerechtigheid geschiedt. Pallas Athene, de godin van de wijsheid en de beschermvrouw van de stad, overtuigt Orestes ervan dat hij zich moet onderwerpen aan het oordeel van een rechtbank. Alleen met rationele argumenten in een rechtbank kunnen de wraakgodinnen tot rust worden gebracht. Maar zelfs rationele argumenten leiden in een rechtbank niet altijd tot een eenduidige conclusie; de jury is verdeeld, en daarom is het aan Athene's goddelijke oordeel om Orestes vrij te spreken. De wraakgodinnen worden door haar beslissing inderdaad tot rust gebracht:

> Ik bid dat hier nooit
> in het land revolutie
> met onuitputtelijk lijden
> zal razen.
> Laat niet het stof het donkere
> bloed van burgers drinken,
> uit wraakzucht
> om moord te vergelden
> gretig ellende de stad binnenhalen.[12]

Er is niet veel veranderd sinds de tijd dat Athene over haar stad waakte. Een einde maken aan de cyclus van wraak is nog steeds de voornaamste reden om processen te voeren. Maar het probleem met processen na een oorlog, of na de val van een dictator, is dat er te veel potentiële beklaagden zijn. Stalin maakte wellicht een wrange grap toen hij Churchill tijdens de Conferentie van Teheran in 1943 zei dat er vijftigduizend Duitse officieren standrechtelijk moesten worden geëxecuteerd. Churchill vond dit kennelijk niet geestig en stormde woedend de kamer uit. Maar Stalin had wel een punt. Zelfs als er niet zoiets als collectieve schuld bestaat, zijn er nog altijd veel meer schuldigen dan er berecht kunnen worden. En toch moet duidelijk zijn dat er recht wordt gedaan. Dat betekent niet dat we individuen die veroordeeld worden voor misdrijven die door duizenden mensen zijn gepleegd en waaraan miljoenen mensen medeplichtig zijn, als zondebokken moeten zien. Maar er zijn gevallen waarin mensen als het ware symbolisch worden veroordeeld omdat anderen niet berecht kunnen worden aangezien het er te veel zijn, of omdat ze niet gepakt kunnen worden, of omdat ze om politieke redenen worden beschermd.

Een van de ergste Japanse oorlogsmisdadigers was een arts, Ishii Shiro, een arrogante zonderling, die eerst naam wist te maken als de uitvinder van een waterfilteringssysteem. Ooit choqueerde hij de Japanse keizer tijdens een demonstratie van zijn apparaat door in het water te urineren, het te filteren en Zijne Majesteit uit te nodigen om een slok te nemen. De keizer sloeg het aanbod beleefd af. Ishii was ook een vroege en geobsedeerde voorstander van bacteriologische en chemische oorlogvoering. In 1936 kreeg hij van de keizerlijke strijdkrachten toestemming om een uitgestrekt, geheim laboratorium te bouwen in de buurt van Harbin in Mantsjoekwo, waar hij naar hartenlust zou kunnen experimenteren. Ishii en zijn vakkundige personeel van Eenheid 731, onder wie de microbioloog Kitano Masaji, namen niet alleen proeven met de builenpest, cholera en andere ziektes, maar ook met duizenden gevangenen, met wie de artsen hun gang konden gaan. Deze menselijke proefkonijnen, voornamelijk Chinezen, maar ook Russen en zelfs enkele Amerikaanse krijgsgevangenen, stonden bekend als 'boomstammen' of 'apen'. Van sommigen werden de ledematen bij wijze van experiment ingevroren, anderen werden ondersteboven opgehangen om na te gaan hoe lang het duurde voordat ze stikten, bij weer anderen werden organen verwijderd nadat ze zonder verdoving waren opengesneden en nog weer anderen werden met dodelijke ziektekiemen geïnjecteerd. Een andere specialiteit van Eenheid 731 was het infecteren van grote aantallen ratten met dodelijke bacteriën, en die dan samen met duizenden vlooien in porseleinen bommen aan kleine parachutes boven Chinese steden uit te werpen.

De 'waterfilteringsinstallatie' in de buurt van Harbin werd tegelijk met de overgebleven gevangenen in de zomer van 1945, net voor de komst van het Russische Rode Leger, door het terugtrekkende Japanse leger vernietigd. In de puinhopen bevindt zich nu een 'patriottisch museum' met wassen beelden van Ishii en zijn collega's die vivisecties verrichten. Ishii, Kitano en enkele anderen wisten uiteindelijk naar Japan te vluchten. Veel jongere dokters werden gevangengenomen door de Sovjets en wegens oorlogsmisdaden berecht. Toen generaal MacArthur beloofde de

Japanse oorlogsmisdadigers (nog altijd met uitzondering van de keizer zelf) te zullen berechten, wist Ishii snel uit het zicht te verdwijnen. Hij slaagde erin om zijn ondervragers, onder leiding van majoor-generaal Charles Willoughby, MacArthurs 'kleine huisfascist', ervan te overtuigen dat de resultaten van zijn experimenten in China van groot belang zouden kunnen zijn voor het Amerikaanse leger. Willoughby was ervan overtuigd dat de proeven op mensen, die niet zo gemakkelijk door Amerikaanse artsen konden worden uitgevoerd, belangrijke informatie hadden opgeleverd. Er bestond grote bezorgdheid dat de Sovjet-Unie in dit soort onderzoek een voorsprong op de Verenigde Staten had. Een medisch specialist van het Amerikaanse leger stuurde later een memo aan medewerkers van het ministerie van Buitenlandse Zaken. Hij schreef dat, aangezien proeven op mensen beter waren dan dierproeven, en aangezien 'deze gegevens bij een proces wegens oorlogsmisdaden aan alle landen zouden worden onthuld [...] dit soort publiciteit in het belang van de defensie en nationale veiligheid van de Verenigde Staten voorkomen moet worden'.[13]

Luitenant-generaal Ishii Shiro overleed vredig in 1959 in Tokyo. Zijn begrafenis werd geregeld door zijn assistent en latere opvolger bij Eenheid 731, luitenant-generaal Kitano Masaji. Kitano, een specialist in bloedproeven, werd vervolgens de baas van het Groene Kruis, de eerste commerciële bloedbank van Japan. Er zijn maar weinig sporen over van deze heren, behalve de puinhopen van de gevangenislaboratoria in de buurt van Harbin en in een verlaten rattenkelder in China, waar Kitano een curieus monument heeft neergezet ter ere van de ratten die hij voor onderzoeksdoeleinden had ontleed.

Het eerste proces wegens oorlogsmisdaden op het strijdtoneel van de oorlog in de Pacific was dat tegen generaal Yamashita Tomoyuki, die (in Japan met respect en elders met angst) ook wel de 'Tijger van Malakka' werd genoemd. Eerlijk gezegd zat generaal Yamashita helemaal niet zo lang in Malakka, maar hij had zijn bijnaam gekregen nadat hij in februari 1942 Singapore had veroverd op een veel grotere troepenmacht; dertigduizend Japanners tegen meer dan honderdduizend manschappen uit Groot-Brittannië en het Gemenebest. De vernederende scène waarin Yamashita tegenover luitenant-generaal Arthur Percival staat en onmiddellijk antwoord verlangt op zijn vraag of Percival zich 'ja of nee!' wenst over te geven, is nog altijd als wassenbeeldentableau te zien in een pretpark op het eiland Sentosa in Singapore.

De premier in oorlogstijd, generaal Tojo, mocht Yamashita niet en vertrouwde hem ook niet helemaal, misschien omdat de laatste over superieure militaire inzichten beschikte, of misschien door Yamashita's scepsis over de oorlog met het Westen. Daarom werd hij snel overgeplaatst van Zuidoost-Azië naar het betrekkelijk rustige Mantsjoekwo, waar hij geen kans had om als soldaat te schitteren. Yamashita kwam pas weer in Zuidoost-Azië nadat Tojo in 1944 de macht was kwijtgeraakt. Hij kreeg de ondankbare taak om de Filipijnen te verdedigen toen dat land al onverdedigbaar was geworden.

Tijdens zijn proces in het najaar van 1945 werd Yamashita ervan beschuldigd dat hij een van de ergste verschrikkingen van de Tweede Wereldoorlog niet had weten te voorkomen: het bloedbad van Manila.

Over de gebeurtenissen zelf bestond geen verschil van mening. De meer dan twintigduizend Japanners, vooral mariniers, die in februari 1945 door de oprukkende Amerikaanse troepen in Manila werden ingesloten, kregen het bevel om zich dood te vechten en de Filipijnse hoofdstad zo grondig mogelijk te vernietigen als ze toch eenmaal bezig waren. Nadat ze zich op de overvloedige voorraden bier en rijstwijn die hun ter beschikking waren gesteld hadden gestort, gaven de troepen zich over aan een geweldsorgie. Vrouwen van alle leeftijden werden verkracht en vermoord. Baby's en kinderen werden tegen muren doodgeslagen of met bajonetten aan stukken gereten. Mannen werden voor de lol verminkt en afgeslacht. Ziekenhuizen werden overvallen en de patiënten werden levend verbrand. Huizen en gebouwen werden in brand gestoken. En in de tussentijd werd de stad ook nog door Amerikaanse tanks en houwitsers gebombardeerd en beschoten, terwijl de Japanners Amerikaanse aanvallen afsloegen met vlammenwerpers en bazooka's. Na een maand van bruut geweld was Manila één brandende ruïne en was de verwoesting vergelijkbaar met die in Warschau. Tijdens deze langdurige slachtpartij werden zo'n honderdduizend Filipino's vermoord.

Voor de oorlog had MacArthur in Manila gebivakkeerd. Zijn kamers in het Manila Hotel waren zwaar beschadigd geraakt tijdens de slachtpartij. Later vertelde hij hoe geschokt hij was toen hij de aanval op het hotel van een afstand had gadegeslagen: 'De bovenste verdieping stond opeens in vuur en vlam. Ze hadden het beschoten. Met onbeschrijfelijke emoties zag ik hoe mijn fraaie militaire bibliotheek, mijn souvenirs en de persoonlijke bezittingen uit mijn hele leven werden vernietigd [...] Ik was er getuige van hoe een geliefd thuis werd verwoest en ledigde die bittere beker tot op de bodem.'[14]

Wat er in 1945 in Manila gebeurde, en wat er drie jaar eerder had plaatsgevonden, toen hij door het Japanse leger onder bevel van generaal Homma Masahura verdreven was, was voor generaal MacArthur een persoonlijk affront. En daarom hadden de processen tegen zowel Homma als Yamashita in Manila ook iets van een persoonlijke afrekening. Uit Washington kwamen bevelen om snel processen te regelen, nadat de geallieerden in juni 1945 hadden besloten om oorlogsmisdadigers te vervolgen. Maar ze moesten door militaire commissies onder bevel van MacArthur worden georganiseerd. De rechters werden door MacArthur aangesteld en de procedures werden door MacArthur geleid. Daardoor kregen veel mensen die erbij waren duidelijk de indruk dat dit geen processen waren om het vuur van de wraak te blussen; ze *waren* een vorm van wraak.

Iemand moest boeten voor de vreselijke misdaden in Manila en voor de andere gewelddaden die onder de Japanse bezetting hadden plaatsgevonden: de dodenmars van Bataan in april 1942, het uithongeren van krijgsgevangenen, de vernietiging van Filipijnse dorpen en steden, de foltergevangenissen van de Kempeitai. Omdat de meeste collaborateurs van de Filipijnse elite tegen rechtsvervolging werden beschermd en de actiefste Filipijnse verzetsstrijders in naam van het anticommunisme werden onderdrukt, was er grote behoefte aan een schurk om de Filipino's, die zoveel geleden hadden, te laten zien dat het recht zijn loop kreeg; de naamloze meute van moordenaars moest een wreed gezicht krijgen. Er moest iemand hangen.

Yamashita Tomoyuki was uiterlijk zeker geschikt voor de rol: met zijn gedrongen figuur, zijn stierennek en smalle, bijziende ogen was hij een soort karikatuur van de Japanse oorlogsmisdadiger. Filipino's werden aangemoedigd om naar het proces te komen en te zien hoe hij werd berecht in het oude paleis van de gouverneur-generaal. Een oude vrouw was zo verbitterd door haar oorlogservaringen dat ze in haar handtas stenen had meegenomen die ze naar de monsterlijke Japanse generaal wilde gooien. En sommige Amerikaanse verslaggevers deden hun best om hem al voor de uitspraak te veroordelen. Zoals de verslaggever van *Yank* het helder formuleerde: 'Al vanaf het begin van het proces was er niet één sukkel te vinden die ook maar twee pesos wilde inzetten op vrijspraak voor Yamashita.'[15]

Yank vervolgde: 'In het kantoor van de gouverneur-generaal waar hij ooit als veroveraar heerste en dat nu vol kogelgaten zit, stond Yamashita als oorlogsmisdadiger voor vijf rechters. Hij kreeg een wettig en eerlijk proces, iets wat de generaal zijn slachtoffers nooit had gegund.'

Hier klopt bijna niets van. Yamashita was nooit eerder in het kantoor van de gouverneur-generaal geweest en zeker niet als veroveraar. Vlak voordat MacArthur bij Leyte door de golven waadde, kwam Yamashita voor het eerst in de Filipijnen aan. Tegen die tijd was de verdediging van het land al een hopeloze zaak. Yamashita kende het land niet. Van de organisatie van zijn leger was weinig meer over. Zijn troepen zaten over alle Filipijnse eilanden verspreid. De verbindingslijnen waren grotendeels afgesloten. De meeste soldaten die door de bergen zwierven, konden niet meer aan eten komen. Er was nauwelijks brandstof beschikbaar. De troepen waren slecht getraind en gedemoraliseerd door de honger, uitputting en het tropische klimaat. Yamashita, belaagd door de Filipijnse guerrilla's en verpletterd door de superieure Amerikaanse troepen, had niet eens de kans gekregen om zijn troepen te zien, laat staan om hen als een veroveraar aan te voeren.

Het bloedbad van Manila was in elk geval deels het gevolg van de wanorde onder de Japanners. Yamashita's hoofdkwartier bevond zich in de bergen, op meer dan driehonderd kilometer van Manila. Omdat hij wist dat hij de hoofdstad niet kon verdedigen, gaf hij alle Japanse troepen, ook de mariniers die formeel onder zijn bevel stonden, het bevel om zich terug te trekken. Manila zou een open stad zijn, met slechts zestienhonderd soldaten om de achtergebleven militaire voorraden te verdedigen. Maar de officieren van de zeemacht aarzelden. Sommigen wilden doorvechten tot de laatste man. Anderen hadden het over terugtrekken, maar niet voordat ze alle voorzieningen in de haven hadden verwoest. Het was niet duidelijk wie nou wie bevelen gaf. Orders werden niet opgevolgd. Zoals zo vaak bij de Japanse strijdkrachten namen de subalterne officieren de zaken in eigen hand en kregen de fanatiekste elementen hun zin. Tegen de tijd dat een woedende Yamashita nogmaals het bevel gaf om terug te trekken, waren de soldaten en mariniers al in Manila omsingeld en konden ze alleen nog maar dood de stad verlaten.

Yamashita kreeg duidelijk geen eerlijk proces. De rechters waren officieren met een kantoorfunctie die even weinig verstand hadden van de wet als van de omstandigheden op het slagveld. Een van hen verveelde zich zo dat hij het grootste deel van de tijd diep lag te slapen. MacArthur stelde de aanklagers alle noodzakelijke hulpmiddelen ter beschikking, terwijl de verdedigers op het allerlaatste moment werden uitgezocht. Ze hadden al geen tijd om onderzoek te doen naar de meer dan zestig aanklachten, terwijl er net voor het begin van het proces ook nog diverse aanklachten werden toegevoegd. De regels voor het overleggen van bewijsstukken leken volstrekt willekeurig te zijn opgesteld, als er al niet mee was geknoeid. In een 'speciale verklaring' van MacArthur werden de door de geallieerden in juni vastgestelde regels herschreven: 'Het Tribunaal zal niet gebonden zijn aan technische regels van bewijslast. Het zal in de ruimst mogelijke mate snelle en niet-technische procedures aannemen en toepassen en zal alle bewijsstukken toelaten die van waarde zijn voor de aanklager. Alle bekentenissen of verklaringen van de beklaagde zullen worden toegelaten.'[16]

Helaas voor Yamashita waren daaronder ook twijfelachtige affidavits, naast verklaringen van een stel onbetrouwbare voormalige collaborateurs die hun reputatie probeerden te zuiveren door het hof te vergasten op wilde aantijgingen over vermeende plannen van de Japanse generaal om het hele Filipijnse volk uit te roeien. Er was ook een opeenvolging van getraumatiseerde getuigen die hun verhaal deden over het barbaarse geweld dat zich tijdens het bloedbad van Manila had voorgedaan. Daarover schreef *Yank*: 'Snikkende meisjes vertelden over de herhaaldelijke aanvallen van Japanse soldaten. Veel meisjes zeiden dat ze met een bajonet gedwongen werden toe te geven. [...] Een fragment uit de getuigenverklaring: "Een twaalfjarige lag op een mat op de vloer. Ze zat onder het bloed en de mat waarop ze lag was met bloed doordrenkt." '

Aan de waarheid van deze verhalen werd nauwelijks gewtijfeld. De vraag was of Yamashita er iets van kon hebben geweten, en zo ja, of hij iets had kunnen doen om een einde aan het geweld te maken. Tijdens de processen van Neurenberg, die tegelijkertijd plaatsvonden, werden de Duitse generaals alleen vervolgd voor oorlogsmisdaden waartoe ze hadden bevolen of hadden aangezet, of waaraan ze persoonlijk hadden deelgenomen. Er was geen bewijs dat Yamashita iets dergelijks had gedaan. Al zijn bevelen wezen zelfs in de tegenovergestelde richting. En daarom werd hij aangeklaagd voor een misdrijf dat voor die tijd helemaal niet bestond, namelijk dat hij niet in staat was geweest een einde te maken aan gruweldaden die werden begaan door troepen die hij niet meer in de hand had en die moedwillig tegen zijn bevelen ingingen. *Yank* meldde zelfverzekerd dat Yamashita eerlijk en 'volgens de wet' behandeld was. Als dat zo was, was dat geen wet waarvan Yamashita of willekeurig welke militaire bevelhebber zich ook maar vagelijk bewust was.

Op 7 december 1945, precies vier jaar na de aanval op Pearl Harbor, werd Yamashita Tomoyuki veroordeeld tot de strop. Hij boog voor zijn rechters en bedankte de Verenigde Staten dat ze hem het voorrecht hadden vergund te worden bijgestaan door 'rechtschapen Amerikaanse officieren en heren'. De aanklager, majoor Robert Kerr, zei tegen een verslaggever dat hij, toen hij naar de Pacific kwam, had verwacht dat hij jappen zou neerschieten op het strand, en niet dat hij ze zou ophangen, maar dat het hem verder niet uitmaakte.[17]

Een gratieverzoek werd afgewezen door MacArthur. Yamashita's advocaten probeerden het proces nog ongeldig te laten verklaren door het Hooggerechtshof, maar hadden niet al te veel hoop op een gunstige uitspraak. Ze betoogden dat militaire commissies niet het recht hadden om in vredestijd voormalige vijanden te berechten en dat het geen eerlijk proces was geweest. Het Hooggerechtshof besloot de legitimiteit van de militaire rechtbank niet te betwisten, maar twee rechters hadden wel veel kritiek op het proces. Een van hen, rechter Wiley B. Rutledge Jr., zei afkeurend: 'Het past niet bij onze traditie om iemand aan te klagen voor een misdrijf dat pas na zijn daden is gedefinieerd. [...] We leggen de collectieve schuld niet ten laste van individuen, misschien wel nooit, maar al zeker niet in gevallen waarvoor die persoon niet wordt aangeklaagd of waarvan niet is aangetoond dat hij eraan heeft deelgenomen of dat hij moedwillig niets heeft gedaan om in te grijpen om de misdrijven van anderen te voorkomen waar het zowel zijn plicht als zijn bevoegdheid was om dat te doen.'[18]

Yamashita verklaarde dat hij een zuiver geweten had. Hij was geschokt toen hij de bewijsstukken van het bloedbad onder ogen kreeg en beweerde dat hij er toentertijd niets van wist. Tegen zijn rechters zei hij dat het voor hem toch moeilijk zou zijn geweest om terug te keren naar Japan nadat hij zoveel dode manschappen had achtergelaten. Nadat hij de uitspraak had vernomen, schreef hij een kort gedicht:

> De wereld die ik kende is nu een beschamende plek
> Voor mij zal er nooit een betere tijd komen
> Om te sterven.[19]

Yamashita werd op 23 februari 1946 opgehangen in Los Baños, een pittoreske plaats ten zuiden van Manila die bekend is om zijn warmwaterbronnen.

Generaal MacArthur bood een opmerkelijke en interessante verklaring voor zijn onverzoenlijke opstelling in de zaak tegen zijn Japanse tegenstander. Volgens hem had Yamashita het beroep van militair te schande gemaakt. 'De tradities van de soldaat,' verklaarde hij,

> zijn oud en eerbiedwaardig. Ze zijn gebaseerd op de nobelste menselijke eigenschappen – opoffering. Deze officier [...] heeft deze onveranderlijke maatstaf verzaakt; hij heeft zijn plicht jegens zijn troepen, zijn land, zijn vijand en de mensheid verzaakt; hij heeft zijn soldateneer grondig verzaakt. De zonden die daarvan het gevolg waren, zoals tijdens het proces is gebleken, zijn een smet op het beroep van militair en een schandvlek voor de beschaving. Ze vertegenwoordigen een beschamende en schandelijke herinnering die nooit kan worden uitgewist.[20]

Op zijn eigen hoogdravende manier verwoordde MacArthur een gevoel dat in zijn tijd algemeen werd gedeeld: bij de processen tegen de Duitse en Japanse oorlogsmisdadigers en hun medeplichtigen ging het niet alleen om het rehabiliteren van de rechtsstaat, maar ook om het rehabiliteren van de 'beschaving'. Dit was ook de taal die de aanklagers in het proces van Neurenberg en dat van Tokyo spraken. Het was kenmerkend voor MacArthur dat hij de beschaving gelijkstelde aan de 'soldateneer'. Aan de andere kant was het idee om processen aan te spannen om de 'beschamende en schandelijke herinnering' uit te wissen vooral van groot belang in de landen die de vernedering van de bezetting hadden ondergaan. Misschien dacht MacArthur aan de Filipijnen. Maar die herinnering hing overal als een schaduw boven alle processen tegen regeringsleiders die met de bezetter hadden gecollaboreerd, zelfs als ze dat hadden gedaan om redenen die in hun eigen ogen eerbaar waren.

Een kenmerk dat Pierre Laval, de hoogste minister in twee Vichy-regeringen, en Anton Mussert, 'de Leider' van de NSB, met elkaar gemeen hadden, was dat ze zichzelf als fatsoenlijke mannen zagen, als patriotten die alles wat in hun macht lag, hadden gedaan om het belang van hun vaderland te dienen. In de herfst en de winter stonden ze terecht wegens landverraad, maar toen ze tegenover hun beulen stonden, waren ze ervan overtuigd dat ze als martelaar stierven en dat ze ooit niet alleen zouden worden gerehabiliteerd, maar ook als redders van het vaderland zouden worden gezien. Wat ze verder met elkaar gemeen hadden, was dat ze stierven als de meest gehate figuur van hun land. Er waren beestachtiger misdadigers geweest dan Laval en Mussert. Ze hadden zelfs weinig op met geweld. Integendeel, Laval was tijdens de Eerste Wereldoorlog een linkse pacifist geweest en hij was nooit zijn afkeer van oorlogvoering kwijtgeraakt, zelfs niet, werd wel gezegd, wanneer het om de verdediging van zijn land ging. Hij was een geboren vredestichter, die ervan overtuigd was dat hij tijdens onderhandelingen zelfs de duivel te slim af zou zijn. Zoals hij tegen zijn advocaat zei: 'Collaboreren betekende voor mij onderhandelen.'[21] Beiden hadden bij gelegenheid zelfs enigszins weerstand tegen de Duitsers geboden om de belangen van enkele landgenoten te verdedigen, zij het gewoonlijk zonder veel succes. En toch waren ze bijna alom gehaat. Dat is waarom het vonnis in hun proces al bij voorbaat vaststond.

Laval en Mussert waren net als Yamashita Tomoyuki fysiek onaantrekkelijk, wat ook niet zal hebben geholpen. Mussert was een gedrongen mannetje met een bol gezicht die er altijd nogal bespottelijk uitzag in de zwarte uniformen en de leren jassen van zijn partij. Laval was niet zo'n gelaarsde en geüniformeerde volksmenner, maar een professionele politicus in streepjesbroek en met een witte das, die toch de indruk maakte van een onbetrouwbare colporteur: klein en donker, met vettig haar en kleine ogen en een eeuwige sigaret tussen zijn verkleurde tanden. Mussert begon zijn carrière als ingenieur (hij ontwierp, onder andere, wegen) en Laval de zijne als advocaat. Laval was verreweg de meest succesvolle politicus van de twee. Hij was voor de oorlog twee keer premier en werd in 1931 door het Amerikaanse tijdschrift *Time* tot 'Man of the Year' verkozen – 'kalm, gezaghebbend en populair' – omdat hij Frankrijk door de Grote Depressie had geleid.[22] Mussert was voor de meeste Nederlanders aan het einde van de jaren dertig al een ietwat lachwekkende figuur: rondparaderen in zwarte overhemden viel niet in goede aarde.

Geen van beide mannen was voor een Duitse invasie; ze waren tenslotte wel nationalisten. In zijn profiel als 'Man van het jaar' werd Laval door *Time* zelfs geprezen omdat hij zich hard opstelde tegenover Duitsland. In 1935 sloot hij een verbond met Groot-Brittannië en Italië om de Duitse herbewapening tegen te houden. Alles om weer een oorlog te voorkomen. Maar toen de Duitsers hun land toch binnenvielen, zag zowel Laval als Mussert de bezetting als een kans, alsof hun grote moment eindelijk gekomen was. Mussert droomde van een nieuw Europa, dat gedomineerd werd door de 'Germaanse volkeren', weliswaar met Hitler aan het hoofd, maar met een autonoom nationaalsocialistisch Nederland onder leiding van Mussert zelf. Laval voelde zich niet aangetrokken tot het fascistische idealisme, maar nadat hij de laatste jaren van de jaren dertig in de politieke wildernis had doorgebracht, zag hij een rol voor zichzelf weggelegd als de redder van Frankrijk in moeilijke tijden. Met de oude maarschalk Pétain als patriarchaal boegbeeld zou Laval er de best mogelijke voorwaarden voor Frankrijk uit slepen. Zelfs meer dan dat: ook hij zag mogelijkheden in het nieuwe Europa, met Frankrijk als de belangrijkste bondgenoot van Duitsland in de strijd tegen de tweeledige vijand: het Anglo-Joodse kapitaal en het Russische bolsjewisme. Zoals hij in 1942 in een radiotoespraak zei, in bewoordingen die hem drie jaar later duur kwamen te staan: 'Ik wil dat Duitsland de oorlog wint omdat het bolsjewisme zich morgen anders overal vestigt.'[23]

Voor de oorlog had Mussert noch Laval blijk gegeven van enige persoonlijke animositeit jegens de Joden. Mussert had maar weinig goede vrienden, maar een ervan was toevallig Joods, en in de jaren dertig moedigde hij Joden aan om lid te worden van zijn beweging. Er waren, in zijn ogen, 'goede Joden' en 'slechte Joden'. De slechte Joden waren degenen die weigerden zich bij hem aan te sluiten of die tegen de NSB waren en daarom als 'on-Nederlands' golden. Helaas hadden Musserts Duitse kameraden een radicaler standpunt inzake de 'Joodse kwestie'. In 1940 werd hij gedwongen de weinige overgebleven Joodse leden uit de NSB te gooien. Mussert beweerde dat hij dat ten zeerste betreurde. Hoezeer is niet helemaal duidelijk, aangezien hij al in 1938 een gedetailleerd plan had opgesteld om alle Europese Joden naar Suriname en Frans- en Brits-Guyana te deporteren, een plan waar Himmler noch Hitler enige belangstelling voor toonde. (Wat de Britten en de Fransen ervan vonden is niet overgeleverd.) En Mussert had er ook geen moeite mee om zichzelf, en zijn vrienden en naasten, te verrijken met geroofd Joods bezit.[24]

Laval heeft nooit het sterke antisemitisme van de Franse rechts-extremisten gedeeld. Ook hij had Joodse vrienden en werkte nauw samen met Joodse collega's. Maar hij was ook premier toen de regering van Vichy, in 1940, zonder dat de Duitsers daarom hadden gevraagd, de Joden met het *Statut des Juifs* van hun burgerrechten beroofde. Later probeerde hij de in Frankrijk geboren Joden van deportatie te redden, maar in ruil daarvoor moest hij wel tienduizenden Joden die buiten Frankrijk waren geboren opofferen. Onder hen bevonden zich veel tot Fransen genaturaliseerde burgers die tijdens de oorlog van hun burgerrechten waren beroofd.

Door zich op te werpen als de redders van het vaderland liepen ijdeltuiten als Mussert en Laval recht in de val die de Duitsers voor hen hadden gezet, Mussert door een combinatie van hoogmoed en ideologische bevlogenheid en Laval omdat hij moreel doof was en te overtuigd was van zijn eigen slimheid. Het drong tot geen van beiden door dat hun nationalistische illusies – Frankrijk en Nederland als belangrijke bondgenoten in het nieuwe Europa – niet in de Duitse plannen voor een totale overheersing pasten. Deze vaderlandslievende quislings waren nuttig voor de Duitsers zolang ze de woede over de impopulaire en zelfs misdadige Duitse maatregelen konden opvangen. Beetje bij beetje gaven ze toe, soms schoorvoetend en soms achteloos. Mussert liet zijn Landstorm opgaan in de SS, en hij zwoer een eed van trouw aan Hitler, die in Musserts benevelde verbeelding niet alleen de Führer van Duitsland, maar van alle 'Germaanse volkeren' was. Laval collaboreerde niet alleen door

Franse arbeiders voor de Duitse industrie af te staan in ruil voor een aantal Franse krijgsgevangenen, maar ook door de Milice op te richten, die Franse partizanen en grote aantallen Joden de dood in stuurde. Het was ook op aandringen van Laval, en niet van de Duitsers, dat Joodse kinderen in juli 1942 samen met hun ouders naar Polen werden gedeporteerd, zogenaamd om de gezinnen bij elkaar te houden.

Het gevolg van hun gedrag was dat beide mannen door de Duitsers werden veracht en als 'burgerlijke nationalisten' gewantrouwd, en door hun landgenoten werden gehaat als de belichaming van alles wat verachtelijk en beschamend was aan de bezetting. Ze werden zelfs gehaat door de ferventste pro-Duitse nazi's in hun eigen land, het soort mensen dat vol geestdrift voor Hitlers Reich werkte. Omdat Mussert en Laval zo weinig medestanders hadden, waren ze na de bevrijding de perfecte kandidaten voor berechting en straf. Doordat de twee opvallendste gezichten van de collaboratie ten voorbeeld werden gesteld, konden miljoenen mensen die zich ook niet netjes hadden gedragen een stuk makkelijker met zichzelf leven.

Pétain zelf werd ook berecht en ter dood veroordeeld, maar hij werd gered door zijn hoge leeftijd en zijn voornaamheid. De Gaulle had veel liever gezien dat de oude man in ballingschap in Zwitserland was gebleven en had hem zeker niet voor de rechtbank willen brengen. Pétain had zelf om een proces verzocht. Het was allemaal nogal gênant, maar de Fransen konden het niet over hun hart verkrijgen om de held van Verdun te executeren. Daarom werd hij maar verbannen. Laval nam dus in zekere zin zijn plaats in als kop van Jut. Zoals een populair versje het indertijd verwoordde: 'Pétain au dodo, Laval au poteau, de Gaulle au boulot.' (Pétain gaat naar bed, Laval aan de paal, De Gaulle aan het werk.) *Time*, dat hem meer dan tien jaar daarvoor nog zo uitbundig had geprezen, schreef:

> Vorige week werd Pierre Laval berecht. In zijn zaak was er niets van het vreselijke medelijden, het gevoel dat er een verschrikkelijke plicht moest worden gedaan dat het hart van alle Fransen had bezwaard tijdens het proces, de veroordeling en de strafomzetting tot levenslange opsluiting van de oude maarschalk Pétain. De eliminatie van Pierre Laval was een noodzakelijk karwei en had een bevredigende wraak kunnen zijn. Hij maakte er een beschamende klucht van.[25]

Dit was niet helemaal billijk. Het proces was zeker een farce, maar daar was Laval niet zozeer schuldig aan. De Gaulle hield niet van zuiveringen en processen omdat hij aan het werk moest, zoals het versje al zei, en hij wilde dan ook dat dit proces zo snel mogelijk achter de rug was. Op 21 oktober stond er een referendum over de naoorlogse grondwet op de agenda, dus tegen die tijd moest het oordeel over Laval wel geveld zijn. Laval zat in zijn cel, rookte vijf pakjes Amerikaanse sigaretten per dag, ziedend van woede omdat men weigerde hem de documenten die hij zorgvuldig voor zijn verdediging had verzameld te geven. Een aantekening die in zijn koffer werd gevonden toen hij vanuit zijn tijdelijke schuilplaats in Duitsland naar Frankrijk werd teruggevlogen, laat zien hoe verbitterd hij was: 'Het is een vreemde paradox. Hier zit ik dan, verplicht mezelf voor een rechtbank te verantwoorden voor beleid en gedrag waarvoor ik de erkenning van mijn vaderland had verdiend. Zowel voor de oorlog als tijdens die ongelukkige jaren van de bezetting heb ik mijn plicht gedaan.'[26]

Mussert, die altijd al snel aan waanideeën leed, kreeg een nieuwe inval in zijn cel in Scheveningen: hij ontwierp een kolossaal wonderschip dat onder water zou varen. Omdat de Amerikanen naar zijn stellige overtuiging zeker gebruik zouden willen maken van zijn uitvinding, verwachtte hij dat hij zou worden uitgewezen naar de Verenigde Staten, waar hij nog veel goeds zou kunnen doen voor zijn geliefde vaderland. Gedurende de laatste weken van zijn leven leerde hij Engels, maar ook daar kwam weinig van terecht.

Een van de smetten op het proces van Laval, waar Laval zelf ook graag op wees, was het feit dat zijn rechters en zijn aanklager hetzelfde Vichy-regime hadden gediend als hij en ook trouw hadden gezworen aan Pétain. De procureur-generaal, André Mornet, had zelfs in een commissie voor de denaturalisering van Joden gezeten. De jury bestond uit parlementsleden en mensen uit het verzet.

Voor Jacques Charpentier, het hoofd van de rechtbank van Parijs, hing er de rituele sfeer van een gevecht op leven en dood bij een Spaanse *corrida* in de lucht. Hij schreef later: 'Net als Andalusische kwajongens die de arena in springen, beledigden de juryleden de beklaagde en praatten ze door het voorlezen van de procedure heen. De rechtbank veroordeelde [Laval] zonder hem te horen [...]. Zoals ze Robespierre weer oplapten voordat ze hem naar het schavot sleepten, zo werd Lavals lijk weer tot leven gewekt opdat ze een nog levende verrader voor de leeuwen van het volk konden werpen.'[27]

Het dramatische hoogtepunt van het proces was Lavals protest tegen de vooringenomenheid van zijn rechters: 'Jullie kunnen me veroordelen!' schreeuwde hij, terwijl hij met zijn koffertje met zijn presidentiele titel erin gegraveerd op de tafel sloeg. 'Jullie kunnen me uit de weg ruimen, maar jullie hebben niet het recht om me te belasteren!' Waarop een van de juryleden schreeuwde: 'Kop dicht, verrader!' Laval brulde woedend dat hij een Fransman was die van zijn land hield. En de juryleden schreeuwden terug dat hij een 'smeerlap' (*salaud*) was die 'twaalf kogels verdiende' van het vuurpeloton.[28] Laval concludeerde dat hij er verder liever het zwijgen toe deed dan dat hij 'medeplichtig' was aan een 'gerechtelijk misdrijf'. Toen een jurylid schreeuwde: 'Hij verandert ook nooit!' antwoordde Laval geheel naar waarheid en vol overtuiging: 'Nee, dat zal ik nooit!'[29]

Het proces-Mussert voor het Bijzondere Gerechtshof in de balzaal van het paleis aan de Kneuterdijk in Den Haag kende een waardiger verloop, maar ook daar stond het vonnis al bij voorbaat vast. De aanklager, mr. Zaaijer, verklaarde in zijn requisitoir dat 'men zonder proces óók al wel' wist 'welke straf Mussert verdient', wat toch een opmerkelijke manier was om een proces te beginnen. Musserts advocaat, de bekwame mr. Wijckerheld Bisdom, zei later 'dat in die naoorlogse dagen er een communis opinio bestond dat de ergste NSB'ers – en in de eerste plaats Mussert, die nu eenmaal als NSB'er bij uitstek gold – er niet met minder dan de doodstraf af mochten komen'.[30] De processen werden bepaald door de volkswoede; het recht beantwoordde de roep van de straat.

Mussert verdedigde zichzelf in een bezielde rede tegen de aanklacht van landverraad. Hij balde de vuist en strekte de arm alsof hij op een partijbijeenkomst op de hei in Lunteren stond en beweerde dat het nooit zijn doel was geweest om het land onder vreemde heerschappij te brengen. Integendeel, het was hem erom te doen geweest een Nederlandse regering te vormen die voor het land kon opkomen als een zegevierend Duitsland de Europese orde ging bepalen. Hulp aan de Duitsers, legde hij uit, was noodzakelijk geweest 'om Azië buiten Europa te houden'. Mussert liet zich zo meeslepen door zijn betoog dat hij zichzelf vergat en de rechtbank aansprak met 'mijne getrouwen', een uitspraak die een golf van hilariteit door de verder toch grimmige rechtszaal deed gaan.[31]

Ook de executie van de Nederlandse Leider was een soberder aangelegenheid dan het einde van Laval. Hij werd naar de duinen in Scheveningen gebracht, naar een plek waar de Duitsers eerder een groot aantal Nederlandse verzetsleden hadden geëxecuteerd, en aan een eenvoudige paal vastgebonden. Toen een dominee afscheid van hem nam, verontschuldigde Mussert zich dat hij hem niet eens meer een hand kon geven. Twaalf mannen richtten het geweer en Mussert was dood.

Laval maakte zich voortdurend zorgen dat hij zou worden verminkt door een schot in zijn gezicht. Zijn advocaten stelden hem gerust door te zeggen dat executies tegenwoordig heel netjes werden uitgevoerd. Vervolgens deed hij een zelfmoordpoging door een oude cyanidecapsule te slikken, maar het gif was niet meer sterk genoeg om hem op tijd te doden. Laval werd weer opgelapt, maar hij hinkte nog toen hij gekleed in een donker pak, zijn gebruikelijke witte das en een blauw-wit-rode sjaal naar een plek bij de gevangenismuren werd geleid. Hij stond erop dat zijn advocaten binnen gezichtsafstand bleven omdat 'ik jullie graag wil zien als ik sterf'. Zijn laatste woorden waren 'Vive la France!' De schoten weerklonken en hij zakte naar rechts. En toen deed een sergeant datgene wat Laval het meest had gevreesd. Hij schoot nog een keer, gewoon voor de zekerheid, en trof hem in zijn gezicht. Een jonge journalist die ter plekke was beschreef het tafereel: 'Mensen renden naar de paal en raapten stukjes hout op. Ze hadden een duidelijke voorkeur voor splinters die waren doordrenkt met bloed.'[32]

Het zou niet helemaal juist zijn om Mussert en Laval als zondebokken te omschrijven. Er bestond geen enkele twijfel over hun hulp aan de vijand. Ze hadden ervoor gekozen om met de nazibezetter te collaboreren. En hun processen dienden het belangrijkste doel waarvoor ze waren aangespannen, in het geval van Mussert het voorkomen van het soort 'wilde' represailles die zoveel levens hadden gekost in Frankrijk. Zijn snelle – al te snelle – proces was ook een rechtvaardiging voor de Nederlandse autoriteiten om de minder belangrijke figuren uit de overvolle gevangenissen en interneringskampen vrij te laten. De gewelddadige dood van Mussert en Laval was de uitkomst van showprocessen; ze moesten laten zien dat de naoorlogse regeringen hun werk deden. Lavals tragische einde was net als dat van Mussert een manier om een einde te maken aan de vergelding en te beginnen met de wederopbouw van Frankrijk.

Hoewel deze processen daarmee aan een van Athena's doelstellingen in *Eumenides* voldeden, namelijk de bloeddorst lessen, werd de deugdelijkheid van de rechtsgang wel tamelijk twijfelachtig door de snelheid van de processen, de van tevoren al vaststaande uitspraak en, vooral in het geval van Laval, de vele procedurefouten. Zoals een getuige misschien overdreven dramatisch concludeerde: 'Lavals proces is onvergeeflijk omdat het de Fransen aan het twijfelen heeft gebracht over de vraag of er werkelijk gerechtigheid bestaat in Frankrijk. [...] Nu is het kwaad geschied. Het Franse recht is te schande gemaakt. Laval heeft de laatste ronde gewonnen en de demoralisering van het land compleet gemaakt.'[33]

In 1945 waren er ook mensen die beweerden dat het recht er meer mee gediend zou zijn als je afzag van processen en de belangrijkste schuldigen meteen maar afschoot. George F. Kennan, die als Amerikaans diplomaat actief betrokken was bij de Europese politiek, beschreef zijn afkeer van de processen wegens oorlogsmisdaden in zijn memoires. In het geval van de nazileiders, zei hij, waren de misdaden zo afgrijselijk dat er niets mee te winnen viel door de schuldigen in leven te houden. Hij schreef: 'Zelf was ik van mening dat het het beste zou zijn geweest als de geallieerde bevelhebbers standaardinstructies hadden gekregen dat deze mannen onmiddellijk zouden moeten worden geëxecuteerd wanneer ze in de handen van de geallieerde troepen zouden vallen en wanneer er geen enkele twijfel over hun identiteit meer bestond.'[34]

Er waren wel meer mensen die er zo over dachten. De Amerikaanse minister van Buitenlandse Zaken, Cordell Hull, zei bijvoorbeeld tegen zijn Britse en zijn Russische collega dat hij, als dat kon, 'Hitler, Mussolini en Tojo en hun belangrijkste medeplichtigen zou oppakken en hen voor een krijgsraad te velde zou leiden. En dan zou er de volgende dag bij zonsopgang een historische gebeurtenis plaatsvinden.'[35] Hull ontving overigens in 1945 de Nobelprijs voor de Vrede. Het Britse ministerie van Buitenlandse Zaken verspreidde tijdens de oorlog een memorandum waarin het verklaarde tegenstander van naoorlogse processen tegen figuren als Himmler te zijn omdat hun 'schuld zo zwart was' dat die 'buiten het bereik van willekeurig welke juridische procedure viel'.[36] Ook Churchill was van mening dat het het beste was 'om ze op een rij te zetten en af te schieten'. Dat klinkt allicht een beetje cru, maar het zou de rechtsstaat misschien inderdaad meer kwaad dan goed doen om processen aan te spannen als je al wist dat er maar één uitspraak mogelijk was en al helemaal als je dat deed met de medewerking van Sovjetrechters wier handen verre van schoon waren. De Sovjets, die aandrongen op processen terwijl Churchill zich nog tegen het idee verzette, deden de geallieerde rechters versteld staan door alvast een dronk uit te brengen op de executie van de Duitse kopstukken voordat de processen in Neurenberg zelfs maar begonnen waren.

Merkwaardigerwijs zouden ook de Duitsers in 1945 misschien meer onder de indruk zijn geweest van standrechtelijke executies. Bij een bezoek aan Hamburg kreeg de Engelse dichter Stephen Spender te horen dat de meeste Duitsers het proces tegen de beulen van Bergen-Belsen enkel als propaganda zagen: 'Als de beklaagden nu werkelijk schuldig waren, en als wij dat wisten, zeiden deze Duitsers, waarom handelden we de zaak dan niet snel af door hen ter dood te veroordelen?'[37]

Door aan te geven hoe extreem de schuld van Himmler was, sneed het memorandum van het Britse ministerie van Buitenlandse Zaken een serieus probleem aan: waren de bestaande wetten wel geschikt voor het behandelen van zaken die veel verdergingen dan conventionele oorlogsmisdaden? De meeste mensen waren zich misschien nog niet bewust van de aard en de omvang van de poging van de nazi's om op ideologische gronden een heel volk uit te roeien. Het woord 'Holocaust' werd nog niet gebruikt. Maar de geallieerden hadden genoeg gezien om te weten dat ze met iets ongekends te maken hadden. De juridische implicaties van dat probleem waren vóór Neurenberg al wel duidelijk.

Alleen de Sovjettroepen hadden de overblijfselen van de vernietigingskampen in Polen gezien. Maar de westelijke geallieerden waren al diep geschokt door wat ze in concentratiekampen als Dachau, Buchenwald en Bergen-Belsen hadden aangetroffen. Generaal Eisenhower bezocht op 12 april 1945 een subkamp bij Buchenwald, Ohrdruf. Dit kamp in de buurt van Weimar was net ontruimd door de ss. Ze hadden niet voldoende tijd gehad om alle lijken te verbranden en daarom lagen de doden als gebroken poppen tussen de geïnterneerden die te zwak waren om op te staan. De verslaggever van *Yank* schreef: 'Door de kou waren de lichamen intact gebleven en viel het mee met de stank, zodat je om de lijken heen kon lopen en ze van redelijk dichtbij kon inspecteren.' Dezelfde verslaggever, sergeant Saul Levitt, schreef dat 'de grond om de lijken door het bloed tot pannenkoeken van rode modder was gestold'.[38]

Eisenhower schreef zijn vrouw Mamie: 'Ik had nooit kunnen dromen dat dit soort wreedheid, beestachtigheid en barbaarsheid werkelijk in deze wereld bestond.' Hij wilde dat de Amerikaanse soldaten het zagen zodat ze geen twijfels hoefden te hebben over de reden waarom deze oorlog werd gevoerd. Hij stond er ook op dat verslaggevers de kampen bezochten zodat niemand ooit kon beweren dat deze afschuwelijke misdaden propagandaverzinsels waren. Amerikaanse senatoren en leden van het Congres, en ook Britse parlementsleden werd verzocht een ronde langs de kampen te maken. De reden waarom Eisenhower alles wilde laten vastleggen – de stapels rottende lijken, de crematoria en de martelkamers – was omdat dit 'voorbij het bevattingsvermogen van de Amerikaanse geest' lag.[39] Churchill ontving een boodschap van Eisenhower waarin hij mededeelde dat 'wat we ontdekt hebben, vooral in Weimar, nog veel erger was dan alles wat hiervoor aan het licht is gekomen'.[40]

Het was niet voldoende dat Duitse burgers gedwongen werden door de kampen te lopen, met een zakdoek voor hun neus, dat ze hun blik afwendden en overgaven rond de kuilen vol zwart geworden lijken, ook mensen in de geallieerde steden moesten zien welke verschrikkingen de Duitsers hadden aangericht. Dat ging niet altijd van harte. In Londen probeerden bioscoopbezoekers die 'de nieuwsberichten over de gruwelen niet konden verdragen' het Leicester Square Theatre te verlaten. Bij de uitgang werden ze tegengehouden door Britse soldaten. *The Daily Mirror* meldde dat 'mensen in het hele land de bioscoop verlieten en op veel plaatsen werden teruggestuurd door soldaten die zeiden dat ze het onder ogen moesten zien'. Een soldaat zou gezegd hebben: 'Veel mensen geloven dat deze dingen niet mogelijk zijn. Deze films zijn het bewijs. Het is ieders plicht om het te weten.'[41]

Of zoals *The Times* het verwoordde: 'Voor de beschaving zelf is het van het allergrootste belang dat de beschaafde wereld het allerlaatste voorwendsel laat varen om in een sceptische en daarom onverschillige houding ten opzichte van zulke verschrikkingen te volharden.'[42] Dit idee, dat ook door Eisenhower werd omarmd, dat mensen zich beter zouden gedragen wanneer ze wisten hoe laag de mens kon zinken, dat kennis van het grootste kwaad bijdroeg aan het beschavingsproces, was een van de voornaamste motieven om de processen wegens oorlogsmisdaden aan te spannen.

Dat de verschrikkingen van Ohrdruf nog verbleekten bij die van de dodenfabrieken in Polen was nog niet algemeen bekend, en dat is de reden waarom de Duitse concentratiekampen in sommige verslagen uit die tijd 'vernietigingskampen' worden genoemd. Dat de meeste slachtoffers in veel van deze kampen Joden waren, werd in nieuwsberichten uit die tijd ook zelden benadrukt. Maar Eisenhower wilde dat de wereld in het belang van de beschaving van de kampen wist, en een van de manieren om de gebeurtenissen vast te leggen en de Duitse bevolking, en de rest van de wereld, moreel op te voeden, was door de reikwijdte van de processen wegens oorlogsmisdaden te vergroten. Op 2 juni verzocht Eisenhower de geallieerde opperbevelhebbers om de mensen die verantwoordelijk waren voor deze verschrikkingen te vervolgen.

Het eerste concentratiekampproces dat plaatsvond was het Bergen-Belsenproces, onder Britse, en niet onder Amerikaanse rechtspleging. Uit deze 'generale repetitie' voor de processen van Neurenberg in 1945-1946 bleek al hoe ingewikkeld het zou worden om bestaande wetten en juridische procedures toe te passen op de misdaden van de nazi's. Enkele beklaagden, onder wie de verschrikkelijke kampcommandant van Bergen-Belsen Josef Kramer, en kamparts Fritz Klein, hadden ook in Auschwitz-Birkenau gewerkt. Men besloot dat ze ook zouden worden berecht voor wat ze daar hadden gedaan, en daarom werd hun ook een actieve rol in de massavernietiging ten laste gelegd, gekoppeld aan misdadige nalatigheid in een krankzinnig overbevolkt concentratiekamp waar zij duizenden mensen hadden laten creperen aan tyfus en andere ziektes. Zelfs op de ingetogen pagina's van *The Times* schreeuwden krantenkoppen elke dag over 'Scènes uit Dantes hel', 'Getuige uit de gaskamer', 'Miljoenen mensen vermoord', 'Meisjes opgehangen' en 'Het verhaal hoe een meisje werd doodgeslagen'. Kramer ('Het monster van Bergen-Belsen') en de tweeëntwintigjarige blonde kampbewaakster Irma Grese ('het beeldschone beest' of 'de hyena van Auschwitz') werden bekende namen uit het nazigruwelkabinet. Of mensen de misdaden van de nazi's daardoor werkelijk beter gingen begrijpen is nog maar de vraag. Ze waren in de eerste plaats geschokt over de ontaardheid van de afzonderlijke 'beesten' en 'monsters' en zagen niet dat het om een crimineel systeem ging waarin hun daden bijna normaal waren. Het veel bekritiseerde verslag van Hannah Arendt over het proces tegen Eichmann in Jeruzalem in 1961 was in dat opzicht duidelijker. Als massamoord op ideologische gronden overheidsbeleid wordt, is iedereen verantwoordelijk, vanaf de Reichsführer-ss tot de onbeduidende ambtenaar die verantwoordelijk is voor de tijdsschema's van de treinen. De beesten maakten hun handen gewoon vuiler dan de meeste anderen.

Het Bergen-Belsenproces moest, net als zoveel andere processen, zo snel mogelijk worden afgerond; het verontwaardigde publiek verwachtte niet minder. Maar de Britten stelden er een eer in om een behoorlijk en eerlijk proces te voeren, zonder de excessen waardoor het proces tegen Laval was ontsierd. Het probleem was de wet zelf. Een Britse militaire rechtbank, zoals die in een protserig negentiende-eeuws gymnasium in Lüneburg, kon alleen oorlogsmisdaden vervolgen die als 'schendingen van het oorlogsrecht en van oorlogsgebruiken' werden gedefinieerd.[43]

Na langdurig juridisch geharrewar tussen de aanklagers en de advocaten over de vraag of de rechtbank wel bevoegd was om de beklaagden te berechten, legden verscheidene getuigen onthutsende verklaringen af. Sophia Litwinska uit Lublin had zowel Auschwitz als Bergen-Belsen overleefd. Ze beschreef hoe vrouwen op kerstavond in 1941 gedwongen werden zich te ontkleden, uit hun barak werden verjaagd en tot vijf uur 's ochtends op eerste kerstdag naakt in de vrieskou moesten blijven staan. Daarna werden ze vanaf een kiepwagen voor de gaskamer neergesmeten.

Dokter Hadassah Bimko, uit Sosnowiec, die later met de zionist Josef 'Yossele' Rosensaft trouwde, nam op 21 september plaats in de getuigenbank, onder lampen van drieduizend watt. Ze had haar ouders, broer, echtgenoot en zesjarige zoon in Auschwitz verloren. Omdat dokter Bimko in het kamphospitaal had gewerkt, had ze goed kunnen zien wat er allemaal gebeurde: de selecties, waaraan zowel Kramer als dr. Klein had deelgenomen, de medische experimenten en de gaskamers, waar de Joodse gevangenen van het Sonderkommando het verschrikkelijkste werk moesten doen: het haar knippen, de lijken verwijderen, het crematorium bedienen. Degenen die geselecteerd waren voor de gaskamer, vertelde ze de rechtbank in bewoordingen die door *The Times* werden geciteerd, 'werden naakt weggevoerd en moesten dagen zonder voedsel en water wachten totdat er vrachtwagens kwamen om hen naar het crematorium te brengen'. Nadat ze in de gaskamer waren gestikt, vervolgde ze, 'werden de doden verwijderd met karren die op rails vanuit een ruimte aan de andere kant van de kleedruimte liepen. Eens in de zoveel tijd werden ook de leden van het Sonderkommando vernietigd. Hun plek werd door anderen ingenomen. Toch was het mogelijk om aantallen bij te houden.' Op basis daarvan, vertelde ze, 'hadden vrienden van haar in het kamp berekend dat er vier miljoen Joden waren vernietigd.'[44]

De schatting van de vrienden van dokter Bimko was aan de hoge kant, maar de naakte feiten van de Joodse genocide lagen nu voor de Britse militaire rechtbank. De verdediging van de beklaagden probeerde de getuigen op inconsistenties en vergissingen te betrappen. Kramers advocaat, majoor Winwood, gaf misschien uiting aan vooroordelen die nog steeds verre van zeldzaam waren toen hij de geïnterneerden van Bergen-Belsen beschreef als 'het uitschot uit de getto's van Oost-Europa', een opmerking waarvoor hij zich later verontschuldigde door te beweren dat hij 'slechts als de spreekbuis van de beklaagde had gesproken'.[45] Maar weinig mensen konden er nog aan twijfelen dat de beschreven gruwelen werkelijk hadden plaatsgevonden. Het was echter een militaire rechtbank en sommige advocaten konden alleen in militaire termen denken. Majoor Winwood vergeleek zijn cliënt met 'een bataljonscommandant in wiens ressort zich een gevangenis bevindt waarvoor de bevelen afkomstig zijn van het bataljonhoofdkwartier'. ss-Hauptsturmführer Kramer was een eenvoudige soldaat die alleen bevelen had opgevolgd. Er waren onvoldoende bewijzen voor 'een moedwillige poging' van Kramer en zijn ondergeschikten om 'de geïnterneerden die onder hun hoede waren te mishandelen'.[46]

Kolonel Herbert A. Smith, hoogleraar Internationaal Recht aan de London University, werd door de verdediging opgevoerd als getuigedeskundige om te betogen dat er geen oorlogsmisdaden hadden plaatsgevonden. Wat er in de kampen was gebeurd had 'niets uitstaande met oorlogvoering' en werd toentertijd en op die plek helemaal niet als een misdrijf beschouwd. Tenslotte, zei hij, was Himmler ook de *Chef der*

Deutschen Polizei en daarom hadden zijn bevelen 'als zodanig kracht van wet'.[47]

Deze argumenten waren niet voldoende om Kramer, Grese of dr. Klein van de galg te redden. Maar naar aanleiding van het Bergen-Belsenproces konden wel ten minste twee dingen worden geconcludeerd. De mensen begrepen misschien nog niet helemaal wat het verschil was tussen vernietigingskampen en concentratiekampen, of wisten misschien nog niet hoeveel mensen er al in Oost-Europa waren vermoord voordat de gaskamers in werking traden. Maar iedereen die de krant las, moest in 1945 toch ondertussen wel weten dat de moordmachine van de nazi's systematisch te werk was gegaan. Daarom ook waren opmerkingen over het moedwillig 'mishandelen' zo stompzinnig. Op zijn eigen pedante manier had professor Smith iets anders duidelijk gemaakt: de bestaande wetten en conventies over oorlogsmisdaden volstonden niet langer als men gruwelen van de aard en de omvang als die van de nazi's adequaat wilde afhandelen. Daarmee was de weg bereid voor het grootste proces wegens oorlogsmisdaden, dat op 20 november in Neurenberg begon, slechts vier dagen nadat de 'beesten' van Bergen-Belsen hun doodvonnis te horen hadden gekregen.

Een ding dat je over de eenentwintig beklaagden in Neurenberg nou niet kunt beweren is dat ze eruitzagen als monsters. Volgens getuigen leken ze nu juist zo gewoon, die bleke, vermoeide heren in hun haveloze pakken: Joachim von Ribbentrop hief zijn kin en sloot zijn ogen in een vertoon van gekwetste waardigheid, Hermann Göring, onderuitgezakt in zijn stoel, veegde het vocht van zijn lippen, Hans Frank verschool zijn ogen achter een donkere zonnebril, Fritz Sauckel, de baas van de slavenarbeid, zag eruit als een bedeesde conciërge, Hjalmar Schacht wendde zich van de anderen af alsof hij bang was om te worden besmet, de trillende Julius Streicher kon niet stilzitten. Rudolf Hess schommelde heen en weer in zijn stoel en keek inderdaad raar uit zijn ogen, maar hij was waarschijnlijk ook gek geworden.

Behalve enkele getuigen was er in het paleis van justitie van Neurenberg maar één man die datgene wat deze misdadigers hadden beraamd aan den lijve had ondervonden. Maar weinig mensen kenden zijn naam, of zouden zijn aanwezigheid tussen de honderden journalisten, vertalers, griffiers, rechters en bewakers hebben opgemerkt. Hij was de jongste verslaggever voor een Duits persagentschap en heette Ernst Michel. Naast zijn naam in de krant stond 104 995, zijn *Häftlingsnummer* in Auschwitz. Michel zat nog op school toen hij in 1939 in zijn woonplaats Mannheim werd opgepakt om de eenvoudige reden dat hij Joods was.

Vlak voordat de Sovjettroepen in Auschwitz kwamen, werd Michel op een dodenmars door de ijzige grensgebieden van Polen en Duitsland naar Buchenwald gedreven. Toen het Amerikaanse leger Buchenwald naderde, werd hij weer met een dodenmars meegestuurd. Hij woog nog maar zesendertig kilo. Op de een of andere manier vond hij de kracht om het bos in te rennen. Hij overleefde enige tijd in de Russische zone en bedekte zijn concentratiekampkleren omdat hij bang was dat mensen zouden zien dat hij Joods was. Toen hij eindelijk terug was in Mannheim ontdekte hij dat zijn ouders waren vermoord. Zijn andere familieleden waren ook allemaal verdwenen. Omdat hij op school wat Engels had geleerd, kreeg hij een baan als tolk van de Amerikanen die onderzoek deden naar de oorlogsmisdaden. In New York vertelde hij me: 'Duitsers beweerden altijd dat ze de Joden hadden geholpen. Dat was dus echt niet zo. Ik kende zelfs een van de mensen die dat zeiden, en dat was een echte nazi!'

Michel kreeg een baan als verslaggever van het proces van Neurenberg. Omdat hij zich zorgen maakte over zijn gebrek aan ervaring zei men dat hij maar gewoon moest opschrijven wat hij zag. En daar was hij dan, zes maanden nadat hij aan een dodenmars vanuit Buchenwald was ontsnapt, Auschwitz-Häftling 104 995, in dezelfde ruimte als Hermann Göring. Meer dan zestig jaar later zei hij in New York: 'Ik kende ze allemaal van gezicht. En ik was een vrij man, de enige overlevende die het proces bijwoonde. Ze hadden het over *mij*.'

Dit schreef Ernst Michel in zijn eerste bericht voor het Duitse persagentschap Deutsche Allgemeine Nachrichtenagentur:

> Tijdens die moeilijke uren in het kamp werd ik vaak gesteund door het geloof dat degenen die verantwoordelijk waren voor dit regime op een dag in de beklaagdenbank zouden zitten. Dit geloof gaf me de kracht om door te gaan. Nu is die dag aangebroken. Slechts enkele meters van mij vandaan zitten vandaag de mannen die voor alle ge-

vangenen in de kampen de symbolen van de vernietiging waren en die nu worden berecht voor hun daden.[48]

Hoewel de geallieerde tribunalen tegen de oorlogsmisdaden ongetwijfeld gebrekkig waren – en in Tokyo zelfs nog meer dan in Neurenberg – zou de verklaring van Michel als argument kunnen dienen waarom ze niettemin rechtvaardig waren. Iets anders wat voor Neurenberg pleit, is dat het proces meestal buitengewoon saai was. De Engelse schrijfster Rebecca West, die er aanwezig was in de laatste paar weken voordat de vonnissen werden voorgelezen, beschreef het paleis van justitie als 'een bolwerk van verveling'. Iedereen, schreef ze, 'die iets met het proces te maken had was in de greep van een extreme verveling [...] dit was verveling van een ongekende, historische omvang. Er was een machine in werking gesteld, een indrukwekkende machine waarmee de mensheid, ondanks haar gebrek aan doel en haar regelmatige verlangen naar de dood, haar leven heeft verdedigd.'[49]

In Neurenberg werd het recht tenminste wel serieus genomen. Dit was geen snel proces dat was ingegeven door volkswoede. Alles moest zijn loop hebben, en daarom ging het maar door en door en door, zodat de verveling het teken van rechtschapenheid werd. Latere processen, bij het Internationaal Gerechtshof in Den Haag, zouden naar het beeld van Neurenberg worden gevormd, en dan vooral in dit opzicht. De verveling vernagelde de kanonnen van de wraak. Dat was waar het nu juist om ging. Al in 1942 werd in Londen door negen regeringen in ballingschap de Intergeallieerde Commissie voor de Berechting van Oorlogsmisdaden opgericht. De Verklaring van St. James's Palace, vernoemd naar het paleis waar ze elkaar ontmoetten, werd geschreven met het gevaar van 'represailles van de kant van het algemene publiek' in gedachten. Daarom eiste 'het rechtvaardigheidsgevoel van de beschaafde wereld' dat de vrije regeringen 'het als een van hun voornaamste oorlogsdoelen beschouwen om degenen die schuldig zijn aan of verantwoordelijk voor deze misdaden middels de kanalen van de georganiseerde rechtspraak te bestraffen'.[50]

Het besef van de genocide van de nazi's op de Joden was ten tijde van het proces van Neurenberg misschien nog niet al te groot, maar het was zeker niet afwezig. In december 1942, slechts enkele maanden nadat de gaskamers in de vernietigingskampen aan hun werk begonnen, werd de Duitse regering door de Verenigde Staten en de Europese geallieerden beschuldigd van 'een beestachtige politiek om het Joodse volk in Europa uit te roeien'. Dat dit nog niet helemaal tot de bevolking doordrong, kwam vermoedelijk doordat de gebeurtenissen nog altijd onvoorstelbaar waren en doordat noch de Amerikaanse noch de Britse regering het gepast vond om er veel bekendheid aan te geven; ze wilden niet dat de bevolking de indruk kreeg dat de oorlog werd gevoerd om de Joden te redden.[51]

Hoewel de Sovjet-Unie zich in 1942 niet bij de veroordeling van de Joodse genocide van de westelijke geallieerden had aangesloten en er tot lang na de oorlog nog steeds voor koos om van 'de slachtoffers van het fascisme' te spreken zonder duidelijk naar de Joden te verwijzen, benoemden de Russische aanklagers de genocide wel tijdens het proces van Neurenberg. Generaal Roman Roedenko, een van de vijf hoofdaanklagers in Neurenberg, had zelf bloedige showprocessen opgevoerd en voelde zich niet te min om in Neurenberg leugenachtige propaganda te verspreiden door de Duitsers de schuld voor de moord op meer dan twintigduizend Poolse officieren in het bos bij Katyn in 1940 in de schoenen te schuiven, terwijl hij heel goed wist dat dit bloedbad door de geheime politie van de Sovjets was aangericht. Maar over de ware aard van de Joodse genocide liet hij geen twijfel bestaan. Ernst Michel citeerde Roedenko's requisitoir in een van zijn berichten: 'De fascistische samenzweerders wilden de Joodse bevolking tot de laatste man uitroeien en wijdden zich vanaf 1933 gedurende hun hele heerschappij aan deze vernietiging. De beestachtige vernietiging van het Joodse volk vond plaats in Oekraïne, Wit-Rusland en de Baltische staten.'[52]

Dat was niet helemaal waar; het grote uitroeien begon pas in 1941, en niet in 1933. Roedenko hanteerde deze vroegere datum waarschijnlijk om het idee te benadrukken dat de nazi's niet alleen samenzwoeren om de Joden uit te moorden, maar ook om een agressieve aanvalsoorlog tegen de Sovjet-Unie te beginnen.

Omdat de bestaande wetten tegen oorlogsmisdaden, zoals al eerder werd opgemerkt, alleen van toepassing waren op oorlogshandelingen, moesten er nieuwe wetten voor de misdaden van het Derde Rijk van voor 1939 en voor systematische genocide worden opgesteld. Dat de moord op Joden in nazi-Duitsland niet als onrechtmatig gold, mocht niet als excuus gelden. Ook bevelen van hogerhand werden niet aanvaard als een geldige reden om deel te nemen aan een massamoord. Het begrip oorlogsmisdaden werd uitgebreid met de nieuwe juridische categorie 'misdaden tegen de menselijkheid', die werd neergelegd in het Charter van Londen van het Internationale Militaire Tribunaal van augustus 1945. Een andere juridische nieuwigheid waren 'misdaden tegen de vrede', dat wil zeggen, het voorbereiden en voeren van een aanvalsoorlog. De voorbereiding ging natuurlijk aan de feitelijke oorlog vooraf. En daar deed het idee van een samenzwering haar intrede. In het Amerikaanse recht kunnen mensen schuldig bevonden worden aan samenzwering om misdrijven te plegen. Deze wet werd toegepast op de nazi's (en later, op veel dubieuzer gronden, ook op de Japanse strijdkrachten en de regering).

Het is juridisch gezien twijfelachtig om mensen te veroordelen voor het overtreden van wetten die pas zijn opgesteld nadat de misdrijven zijn gepleegd. Het is ook tamelijk dubieus om beklaagden uit een overwonnen land te onderwerpen aan het vonnis van de overwinnaars. Bovendien werd het proces van Tokyo in 1946 ook nogal vertekend doordat het werd gevoerd alsof Japan tijdens de oorlog het Aziatische spiegelbeeld van nazi-Duitsland was. Ernst Jünger, de rechts-nationalistische schrijver, zag het als een groot moreel gevaar als schurken slachtoffer van onrecht zouden worden. Hij beschreef het Neurenbergtribunaal als een rechtbank die 'bestond uit moordenaars en puriteinen, die hun slagersmessen bij morele handvatten vasthouden'.[53]

Maar van Jünger, een hardnekkige Duitse nationalist wiens minachting voor de Amerikanen zeker niet onderdeed voor zijn haat jegens het Sovjetbolsjewisme, viel zo'n uitspraak natuurlijk te verwachten. Al met al was het maar beter om de processen wel te voeren, zelfs met rechters die bloed aan hun handen hadden of puriteins waren, dan om te doen wat Churchill, Hull en Kennan hadden voorgesteld. Met standrechtelijke executies zouden de geallieerde overwinnaars op hetzelfde morele vlak als de overwonnen nazi's zijn beland. En ook al zouden de meeste Duitsers pas inzien wat de verdiensten van het proces van Neurenberg waren toen de verbittering van de nederlaag in rustigere tijden bezonken was, de processen gaven de Duitsers wel een blauwdruk om zelf nazi-oorlogsmisdadigers te berechten. Dat de Japanners dat voorbeeld niet volgden had vele redenen: de overwinnaars legden in Tokyo hun wil op veel nadrukkelijker wijze op, er werden meer fouten gemaakt, de oorlog zelf werd niet op dezelfde manier gezien, er was geen naziregime, geen Holocaust, geen Hitler.

Had het recht zijn loop gehad? Volstonden de zuiveringen en de processen om ervoor te zorgen dat het volk de indruk kreeg dat het recht zijn loop had gekregen? Waarschijnlijk niet. Te veel misdadigers gingen vrijuit en soms een bloeiende carrière tegemoet, terwijl anderen, die veel minder schuld droegen, als zondebok werden gebruikt. Maar algehele gerechtigheid is, zelfs onder de gunstigste omstandigheden, een utopisch ideaal. Het zou zowel om praktische als politieke redenen onuitvoerbaar zijn geweest. Je kunt niet miljoenen mensen berechten. Het bestraffen van de schuldigen moest worden afgewogen tegen andere belangen. Als men al te fanatiek te werk was gegaan, was de wederopbouw van de samenleving onmogelijk geworden. Als men te weinig had gedaan om de ergste misdadigers ter verantwoording te roepen, zou ieder gevoel van fatsoen zijn ondermijnd. Het was een zorgvuldige afweging, die nooit ideaal zou zijn. Het moet ergerniswekkend zijn geweest om na de oorlog in Duitsland op te groeien, met ex-nazi's als leraren, artsen, professoren, diplomaten, zakenmensen en politici. En niet alleen in Duitsland of Japan. In veel landen die onder de Duitse bezetting hadden geleden, kwamen de leden van de oude elite die zaken hadden gedaan met het Derde Rijk zelden ver van hun oude toppositie terecht nadat de nazi's vertrokken waren.

Maar misschien is het opportunisme van de mens soms zijn nuttigste eigenschap. In juni 1945 besprak de voormalige verzetsstrijdster Ruth Andreas-Friedrich deze kwestie met een ander ex-verzetslid. Frank, haar vriend, zei:

> De Führer is dood. Als je wil leven moet je eten. Als je wil eten, en goed wil eten, kun je maar beter geen nazi zijn. Dus zijn ze geen nazi's. En daarom waren ze ook geen nazi's en zweren ze bij alles wat heilig is dat ze het ook nooit geweest zijn. [...] Verklikken en veroordelen dragen niet bij aan de vervolmaking van de mens. Help ze weer overeind als ze gevallen zijn. Geef hun de kans om te boeten voor hun zonde. En dan geen represailles meer. Eens en voor al.[54]

Deze woorden krijgen een moreel gewicht doordat ze afkomstig zijn van een man die zijn leven had gewaagd in het verzet tegen de nazi's. Hetzelfde opportunisme waardoor de bankier zich kon aanpassen aan een moorddadig regime en bedrijven financierde die slaven uitbuitten en fabrieken bij de vernietigingskampen bouwden, zorgde ervoor dat deze bankier een trouwe burger van de naoorlogse Duitse democratie en een instrument van de wederopbouw kon worden. Dat is misschien onrechtvaardig en zelfs moreel weerzinwekkend. En daarvoor betaalde Duitsland, net als Japan en zelfs Italië, uiteindelijk een prijs. Alle drie de landen werden in de jaren zeventig geteisterd door revolutionaire extremisten wier gewelddaden geïnspireerd waren door de vurige overtuiging dat hun land nooit veranderd was, dat het fascisme in een andere gedaante voortleefde en werd beleden door een aantal mensen die in de jaren veertig oorlog hadden gevoerd. Ze waren ervan overtuigd dat het hun plicht was om zich te verzetten, juist omdat hun ouders dat niet hadden gedaan.

Robert H. Jackson, een van de andere hoofdaanklagers van het Neurenbergtribunaal, was zeker geen revolutionaire extremist. Maar hij was ervan overtuigd dat het proces meer was dan een oefening in het bepalen van schuld en het bestraffen van de schuldigen. Hij meende dat hij voor de beschaving sprak. Na Neurenberg zou de wereld beter zijn geworden. In zijn requisitoir verklaarde hij trots: 'Dat vier grote naties, vol vreugde over de overwinning en geraakt door verwondingen, zich niet verlagen tot wraak en vrijwillig hun gevangenen overlaten aan het oordeel van het recht is het grootste eerbetoon dat de Macht de Rede ooit heeft gegeven.' Maar hij dacht vooral aan de toekomst toen hij daaraan toevoegde: 'We moeten nooit vergeten dat de gegevens op grond waarvan we deze verdachten vandaag veroordelen, de gegevens zijn die de geschiedenis zal gebruiken om ons morgen te beoordelen. Als we deze mensen de gifbeker laten leegdrinken, zetten we hem zelf ook aan onze lippen.'[55]

Jackson was een idealist. Het proces was onderdeel van een poging om een betere wereld tot stand te brengen, waar de gruwelen van het verleden nooit herhaald zouden worden. Na afloop van het proces maakte Jackson samen met de Britse strafpleiter Peter Calvocoressi een reis naar Salzburg om het eerste muziekfestival dat daar sinds 1939 gehouden werd bij te wonen. Ze hoorden *Der Rosenkavalier* en waren vooral onder de indruk van een jonge Duitse zangeres, Elisabeth Schwarzkopf, die prachtig zong.

De grote sopraan had een schaduwkantje. Ze was in 1940 lid geworden van de NSDAP, had recitals gegeven voor officieren aan het oostfront en had een verhouding gehad met een SS-Obergruppenführer die Gauleiter van Niederdonau was. Misschien had ze al deze dingen wel uit overtuiging gedaan. Misschien was ze gewoon een opportunist. Maar haar reputatie was na de oorlog snel hersteld. Degene die daar vooral voor verantwoordelijk was, was de man met wie ze in 1953 trouwde, de Britse impresario Walter Legge, een Jood.

DEEL III

Nooit meer

Mijn vader, S.L. Buruma (uiterst links),
met zijn medestudenten in Utrecht.

Dansende Sovjetsoldaten in Berlijn.

Nederlandse meisjes vieren feest met een Canadese soldaat.

Britse matrozen met hun vriendin op VE Day in Londen.

Een GI 'verbroedert' met een Japanse vrouw in een park in Tokyo.

Nederlanders juichen voor een voedseldropping in mei 1945.

Openbare vernedering van een Nederlandse vrouw die met Duitse soldaten is uit geweest.

Grieken ontvangen voedselhulp van de geallieerden.

Een landverrader is kaalgeschoren en besmeerd met teer in Amsterdam.

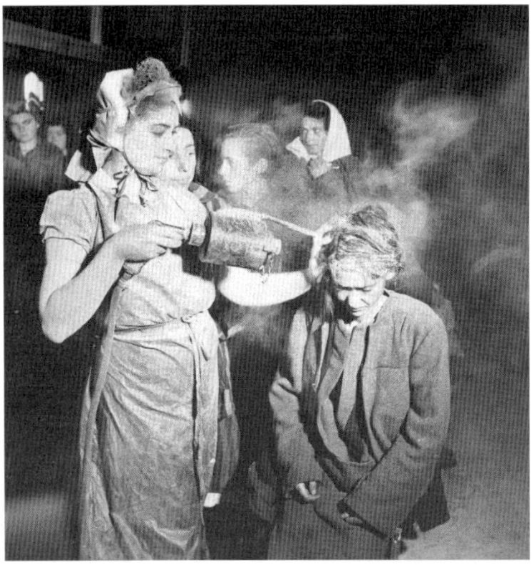

In Bergen-Belsen wordt een geïnterneerde ontluisd.

Sterk vermagerde krijgsgevangenen in een jappenkamp in Malakka.

Het Britse leger steekt de laatste barak in Bergen-Belsen in brand.

In Berlijn rusten Duitse burgers uit van het puinruimen.

Gevluchte kinderen in Berlijn.

Een Japanse man bij de overblijfselen van zijn huis in Yokohama.

Rouwende Griekse vrouwen.

Een generaal van de Wehrmacht wordt vastgebonden aan een paal voor zijn executie.

Duitse krijgsgevangenen verzorgen de graven bij Omaha Beach in Normandië.

Duitse kinderen in een school in Aken.

Generaal Yamashita legt de eed af tijdens zijn proces in Manila.

Generaal de Gaulle in Lorient, een voormalige onderzeebootbasis in Frankrijk die ernstig beschadigd was door bombardementen van de geallieerden.

In Parijs getuigt Laval tijdens het proces van maarschalk Pétain (zittend, rechts achter Laval).

Arrestatie van NSB-leider Anton Mussert door de Binnenlandse Strijdkrachten in 's Gravenhage.

Japanners geven zich over aan de Royal Air Force in Saigon.

Indonesische pemoeda's.

Winston Churchill tijdens de verkiezingscampagne.

Clement Attlee na zijn verkiezingsoverwinning.

7. Een zonnig, zorgeloos begin van de dag

Ernst Michel, de verslaggever van de processen van Neurenberg, was een van de duizenden mensen die op 8 april gedwongen werden uit Buchenwald te vertrekken en aan een koude, lange en vaak dodelijke mars te beginnen. Anderen moesten in het kamp achterblijven met een beperkt aantal SS-bewakers, in de wetenschap dat ze zeker gedwongen zouden worden dezelfde afgrijselijke route te volgen of dat ze ter plekke zouden omkomen als de Amerikanen niet snel kwamen. Buchenwald, op de fraaie Ettersberg, was een van de ergste Duitse concentratiekampen. Een van de martelingen die de SS'ers hadden bedacht, bestond eruit mannen met hun ellebogen vastgebonden achter hun rug aan een boom op te hangen. Door hun pijnkreten kreeg deze plek de bijnaam 'het zingende bos'. Ooit had Goethe op dezelfde plaats van de schoonheid van de natuur genoten en gesprekken gevoerd met zijn jonge vriend, de dichter Johann Peter Eckermann, die ijverig aantekeningen maakte.

In het kamp was een kleine ondergrondse organisatie van communisten, die een paar geweren en een kortegolfzender gemaakt in de barakken door een Poolse technicus was hadden verborgen. Op 8 april verzonden ze een wanhopig bericht: 'Aan de geallieerden. Aan het leger van generaal Patton. Dit is concentratiekamp Buchenwald. SOS. We verzoeken om hulp. Ze willen ons evacueren. De SS wil ons vernietigen.' Drie minuten later kregen ze antwoord: 'KZ Bu. Hou vol. We komen eraan. Leiding van het Derde Leger.'[1]

Weinig geïnterneerden waren nog sterk genoeg om de SS-bewakers aan te vallen of om feest te vieren toen de Amerikanen uiteindelijk arriveerden. Maar de fittere leden van de verzetsbeweging in het kamp hadden besloten om de komst van het Derde Leger niet af te wachten. Ze putten moed uit de wetenschap dat de bevrijding aanstaande was. Dus bestormden ze de uitkijktorens en doodden ze de overgebleven bewakers met de geweren die ze voor een gelegenheid als deze hadden bewaard.

Terwijl de Amerikaanse soldaten de doodzieken en de stervenden van water en voedsel probeerden te voorzien, dachten de communistische verzetsleiders alweer aan de toekomst. De toegangspoort van Buchenwald, met in gietijzeren letters de tekst 'Jedem das Seine' (Ieder het zijne), werd bijna onmiddellijk volgeplakt met borden: 'Nie wieder!'

'Nooit meer' was een gevoel dat algemeen zou worden gedeeld door mensen die veel te lijden hadden gehad onder het ergste menselijke conflict in de wereldgeschiedenis. Maar voor velen was het meer dan een gevoel: het was een ideaal, wellicht een utopisch ideaal, een geloof dat uit de ruïnes een nieuwe en betere wereld kon worden opgebouwd. Maar terwijl veel mensen, onder wie mijn vader, uitzagen naar het moment dat het normale leven weer zijn loop zou nemen, wisten anderen dat dat nooit zou gebeuren. De wereld zou nooit meer zo worden als hij vroeger was geweest. De vernietiging van het grootste deel van Europa en grote delen van Azië, het morele failliet van de oude regimes, niet in de laatste plaats de koloniale regimes, de ineenstorting van het nazisme en het fascisme, al deze zaken wekten de overtuiging dat er een compleet nieuw begin zou worden gemaakt. In 1945 zou men met een schone lei beginnen; de geschiedenis zou vrolijk worden afgedankt, alles was mogelijk. Vandaar namen en titels als *Germania anno zero* (*Deutschland, Stunde Null*), die Roberto Rossellini als titel voor zijn film over het leven in de ruïnes van Berlijn koos, of Gruppe Neubeginnen, die door Duitse sociaaldemocratische ballingen in Londen werd opgericht.

Natuurlijk was niet opeens alles mogelijk. Schone leien bestaan niet in menselijke verhoudingen. De geschiedenis kan niet zomaar worden weggedacht. Bovendien was iedereen het er weliswaar over eens dat de recente verschrikkingen nooit meer zouden mogen plaatsvinden, maar was er maar weinig overeenstemming over hoe ze daarvoor konden zorgen. Utopische idealen, en zelfs bescheidener aspiraties voor politieke veranderingen, zijn er in veel verschillende vormen en maten.

We weten wat voor revoluties de Sovjets en de Chinese communisten in gedachten hadden. Het is ook duidelijk waarop de Aziatische nationalisten in de Europese koloniën hoopten. De doelstellingen van de communistische partijen in West-Europa, die Stalin om zijn eigen geopolitieke redenen in bedwang hield, waren gecompliceerder. In elk geval zou werkelijke macht – hoe moedig de Franse en Italiaanse partizanen ook waren – buiten hun bereik blijven. En toch vond er in West-Europa een opmerkelijke verandering plaats. Deze werd in gang gezet door sociaaldemocraten die al lang voor het einde van de oorlog plannen voor de vrede hadden gemaakt. De radicaalste verandering vond echter niet plaats in de landen die bezet waren geweest, maar op dat conservatieve eiland, dat bolwerk van traditie dat de hoop in Europa levend had gehouden door dapper stand te houden in de somberste dagen van de oorlog toen de Duitsers onverslaanbaar leken: Groot-Brittannië.

Mijn Britse grootmoeder, die het patriottische vuur van een typische immigrantendochter in zich voelde branden, was woedend toen haar landgenoten in juli 1945 het lef hadden om tegen de conservatieven van Winston Churchill te stemmen: Winston eruit, Clement – 'Little Clemmie' – Attlee, de leider van de Labour Party, erin, met een verpletterende overwinning. In een brief aan mijn grootvader, die nog steeds in India op ontslag uit het leger wachtte, uitte ze haar teleurstelling over de 'stuitende ondankbaarheid' van de Britten jegens 'die geweldige man aan wie we alles te danken hebben'.

Mijn grootvader, ook afkomstig uit een immigrantenfamilie, was minder fel, maar hij zat dan ook in het leger, waar hij geregeld andere standpunten hoorde.

Zelfs de winnaars van die verkiezingen in juli waren zo verbaasd over de omvang van hun triomf dat ze enige tijd sprakeloos waren voordat ze in vreugde uitbarstten. Afgevaardigden van de vakbonden waren bijeengekomen in tochtige hotels in het noorden van Engeland en keken zwijgend toe hoe er steeds grotere getallen op enorme schermen verschenen. De uiteindelijke uitslag: 393 zetels voor Labour, 213 voor de conservatieven. Een verslag uit *The Manchester Guardian*: 'De donder aan de linkerzijde veranderde in bliksem toen uit de verkiezingsuitslagen bleek hoe verpletterend de overwinning van Labour was. Het enige wat vandaag langzaam ging, was de tamelijk verbijsterde manier waarop men het allemaal tot zich liet doordringen. [...] Gedurende dit alles bleef Mr Attlee kalm en discreet. Hij leek een beetje moe.'[2]

Een werkelijk radicaal programma werd naar buiten met grote bescheidenheid gepresenteerd. Pas een jaar later deelde Hartley Shawcross, een van de hoofdaanklagers in Neurenberg en een veel aansprekender figuur dan zijn partijleider, het parlement op triomfantelijke toon mee: 'Op dit moment zijn wij de baas en dat zullen we nog geruime tijd blijven.'[3] Dat dit ene geval van borstklopperij hem de rest van zijn leven kwalijk is genomen, maakt duidelijk hoe zorgvuldig de nieuwe garde ervoor waakte om al te trots over te komen.

Na de verkiezingen gaf *The Manchester Guardian* ook commentaar vanuit de Verenigde Staten weer: 'Vreemd dat Engeland nu juist socialistisch wordt op het moment dat Amerika de New Dealers de laan uit stuurt en terugkeert naar het midden.'[4]

Er waren andere interessante reacties uit het buitenland. In Israël waren de Joden verheugd omdat ze dachten dat Labour pro-zionistischer was dan de conservatieven. De Griekse royalisten waren geschokt, maar links, dat in het nauw zat, was dolenthousiast en hoopte tevergeefs dat ook bij hen het tij zou keren. Het Sovjetnieuws maakte de overwinning van Labour wel bekend, maar onthield zich van commentaar. De fascistische regering van generaal Franco verwachtte dat de diplomatieke betrekkingen met Groot-Brittannië zouden worden verbroken. En in India verklaarde de ex-premier van Bengalen, de islamitische edelman sir Khwaja Nazimuddin: 'Het lijkt erop dat het Britse electoraat de enige die hen van de vernietiging heeft gered overboord heeft gegooid, en dat is al gebeurd nog voordat de oorlog voorbij is.'[5]

Misschien had de Franse politicus die indertijd opmerkte dat ondankbaarheid het kenmerk van een sterk volk is het wel bij het rechte eind. Het is overigens wel zo dat Churchill nog steeds werd aanbeden. Het onmogelijke ideaal voor veel kiezers was misschien een Labourregering met Churchill als premier. Maar zoals de politieke correspondent van *The Manchester Guardian* zei: 'Het land doet het blijkbaar liever zonder Mr Churchill dan met hem wanneer ze de Tories op de koop toe moeten nemen.' De Conservatieve Partij 'wordt niet alleen om haar verleden veroordeeld: ze wordt afgewezen omdat ze geen boodschap heeft voor deze tijden. Groot-Brittannië snakt kennelijk net als het vasteland naar een nieuwe orde.'

Churchill zelf leek licht verbijsterd, maar hij bleef redelijk goedgehumeurd onder zijn nederlaag. Zijn vrouw, Clementine, die misschien hoopte dat haar man nu iets vaker thuis zou zijn, had hem verteld dat het uiteindelijk een verhulde zegen zou kunnen blijken te zijn. Daarop antwoordde Churchill: 'Op dit moment zie ik vooral de verhulling.' Hij had gewild dat de nationale coalitieregering uit de oorlogsjaren zou doorregeren, in elk geval tot de nederlaag van Japan, en voelde zich waarschijnlijk prettiger als hoofd van een nationale regering dan van een eenpartijregering, omdat hij nooit dol was geweest op partijpolitiek (hij veranderde twee keer van partij). Maar volgens Harold Nicolson, de dagboekschrijver en diplomaat die zijn zetel tijdens de verkiezingen verloor, klaagde Churchill niet. Hij toonde een 'kalme, stoïcijnse berusting – die samenging met een lichte geamuseerdheid dat het lot hem zo'n dramatische streek had geleverd, en een vage bewondering voor het electoraat dat zich zo onafhankelijk had betoond'.[6]

Sommige collega's van Churchill in de Conservatieve Partij hadden meer begrip voor hun tegenstanders dan mijn grootmoeder. Harold Macmillan, die moet hebben aangevoeld hoe de stemming in het Britse leger was, schreef in zijn memoires dat het gezien de enorme moeilijkheden bij de wederopbouw van het land 'heel goed mogelijk is dat het Britse volk instinctief heeft aangevoeld dat het verstandiger is als een linkse regering het voor het zeggen heeft'.[7] Maar hij voegde eraan toe dat veel mensen er tijdens de oorlog van overtuigd waren geweest dat 'er vanzelf een soort utopie zou volgen zodra de strijd eenmaal over was'. Een socialistische staat onder Brits leiderschap, zo dachten ze volgens Macmillan, 'zou ongekende welvaart in een wereld van universele vrede brengen'.[8] Misschien hing zulk naïef idealisme in de lucht. Maar het denkbeeld dat het Groot-Brittannië van Churchill voorbij was en dat het tijd was voor een rechtvaardiger samenleving kon niet zomaar als een hersenschim worden afgedaan. Wat Macmillan misschien niet wilde erkennen, was hoeveel rancune de mensen die het zware werk hadden opgeknapt jegens mensen van zijn eigen stand koesterden.

Harold Nicolson was dat niet ontgaan. Op een toon waaruit een ander soort standgebonden dwarsheid bleek, schreef Nicolson op 27 mei in zijn dagboek dat de mensen 'op een vage en verwarde manier allemaal het gevoel hadden dat alle offers die ze zich hadden moeten getroosten [...] "hun" schuld waren. [...] Door een totaal onlogische redenering geloven ze dat "hun" de hogere klassen of de conservatieven zijn. Het klassengevoel en de klassenrancune zijn erg sterk.'[9]

Maar was het wel zo onlogisch dat de arbeidersklasse het gevoel had dat de zaken niet meer zo konden worden zoals ze geweest waren en dat het niet vanzelfsprekend was om terug te keren naar die 'normale' toestand van voor de oorlog met zijn standsverschillen, waardoor sommigen vanzelfsprekende voorrechten genoten, terwijl het anderen aan goede scholing, fatsoenlijke huisvesting en behoorlijke medische zorg ontbrak omdat ze tot een bepaalde klasse behoorden? Na de oorlog is er veel geschreven over de solidariteit in de tijd dat het land in gevaar was en iedereen zijn steentje bijdroeg, over de opgewekte, Britse buldogmentaliteit van 'Londen kan het wel hebben'. Maar diezelfde nivellerende ervaringen hadden tevens een nieuw gevoel geschapen dat ook minder bevoorrechte mensen ergens recht op hadden en dat de oude standsverschillen geen pas meer hadden. Dat was de Britse versie van het 'Nooit meer'.

De Amerikaanse schrijver Edmund Wilson woonde een vergadering van de Labour-partij bij in een industriestad van smalle, kolenzwarte rijtjeshuizen. Hij luisterde naar Harold Laski, de partijvoorzitter en marxistische academicus, die op die grijze middag een toespraak hield voor grimmig toehorende mannen en vrouwen in afgedragen legerplunjes en slechtpassende 'demobilisatie'-kleding. Laski herinnerde zijn gehoor eraan dat Winston Churchill 'voor een traditioneel Groot-Brittannië was en maar weinig praktische suggesties had voor de wederopbouw'. Maar in het 'traditionele Groot-Brittannië', liet hij weten, bezat één procent van de bevolking vijftig procent van de rijkdom en kwam slechts één procent van de legerofficieren uit de arbeidersklasse.

Terwijl Wilson Laski over de zegeningen van een socialistische regering hoorde spreken, zag hij een oudere vrouw (die er misschien wel ouder uitzag dan ze was) naar de spreker staren met een hongerige intensiteit die hem aan andere bleke en magere Europeanen deed denken, Europeanen die anders leken dan de armen in vredestijd, als mensen van een apart 'ras met uitgehongerde dierenogen' die 'alleen met eenvoudige en dwingende begeertes' konden zien. En daar, kaarsrecht, 'tegenover deze vrouw en al haar zwijgende kameraden', stond Laski, 'tenger, bebrild, intellectueel, die hun beloftes deed die misschien niet altijd konden worden waargemaakt', en die 'tot op zekere hoogte niet meer waren dan de loze woorden van de politiek'. En toch 'bleef hij volharden door een soort spanning die de mensen magnetiseerde en die maakte dat hij zich steeds naar die reikhalzende, grijze vrouw met die kippenogen wendde'.[10]

In Griekenland had Wilson de kans gekregen om zich onder de Britse soldaten te begeven. Enigszins tot zijn verbazing ontdekte hij dat er een bijzondere animositeit onder de gewone soldaten heerste, niet alleen tegen hun officieren, maar ook tegen Churchill zelf. Eén man 'liet zich in bijzonder sterke bewoordingen uit over Churchills sigaar'. Iedere keer dat Britse soldaten hun Amerikaanse soortgenoten tegenkwamen, moest het hun wel opvallen hoeveel beter de GI's door hun officieren behandeld werden. In Delphi, nota bene, was Wilson getuige van 'de bijna volledige klassenscheiding tussen de Engelse officieren en de Engelse manschappen waar het over de regering van Churchill ging'. Hij 'vond niet één Engelse soldaat die niet op Labour had gestemd en slechts één officier die dat wel had gedaan'.[11]

Het is onmogelijk de onjuistheid van deze observatie aan te tonen, maar er zou hier wel sprake kunnen zijn van een zekere projectie; Wilson zelf was tamelijk gevoelig voor de subtiele en minder subtiele manieren waarop de Engelsen uitdrukking geven aan hun superioriteit, zowel tegenover Amerikanen als tegenover de lagere rangen. In feite kunnen de veranderingen in de Britse samenleving niet geheel uit de klassenstrijd worden verklaard. Wilson kreeg maar een deel van het verhaal mee. Noel Annan, in 1945 een hoge militaire inlichtingenofficier en later onder meer hoofd van King's College in Cambridge, was in bijna alle opzichten kenmerkend voor de Engelse haute bourgeoisie, al had hij wel een sterke intellectuele belangstelling. In 1945 stemde hij Labour, zoals wel meer jonge officieren. In zijn memoires legt Annan uit waarom. Het was niet omdat hij Churchill niet bewonderde; hij betwijfelde gewoon of Churchill 'wel begreep wat het land na de oorlog nodig had'.[12]

Behalve standsgevoel was er nog een reden waarom de sociale en politieke opvattingen door de oorlog waren veranderd, namelijk dat de mensen steeds beter opgeleid waren. De Britse regering in oorlogstijd had zich bijzonder ingespannen voor culturele verheffing. CEMA, de Raad voor de Bevordering van Muziek en de Kunsten, organiseerde klassieke concerten en theatervoorstellingen in fabrieken, kerken en schuilkelders. Er werden debatten en opleidingsprogramma's georganiseerd voor de intellectuele verheffing van de troepen in het buitenland. In Cairo, waar veel soldaten waren gestationeerd, werd door linkse soldaten in 1943 een nepparlement opgericht om over politiek te discussiëren, 'alsof we in de vrede leefden waarnaar we zo verlangden', zoals iemand van de luchtmacht zei.[13]

Sommige conservatieven vonden dit een bijzonder verontrustende ontwikkeling. Het parlementslid voor het district Penryn and Falmouth schreef een brief aan Churchills parlementair secretaris: 'Ik sta steeds argwanender tegenover de manier waarop dat gedoe met lezingen en opleidingen voor de troepen wordt georganiseerd. [...] In hemelsnaam, doe er iets aan, als je niet wilt dat deze schepsels vuurrood terugkomen.'[14]

Cyril Connolly, een estheet en oud-leerling van Eton met een francofiele smaak, richtte in 1940 zijn literaire tijdschrift *Horizon* op omdat hij vastbesloten was om de fakkel van de kunst en cultuur brandende te houden, zelfs toen – zoals hij zei – de lichten boven Europa werden gedoofd. Soldaten en marinemensen konden er zich tegen sterk gereduceerde tarieven op abonneren. Ook Connolly geloofde dat het tijd werd om zijn ivoren toren te verlaten en de cultuur naar het volk te brengen. *Horizon* vond zijn weg naar een verbazingwekkend aantal kaki rugzakken. In juni 1945 schreef Connolly een artikel waarin hij uitlegde waarom hij Labour stemde. Het was niet omdat de politici van Labour meer geneigd waren de kunsten te steunen dan de conservatieven. Het was vaak eerder het tegendeel. Maar hij stemde Labour omdat ieder menselijk wezen het recht moest hebben om zich te ontwikkelen: 'Om van Engeland een gelukkig land te maken moet er een verheffing plaatsvinden die alleen het socialisme kan verschaffen.'[15]

Een van de meest curieuze films die tijdens de oorlog, of ooit trouwens, in Groot-Brittannië werden gemaakt, was *A Canterbury Tale*, geregisseerd door Michael Powell en Emeric Pressburger, de eerste een conservatief Engels genie, de ander een Joodse anglofiel die in Hongarije was geboren. *A Canterbury Tale* was te vreemd om op een goede ontvangst te kunnen rekenen toen de film in 1944 voor het eerst uitkwam, maar onthult veel over de verlangens van die tijd, die evenzeer spiritueel als politiek waren. Een Engelse soldaat en een Amerikaanse GI belanden toevallig in het gezelschap van een jonge Engelse vrouw op het platteland van Kent. De vrouw, een winkelmeisje uit Londen, wordt 's nachts aangesproken door een vreemde die bekendstaat als 'de lijmman' en die de gewoonte heeft om stiekem potten lijm bij vrouwen over het haar te gooien. Al snel komen ze erachter dat de lijmman een hoogst ontwikkelde plaatselijke herenboer en hoogwaardigheidsbekleder is. Zijn bedoeling was, zo blijkt, om ervoor te zorgen dat jonge vrouwen niet langer hun tijd verspilden door met soldaten uit te gaan, maar zich zouden verdiepen in de glorieuze geschiedenis van Engeland en zich zouden laven aan het prachtige Engelse landschap. Alle vier belanden ze uiteindelijk in Canterbury, als moderne pelgrims, en ontvangen ze een soort persoonlijke zegen.

Je zou de lijmman gemakkelijk als een gestoorde smeerlap kunnen zien. Maar ondanks zijn onmiskenbare excentriciteit is hij ook een idealistische, bijna heilige figuur, die op zijn eigen merkwaardige manier probeert uit te drukken waarom het de moeite waard is om voor Engeland te vechten. De film toont een bepaalde opvatting van Engeland, en met name het landelijke Engeland, dat intens patriottisch en romantisch is, een conservatieve variant op het *Blut und Boden* misschien, een utopie waarin geen plaats meer is voor de traditionele klassenscheiding. Wanneer de jonge vrouw de lijmman vertelt dat de ouders van haar verloofde haar niet wilden accepteren omdat zij van goede familie waren en zij maar een winkelmeisje was, antwoordt hij dat zulke categorieën niets meer betekenen in 'het nieuwe Engeland'. In de film is dat een metafysische plek, met een landschap dat een bron van spirituele gevoelens is. Dat zou dan zoiets als een aardbeving zijn, antwoordt de jonge vrouw. We zitten in een aardbeving, antwoordt de lijmman. Voor hem was deze aardbeving niet alleen maar sociaal of politiek; het was een religieuze epifanie in de groene velden van Engeland.

Het socialisme van Clement Attlee lijkt misschien ver verwijderd van de conservatieve romantiek van Powell en Pressburger. Attlee, de stille, pijprokende zoon van een advocaat, was zeker geen romantische figuur. Maar zijn politieke standpunten waren helemaal niet zo ver verwijderd van die in *A Canterbury Tale*. Het Britse socialisme had duidelijk christelijke wortels, was sterk beïnvloed door de verheffingstradities van het victoriaanse tijdperk en was door de kunsten en de kunstnijverheid nauw verbonden met het idee van een ongerept, landelijk Engeland. 'Jerusalem', William Blakes hymne aan 'het groene en aangename land van Engeland' tussen de 'donkere satanische fabrieken', is een uitdrukking van patriottische religiositeit, van Christus die Engeland verandert in een versie van de hemel. Blake was een dissident. Zijn hymne werd vaak gezongen tijdens protestmarsen van de arbeidersklasse. Naar het socialistische Groot-Brittannië werd soms verwezen als het Nieuwe Jeruzalem. De geest van de film van Powell en Pressburger, die zich afspeelt in de zonovergoten groene velden van Kent en eindigt in de kathedraal van Canterbury, vertoont opvallend veel overeenkomsten met het visioen van Blake.

In de maand voorafgaand aan de verkiezingen in juli ontvouwden Churchill en Attlee hun zeer uiteenlopende patriottische visie op Engeland. Churchill probeerde de eerste klappen uit te delen door de Labour-partij ervan te beschuldigen slaaf te zijn van buitenlandse opvattingen die 'onverenigbaar zijn met de Britse ideeën over vrijheid'. Hij bromde dat deze 'continentale opvatting over de menselijke samenleving genaamd Socialisme, of in zijn gewelddadiger vorm, Communisme', onherroepelijk tot een politiestaat zou leiden; dat een socialistische regering zou moeten 'kunnen terugvallen op een soort Gestapo'. Dat zou nooit werken, 'hier in ons oude Engeland, in Groot-Brittannië, op dit glorieuze eiland [...] de wieg en het bolwerk van de vrije democratie'. Want de Britten, zei Churchill op de opzwepende toon van zijn beste toespraken uit de oorlogstijd, 'houden er niet van om te worden onderworpen en te worden rondgecommandeerd'.[16]

Onderwerping was allemaal prima wanneer het land in gevaar was, vervolgde Churchill: 'We laten ons allemaal rondcommanderen om het land te redden.' Maar zodra de oorlog voorbij is, werpen de trotse Britten hun zelfopgelegde ketenen en lasten af en 'verlaten ze de duistere spelonken van de oorlog en marcheren ze de frisse velden in, waar de zon schijnt en iedereen zich vol vreugde in de warme, gouden stralen mag laven.'

Dit was Churchills liberale opvatting over het groene en aangename land. Deze sloeg totaal niet aan. Voor één keer, nu het vrede was, was Churchill opeens doof voor de gevoelens van zijn volk. Er was, volgens *The Manchester Guardian*, 'grote verbijstering' onder Britse soldaten in het buitenland: 'De transformatie van Mr Churchill, de leider van het land, in de Churchill van de toespraak over de "Gestapo van de Labour-partij" heeft de manschappen overal verbijsterd.'[17]

In zijn antwoord beschuldigde ook Attlee zijn tegenstander ervan dat hij zijn ideeën uit twijfelachtige buitenlandse bronnen haalde. In Churchills geval was dat de Weense econoom Friedrich Hayek, die in de jaren dertig zijn geboorteland had verlaten en die de waanzin van de centraal geleide economie als de oorzaak van het Europese totalitarisme zag. Churchill had Hayeks invloedrijke boek *The Road to Serfdom* (*De weg naar slavernij*) gelezen. 'Ik ga mijn tijd niet verspillen,' zei Attlee in zijn radio-uitzending, 'aan al dat theoretische gedoe dat niet meer is dan een tweedehandsversie van de academische inzichten van een Oostenrijkse professor [...].'

Waar Churchill de afschaffing van de planeconomie en de regulering uit de oorlogstijd als de snelste weg naar die zonnige Engelse velden zag, geloofde Attlee juist dat het Nieuwe Jeruzalem gebouwd kon worden als de regulering uit de oorlogstijd zou worden uitgebreid. Het algemeen belang zou niet moeten worden overgelaten aan individuen, die alleen op persoonlijk winstbejag uit waren. Laten we eerlijk zijn, zo betoogde hij, 'de oorlog is gewonnen dankzij de inspanningen van het hele volk, dat, op een enkele uitzondering na, in de eerste plaats aan het landsbelang dacht en pas veel later aan particuliere belangen en groepsbelangen. [...] Waarom zouden we ervan uitgaan dat we onze doelen in vredestijd – voedsel, kleding, huisvesting, onderwijs, vrijetijdsbesteding, sociale zekerheid en werk voor iedereen – kunnen bereiken door particuliere belangen voorop te stellen?'[18]

Net als zoveel Europeanen in die tijd geloofde Attlee in een planeconomie. Dit was meer dan een opportunistische uitbuiting van de omstandigheden die door de oorlog noodzakelijk waren geweest. Er bestond al decennialang zowel bij links als bij rechts wantrouwen tegen de liberale economie, die werd gezien als de oorzaak van de conjunctuurschommelingen en de depressie en van de hoge werkloosheidscijfers die in de jaren dertig zoveel politieke onrust hadden veroorzaakt. Hjalmar Schacht, Hitlers eerste minister van Economische Zaken, was een planner die net als Attlee in een centraal geleide economie geloofde. Ook de Japanse 'hervormingsambtenaren', eerder nationaalsocialisten dan sociaaldemocraten, waren planners die samenwerkten met de keizerlijke strijdkrachten om het 'westerse' kapitalisme uit te roeien. Het idee dat er een blauwdruk van de volmaakte samenleving kon worden gemaakt, was een van de overtuigingen die bepalend waren voor de twintigste eeuw.

Plannen voor het hervormen van Groot-Brittannië waren al in de eerste jaren van de oorlog opgesteld. Het rapport van Beveridge, *Social Insurance and Allied Services*, waarin hij pleitte voor een algemeen ziekenfonds en volledige werkgelegenheid, werd in 1942 gepubliceerd. Een systeem voor algemeen middelbaar onderwijs werd beschreven in een rapport dat in 1943 werd uitgegeven. Een sociaal verzekeringsstelsel volgde in 1944 en een document over sociale huisvesting in juli 1945, toen niet alleen Groot-Brittannië, maar bijna heel Europa uitgeput en praktisch failliet was en in puin lag, het perfecte landschap om te dromen hoe je alles overnieuw kon doen.

Het woord voor het Nieuwe Jeruzalem in Frankrijk was 'progressisme'. Linkse idealen, gekruid met een grote dosis patriottisme, waren een inspiratiebron voor voormalige verzetsleden, net zoals ze de Britse socialisten hadden geïnspireerd. Communisten, sociaaldemocraten en zelfs veel gaullisten streden niet alleen tegen Vichy en de Duitsers omdat ze het traditionele *douce France* zo toegewijd waren. Ze hadden politieke idealen waarvoor velen hun leven hadden gegeven en die ze na de oorlog ten uitvoer gebracht wilden zien, bij voorkeur door ex-verzetsleden zelf. De Nationale Raad van het Verzet, waarin links de overhand had, was bedoeld als een soort aanstaande regering.

Dit is hoe Stéphane Hessel, een jonge Joodse *résistant* die marteling door de Gestapo en Buchenwald had overleefd, het zich zesenzestig jaar later herinnerde: 'Vanaf 1945, na een gruwelijk drama, manifesteren de krachten die schuilen in de Raad van het Verzet zich in nieuwe, grootse toekomstplannen'. In bewoordingen die het programma van Attlee leken te herhalen, stelde de Raad 'een rationele organisatie van de economie voor, die ervoor zorgt dat de persoonlijke belangen ondergeschikt blijven aan het algemeen belang'. Er moesten nieuwe plannen worden gemaakt voor een stelsel van algehele sociale zekerheid. Kolen, gas, de grote banken, elektriciteit zouden worden genationaliseerd. En dit alles, zo herinnerde Hessel zich, om het algemeen belang te bevrijden 'van de beroepsdictatuur die werd ingevoerd naar voorbeeld van de fascistische staten'.[19]

Hessel was geen communist. Hij had zich bij de troepen van De Gaulle in Londen gevoegd en liet zich in maart 1944 in het bezette Frankrijk parachuteren, een daad die van buitengewone moed getuigde, zeker voor een Jood, zelfs als hij valse papieren had. (Hij werd verraden en in juli gearresteerd.) Maar Hessels politieke idealen waren heel wat linkser dan De Gaulles ideeën over Frankrijk. Linkse Fransen hadden ongeveer dezelfde gedachten over De Gaulle als veel Britten over Churchill: hij was een groot man van zijn tijd, zeker, maar wel een reactionair obstakel voor de vooruitgang. Marguerite Duras, die lid van een linkse verzetsgroep was geweest, beschreef De Gaulle als 'per definitie de lofredenaar van rechts'. De Gaulle, schrijft ze, 'zou het volk van zijn levenskracht willen ontdoen. Hij zou willen dat het zwak en gelovig was, dat het net zo gaullistisch was als de bourgeoisie, dat het bourgeois was.'[20]

Ze schreef dit in april 1945. Het gevoel zou blijven en zelfs sterker worden naarmate de koloniale oorlogen in Noord-Afrika en Indochina grimmiger werden. Maar De Gaulle, die ongetwijfeld een conservatief was en snel wist te voorkomen dat voormalige verzetsleden politieke macht kregen, begreep dat er compromissen met het progressisme moesten worden gesloten. Het was onder De Gaulle dat de Renault-fabrieken en vijf grote banken in 1945 werden genationaliseerd, evenals kolen, gas en openbaar vervoer. En het was aan De Gaulle dat Jean Monnet, een technocraat uit de Cognac, die het grootste deel van de oorlog in Washington had doorgebracht, in december van datzelfde jaar zijn voorstellen voor de modernisering van de Franse economie voorlegde. Zijn plannen om de staat de verantwoordelijkheid te geven over de industrie, de mijnbouw en de banken waren kenmerkend voor het geloof in planning. Planning, planning en nog meer planning was de weg naar een betere toekomst, niet alleen omdat het een eerlijker verdeling leek te garanderen, maar ook omdat het de Europeanen ervan zou weerhouden om zich nog eens in een rampzalige oorlog te storten.

En zo ging het in heel Europa. Arthur Koestler, de ervaren Europese overlevende, een Joodse ex-communist van Hongaarse afkomst die uit een fascistische gevangenis in Spanje was ontsnapt, maakte zich hier zorgen over: 'Als we [...] toe zijn aan de tijd van superbestuurstaten, dan wordt de intelligentsia stellig een speciaal deel van de Burgerlijke Dienst.'[21] Maar zelfs al zouden de verzetsbewegingen nooit de politieke macht krijgen waarop ze gehoopt hadden, toch werden veel van hun progressieve idealen wel verwezenlijkt. In Nederland en België werden sociaaldemocratische regeringen gekozen. Door landhervormingen op Sicilië en in Roemenië, Tsjecho-Slowakije, Hongarije en Polen werden miljoenen landarbeiders opeens kleine pachters, vaak ten koste van weinig geliefde minderheden, zoals de Duitsers in Oost-Pruisen en het Sudetenland. In de Sovjetzone van Duitsland probeerden de sociaaldemocraten, tevergeefs, zoals achteraf bleek, samen te werken met de communisten.

In wezen zat er een sterk pan-Europees element in dit alles: het Nieuwe Jeruzalem als een Europees en niet zozeer als een nationaal idee. Majoor Denis Healey, die later een belangrijk kabinetslid zou worden in een aantal Labour-regeringen, landde met het Britse leger op Sicilië en bij Anzio. Zijn verklaring voor de socialistische voorkeuren van zijn medesoldaten was 'contact met de verzetsbewegingen en een gevoel dat er een revolutie door Europa raasde'.[22] Healey was communist geweest, maar had in 1939 met de partij gebroken vanwege het niet-aanvalsverdrag tussen Duitsland en de Sovjet-Unie, ook bekend als het Molotov-Ribbentroppact. Maar de kille, harde kern van zijn oude geloof was in 1945 nog niet helemaal verdwenen. Tijdens een conferentie van de Labour-partij riep hij op tot hulp aan de socialistische revoluties in Europa. Labour, benadrukte hij, moest niet 'te braaf en te zelfingenomen zijn wanneer men er soms op gewezen wordt dat onze kameraden op het vasteland extremisten zijn'.[23]

Cyril Connolly's francofilie en liefde voor de Europese cultuur, gekoppeld aan zijn politieke opvattingen, verklaren waarom hij dacht dat alleen een verenigd Europa een volgend suïcidaal conflict zou kunnen voorkomen. 'Iedere Europese oorlog is een oorlog die door Europa wordt verloren,' schreef hij in december 1944 in *Horizon*, en 'een oorlog die door Europa wordt verloren is een oorlog die door Engeland wordt verloren, en een oorlog die Engeland verliest betekent een verarming voor de wereld.' 'Nooit meer' betekende, voor hem, 'een Europese Federatie – geen federatie in naam, maar een Europa zonder paspoorten – een culturele eenheid waar iedereen vrij is om te gaan waar hij wil. [...] Als Europa het economische nationalisme niet kan inruilen voor internationaal regionalisme zal het ondergaan zoals de Griekse stadstaten onder zijn gegaan, in wederzijdse haat en argwaan onder de hiel van een buitenlandse indringer.'

Dat Connolly als eurofiel niet alleen stond, blijkt uit het feit dat vele anderen zijn standpunten deelden, onder wie Winston Churchill, hoewel het nooit helemaal duidelijk was of de voormalige premier wilde dat Groot-Brittannië deel uitmaakte van de nieuwe Europese constructie. Waarschijnlijk niet. In een toespraak die hij een jaar na de oorlog in Zürich hield, betoonde Churchill zich enthousiast over 'een Verenigde Staten van Europa'. Maar het zou een verenigd Europa zijn met 'Groot-Brittannië en het Gemenebest' onder haar 'vrienden en begunstigers'.[24] De rol van links bleef echter hoogst omstreden. Connolly geloofde dat een Europese Federatie alleen tot stand kon worden gebracht door socialisten, dat wil zeggen door 'een Europees Front Populaire dat vastbesloten is om sterk te zijn en ook om een Derde Wereldoorlog te voorkomen'. Iets dergelijks werd ook verkondigd door de Sovjet-Unie, vooral in Duitsland, dat, zoals Moskou het zag, onder het communisme weer een eenheid moest worden. Na een lunch op de Franse ambassade in Londen schreef Harold Nicolson in zijn dagboek over de gevaren van de communistische propaganda: 'Om dit te bestrijden moeten we een alternatief ideaal aanreiken; het enige mogelijke ideaal is een federaal Duitsland in een federaal Europa.'[25]

Het andere argument voor Europa was patriottisch, het idee dat nationale grandeur alleen in een verenigd Europa verwezenlijkt kon worden. Deze opvatting kwam vooral tot uitdrukking in Frankrijk. De sleutelfiguur was wederom Jean Monnet, wiens dromen van eenheid de grenzen van Frankrijk overstegen. Zijn leven, dat hij heeft vastgelegd in zijn memoires, was een voortdurende poging om 'uitzonderlijke momenten' aan te grijpen teneinde de verschillen te overbruggen en een eenheid te smeden. Mei 1940, toen de Duitsers door Frankrijk raasden, was zo'n moment. Een jaar eerder had Monnet geprobeerd Neville Chamberlain te winnen voor het idee van een vereniging van Frankrijk en Groot-Brittannië. In 1940 was Churchill bereid om mee te doen, maar dat liep toen vooral stuk op Franse bedenkingen.

Overheidsplanning was Monnets patriottische bijdrage aan Frankrijk. Dit was, zo vertelde hij De Gaulle, de enige weg terug naar de Franse grandeur. Om dit te bereiken was het noodzakelijk om te profiteren van de eenheid van alle Franse burgers. Het jaar 1945 was het perfecte moment voor dat soort 'collectieve inspanningen, omdat de patriottische geest van de bevrijding nog steeds aanwezig was en nog geen manier gevonden had om zich uit te drukken in een groots project'.[26] Het eerste grootse project was het moderniseren van Frankrijk door de economie te nationaliseren en Duitse kolen naar Franse fabrieken te sturen. Het volgende project was Europees, de Gemeenschap voor Kolen en Staal, vervolgens de Europese Economische Gemeenschap en uiteindelijk, in Monnets dromen, de volle grandeur van een Verenigd Europa.

De Gaulle noemde zijn Europese dromer, enigszins liefkozend, 'L'Américain'. Monnet was die zeldzame Fransman die zich net zo thuis voelde in New York en Londen als in Parijs. Maar toch hadden de dromen van Jean Monnet iets continentaals, iets rooms-katholieks, iets wat niet helemaal paste bij de liberale democratie. Er hing een zweem van Heilige Roomse wierook boven zijn Europese dromen. En dat hij zich weinig op zijn gemak voelde bij de partijpolitiek, die van nature competitief was, en weinig ophad met de vrijemarkteconomie, die niet geleid werd door bureaucraten, leek te wijzen op een geloof in de technocratie dat zowel op rechts als op links leek terug te voeren. Of beter gezegd, rechts en links waren betekenisloze categorieën in de technocratische utopie. Het was eerder het geloof dat sociale rechtvaardigheid het efficiëntst tot stand kon worden gebracht door een verlichte autoritaire regering. Churchill had niet helemaal ongelijk toen hij meende dat dit weleens niet zo goed bij de Britten zou kunnen passen als de progressieve planners in 1945 misschien hoopten.

De Duitse technocraten die voor het Derde Rijk werkten, waren ook fervente planners. Een van de schimmige verhalen over de Tweede Wereldoorlog is de samenwerking tussen Duitse planners en hun Europese collega's tijdens de bezetting. Architecten, planologen, dammen- en wegenbouwers vonden elkaar, niet zozeer als medenazi's, maar als verwante zielen en collega-ingenieurs van een nieuwe Europese orde. Ook voor hen was de verwoesting vaak het 'uitzonderlijke moment' dat de gelegenheid bood om hun plannen te verwezenlijken.

Rotterdam was de eerste stad in West-Europa waarvan het hart door bommen werd uitgerukt. De schade was niet zo enorm als in Warschau, dat ruim een halfjaar daarvoor, in september 1939, was gebombardeerd, maar het centrum van de stad was grotendeels met de grond gelijkgemaakt. Er werden vrijwel onmiddellijk plannen voor de wederopbouw van Rotterdam opgesteld. Ongehinderd door democratische procedures of particuliere belangen ontwikkelde een comité van Nederlandse planologen en ingenieurs ideeën om het puin te laten ruimen, privébezit te laten onteigenen en de stad opnieuw op te bouwen volgens rationele blauwdrukken. Ze waren geen nazi's; ze hadden zelfs geen enkele sympathie voor de Duitse bezetter, maar deze uiterst praktisch ingestelde mensen ergerden zich al lange tijd over de besluiteloosheid, het gekibbel en de algehele lastigheid van de liberale democratie. Net als Jean Monnet geloofden ze in gezamenlijke actie onder een sterk leiderschap. In dat opzicht gaf het nazibewind hun de gelegenheid om datgene te doen wat ze al de hele tijd hadden gewild.

Voor de Duitsers, maar niet noodzakelijkerwijs voor de Nederlandse technocraten, was er ook een belangrijke pan-Europese dimensie. Rotterdam zou een van de belangrijkste knooppunten in een grotere regio van Germaanse volkeren worden. In het racistische jargon van de Duitse bezetter: 'Nederland is een onderdeel van de Europese Lebensraum. Als lid van de Germaanse stam volgt het Nederlandse volk het lot van deze natuurlijke band.'[27] In de Nieuwe Orde zou er geen plaats zijn voor de 'plutocratische' vooroorlogse liberale markteconomie. Alle economieen, waaronder ook de Nederlandse, zouden zich moeten conformeren aan een continentale planeconomie (*Kontinentalwirtschaft*). Collectieve belangen zouden boven particuliere belangen prevaleren, tenzij deze belangen toevallig de belangen van nazileiders waren, natuurlijk.

Een man als dr. J.A. Ringers, de ingenieur die in 1940 de opdracht kreeg Rotterdam weer op te bouwen, moest niets hebben van verhalen over Germaanse stammen. Hij werd later zelfs gearresteerd omdat hij het verzet had geholpen. Maar hij was ervan overtuigd dat geplande steden de toekomst hadden. En in de eerste oorlogsjaren deelden de Duitsers hun aanzienlijke deskundigheid graag met Ringers en andere Nederlandse technocraten. Dat betekende niet dat ze het altijd met elkaar eens waren. De Duitse plannen om Rotterdam opnieuw op te bouwen in monumentale fascistische stijl sloten in het geheel niet aan bij wat de Nederlanders in gedachten hadden. Ook mocht de modernisering van Rotterdam niet ten koste gaan van Duitse havensteden als Hamburg of Bremen. En daarom werden de plannen voor de wederopbouw in 1943, toen Ringers al was gearresteerd, stopgezet. Maar Ringers overleefde de oorlog, ondanks een gruwelijke tijd in een Duits concentratiekamp. Vrijwel onmiddellijk na de oorlog werd hij benoemd tot minister van Openbare Werken en verantwoordelijk voor de wederopbouw van Nederland. Ringers zou een van de belangrijkste grondleggers van het Nederlandse Nieuw-Jeruzalem worden, waarvan de blauwdrukken deels schatplichtig waren aan Karl Marx, deels aan de vooroorlogse socialistische planning en deels misschien ook iets meer aan de Duitse bezetter dan men zich wil herinneren.

De Japanners waren de allergrootste planners. In de jaren dertig en aan het begin van de jaren veertig was Mantsjoekwo, de Japanse marionettenstaat in Mantsjoerije, de best geplande kolonie ter wereld, een soort droompaleis van het Japanse pan-Azianisme. Officieel kon het natuurlijk geen kolonie worden genoemd, omdat Japan Azië zogenaamd van het westerse imperialisme bevrijdde. En omdat het Japanse Keizerrijk zich ook afzette tegen het westerse 'zelfzuchtige' marktkapitalisme, zou Mantsjoekwo niet zomaar een pseudo-onafhankelijke Aziatische staat worden, maar een toonbeeld van collectieve sociale rechtvaardigheid en egalitarisme. In feite was het niets van dat alles; de Japanse mijnen en fabrieken waren afhankelijk van Chinese slavenarbeid, en het leven van de Chinezen en de Koreanen onder het Japanse Kwantung-leger was hard. De economie werd net als alle andere zaken in de marionettenstaat strak geleid door het militair bestuur, dat daarin deskundig werd bijgestaan door de Japanse industriële bedrijven en banken die door de staat werden gesteund.

De hoofdstad van Mantsjoekwo, in het Japans Shinkyo of Nieuwe Hoofdstad, was niet veel meer dan een klein spoorwegknooppunt met de naam Changchun toen de Japanners de staat in 1932 stichtten. Vrijwel onmiddellijk begonnen teams van Japanse planologen, ingenieurs, architecten en bureaucraten van de Zuid-Mantsjoerijse Spoorwegmaatschappij en het Kwantung-leger plannen te maken voor de modernste, efficiëntste, schoonste en ordentelijkste stad in Azië, die in de 'Nieuw-Aziatische' stijl moest worden gebouwd. De blauwdruk van Shinkyo droeg het stempel van westerse invloeden – het Parijs van Haussmann, negentiende-eeuwse Britse ideeën over tuinsteden, het Duitse Bauhaus

– maar de enorme, modernistische regeringsgebouwen zouden worden getooid met oosterse daken die van verschillende Japanse tempels en Chinese paleizen waren gekopieerd.

Na vijf jaar razendsnel bouwen onder auspiciën van de staatsraad van Mantsjoekwo was in het vlakke Noord-Chinese landschap, dat de hele winter met sneeuw was bedekt, een gloednieuwe stad verrezen. Als Albert Speer een Japanner was geweest, zou dit zijn monument voor de totalitaire planeconomie zijn geweest: protserige, bureaucratische vestingen in de Nieuw-Aziatische stijl langs brede, kaarsrechte boulevards die als spaken van een gigantisch wiel naar enorme rotondes leidden.* Alles was met mathematische precisie uitgewerkt. En alles werkte, van de gestroomlijnde Zuid-Mantsjoerijse hogesnelheidstrein, de 'Azië-Express', die altijd op tijd reed, tot de doorspoeling van de wc's in de particuliere woningen, een innovatie die in de meeste huizen in Japan nog ongekend was.

Het gezicht van Mantsjoekwo was Chinees, helemaal tot aan 'Henry' Puyi toe, de decadente 'laatste keizer' van de Qing-dynastie. Achter zijn troon en achter iedere Chinese bestuurder school een Japanse marionettenspeler of 'afgevaardigde'. Het zou niet helemaal juist zijn om de Japanse heersers fascisten te noemen. Maar een groot aantal was militarist, ze waren allemaal Japanse nationalisten en velen geloofden werkelijk in het pan-Aziatische ideaal dat door de officiële propaganda werd verspreid: een nieuw Azië, geleid door Japan en vrij van westers kapitalisme en imperialisme.

Alle militaire en bestuurlijke bureaucraten waren toegewijde planners en konden ongehinderd hun gang gaan, zonder rekening te houden met democratische procedures, particuliere belangen of de wensen van de, vooral, Chinese onderdanen van Mantsjoekwo. Achter de sinistere macht van het Kwantung-leger, de moorddadige Kempeitai en een verzameling Japanse gangsters en politieke avonturiers, stond een leger hoogontwikkelde bureaucraten, managers en ingenieurs die de staat als een soort tekenbord voor een perfecte planeconomie zagen. Hun plan-

* Deze gebouwen staan er nog steeds. Hun bombastische stijl beviel de Chinese communisten goed. De overgang verliep vlekkeloos: het voormalige gebouw van het Kwantung-leger is nu het hoofdkwartier van de Communistische Partij.

nen waren verpakt in een soort imperialistische cultus rondom de goddelijke Japanse keizer en zijn keizerlijke vazal in het oude 'Zoutpaleis' in Shinkyo, de verdwaasde, ongelukkige en totaal vernederde marionettenkeizer Puyi.

Sommige Japanse planners waren duidelijk rechts in hun toewijding aan de conservatieve Japanse militaire orde; anderen waren socialisten die net als de militaristen een afkeer van het vrijemarktkapitalisme hadden. Maar zelfs de rechtse bureaucraten geloofden in Sovjetachtige vijfjarenplannen. De typische 'hervormingsbureaucraat' uit Mantsjoekwo zou het best omschreven kunnen worden als een rechts-radicaal die meer gemeen had met de communisten dan met de liberalen. Kishi Nobusuke was zo'n type. Hij was een gladde bureaucratische bestuurder die uiterlijk weinig weg had van een sterke man die over enorme aantallen industriële slaven heerste. Maar toch was hij op amper veertigjarige leeftijd een van de machtigste mannen in het Japanse Keizerrijk. Zijn opdracht was om Mantsjoekwo met de mijnbouw en de chemische en zware industrie om te toveren tot de van staatswege geleide krachtcentrale van het rijk.

Het doel van het industriële beleid was niet het maximaliseren van de winst van de bedrijven, niet in de eerste plaats tenminste, en zeker niet het bedienen van de Japanse consument, die in toenemende mate werd uitgeknepen door de oorlogsrantsoeneringen, maar het vergroten van de macht van de staat. Sommige bedrijven wisten daar goed van te profiteren. Nissan, bijvoorbeeld, verplaatste zijn hoofdkantoren in 1937 naar Mantsjoekwo, waar het bedrijf samen met de regering een nieuw conglomeraat – een zaibatsu – van industrieën en banken oprichtte en vijfjarenplannen opstelde om onder meer legervoertuigen en torpedoboten te produceren. De zaibatsu van Mitsubishi bouwde gevechtsvliegtuigen en Mitsui verrijkte zichzelf en de regering van Mantsjoekwo door de opiumhandel in China te monopoliseren. Twee belangrijke figuren in deze kwalijke handel waren Ayukawa Gisuke, de oprichter van Nissan, en Kishi Nobusuke, die zijn contacten met de onderwereld altijd zorgvuldig onderhield. Maar de belangen van de industrie, de handel en het leger vielen niet altijd samen. Zelfs Ayukawa keurde het bondgenootschap tussen Japan en nazi-Duitsland af. Oorlog met Groot-Brittannië en de Verenigde Staten was niet per se goed voor de handel, en bedrijven reageerden niet altijd vriendelijk op bemoeienissen van de bureaucraten, zelfs niet als ze van speciale belastingkortingen en subsidies konden profiteren.

Het pionierswerk van Kishi en anderen in Mantsjoekwo werd later ook in Japan zelf in de praktijk gebracht. Vanaf het begin van de oorlog in China, in 1937, tot het einde van de oorlog in de Pacific, werd de Japanse economie in feite geleid door regeringsorganen als het planbureau van het kabinet, het ministerie van Financiën en het ministerie van Handel en Industrie. De leiders van de oorlogseconomie werden gerekruteerd uit hetzelfde netwerk van hervormingsbureaucraten, strategische planners en linkse en rechtse antiliberale ideologen die Mantsjoekwo met meedogenloze efficiëntie hadden geïndustrialiseerd. De minister van Handel en Industrie was niemand anders dan Kishi Nobusuke. In 1943 werd het ministerie van Handel en Industrie omgedoopt tot ministerie van Munitie, wat beter bij de ware aard van de Japanse oorlogseconomie paste. Kishi, officieel viceminister van Munitie, bleef de oorlogseconomie nog een jaar leiden. Op 26 augustus, slechts enkele dagen na de Japanse nederlaag, werd het ministerie van Munitie op keizerlijk bevel opgedoekt en weer omgetoverd tot ministerie van Handel en Industrie.

Een van de raadselen van de Amerikaanse bezetting van Japan is dat de Amerikanen de Japanners toestonden om straffeloos zulke goocheltrucs uit te halen. 'Nooit meer' was voor de overwinnaars tenslotte ook in Japan de leidende gedachte. Ook daar zou 1945 Stunde Null zijn, het perfecte moment om tussen de ruïnes een nieuwe samenleving tot stand te brengen. Het was duidelijk dat er wel een paar mensen gezuiverd moesten worden. Kishi Nobusuke werd, net als Ayukawa Gisuke, als oorlogsmisdadiger van de hoogste categorie gearresteerd. Maar de instituties die ze in Japan hadden opgebouwd werden vrijwel ongemoeid gelaten, ook al werden de industriële voorzieningen van Mantsjoekwo systematisch door het Sovjetleger geplunderd.

Over de vraag hoe Japan nu weer precies moest worden opgebouwd, bestond veel onenigheid. In Washington overheerste de gedachte dat Japan helemaal geen zware industrie meer mocht hebben, maar zich zou moeten specialiseren in producten die beter bij zo'n exotisch oosters land pasten: speelgoed, keramische beeldjes, zijde, papier, porseleinen kommen en dergelijke. Cocktailservetjes voor de export naar de Verenigde Staten, was een van de nuttige suggesties.[28] De Japanners hadden andere ideeën. Net voordat de Amerikaanse troepen arriveerden, schreef het hoofd van de Mitsubishi-zaibatsu een brief aan een van zijn directeuren. Hij had het over 'een groot honderdjarenplan'.[29] Hoewel deze uitdrukking, die ontleend was aan de Chinese klassieken, niet letterlijk genomen moest worden, dachten de Japanners nog steeds in de eerste plaats aan planning. Een jaar later werd in een door het ministerie van Buitenlandse Zaken opgesteld rapport uitgelegd dat het tijdperk van het laisser faire voorbij was en dat de wereld 'eindelijk een tijdperk van staatskapitalisme of een periode van geleid kapitalisme was ingegaan'.[30]

Een aantal invloedrijke Amerikaanse New Dealers die waren uitgezonden om generaal MacArthur te helpen Japan om te vormen tot een vreedzame democratie dachten er min of meer hetzelfde over. Sommige eerste opzetten van hun plannen hadden door leninisten geschreven kunnen zijn. Owen Lattimore, een linkse Britse Chinadeskundige van de Johns Hopkins University, had enige tijd grote invloed. Hij was van mening dat de Aziaten meer geïnteresseerd waren in 'echte democratische praktijken, zoals ze die aan de andere kant van de Russische grens in werking kunnen zien', dan in westerse democratische theorieën die 'gepaard gaan met meedogenloos imperialisme'. De enige ware democratie in China kon men 'in communistische gebieden' vinden, meende hij.[31] Andere Chinadeskundigen binnen het ministerie van Buitenlandse Zaken hechtten veel belang aan de ideeën van Nozaka Sanzo, de leider van de Japanse communistische partij die de oorlog had doorgebracht in China, waar hij Japanse krijgsgevangenen had geïndoctrineerd. In het naoorlogse Japan zouden comités van fabrieksarbeiders en arbeidersgroeperingen de taken van de 'fascistische' bureaucraten moeten overnemen en de voedseldistributie en andere belangrijke diensten moeten organiseren. Hoewel dit specifieke idee terzijde werd geschoven, meenden de New Dealers het wel serieus met de landhervormingen en onafhankelijke vakbonden en waren ze ervan overtuigd dat de Amerikaanse bezettingsautoriteiten 'een bredere verdeling van eigendom en macht binnen het economische systeem zouden moeten bevorderen'.[32]

De New Deal voor Japan leek nogal op Attlees plannen voor Groot-Brittannië. Natuurlijk waren Attlee en de New Dealers geen communisten. Net als de meeste sociaaldemocraten waren ze juist erg tegen het communisme. De Amerikaanse bestuurders, onder wie ook de New Dealers, waren zelfs bang dat de Japanners door de economische ellende tot het andere uiterste zouden worden gebracht en gevoelig zouden blijken voor de verleiding van het communisme. Daarom moest Japan zichzelf zo snel mogelijk weer kunnen voeden, en dat hoopten ze te bereiken door de industriële capaciteit weer op te bouwen en ervoor te zorgen dat deze niet was afgestemd op militaire belangen of de hebzucht van de conglomeraten. En de beste manier om dat te bewerkstelligen was door het economische beleid in handen te geven van de Japanners met de meeste ervaring, dus van de ambtenaren die wisten hoe ze plannen voor de toekomst moesten maken, die het algemeen belang boven particuliere belangen zouden stellen, en wier idealen patriottisch en egalitair waren – kortom, in handen van de grotendeels niet-weggezuiverde bureaucraten van het ministerie van Financiën en het ministerie van Handel en Industrie.

In 1948 werd Kishi Nobusuke vrijgelaten uit de Sugamo-gevangenis, hoewel zijn zaak nooit voor de rechter gekomen was. In de gevangenis had hij contact gehouden met zijn oude vrienden uit de conservatieve politiek en de georganiseerde misdaad. Soms zaten ze bij hem in de cel. In 1949 hield het ministerie van Handel en Industrie op te bestaan. Daarvoor in de plaats kwam het ministerie van Internationale Handel en Industrie, de machtigste politieke drijfveer achter het Japanse economische wonder van de jaren zeventig en tachtig. In 1957 werd Kishi verkozen tot premier.

Toen de Koreanen op de radio hoorden dat Japan zich op 15 augustus 1945 had overgegeven, gooiden velen meteen hun Japanse oorlogsuniform weg – de lelijke boerenbroek voor de vrouwen en de wollen kaki kniebroeken voor de mannen. Duizenden mensen gingen de straat op, gekleed in traditionele witte Koreaanse kleding. Ze zwaaiden met Koreaanse vlaggen, zongen patriottische liederen en schreeuwden: 'Korea voor altijd onafhankelijk!' De straten van Seoul lagen in puin, de elektriciteit was afgesloten, er was niet voldoende voedsel, maar toch huilden de mensen van blijdschap. Voor het eerst in jaren konden ze zich in het openbaar weer als Koreanen gedragen en werden ze niet gestraft als ze niet voor afbeeldingen van de Japanse keizer bogen of weigerden een Japanse naam aan te nemen.

Aanvankelijk waren er enige misverstanden. Mensen dachten dat de Russen kwamen en daarom werd er een welkomstcomité naar het station van Seoul gestuurd. Maar de Russische bevrijders kwamen niet. Ook bij stations in andere Zuid-Koreaanse steden, zoals Taegu, Kwangju en Pusan, stonden soortgelijke comités tevergeefs te wachten en met Russische en Koreaanse vlaggen te zwaaien. Ze droegen ook spandoeken waarop hun dankbaarheid voor de hulp van de Sovjets bij het herstellen van de Koreaanse onafhankelijkheid onder woorden werd gebracht.

Anderen haastten zich naar de dichtstbijzijnde Japanse shintotempels, de belangrijkste symbolen van de koloniale onderdrukking, en probeerden ze met hamers, knuppels of zelfs hun blote handen te slopen, om ze vervolgens in brand te steken. In Pyongyang en vervolgens ook in de rest van Korea brandden de gehate tempels helder in de nacht, tot afgrijzen van de Japanners, die ze als heilig beschouwden.

En toch werd het overgrote deel van de Japanners zelf niet gemolesteerd, behalve in het noorden, waar vrouwen en meisjes van alle leeftijden door de Sovjetsoldaten als oorlogsbuit werden behandeld. In de ochtend van 16 augustus richtte de Koreaanse verzetsheld Yo Un-hyong, een vrome christen met progressieve ideeën en een voorkeur voor elegante Engelse tweedpakken, samen met andere patriotten, onder wie communisten die net uit de Japanse gevangenissen waren vrijgelaten, in Seoul het Comité voor de Voorbereiding van de Koreaanse Onafhankelijkheid op. Zijn toespraak, voor een menigte die zich op het plein bij een middelbare school had verzameld, was om twee redenen opmerkelijk. De eerste was de geest van grootmoedigheid die uit de toespraak sprak: 'Nu het Japanse volk op het punt staat het Koreaanse volk te verlaten, moeten we de oude grieven laten voor wat ze zijn en als vrienden uit elkaar gaan.' De tweede was een sterke utopistische noot: 'Laten we vergeten hoezeer we in het verleden geleden hebben. We moeten een ideale samenleving bouwen in ons land, een rationeel paradijs. Laten we het individuele heldendom terzijde schuiven en samen in een onverbrekelijke eenheid voorwaarts gaan.'[33]

De menigte zong een Koreaans volkslied, waarin de onsterfelijke liefde voor het vaderland werd uitgedrukt, op de melodie van 'Auld Lang

Syne'. Het schijnt dat sommige Japanners hierdoor de indruk kregen dat de Koreanen hartelijk afscheid namen van hun overheersers.

Een week voordat de Sovjettroepen in Pyongyang zouden arriveren, trof een even eerbiedwaardige linkse christelijke patriot, Cho Man-sik, die vanwege zijn vreedzame habitus en zijn Koreaanse gewaad de 'Koreaanse Gandhi' werd genoemd, ten noorden van Seoul, boven de '38ste breedtegraad', ook voorbereidingen voor de onafhankelijkheid. Het gevolg van Cho bestond eveneens voor een groot deel uit voormalige politieke gevangenen van de communistische partij, maar werd nog niet door hen overheerst. Zowel in het noorden als het zuiden namen Koreaanse volkscomités het al snel van de Japanse bestuurders over. De meeste leden waren communisten of gematigd linkse, meestal christelijke nationalisten.

Net als in Europa, in zowel Oost als West, had links, waaronder de communisten, vaak de beste patriottische papieren. Terwijl de conservatieve elite bij de overheid en in de handel en het hoger onderwijs al dan niet van harte uit naam van de modernisering of de vooruitgang, of uit eigenbelang, met de Japanners had gecollaboreerd, had het verzet, sinds de annexering door het Japanse Keizerrijk in 1910, altijd een sterk linkse inslag gehad. De Koreaanse opstand tegen de eigen elite en tegen de Japanners had vaak een messianistisch karakter, een mengeling van Koreaans sjamanisme en christelijke invloeden. Het marxistische verzet tegen de Japanse overheersing was in veel opzichten een moderne incarnatie van de oude boerenopstanden tegen de Koreaanse grootgrondbezitters.

Ondanks Yo Un-hyongs mooie woorden was de eenheid echter breekbaar. Ze was zelfs een zeldzaamheid in de Koreaanse geschiedenis. Het land werd al heel lang verscheurd door regionale geschillen, vooral tussen het noorden en het zuiden, en door heftige politieke ruzies. In 1945 was het niet anders. Hoewel het ideaal van zowel Cho Man-sik als Yo Un-hyong de Koreaanse eenheid was, was links verscheurd door verschillende facties en waren de communisten klaar om de macht te grijpen waar en wanneer ze maar konden. Toen Yo in het zuiden een Koreaanse Volksrepubliek stichtte, werd hij ook geconfronteerd met het gevaar van rechts, in de vorm van de Koreaanse Democratische Partij, die werd geleid door grootgrondbezitters en andere leden van de oude elite, die vaak met de Japanners hadden gecollaboreerd. Er waren ook nog verschillende Koreaanse politici in ballingschap, in China en de Verenigde Staten, die verre van verenigd waren.

Maar bijna alle Koreanen waren het, ongeacht hun politieke standpunten, over één ding eens. 'Nooit meer' betekende voor hen nooit meer overheersing door een buitenlandse machthebber. Dit zijn de strijdbare woorden uit de onafhankelijkheidsverklaring van de Koreaanse Volksrepubliek van 14 september:

> Wij zijn vastbesloten om het Japanse imperialisme, de daarvan overgebleven invloeden, antidemocratische facties, reactionaire elementen en iedere ongewenste buitenlandse inmenging in onze staat te vernietigen en onze volledige autonomie en onafhankelijkheid te vestigen, in afwachting van de verwerkelijking van een echt democratische staat.[34]

Er bestaat een woord in het Koreaans, *sadae*, dat letterlijk 'de groten dienen' betekent. Het verwijst naar de traditionele nederigheid die omringende koninkrijken zoals Korea aan de Chinese keizerlijke troon moesten tonen. In moderne tijden kreeg het woord *sadae* de betekenis 'kruipen voor willekeurig welke buitenlandse machthebber', gewoonlijk om een voordeel ten opzichte van Koreaanse rivalen te behalen. De collaborateurs met de Japanners waren schuldig aan *sadae*. In het 'rationele paradijs' dat Yo voor ogen stond zou de schande van *sadae* voor altijd zijn uitgewist.

Maar voor de Koreanen kwam dat paradijs er niet.

Toen de Amerikaanse troepen uiteindelijk enkele weken na de Japanse overgave in de zuidelijke havenstad Inchon aan land kwamen, wisten ze helemaal niets van het land en van de wensen van de bevolking. De Amerikaanse luitenant-generaal John R. Hodge had de leiding gekregen omdat hij toevallig in de buurt was, namelijk op het Japanse eiland Okinawa. Zijn politiek adviseurs wisten niet veel meer van Korea dan hij. Er was helemaal niemand die een woord Koreaans sprak. Maar ze werden met open armen ontvangen, zeker door de Koreanen. Het tijdschrift *Yank* bracht verslag uit over de 'inheemse Koreanen', die Amerikaanse jeeps, vrachtwagens en verkenningsvoertuigen met 'geschreeuw, gelach, geheven armen, buigingen en veel gejuich begroetten'.[35]

Ondanks het strenge verbod op verbroedering raakte de Japans-Amerikaanse inlichtingenofficier Warren Tsuneishi in gesprek met een meneer Kim, de baas van een hotel in Seoul. Meneer Kim zei: 'En wij moeten u danken voor onze bevrijding. Diep, diep dank ik u. U hebt zoveel geleden om ons te bevrijden en ons onafhankelijk te maken.' Er welden tranen op in de ogen van meneer Kim, waardoor Tsuneishi zich enigszins ongemakkelijk voelde.[36]

Tegen die tijd hadden de Amerikanen al hun eerste blunder begaan. Voordat hij ook maar van boord van zijn schip was gekomen, ontving luitenant-generaal Hodge het verzoek om Yo Un-hyongs broer Yo Un-hong te ontvangen, een gematigde figuur die de voorlopige Koreaanse regering vertegenwoordigde. De luitenant-generaal, die vermoedde dat het hier om een streek van de Japanners of de communisten ging, weigerde hem te woord te staan. De volgende dag kondigde Hodge in Seoul aan dat de Japanse gouverneur en zijn volledige bestuur tot nader order in functie zouden blijven. De Koreanen waren woedend en gingen massaal de straat op om tegen deze belediging te protesteren. Het Amerikaanse ministerie van Buitenlandse Zaken was in verlegenheid gebracht en verklaarde snel dat de Japanners toch niet meer de leiding in handen hadden. De Amerikanen zouden de zaken wel regelen. Maar omdat de Amerikanen nog over onvoldoende troepen beschikten, kregen de Japanners het bevel om toch nog even op hun plek te blijven.

Yank beschreef de Japanse overgaveceremonie als volgt: 'Voor het paleis van de Japanse gouverneur in Seoul werd een korte terugtrekkingsceremonie gehouden rond de vlaggenmast. Het 184ste vormde een hol vierkant van geüniformeerde soldaten en het 7de speelde "Americans we". De jappenvlag werd neergehaald, even aan de onvermijdelijke fotografen getoond en vervangen door de Amerikaanse vlag terwijl het muziekkorps het Amerikaanse volkslied speelde.' Vervolgens 'marcheerden [de Amerikaanse troepen] de poorten van het paleis uit. De *brengers van gerechtigheid* die door de Koreanen in hun oude Land van de Drie Koninkrijken waren verwelkomd, waren aan hun bezettingstaken begonnen.'[37]

Hoewel het Russische Rode Leger Korea boven de 38ste breedtegraad bezette, lieten de Sovjets hun macht niet zo duidelijk gelden. Een woordvoerder van de Sovjets vertelde een Amerikaanse verslaggever dat de Russen de Engelsen en de Amerikanen wel mochten omdat ze 'op ons lijken'. Maar, vervolgde hij, 'we hebben een hekel aan de Koreanen. We blijven tot er een geschikte, stabiele regering is geïnstalleerd en dan vertrekken we.'[38] Luitenant-generaal Hodge had trouwens ook een hekel aan de Koreanen. Hij beschouwde hen in het algemeen als 'slecht opgeleide Aziaten die sterk waren aangetast door veertig jaar bestuur van de jappen [...] en met wie je bijna onmogelijk een redelijk gesprek kunt voeren.'[39]

De Sovjets hielden zich aan hun woord, maar hun idee van een geschikte, stabiele regering kwam bepaald niet overeen met dat van patriotten als Yo Un-hyong of Cho Man-sik. Noord-Korea werd eerst geregeerd door Koreaanse Volkscomités. Er werden volksrechtbanken opgericht om collaborateurs en 'reactionaire elementen' te zuiveren. Bestuurders van de koloniale regering werden afgezet, soms met grof geweld. Koreaanse grootgrondbezitters en anderen die weinig te verwachten hadden van het revolutionaire beleid dat door de Sovjetbestuurders werd gesteund, trokken snel naar het zuiden. Cho Man-sik was nog steeds de leider van het Politieke Volkscomité, maar dit centrale orgaan had maar weinig macht over de regionale comités. En het was ook niet bij machte om de Sovjets tegen te houden toen ze de Japanse fabrieken begonnen te ontmantelen en te plunderen.

In het zuiden begonnen de Amerikaanse militaire autoriteiten, die in tegenstelling tot de Sovjets wel een eigen regering installeerden, aan een beleid dat de Verenigde Staten bij vele gelegenheden zouden toepassen wanneer ze weer eens beter meenden te weten hoe een bepaald volk zichzelf moest regeren. Deels uit onwetendheid, deels uit een niet altijd ongegrond wantrouwen over de bedoelingen van de communisten, steunde het Amerikaanse militaire bestuur op conservatieve leden van de Koreaanse elite die Engels spraken of, nog beter, aan Amerikaanse instellingen waren opgeleid. Als leider van de toekomstige Koreaanse regering vlogen ze een man in vanuit de Verenigde Staten, die niet alleen onmiskenbaar een nationalist was, maar er ook ferme anticommunistische standpunten op nahield: Syngman Rhee, een christen die aan Harvard en Princeton had gestudeerd. Rhee was niet geheel onbekend in Korea, maar hij had er ook niet bepaald een grote aanhang. Hoewel hij, toen hij in de Verenigde Staten in ballingschap was, door Amerikaanse regeringsfunctionarissen als een lastpak werd beschouwd, vond een dame van de paspoortenafdeling van het ministerie van Buitenlandse Zaken Rhee 'een aardige patriottische oude heer'. Op grond van haar mening, en Rhees anticommunistische achtergrond, besloot men dat hij er wel mee door kon. Op 11 oktober werd Rhee weer welkom geheten in zijn geboorteland door luitenant-generaal Hodge, die hem roemde als 'een groot man die zijn leven heeft gewijd aan de vrijheid van Korea'.[40]

Drie dagen later vond in Pyongyang een vergelijkbaar tafereel plaats toen een betrekkelijk obscure Koreaanse guerrillastrijder, een gedrongen man van in de dertig met een bloempotkapsel die het grootste deel van de oorlog in een militair trainingskamp van de Sovjets in de buurt van Chabarovsk had doorgebracht, door de hoogste Sovjetbevelhebbers als 'een nationale held' en 'een uitmuntende guerrillaleider' werd onthaald. Er waren zeventigduizend mensen op de been gebracht om eer te bewijzen aan 'generaal Kim Il-sung', die, in zijn hoedanigheid van 'vertegenwoordiger van het dankbare Koreaanse volk', een lofzang op het Rode Leger hield die door zijn Sovjetleermeesters was geschreven.[41]

Precies een week later was de eerste glimp van een Kim Il-sung-cultus al in een krant uit Pyongyang te lezen: een beschrijving van de heldendaden die al snel deel zouden uitmaken van een quasireligieuze liturgie waarin hulde werd gebracht aan allerlei goddelijke ingrepen die op het Koreaanse schiereiland hadden plaatsgevonden en waarin het messianisme van evenzovele politieke bewegingen uit het Koreaanse verleden weerklonk. In december nam Kim het leiderschap van de Noord-Koreaanse Communistische Partij over. Maar het centrum van de Koreaanse politiek bevond zich nog steeds in het zuiden. Er was nog steeds geen sprake van twee onafhankelijke Koreaanse naties.

De Koreanen, die zich altijd bewust waren van de geschiedenis van sadae in hun land, hadden op dat moment genoeg redenen om zich zorgen te maken. In november 1945 dineerde Donald Keene, die nog in de Chinese stad Tsingtao gestationeerd was, op een avond met enkele Koreanen. Voor de verandering, schreef hij in een brief, was er geen ruzie over de Koreaanse onafhankelijkheid. 'Het enige gespreksonderwerp dat tot onenigheid leidde, waren de Russisch-Amerikaanse betrekkingen.' Keene vond het 'heel moeilijk' om zijn Koreaanse vrienden ervan te overtuigen dat 'Amerika en Rusland geen onenigheid hebben en in een wereld van vrede met elkaar kunnen omgaan'. Deze Koreanen, legde hij uit, hadden 'strenge straffen [van de Japanners] getrotseerd door tijdens de oorlog naar Amerikaanse kortegolfuitzendingen te luisteren', en daarom waren ze van mening dat de Verenigde Staten hun land tegen de Russen zouden moeten helpen. Met enig ongeduld merkte Keene op: 'Van een oplossing op basis van samenwerking kan volgens hen geen sprake zijn. In Korea zien ze slechts twee facties die er beide naar streven om alles te winnen; samenwerking zouden zij in zo'n geval als verraad beschouwen.'[42]

Ze hadden gelijk, er zou inderdaad door buitenlandse machthebbers over het lot van de Koreanen worden beslist. Maar er waren veel meer dan twee facties. Tijdens een conferentie van ministers van Buitenlandse Zaken in Moskou in december leek het er in eerste instantie op dat Keenes optimisme gerechtvaardigd was en dat de Verenigde Staten en de Sovjet-Unie overeenstemming zouden bereiken. Korea zou onder voogdij komen te staan van een gezamenlijke commissie bestaande uit Amerikaanse en Russische militaire bevelhebbers. De Verenigde Staten en de Sovjet-Unie zouden de Koreanen helpen om een voorlopige regering te vormen en het land met de hulp van Groot-Brittannië en China naar de volledige onafhankelijkheid leiden. Deze onderneming zou wel vijf jaar kunnen duren.

Het kostte de Sovjets niet veel moeite om hun Koreaanse bondgenoten in het Noorden ervan te overtuigen dat ze deze regeling moesten steunen. Met andersdenkenden werd snel afgerekend. Cho Man-sik protesteerde omdat hij een voogdijraad naar nog meer koloniale inmenging in Koreaanse aangelegenheden vond rieken en werd snel onder huisarrest geplaatst. Het huisarrest werd later gevangenisstraf en zo rond de Koreaanse Oorlog was hij voorgoed verdwenen.

De toestand in het Zuiden was warriger. Bijna alle Zuid-Koreanen waren tegen een voogdijraad, hetzij om nationalistische redenen, hetzij om politieke redenen; de conservatieven wilden niets van inmenging van de Sovjets weten. Ze zagen niet in hoe leden van de Koreaanse Communistische Partij zitting konden nemen in een nationale regering. De conservatieven ontbrak het echter aan steun onder de bevolking. De linkse Koreaanse Volksrepubliek had nog altijd meer patriottische geloofwaardigheid, ondanks Amerikaanse pogingen om deze te onderdrukken.

Maar de kwestie van het voogdijschap zou hun ondergang blijken.

Toen een coalitiepoging van linkse en conservatieve politici mislukte, begon links steeds meer te voelen voor een voogdijraad. Hierop volgde chaos: weer een andere verbannen nationalist, die bekendstond als 'de sluipmoordenaar', probeerde een coup te plegen, maar die werd verijdeld; arbeiders gingen in staking om tegen het Amerikaanse militair bestuur te protesteren. En de conservatieven van Syngman Rhee presenteerden zich als de ware patriotten en bestempelden de linkse politici als marionetten van de Sovjets – sadae, kortom. De Amerikanen steunden natuurlijk Rhee en verkondigden nu dat het voogdijschap al vanaf het begin een Russisch complot was geweest en dat Zuid-Korea onder welwillend toezicht van de Verenigde Staten zijn eigen conservatieve regering zou moeten installeren – iets wat omschreven zou kunnen worden, en in de daaropvolgende jaren door de restanten van links ook omschreven werd, als weer een vorm van sadae.

En zo werd de Koreaanse Volksrepubliek tot de ondergang gedoemd. Wat volgde was een tragedie. Het land zou daadwerkelijk in tweeën worden gedeeld, met Kim Il-Sung als leider van de voorlopige regering van de Communistische Partij in Noord-Korea en Rhee die de macht in het Zuiden in handen had. Keenes Koreaanse vrienden in Tsingtao bleken al snel meer gelijk te hebben dan ze hadden kunnen voorzien. De afgrijselijke Koreaanse Oorlog, die na een invasie vanuit het Noorden in 1950 begon, eindigde in een impasse, nadat meer dan twee miljoen burgers waren gedood. Seoul, dat de Tweede Wereldoorlog min of meer intact had overleefd, lag in puin, net als Pyongyang in het Noorden. Het Noorden bleef geleid door de tirannieke quasi-imperialistische Kim-dynastie, en het Zuiden kreeg tientallen jaren een militair bewind te verduren.

In Zuid-Korea kwam op het hoogtepunt van de Koude Oorlog, in 1961, na een staatsgreep een felle anticommunist aan de macht. De Zuid-Koreaanse economie groeide snel, dankzij het Japanse model uit de oorlogstijd: een planeconomie onder een militair bewind, die werd aangejaagd door de Koreaanse zaibatsu, in nauwe samenwerking met de regering. De sterke man in kwestie was in 1942 als een van de beste studenten afgestudeerd aan de Militaire Academie van Mantsjoekwo in Shinkyo en was luitenant in het Japanse Kwantung-leger geweest. In 1948 werd hij uit het Zuid-Koreaanse leger verwijderd omdat hij had deelgenomen aan een complot tegen Syngman Rhee. Tijdens de oorlog was zijn Japanse naam Takagi Masao. Zijn echte naam was Park Chunghee. Een van zijn belangrijkste bondgenoten was Kishi Nobusuke, een medeveteraan uit de marionettenstaat Mantsjoekwo. En zijn dochter kreeg in 2012 in Zuid-Korea het heft in handen.

Het is het lot van utopische dromen om op de vuilnisbelt van gebroken illusies te eindigen. Maar ze eindigen niet allemaal op dezelfde manier. Het Nieuwe Jeruzalem in Groot-Brittannië liep stuk op wat John Maynard Keynes, de grootste econoom van zijn tijd, een 'financieel Duinkerken' noemde. Keynes had gehoopt dat Groot-Brittannië in elk geval tot het einde van 1945 zou kunnen profiteren van Amerikaanse steun – een doorlopende toevoer van goederen tegen bijzonder gunstige voorwaarden onder de Lend-Lease-wet. Dan zou de regering nog enige tijd hebben om een faillissement af te wenden. Als die steun zou uitblijven was het moeilijk om nog ergens geld vandaan te halen om het bijna catastrofale tekort op de betalingsbalans weg te werken en zou het al helemaal onmogelijk worden om de socialistische dromen van Groot-Brittannië te betalen. Keynes hoopte vurig dat 'de Japanners ons niet teleur zullen stellen door zich te snel over te geven'.[43]

Die hoop ging op in de rook van Hiroshima en Nagasaki, verwoestingen die aanleiding gaven tot de volgende notitie in het dagboek van Harold Nicolson, waarin hij de reactie van zijn vrouw Vita Sackville-West beschrijft: 'Viti is helemaal opgewonden over de atoombom. Ze denkt, en terecht, dat dit het begin van een heel nieuw tijdperk is.'[44]

De oorlog van Japan was in augustus voorbij.

De ellende van alle economische beperkingen, de rantsoenering die in Groot-Brittannië langer doorging dan in andere Europese landen, de eindeloze rijen voor povere dienstverlening, de onversneden somberheid van het leven en de naoorlogse vermoeidheid en dan nog het besef dat Groot-Brittannië niet alleen zijn schatkist had leeggemaakt, maar ook snel zijn positie als grootmacht in de wereld aan het verliezen was, het droeg er allemaal toe bij dat alle optimisme snel verdween. Er werden nog steeds plannen opgesteld – voor sociale woningbouw, onderwijs, cultuur, gezondheidszorg en volledige werkgelegenheid – maar het was triest gesteld met de financiën van het land en het enthousiasme van 1945 was snel vervlogen. Twee jaar na de overwinning op Duitsland en Japan schreef Labour-minister Hugh Dalton in zijn dagboek: 'Nooit meer een zonnig, zorgeloos begin van de dag.'[45]

In 1951 was Winston Churchill terug als premier. Labour moest nog dertien jaar wachten op een tweede kans om te regeren, ditmaal onder Harold Wilson, die in het kabinet van Attlee al minister van Handel en Industrie was geweest.

Zo ging het ook ongeveer in andere West-Europese landen, waar de stabiliteit en continuïteit – in zekere zin dus het normale leven – die de christendemocraten beloofden het revolutionaire elan van links overschaduwden. In 1958 kwam er in Nederland een einde aan de rooms-rode kabinetten onder leiding van Willem Drees. Generaal De Gaulle kwam weer aan de macht in Frankrijk en zette zijn plannen voor staatkundige hervormingen door, waardoor de grondwet voor de Vijfde Republiek in 1958 van kracht werd. De quasihegemonie van de Italiaanse christendemocraten nam een aanvang in 1948, vooral dankzij de Amerikaanse anticommunistische propaganda en financiële steun. De eerste sociaaldemocratische regering in West-Duitsland werd pas in 1969 gekozen. In Oost-Duitsland zagen de sociaaldemocraten hun droom om samen met de communisten een beter antifascistisch Duitsland op te bouwen al voor de stichting van de Duitse Democratische Republiek in 1949 instorten. De Duitsers die in de Russische zone woonden, weigerden halsstarrig om de Communistische Partij te steunen en gaven in 1945 de voorkeur aan de sociaaldemocraten. Daarom dwongen de Sovjetautoriteiten de Oost-Duitse sociaaldemocraten het daaropvolgende jaar te fuseren met de Communistische Partij, die hen snel opslokte.

Je zou de Koude Oorlog de schuld kunnen geven van de ondergang van niet-communistisch links in Korea en in Japan, dat precies één jaar een socialistische regering had, van 1947 tot 1948. De Amerikaanse bezettingsautoriteiten in Oost-Azië waren misschien onbeholpen, en vaak ook conservatief, maar de Sovjet-Unie was net zozeer verantwoordelijk voor de ondergang van de gematigd progressieve partijen. In de landen waar de Sovjet-Unie de macht had, zowel in Noord-Korea als in Oost- en Midden-Europa, werden de socialisten weggevaagd.

Stalin stemde ermee in om geen revoluties op te stoken in de Amerikaanse invloedssfeer; de Franse en Italiaanse communisten kregen te horen dat ze hun dromen om de macht te grijpen moesten vergeten. De Italiaanse communistenleider, Palmiro Togliatti, was een tamelijk gematigde figuur die gewelddadige confrontaties met de conservatieven uit de weg ging, hoewel rechts nog steeds besmet was met de erfenis van Mussolini. Maar de Verenigde Staten en hun behoudende bondgenoten, in Oost en West, stonden zo wantrouwend tegenover de communistische bedoelingen dat ze al het mogelijke deden om links van de macht te houden. Dat was vooral het geval in landen aan de frontlinie van de Koude Oorlog, en dat waren nu juist Duitsland, Italië en Japan. Vanaf het einde van de jaren veertig moest Japan, net als West-Duitsland, worden omgevormd tot een bastion tegen het communisme. Het enthousiasme van de New Deal van 1945 verdween snel terwijl de herbewapening, de industriële ontwikkeling, optredens tegen vakbonden, 'rode zuiveringen' binnen het ambtenarenapparaat en het onderwijs en de actieve steun aan conservatieve politici, die soms nog maar kort daarvoor als oorlogsmisdadigers berecht zouden worden, het nieuwe beleid werden. Deze zogenaamde tegengestelde koers van de Amerikaanse autoriteiten, die aan het begin van de bezetting links hadden gesteund, zou altijd als verraad van het idealisme van 1945 worden gezien.

En toch was Hugh Dalton iets te pessimistisch geweest toen hij treurde om het einde van het 'zonnige, zorgeloze begin van de dag'. De euforie van de bevrijding was misschien weggeëbd, maar veel van de instituties die tijdens dat zonnige, zorgeloze begin waren opgericht werden niet zo snel meer ontmanteld; sommige bestaan zelfs, in voor- en tegenspoed, tot op de dag van vandaag. Noch de conservatieve regeringen in Groot-Brittannië, noch de christendemocratische partijen in Europa hebben serieuze pogingen ondernomen om de grondbeginselen van de Europese verzorgingsstaat, die door vooroorlogse planners en idealistische verzetsleden waren ontworpen, onderuit te halen. Onder de Conservatieve Partij van Churchill werden er zelfs meer sociale woningen opgeleverd dan onder Attlees Labour-partij. Veel christendemocraten stonden bijna even argwanend tegenover het laisser faire als de socialisten. De West-Europese welvaartsstaat begon pas in de jaren zeventig roestplekken te vertonen en liep pas een decennium later, vooral in het Groot-Brittannië van Margaret Thatcher, ernstige deuken op. De economieën van Japan en die van Zuid-Korea worden nog steeds, zelfs vergeleken bij die op het Europese vasteland, strak geleid door overheidsplanners.

Maar het belangrijkste monument van de naoorlogse planning is toch Europa zelf, of liever de Europese Unie, die aan alle kanten rammelt, maar nog steeds overeind staat. In 1945 geloofden de meeste mensen in de Europese eenheid als een hooggestemd ideaal. Het had de katholieken, geïnspireerd door echo's van het Heilige Roomse Rijk, altijd al aangesproken. Fransen en francofielen zagen Europa als het centrum van de westerse beschaving dat, met als hoofdstad Parijs, het hoofd zou kunnen bieden aan het rauwe materialisme van de Verenigde Staten. Socialisten en andere economische planners voelden zich aangetrokken tot Brussel als de hoofdstad van een nieuwe technocratie. Maar bovenal zou een verenigd Europa ervoor zorgen dat de Europeanen nooit meer oorlog met elkaar zouden voeren. In die zin heeft het idealisme van 1945 tot dusverre tenminste zijn doel bereikt.

8. De bruten beschaven

In 1943 schreef Noel Coward het liedje 'Don't let's be beastly to the Germans', dat aanleiding gaf tot enkele misverstanden. Het werd korte tijd verboden door de BBC omdat het te veel medeleven met de vijand leek te tonen:

Don't let's be beastly to the Germans
When our victory is ultimately won,
It was just those nasty Nazis
Who persuaded them to fight,
And their Beethoven and Bach
Are really far worse than their bite!

Maar zoals Coward zorgvuldig uitlegde voordat hij het nummer op het podium ten gehore bracht, was het venijn gericht op 'een kleine minderheid van filantropen die naar mijn mening een iets te tolerante mening over onze vijanden hebben'.

Het is misschien overdreven te zeggen dat de geallieerde bezetting van Duitsland en Japan geheel in de geest van dergelijke filantropen werd uitgevoerd, maar al te overdreven is het niet. Wat uniek was, was dat de bezettingsmachten geen wraak namen, maar oprechte pogingen deden de voormalige vijanden een heropvoeding te geven, om hen te beschaven, om harten en hoofden te veranderen. Het doel was om dictaturen in vreedzame democratieën te veranderen, opdat ze nooit meer een oorlog zouden beginnen.

Aanvankelijk werden er, vooral in Washington, wel plannen bedacht om de voormalige vijanden te straffen en onschadelijk te maken door het vernietigen van alle productiemiddelen die deze landen nodig hadden om weer moderne, industriële naties te worden. Zoals gezegd was er het plan-Morgenthau, vernoemd naar Henry Morgenthau, de minister van Financiën onder president Roosevelt, die de Duitse industrie wilde ontmantelen, het land in kleine stukken wilde verdelen en de Duitsers wilde reduceren tot een pastoraal volk dat nauwelijks meer een stok had om zich te verdedigen. Soortgelijke ideeën waren er ook voor Japan.

Deze plannen liepen op niets uit en werden vervangen door de drie D's: Demilitarisering, Denazificatie en Democratisering. De derde D bracht ook heropvoeding met zich mee. Men wilde niet alleen de gedragspatronen die door de militaristische en dictatoriale regimes waren gepropageerd en afgedwongen veranderen, maar ook de manier van denken, het 'volkskarakter', door invloed uit te oefenen op de geest van de veroverde volkeren. Een instructiefilm getiteld *Our Job in Japan*, die door het Amerikaanse ministerie van Oorlog was geproduceerd, gaf nauwkeurig aan waar het probleem gelokaliseerd moest worden. 'Ons probleem,' zegt de verteller terwijl er een Japanse schedel in beeld verschijnt, 'bevindt zich in de hersenen in het Japanse hoofd.' Aan het einde van de film vat hij de missie samen: 'We zijn hier om de Japanse hersenen duidelijk te maken dat we vanaf nu voor altijd genoeg hebben van deze bloedige, barbaarse toestanden.'[1]

Het bekeren van vreemde volkeren is een strategie die tot de beschavingspogingen van de Romeinen kan worden teruggevoerd. Er wordt ook wel beweerd dat het is voortgekomen uit de overtuiging uit de Verlichting dat de menselijke natuur rationeel is en met de juiste opvoeding kan worden omgevormd. Sommige mensen grijpen terug op de kolonisatiestrategieën, zoals de *mission civilisatrice*. Of de zendingsdrang van het christendom. Of de scholing van immigranten die daardoor in goede Amerikaanse burgers veranderen. Ook geloofde men in Groot-Brittannië in de karaktervorming zoals die op victoriaanse kostscholen werd ontwikkeld, met sportieve heren die hun klassieken kenden als resultaat. Heropvoeding werd ook gezien als een verlengstuk van de psychologische oorlogvoering, het militaire gebruik van propaganda.

Al in 1939 verscheen er in het tijdschrift *Punch* een gedicht van A.P. Herbert, waarin werd gesuggereerd dat een heropvoedingsprogramma noodzakelijk was:

We hebben geen ruzie met de Duitse natie
Je maakt geen ruzie met een goedgelovig schaap

Maar bij elke nieuwe generatie
Verstoort een nieuwe leider onze slaap...

We hebben geen ruzie met de Duitse natie
We bemoeien ons echt niet met hun zaken
Maar misschien dat een grote operatie
(aan hoofd en hart) er ooit een einde aan kan maken.

Terwijl de menigtes op 8 mei de overwinning nog aan het vieren waren, verscheen de volgende brief in *The Times*. Hij was geschreven door een man die grote invloed zou hebben op het heropvoedingsbeleid in het bezette Duitsland, Robert Birley, het hoofd van Charterhouse, de beroemde kostschool. 'Het begint duidelijk te worden,' schreef hij, 'dat de heropvoeding van Duitsland door de geallieerden niet alleen een vroom ideaal is, maar ook een onontkoombare plicht.' Het probleem met de Duitsers was, zoals ook A.P. Herbert in zijn gedicht al had gesuggereerd en zoals de meeste mensen in die tijd geloofden, dat ze al meer dan een eeuw 'de fatale neiging hadden om iedere regering te accepteren die hun de moeite uit handen nam om zelf beslissingen te nemen'. Ze waren, naar Birleys mening, schapen geworden die als gemilitariseerde robots altijd achter een leider aan liepen en geen individualiteit meer bezaten.

Birley wierp vervolgens een andere, interessantere stelling op, die het militair gezag van de bezettingsmacht uiteindelijk niet kon bekoren, namelijk dat heropvoeding alleen resultaat zou opleveren als die gebaseerd was op de nationale traditie. Duitsland moest niet als een tabula rasa behandeld worden; Duitsers moesten ervan overtuigd worden 'dat ze zelf zo'n traditie hebben waarop een fatsoenlijke samenleving gebaseerd kan worden, al is die nu volkomen vergeten. Ooit was er het Duitsland van Goethe, een land dat de jonge Meredith bezocht omdat het een land van vrijdenkers was, een land met universiteiten die Amerikanen zoals [de historicus] George Bancroft inspireerden.'

Birleys ideeën waren zeker populair onder Duitsers die ernaar verlangden om de bruine jas van het hitlerisme van zich af te werpen en zich in de roem van Goethe, Kant en Beethoven te hullen. Als heropvoedingsadviseur van het Britse militair gezag van Duitsland hielp Birley in 1945 bij het opzetten van bibliotheken, die ruim voorzien waren van geschikte

Engelse en Duitse literatuur, en van centra voor volwassenenonderwijs, Die Brücke, waar intellectuele en culturele uitwisselingen tussen Groot-Brittannië en Duitsland bevorderd werden. Helaas stuitte dit project na een veelbelovend begin op verzet van Britse functionarissen, die soms erg vreemde ideeën hadden. Alleen als 'het bloed op grote schaal met dat van andere nationaliteiten werd vermengd' zou de Duitse ziekte kunnen genezen, was zo'n idee.[2] Een andere fanaticus uit het middenkader stelde voor om alle ex-nazi's en hun gezinnen naar een eiland in de Noordzee te verbannen. Birley antwoordde met gepast sarcasme dat hun kinderen onschuldige klasgenoten met nazistische ideeën zouden kunnen besmetten als ze op het vasteland naar school gingen. Net als het plan-Morgenthau werd dit idee snel naar de schroothoop verwezen.

Een serieuzer punt van kritiek op Birleys plannen om het beste van de Duitse cultuur te doen herleven was dat de Britse cultuur daarmee niet bevorderd werd. Generaal Brian Robertson, Birleys directe superieur en toevallig ook een voormalig leerling van Charterhouse, concludeerde dat het militair gezag beter tegen kritiek op het beleid in Duitsland beschermd moest worden. Volgens een andere generaal was er onvoldoende 'projectie' van de 'Britse beschaving' en 'promotie van het Britse beleid'.[3] Birley nam ontslag en ging terug naar Engeland.

De autoriteiten in de Amerikaanse zone waren aanvankelijk meer geneigd te straffen dan op te voeden. Er werd meer aandacht besteed aan zuiveringen van leraren die van nazistische smetten werden verdacht, dan aan het omvormen van de Duitse geest. Sommige Duitsers die hun ballingschap in de Verenigde Staten hadden doorgebracht wezen de Amerikaanse autoriteiten erop dat heropvoeding nutteloos zou zijn. De schrijver Alfred Döblin zei: 'Het is bijna hopeloos om de Duitsers op te voeden omdat de meerderheid van de beroepsbevolking nazi is.' Zijn vriend Lion Feuchtwanger, een even beroemde Duitse schrijver, was ervan overtuigd dat er 'drie miljoen nazi's moeten worden gearresteerd of gedood, of verbannen naar een plek waar ze dwangarbeid moeten verrichten'.[4] Anderen meenden dat het even misplaatst was om Duitsers te leren om betere mensen te worden als om bavianen enige beschaving bij te brengen.

Toch werd het officiële standpunt van de geallieerden in de Verklaring van Potsdam duidelijk onder woorden gebracht: 'Het Duitse onderwijs zal worden gereorganiseerd teneinde nazistische en militaristische opvattingen volledig uit te roeien en de succesvolle ontwikkeling van democratische denkbeelden mogelijk te maken.'[5] De plannen voor Japan klonken minder hardvochtig, of in elk geval minder betuttelend: 'De Japanse regering moet alles uit de weg ruimen wat de herrijzenis en versteviging der democratische tendensen in het Japanse volk belemmert. Vrijheid van meningsuiting, van godsdienst en van denken benevens eerbied voor de grondrechten van de mens dient te worden verwezenlijkt.' Dat verschil in toon is moeilijk te verklaren, vooral in het licht van wat er precies tijdens de geallieerde bezetting gebeurde, en dat was in Japan een stuk radicaler dan in Duitsland.

En toch had men het idee dat de Duitse heropvoeding (een begrip waaraan Birley trouwens een hekel had en dat hij liever door het eenvoudige 'opvoeding' wilde vervangen) minder ingewikkeld was dan de heropvoeding van de Japanners. Duitsland maakte per slot van rekening nog deel uit van de westerse beschaving en was overwegend christelijk. En het was het land van Goethe en Kant. De grondslagen waren in elk geval in orde. Wat er gebeuren moest, was de nazistische ideologie en het 'pruisianisme' vernietigen. Als er werd gedenazificeerd en gedemilitariseerd was het Duitse probleem al voor een groot deel opgelost. En daartoe moest de Duitse schuld aan recente misdaden worden benadrukt door de verspreiding van films als *Nazi Concentration Camps*, geproduceerd in opdracht van het Amerikaanse leger, of *Death Mills*, waarin de volgende zin werd uitgesproken:

> Dit is een typisch Duitse stal in Gardelegen. Er werden elfhonderd mensen in samengedreven en levend verbrand. Mensen die er in hun paniek in slaagden naar buiten te komen werden meteen neergeschoten. Welke onmensen deden zulke dingen?[6]

Deze films waren niet erg populair in Duitsland. Mensen weigerden ernaar te kijken of deden ze af als propaganda. In 1945 zat Günter Grass als zeventienjarige in een Amerikaans krijgsgevangenenkamp, nadat hij kort bij een ss-Panzer-Division had gediend. Samen met zijn medegevangenen kreeg hij onderricht van een Amerikaanse *education officer* 'die altijd vers gestreken overhemden droeg'. Ze kregen de foto's te zien van Bergen-Belsen en Buchenwald, de bergen lijken en de levende skeletten. En ze geloofden er helemaal niets van: 'Onze zinnen herhaalden zich: "En dat hebben zogenaamd Duitsers gedaan?" "Het is onmogelijk dat Duitsers dat gedaan hebben." "Zoiets doen Duitsers niet." Tegen elkaar zeiden we: "Propaganda. Dit is allemaal alleen maar propaganda." '[7]

De discussiegroepen die door goedbedoelende Amerikaanse functionarissen werden georganiseerd, waren vaak even nutteloos. Ernstige voordrachten over 'hoe de democratie in Amerika werkt' trokken niet altijd genoeg publiek omdat ze in het Engels werden gehouden en omdat onderwerpen als 'de nazistaat' op weerstand stuitten: *wir haben es nicht gewußt*, Hitler heeft ook veel goede dingen gedaan, enzovoort.[8] Als de education officer in het kamp van Günter Grass tegen de Duitsers een preek hield over de verschrikkingen van het racisme, brachten de krijgsgevangenen hem in verlegenheid met vragen over de behandeling van de 'niggers' in de Verenigde Staten.

Hongerige mensen hadden ook wel andere zaken aan hun hoofd nu de winter in aantocht was. Hans Habe, een Hongaars-Amerikaanse journalist die de opdracht had gekregen om kranten op te zetten in het naoorlogse Duitsland, merkte op: 'Het idee dat het land zou terugblikken, vragen zou stellen en berouw zou hebben, was verzonnen door een veroveraar. [...] De mensen vroegen zich alleen maar af hoe ze hun maag moesten vullen en hun kachel warm moesten stoken.'[9] Habe, die Joods was en in een concentratiekamp had gezeten, had geen reden om bijzonder warme gevoelens voor de Duitsers te koesteren.

Het was ook niet per se gemakkelijk de bevolking uit te leggen wat de zegeningen van de democratie waren. In een artikel in het tijdschrift *Yank* met de titel 'Heropvoeding van Duitsland' staat een fascinerend interview met Ernst, een tienjarige schooljongen uit Aken. Toen hem gevraagd werd of hij wist dat de Duitse legers allemaal verslagen waren, antwoordde hij: 'De Amerikanen hadden veel geweren en veel Joden.' Volgende vraag: 'Heeft iemand je iets over democratie verteld?' Antwoord: 'De leraren hebben het erover.' En was hij dan geïnteresseerd in wat hij over democratie hoorde? Antwoord: 'Zingen klinkt leuker.'[10]

Aken, de oude hoofdstad van Karel de Grote in het hart van Europa, was de plek waar de geallieerden met de heropvoeding van Duitsland begonnen, niet om sentimentele historische redenen, maar omdat het de eerste Duitse stad onder geallieerde bezetting was. Na de bombardementen stonden er nog maar weinig scholen overeind. Van de honderdzestigduizend inwoners van voor de oorlog waren er nog maar veertienduizend over. Vijfentachtig procent van de stad lag in puin. De fraaie vroegmiddeleeuwse kathedraal waar Karel de Grote begraven ligt, bleef wonderbaarlijk genoeg ongeschonden. Maar de 'oorlog van bommen' had volgens *Yank* nu 'plaatsgemaakt voor een nieuwe oorlog van ideeën. De poging om jonge Duitsers te devandaliseren is een experiment dat de hele wereld zal volgen'.

Majoor John P. Bradford zei als vertegenwoordiger van het Amerikaanse militair bestuur tegen de Duitse gemeenteambtenaren die niet gezuiverd waren dat hun een grote kans geboden werd: 'Jullie zullen toestemming krijgen om les te geven aan de Duitse jeugd en hun een heropvoeding te geven, opdat ze zich afwenden van de verdorvenheid van het nazisme.'[11]

Het eerste probleem was een gebrek aan geschikte leraren; de mannen die indertijd waren ingelijfd door het leger waren ofwel dood, of zaten als krijgsgevangenen vast aan de verschillende fronten, of ze waren naar huis gestuurd omdat ze nazi waren. Stephen Spender vroeg een groep schoolkinderen in Hamburg wat ze op school leerden. Latijn en biologie, antwoordden ze. En verder niets? 'Nee,' antwoordden ze, 'want weet u, de leraren geschiedenis, aardrijkskunde, Engels en wiskunde zijn allemaal gezuiverd.'[12]

Het volgende probleem waren de schoolboeken. Tijdens de bombardementen was er veel vernietigd en de boeken die bewaard gebleven waren, waren vaak ongeschikt: boeken waarin de Führer en zijn Herrenvolk werden verheerlijkt of waarin werd uitgelegd waarom het biologisch noodzakelijk was dat Duitsland *Judenrein* werd gemaakt. Zelfs schoolboeken uit het prenazitijdperk bevatten verhalen waarin de Duitse krijgshaftigheid of de heldendaden van types als Frederik de Grote werden opgehemeld. Maar omdat er weinig anders was, moesten ze het daar maar mee doen. In Londen werden clichés gemaakt van een van deze boeken uit de Weimar-periode, en deze werden terug verscheept naar Duitsland en in een oude krantendrukkerij in Aken gedrukt.

De wethouder van onderwijs in Aken, dr. Karl Becker, had er vertrouwen in dat de jongere kinderen er best van overtuigd konden worden dat hun toekomst 'overal ter wereld lag en niet bij een "groter Duitsland"'. Voor de oudere kinderen zou men misschien wel 'heel streng' moeten zijn, meende dr. Becker. Maar, verkondigde hij, 'zelfs als we straf uitdelen in het klaslokaal zullen we de democratie proberen toe te passen. Als een jongen of een meisje moeilijkheden veroorzaakt in de klas, zullen we de klas soms laten beslissen hoe de boosdoener het best gestraft kan worden'. Dr. Becker was 'een tegenstander van zweepslagen,' zei hij, 'behalve in de meest extreme gevallen'.[13]

Dr. Becker was een conservatieve katholiek. Hij wilde 'het uiterlijk vertoon van de nazi's door iets concreets en goeds vervangen', en geloofde daartoe in de herleving van christelijke spirituele waarden. Veel Duitsers geloofden daarin, en dat verklaart de dominantie van de Christlich Demokratische Union (CDU) tijdens toekomstige West-Duitse verkiezingen. Ook de toekomstige leider van de christendemocraten en tevens de eerste naoorlogse bondskanselier, Konrad Adenauer, was een katholieke Rijnlander. Stephen Spender bracht hem een bezoek in het stadhuis van Keulen, waar Adenauer voor Hitlers machtsovername burgemeester was geweest en in 1945 weer burgemeester werd.

Door het raam van Adenauers kantoor staarde Spender een tijdje naar de overblijfselen van Keulen. Hier en daar stonden nog wel wat muren overeind, maar die vormden slechts 'een dun masker voor een klamme, holle en stinkende leegte van uitgebrande interieurs'. Tijdens hun gesprek wees Adenauer echter op een ander soort ruïnelandschap. 'Het moet u wel zijn opgevallen,' zei hij tegen Spender, 'dat de Duitse cultuur door de nazi's net zo is platgelegd als het Rijnland en het Ruhrgebied. Vijftien jaar nazibewind heeft Duitsland achtergelaten als een spirituele woestenij.'[14] Daarom waren scholen, boeken, films, muziek en toneel even hard nodig als voedsel en brandstof: 'De verbeelding moet worden gevoed.'[15]

Er heerste zeker honger naar cultuur, maar om soms merkwaardige redenen. Een van de redenen waarom mensen geen boeken meer lazen, was omdat de naziliteratuur over het algemeen stomvervelend was. Nu spraken sommige mensen over de noodzaak van hoge cultuur alsof het een soort boetedoening betrof. Spender ontmoette in Bonn een dame, 'een keurige, vrome *Hausfrau* van de zalverigste soort', die verbolgen was over de frivole voorkeur voor populair amusement. In de morele puinhopen van het Derde Rijk zou er geen plek mogen zijn voor nachtclubs, en zeker niet voor jazzmuziek, meende zij. De Duitse cultuur moest serieus zijn want dat was wel 'het minste wat men verwachtte na alles wat de Duitsers hadden aangericht'. De Duitsers moesten 'verplicht worden' om alleen 'goede' cultuur te hebben: 'Mozart, Beethoven, Goethe. Verder moet er niets worden toegestaan.'[16] Het valt te betwijfelen of Adenauer ook zo streng zou zijn geweest.

De honger naar cultuur werd misschien beter geïllustreerd door de eerste naoorlogse opvoering van de *Dreigroschenoper*, een stuk dat onder de nazi's natuurlijk verboden was geweest. Mensen liepen uren om bij het Hebbeltheater in de Amerikaanse zone te komen, een van de weinige theaters die de oorlog min of meer onbeschadigd waren doorgekomen. De voorstelling begon om vier uur 's middags zodat mensen nog naar huis konden lopen voordat criminelen de straat onveilig maakten. De première was op 15 augustus (een dag na de capitulatie van Japan, maar dat moest toeval zijn). De repetities hadden onder bijzonder moeilijke omstandigheden plaatsgevonden: het regende door het dak heen, de acteurs hadden honger, de kostuums werden gestolen, de rekwisieten vernield.

Ruth Andreas-Friedrich, het voormalige verzetslid, was een van de toeschouwers. 'Ik voel een brok in mijn keel,' schrijft ze in haar dagboek. Het was een 'lied uit onze illegale tijd', dat veel steun en troost had verschaft in tijden van wanhoop en waarnaar nu weer in vrijheid kon worden geluisterd. Maar zelfs op dit hartverwarmende moment hoorde ze de valse noot, het spoor van het slechte geweten. Er brak 'een storm van bijval' los bij de beroemde woorden: 'Zuerst müsst Ihr uns was zu fressen geben, dann könnt Ihr reden, damit fängt es an.' Ze werd onmiddellijk uit haar dagdromen gewekt. De uitbarsting van zelfmedelijden was beledigend. 'Moeten we onze eerste democratische uiting uitgerekend met kritiek op anderen beginnen?'[17]

In zekere zin zou het logischer zijn geweest als Brechts geëngageerde opera, zo vol links moralisme, in de Russische zone was opgevoerd en niet in het door de Amerikanen bezette Kreuzberg. Na 1949 richtte Brecht ook inderdaad een ensemble op in de 'democratische' Duitse staat, hoewel hij uit voorzorg wel zijn pas verworven Oostenrijkse paspoort behield. Ook de Sovjet-Unie spande zich in voor de heropvoeding van de Duitsers. De Sovjets namen cultuur zelfs serieuzer dan hun Engelse en Amerikaanse bondgenoten. Een Britse functionaris van de bezettingsmacht uitte in een rapport de klacht dat de 'vrije en persoonlijke cultuur' die in het Westen werd gepropageerd, niet kon wedijveren met de 'gepolitiseerde cultuur' van de Sovjets. In de Sovjetzone, zei hij, 'is er zoveel drukte om de activiteiten op het gebied van theater, uitgeverij, kunst en muziek dat je de indruk krijgt dat er iets nieuws en levendigs gaande is'.[18]

Er was ook inderdaad iets gaande. De 'democratische' elementen van de Duitse intelligentsia werden door de Sovjetautoriteiten gepaaid met speciale clubs, extra voedselrantsoenen en algemene steun bij hun artistieke inspanningen. 'Democratische' cultuur werd vaak gekenmerkt door een mengeling van Duits nationalisme en communistische ideologie. Een van de kopstukken van de Duitse cultuur was Johannes Becher, de marxistische dichter en voorzitter van de door de Russen geïnitieerde Kulturbund, of, om de volledige naam te noemen, Kulturbund zur demokratischen Erneuerung Deutschlands. Net als de Britse opvoeder Robert Birley zag Becher de 'Duitse geest' als de geschikte grondslag voor de vernieuwing, zolang deze geest tenminste 'progressief' was. Hij dacht daarbij niet zozeer aan Goethe, als wel aan de communistische martelaren die in de gevangenissen van de nazi's waren omgekomen. 'Antifascistische' kunst was de 'werkelijke' Duitse kunst.

Deze definitie was uiteindelijk te flexibel voor de Sovjetcommissarissen, die een iets beperktere en provincialere visie op progressieve cultuur hadden. Ze zagen graag opvoeringen van de Russische klassieken, zoals de stukken van Tsjechov en Gogol, en ook van moderne Sovjet-Russische stukken en zelfs die van enkele progressieve Duitse auteurs zoals Friedrich Wolf, de vader van de toekomstige Oost-Duitse spionnenbaas Markus Wolf, zolang ze tenminste in de Sovjetstijl werden geregisseerd. Daarom zeiden ze tegen Duitse schrijvers en regisseurs wat ze konden opvoeren, wat geschrapt moest worden en hoe de stukken moesten worden uitgevoerd.

Het publiek voelde zich waarschijnlijk ook niet echt aangetrokken tot de muziekuitvoeringen en film- en toneelvoorstellingen in de Sovjetzone omdat deze, conform de officiële eis, werden begeleid met pamfletten en voorafgegaan werden door lange inleidingen van politieke figuren die uitlegden wat de correcte politieke lijn was. De communistische autoriteiten besteedden ook veel aandacht aan de promotie van films als *Lenin in oktober* of *Lenin in 1918*, maar het grootste deel van het publiek snakte naar amusement en was niet te overtuigen. Zelfs leden van de Sozialistische Einheitspartei Deutschlands (SED) konden weinig enthousiasme opbrengen voor veel van de officiële Sovjetcultuur. Johannes Becher, wiens communistische geloofsbrieven toch onberispelijk waren, genoot nooit werkelijk het vertrouwen van de Sovjets. Hij was niet alleen Duits, maar misschien ook te 'kosmopolitisch'. En er vielen gevaarlijke sporen van trotskisme in zijn verleden te bespeuren. In november 1945 beschuldigde een Russische cultureel afgevaardigde in Potsdam de Kulturbund ervan 'bourgeoistendensen toe te laten tot de kunst en literatuur: futurisme, impressionisme, etc.'.[19]

Er was een ander aspect dat tot de val van de Muur in 1989 deel zou blijven uitmaken van het leven en de cultuur in de oostelijke zone: de brallende, hyperbolische toon van de officiële naziretoriek ging naadloos over in de communistische stijl – net als de ganzenpas, massale gymnastiekoefeningen en een hang naar militaire marsen, waarbij enorme menigtes leuzen riepen, hun vuist in de lucht balden en luidkeels de vriendschap en vrede prezen. Ruth Andreas-Friedrich was niet alleen bij de naoorlogse première van de *Dreigroschenoper*, maar ook bij de oprichtingsbijeenkomst van de Kulturbund. Haar verveling over de eindeloze toespraken sloeg al snel om in walging. In haar dagboek van 3 juli schreef zij: 'Bijna niemand van de acht prominenten, die hier met het verleden afrekenen en zich inspannen voor de sanering van ons culturele leven, schijnt in de gaten te hebben hoe weinig geslaagd tot nu toe de sanering van zijn eigen spreekstijl is. Nog altijd gaat het hun om het Hoogste en Uiterste, om het Geweldigste en Verhevenste. [...] "Met ferme pas marcheren we in de strijd voor het pacifisme," verkondigde een politicus enkele dagen geleden, waarschijnlijk niet beseffend hoe paradoxaal zijn goedbedoelde geestdrift in die bewoordingen klonk. Het zal niet gemakkelijk zijn om de overdrijvingen achterwege te laten.'[20]

De Amerikaanse cultuur was over het algemeen onderhoudender dan de cultuur die door de Sovjets werd gepropageerd, hoewel een blik in de eerste tijdschriften die in de westelijke zones werden uitgebracht misschien een andere indruk zou kunnen geven. In plaats van deze taak aan de Duitsers zelf over te laten begonnen functionarissen van de Amerikaanse bezettingsmacht hun eigen tijdschriften voor Duitse lezers uit te geven. Het eerste nummer van een maandblad genaamd *The American Observer*, bedoeld voor Duitse intellectuelen, bevatte artikelen over het humanisme en het geloof, de politieke filosofie van Thomas Jefferson en een stuk met de titel 'De wedergeboorte van de Tennessee Valley', een veelgeprezen federaal programma om het leed van de Amerikaanse depressie te verzachten. Het tijdschrift *Heute* bevatte artikelen over de Duitse bezetting van Nederland, over 'Mannen in de hel van de concentratiekampen' en 'Sociaal werk in de Tennessee Valley Authority'.[21]

Volgens een Amerikaan werden deze tijdschriften door de Duitsers 'gemengd' ontvangen.[22]

De Russen daarentegen stonden betrouwbare 'democratische' Duitsers meteen al toe om hun eigen tijdschriften te maken, en dat was al met al een vruchtbaarder strategie. Het eerste tijdschrift, *Aufbau*, bevatte artikelen van Thomas Mann, Paul Valéry en Ernest Renan naast stukken over de Duitse oorlogsschuld. Het was bijna onmiddellijk uitverkocht.

Omdat Duitsers meer dan een decennium verstoken waren geweest van Hollywoodfilms, waren de tweeëndertig speelfilms die speciaal waren geselecteerd om de Amerikaanse manier van leven aan te prijzen bijzonder populair, ongeacht de onderliggende boodschap. De selectiecommissie had er wel voor gezorgd dat de duistere kanten van de Amerikaanse samenleving werden vermeden, en daarom waren er geen gangsterfilms. *Gone With the Wind* (1939) en *The Grapes of Wrath* (1940) werden ook als te negatief beschouwd. Maar de Duitsers kregen verder zo'n beetje dezelfde, wat oudere Hollywoodfilms te zien als veel andere West-Europeanen in die tijd: *The Gold Rush* van Charlie Chaplin (1942), Deanne Durbin in *One Hundred Men and a Girl* (1937), de biopic *Abe Lincoln in Illinois* (1940) en de musical *Going My Way* uit 1944 met Bing Crosby als priester en golfliefhebber.

Sommige keuzes pakten echter minder goed uit en moesten worden teruggetrokken. *Action in the North Atlantic* (1943), een oorlogsfilm met Humphrey Bogart als kapitein van een koopvaardijschip dat wordt aangevallen door Duitse onderzeeërs, veroorzaakte rellen in een bioscoop in Bremen. Het was voor de Duitsers natuurlijk al erg genoeg dat ze naar documentaires over de verschrikkingen van de nazi's moesten kijken, maar het was ronduit onverdraaglijk om onderworpen te worden aan amusement waarin hulpeloze Amerikanen op zee door de verdorven bemanningsleden van een Duitse onderzeeër met machinegeweren werden beschoten. Woedende veteranen van de Duitse zeemacht probeerden hun medebezoekers te dwingen de bioscoop met hen te verlaten.

Het voornaamste probleem met de Amerikaanse, en in mindere mate ook met de Britse heropvoeding, was een dilemma dat misschien onoplosbaar was en in elk geval nooit is opgelost; het doel was om de Duitsers, en later ook de Japanners, bij te brengen wat de zegeningen van vrijheid, gelijkheid en democratie waren. Maar deze lessen over vrijheid van meningsuiting werden gegeven door het militair gezag, dat een bijna absolute macht had, dat propaganda maakte die vaak in het verlengde van psychologische oorlogvoering lag en dat censuur toepaste wanneer het maar uitkwam. Natuurlijk waren de cultuur en de opvoeding bij lange na niet zo verstikkend als onder de nazi's, of onder het Japanse oorlogsregime, en het was ook wel een gotspe als de voormalige soldaten van Hitler zoals Günter Grass de spot dreven met het racisme van de Amerikanen, maar de geallieerden liepen wel de kans van hypocrisie beschuldigd te worden. Een lofzang op de democratie kon enigszins hol klinken als deze afkomstig was van een bezetter die nota bene weigerde om *Gone With the Wind* te vertonen, of standpunten en zelfs feitelijke berichten die zijn eigen beleid in een negatief licht stelden censureerde.

Op 31 augustus kreeg de bezetting van Duitsland een nieuwe, officiële status. Hoewel het land in verschillende zones bleef verdeeld, zou het officieel bestuurd gaan worden door de Geallieerde Controleraad, die uit de Verenigde Staten, de Sovjet-Unie, Groot-Brittannië en Frankrijk bestond. En weer had Ruth Andreas-Friedrich een scherp oor voor de valse noot. In haar dagboek schreef ze: 'Nu weten we tenminste door wie we geregeerd worden. Waarom wordt er in de kranten zoveel over democratie gesproken? Democratie betekent dat het volk regeert. Wij worden geregeerd door de Controleraad. We moeten oppassen dat we dat mooie woord [democratie] niet misbruiken.'[23]

Boekhandels en bibliotheken in de hele Amerikaanse zone werden uitgekamd door teams van de American Book Control. Niet alle boeken die ze verwijderden waren door nazi's geschreven. Ook populaire reisverslagen waarin Amerikanen of niet-Duitse Europeanen als lomp of gedegenereerd werden beschreven werden verboden, evenals auteurs als Oswald Spengler (*Der Untergang des Abendlandes*) en de historicus Heinrich von Treitschke, die inderdaad een felle Pruisische nationalist was geweest, maar al in 1896 overleden was, lang voordat iemand van Hitler had gehoord. Spengler sympathiseerde aanvankelijk wel met de nazi's, maar daar was hij voor zijn dood in 1936 al op teruggekomen. Hij genoot de twijfelachtige eer dat sommige van zijn boeken zowel door de nazi's als de Amerikanen werden verboden.

Het verbieden van nazipropaganda in boeken, films of ander amusement was wel het minste. Officieren van de Information Control Division hielden zich ook bezig met het censureren van het nieuws. De Amerikaanse journalist Julian Bach besteedde een groot deel van 1945 aan het observeren van dat soort officieren op verschillende plaatsen in Duitsland. Hij beschreef hun gedragingen met een scherp oog voor het absurde. De Duitsers, zo veronderstelden deze officieren, waren in het Derde Rijk geestelijk uitgehongerd; de vrijheid van denken was hun onmogelijk gemaakt. Net zoals uitgehongerde mensen in de bevrijde concentratiekampen niet te veel voedsel meer kunnen verdragen doordat hun maag gekrompen is, kunnen gekrompen geesten ook geen al te machtig geestelijk voedsel meer aan. In de woorden van Bach: 'Volgens de Amerikaanse "mentale chirurgen" die de Duitse geest moeten genezen, moet de Duitse honger naar nieuws en verse ideeën slechts geleidelijk bevredigd worden.'[24] Dat de meesten van deze chirurgen maar weinig verstand hadden van de Duitse geschiedenis, cultuur en samenleving heeft hen vast niet geholpen bij het vaststellen van de juiste doses.

Aanvankelijk waren de kranten die voor Duitsers beschikbaar waren allemaal door bezettingsofficieren geschreven en geredigeerd. Maar de Duitsers waren met weinig tevreden. Exemplaren van deze nieuwsbladen werden op de zwarte markt voor twintig keer de oorspronkelijke prijs verkocht. Toen de eerste aflevering van een krant in Keulen op straat verscheen, brak er zo'n rel uit dat een zenuwachtige Amerikaanse kolonel die toevallig in de buurt was zich genoodzaakt voelde om naar zijn wapen te grijpen. Zelfs deze bezettingskranten moeten naar vrijheid hebben geroken als je ze met de nazistische pers vergeleek. En ook de

Amerikaanse en Britse boeken en tijdschriften in de zogenaamde America Houses en British Centres, die overal in de Amerikaanse en Britse zone geopend werden, waren voor veel mensen een zegen, en dat bleven ze nog lange tijd.

Maar de westelijke geallieerden konden niet altijd hun zin krijgen. Door de deugden van de democratie en het vrije woord te prediken en de terugkeer van Duitse politieke partijen te stimuleren lokten ze kritiek uit die militaire censoren nu juist met alle macht hadden proberen te voorkomen, in het bijzonder kritiek op de militaire bezetting en het beleid. Dat de vrije markt in het Amerikaanse beleid de voorkeur kreeg boven een socialistische planeconomie ergerde de sociaaldemocraten. In de Britse zone, die door vertegenwoordigers van Attlees socialistische regering werd bestuurd, was het vaak precies omgekeerd: Duitse conservatieven protesteerden tegen de 'bolsjewistische' economie die de bezetters in gedachten hadden. De kritiek van de christendemocraten had vaak een onheilspellender ondertoon. In de deelstaat Hessen, in de Amerikaanse zone, waarschuwde een spreker bij een jongerenbijeenkomst dat de denazificatie tot de 'bolsjewisering' van Duitsland zou leiden. 'Emigranten in geallieerde uniformen' (de Joden, met andere woorden) kregen de schuld van deze betreurenswaardige tendens.

Dat het voorbeeld van Amerika gevolgd moest worden en dat de Amerikaanse cultuur – van de musicals van Bing Crosby tot Lucky Strikes en van swing tot kauwgum – na de oorlog een dominante invloed had, werd door veel Duitsers met een zekere ambivalentie bezien. Het was strijdig met het onder christelijke conservatieven heersende standpunt dat religie en de klassieke Duitse *Kultur* de enige weg naar spirituele vernieuwing en verlossing waren. De argwaan jegens de Amerikaanse cultuur ging terug tot ver voor de opkomst van Hitler. De Amerikaanse cultuur sprak veel Duitsers aan en leek daarom een bedreiging voor de traditionele waarden, die door de intellectuelen werden gedefinieerd en verspreid. Ook enkele linkse intellectuelen maakten zich daar zorgen over. Theodor Adorno, de filosoof van de Frankfurter Schule die de oorlogsjaren in ballingschap in de Verenigde Staten had doorgebracht, leverde vernietigende kritiek op jazzmuziek en andere populaire Amerikaanse kunstvormen, maar wel vanuit een marxistisch perspectief. Voor hem maakte jazz deel uit van wat hij de 'cultuurindustrie' noemde, een kapitalistisch complot om de massa's uit te buiten door hen met commercieel amusement te verblinden.

De Duitsers waren niet de enigen die er zo over dachten. Als eerste voorzitter van de Arts Council of Great Britain, maakte John Maynard Keynes zijn bedoelingen kernachtig duidelijk in een radioprogramma door 'Dood aan Hollywood!' te roepen. En dat op een moment dat de Britten, net als de Duitsers, Nederlanders en andere Europeanen, massaal naar de bioscoop gingen om Amerikaanse films te zien. Toen de United Artists Corporation bezwaar maakte, schreef Keynes een brief aan *The Times*, waarin hij United Artists verzocht hem zijn 'excentriciteit' te vergeven. Wat hij had bedoeld was dat landen 'iets' moesten 'ontwikkelen' dat 'kenmerkend was voor henzelf'. Wat hij werkelijk bedoelde was: 'Hollywood voor Hollywood.'[25]

Keynes was niet helemaal oprecht. Zijn minachting voor 'Hollywood' was typerend voor veel Europese intellectuelen, ook al konden ze hun opwinding over de cultuur uit de Nieuwe Wereld soms ook niet helemaal onderdrukken. In een artikel dat in het voorjaar van 1945 in het tijdschrift *Horizon* verscheen, vroeg Cyril Connolly zich af waar de wedergeboorte van de Europese cultuur vandaan zou moeten komen. Waar de wereld vooral behoefte aan had, betoogde hij, was 'een positief en volwassen humanisme'. Kon Amerika daarin voorzien? Al met al dacht hij van niet omdat Amerika 'te geldgebonden' en 'kunstmatig' was. Nee, het moest uit zijn geliefde Frankrijk komen. Alleen Frankrijk was 'in staat tot een 1789 zonder bloedvergieten, en om opnieuw de oude waarheid aan de wereld te verkondigen dat het leven er is om geleefd te worden en dat vrijheid de natuurlijke toestand is'.

Voor veel mensen was Parijs het symbolische tegengif voor 'Hollywood'. Het Parijs van Jean-Paul Sartre, die filosofeerde in het Café de Flore, van literaire tijdschriften die hun wortels in de *résistance* hadden, van jonge mannen en vrouwen die een leven van seksuele en politieke bevrijding leidden. Dit hoopvolle beeld van Frankrijk reikte helemaal tot in Japan, dat een nog grotere en nog geconcentreerdere dosis Amerikaanse cultuur kreeg toegediend dan Duitsland. In de Japanse boekentoptien van 1946 stonden drie vertaalde boeken: *La Nausée* van Sartre, de *Interviews imaginaires* van André Gide en *Arc de Triomphe* van Erich Maria

Remarque.[26] En in Berlijn viel het Ruth Andreas-Friedrich op dat het na de oorlog onder jongeren mode was om een Franse baret te dragen: 'Wie gelooft dat hij iets te zeggen heeft, draagt een zwarte baret.' In Japan duurde deze francofiele mode onder intellectuelen minstens tot het einde van de twintigste eeuw.

Maar francofilie sprak de massa nooit zo aan. Bovendien waren veel mensen in Frankrijk even verzot op Amerika als mensen in andere landen in het noorden, het zuiden, het oosten en het westen. Zelfs Sartre zelf. In november 1944 werd een tiental reporters uitgenodigd voor een bezoek aan de Verenigde Staten om meer te leren over de Amerikaanse oorlogsinspanningen. Simone de Beauvoir had Sartre nog nooit zo blij gezien als op de dag dat hem gevraagd werd om deel te nemen aan de reis. De Beauvoir beschreef de aantrekkingskracht van Amerika in haar memoires. Ze had voor miljoenen mensen over de hele wereld kunnen spreken:

> Amerika betekende zo ongelofelijk veel! Eerst en vooral was het het onbereikbare land; jazz, film, literatuur hadden onze jeugd gevoed, maar toch was het land voor ons een grote mythe gebleven [...]. Amerika was bovendien het land waar onze bevrijding vandaan was gekomen; het betekende de toekomst in opmars; het betekende overvloed en oneindige horizonnen; het betekende een reusachtige mengelmoes van legendarische beelden; als je eraan dacht dat je dat alles met eigen ogen zou kunnen zien werd je duizelig. Ik was niet alleen blij voor Sartre maar ook voor mezelf, want nu deze weg ineens werd opengelegd wist ik zeker dat ook ik hem eenmaal zou kunnen begaan.[27]

Verder had je Boris Vian en de *zazous*, die tegen het muffe pétainisme van de oorlogsjaren hadden gerebelleerd door zich een Anglo-Amerikaanse stijl aan te meten, wilde feesten te organiseren en clandestiene exemplaren van Hemingway en Faulkner te lezen. Ze waren de Franse tegenhangers van de Duitse *Swingjugend*, die veel meer risico's had genomen door de nazi's te trotseren en in privéappartementen op verboden jazzmuziek te dansen. Na de lente van 1944 kleedden Vian en de zazous zich in spijkerbroeken uit de legerdumps en ruitjeshemden, en speelden en beluisterden ze alleen maar jazz, jazz, jazz.

Vaak is het teleurstellend om iets in het echt mee te maken. Toen Sartre terugkwam uit de Verenigde Staten was hij, volgens De Beauvoir, 'verdoofd door alles wat hij had gezien'. Hij vond de mensen die hij had leren kennen wel aardig, en hij was onder de indruk van Roosevelt, maar, schreef De Beauvoir, 'behalve het economisch regime, de segregatie en het racisme hadden nog veel andere zaken in de trans-Atlantische civilisatie een slechte indruk op hem gemaakt: het conformisme van de Amerikanen, hun waardeschalen, hun mythen, hun vals optimisme, hun vlucht voor de tragiek.'[28]

Het spreekt vanzelf dat Frankrijk door velen, vooral in Frankrijk zelf, als het voor de hand liggende culturele tegenwicht van de Verenigde Staten werd gezien. Net als de Verenigde Staten was de Franse Republiek geboren uit een revolutie met universalistische aspiraties: Frankrijk was de verlichte beschaving waarvan men overal de vruchten zou kunnen en moeten plukken. Amerikanen hadden ongeveer hetzelfde idee over hun eigen republiek en haar missie in de wereld. En al helemaal in 1945, toen de Verenigde Staten een iets betere positie hadden om hun waarden te prediken en soms ook aan de wereld op te leggen dan Frankrijk. Dat was wel anders in de negentiende eeuw, toen Napoleon het Franse universalisme met bruut geweld had verspreid, vooral in de Germaanse landen. Het Duitse antwoord was toen de opkomst van het romantische nationalisme, een defensief bewustzijn van Blut und Boden, dat in geperverteerde vorm tot het Derde Rijk zou leiden.

De Amerikaanse stijl van heropvoeden was in 1945 iets zachtzinniger, ondanks die eerste drang om straffen uit te delen. Misschien was dit een van de redenen waarom de Duitsers de Amerikaanse eeuw, niet zonder ambivalentie en zelfs enig ressentiment, makkelijker aanvaarden dan de Fransen. Ze wisten wat ze zelf in de Slavische landen hadden aangericht en wat ze de Joden hadden aangedaan, en daarom konden de meeste Duitsers alleen maar intens opgelucht zijn over de manier waarop ze door de Amerikanen werden behandeld. Het leven in de Engelse en de Amerikaanse zone was zeker te verkiezen boven het leven in de Russische, en zelfs, zeker in het begin, boven het leven in de veel kleinere Franse zone in het Rijnland langs de Franse grens. De belangrijkste stad onder Franse bezetting was het elegante kuuroord Baden-Baden, waar nu geen badgasten meer waren. Dat er een Franse zone zou zijn, lag zeker niet voor de hand. De Amerikanen waren ertegen geweest aangezien Frankrijk, ondanks generaal De Gaulle (die door Roosevelt altijd gewantrouwd was) en zijn Vrije Franse Strijdkrachten, nauwelijks een rol had gespeeld bij de overwinning op nazi-Duitsland. Maar zoals gewoonlijk kreeg De Gaulle weer zijn zin. Het andere probleem met Frankrijk was de wens van veel inwoners om wraak te nemen en zo veel buit uit Duitsland weg te slepen als er maar weg te slepen viel.

Dat was vooral het geval in het eerste jaar van de bezetting, toen de Fransen zich nog meer als veroveraars gedroegen dan de Amerikanen en de Britten. De troepen waren soms ongedisciplineerd. Natuurlijke hulpbronnen, zoals kolen, werden naar Frankrijk overgebracht. Er waren Franse plannen, die uiteindelijk op niets uitliepen, om bepaalde delen van Duitsland te annexeren, met name het industriële Rijnland-Westfalen en het kolenrijke Saarland. De Fransen gaven deze plannen uiteindelijk maar op omdat geen van de andere geallieerden ze steunde. Er was ook enige tegenstand van enkele Franse generaals, die vreesden dat zulke ingrepen tot het soort Duitse revanchisme zouden leiden dat nu juist de oorzaak van de oorlog was geweest.

Maar de Fransen, zoals altijd bevlogen door hun *mission civilisatrice*, meenden het serieus met de cultuur, en vooral met de export van Franse cultuur om de Duitsers te beschaven. En niet alleen de Duitsers. Ook in de andere geallieerde zones werden tentoonstellingen van Franse kunst, uitvoeringen van het werk van Franse componisten, de Franse cinema en de literatuur bevorderd om te laten zien dat Frankrijk, zoals het hoofd Culturele Zaken René Thimonnier zei, 'op het gebied van culturele waarden nog steeds een belangrijke natie is en misschien wel de belangrijkste van allemaal'.[29]

Wat betreft de denazificatie deden de Fransen ongeveer hetzelfde als de Amerikanen: leraren en anderen met een naziverleden zuiveren, boeken uit bibliotheken verwijderen en de inhoud van Duitse kranten en radioprogramma's die onder leiding van de Fransen door betrouwbare Duitse journalisten waren geproduceerd controleren. Een van de mensen die in Baden-Baden de actuele Duitse literatuur doorspitten, was de schrijver Alfred Döblin, die in de jaren dertig de Franse nationaliteit gekregen had. Hij was getroffen door de wolligheid van het Duitse proza dat direct na de oorlog werd afgescheiden, de neiging tot mystiek, de intellectuele warrigheid. De Duitsers 'hadden weinig gelezen en geleerd', was zijn conclusie. De Duitse grond 'bracht eerst alleen maar gras en onkruid voort'.[30]

Net als de Amerikaanse functionarissen van de Information Control Division dachten de Franse ambtenaren dat de Duitsers er in 1945 nog niet helemaal klaar voor waren om aan politieke ideeën te worden blootgesteld. De pers zou zich moeten toeleggen op de problemen van het dagelijkse leven en op culturele onderwerpen, zaken als 'hedendaagse Franse keramiek' of 'Franse schilderkunst'. De gedachte was om de Duitsers, die verstoken waren gebleven van alle moderne artistieke ontwikkelingen buiten het Derde Rijk, weer terug te voeren naar de beschaafde wereld. Het centrum van de beschaafde wereld was natuurlijk Europa, en de culturele hoofdstad was natuurlijk Parijs.

Daarbij ging het niet alleen om het herstellen van de Franse *amour propre*, maar ook om een politieke zaak. Hoewel Frankrijk de grensgebieden langs de Rijn niet kon annexeren, zou daar wel snel iets gebeuren dat veel belangrijker was. De rijke kolen- en staalvoorraden zouden beheerd gaan worden door een pan-Europese instelling die in 1951 in Parijs zou worden opgericht, in het belang van Duitsland, Frankrijk en de andere leden van de Europese Gemeenschap voor Kolen en Staal. De Franse zone was de geboorteplaats van wat later de Europese Unie zou worden. Dit initiatief om de soevereiniteit te delen was afkomstig van Frankrijk. De man die het officiële voorstel deed, was de Franse staatsman Robert Schuman, die in Luxemburg als zoon van een Franse vader en een Duitse moeder was geboren. De bondskanselier van West-Duitsland die instemde met het delen van de soevereiniteit over een van de rijkste gebieden van Duitsland was de voormalige burgemeester van Keulen, Konrad Adenauer.

Het zou wreed zijn tegenover degenen die vier decennia lang de communistische dictatuur moesten doorstaan om te zeggen dat Duitsland geluk had dat het in 1945 in geallieerde zones werd verdeeld. Maar deze verdeling sloot misschien het beste aan bij de federale aard van Duitsland. De geallieerde bezetters slaagden er nooit in de Duitse heropvoeding te centraliseren of de regionale verschillen in cultuur en politiek te verkleinen. Of de Duitsers werkelijk heropgevoed werden, is maar zeer de vraag. Misschien was het wel de grootste prestatie van de geallieerden dat ze West-Duitsland zonder vijandelijke gevoelens verlaten hebben. Het is misschien bevoogdend om een voormalige vijand een heropvoeding te willen geven, maar dat is een veel goedaardiger en minder gevaarlijk beleid dan wraak. Sommige Duitsers verdienden het allicht ook niet dat de geallieerden hun voormalige vijand weer op de been hielpen, maar dat was beter dan dat ze het land uitknepen. Dit keer zou er geen dolkstootlegende ontstaan. En er zouden ook geen gewapende bendes desperado's komen die wraak wilden nemen voor de nederlaag van hun land. Maar uiteindelijk waren het niet zozeer zaken die met cultuur, heropvoeding, gerechtigheid of zelfs gewoon met fatsoen te maken hadden die de toekomst van Duitsland vormgaven, maar de politieke omstandigheden, de Koude Oorlog, de noodzaak om sterke democratieën in Europa te vestigen, het opportunisme van de Duitse elites, Amerikaanse belangen en het utopische project om, zoals Robert Schuman zei, 'oorlog [in Europa] onmogelijk te maken' en 'de wereldvrede te bevorderen'.

De Franse bezetting van het Rijnland stelde uiteindelijk misschien militair en politiek gesproken weinig voor, maar ze heeft wel geholpen bij het helen van een van de ernstigste breuken in Europa. Een verenigd Europa was niet alleen een Frans-Duitse, maar ook een christendemocratische droom. Met een flinke dosis scepsis zei generaal De Gaulle dat het wel leek op 'het hervatten van de onderneming van Karel de Grote'.[31] De sociaaldemocraten in Duitsland waren tegen geweest, net als de Franse communisten. Ook De Gaulle was tegen, omdat hij Frankrijk nog niet sterk genoeg vond om de baas te spelen in de Unie. Maar misschien was de generaal ook gewoon geërgerd omdat hij op dat moment niet aan de macht was. Want in 1945 had De Gaulle zich, geïnspireerd door Jean Monnet, immers voor het integreren van het Ruhrgebied en Saarland in een Europese federatie uitgesproken. (Hij was een beetje vaag over de vraag of Groot-Brittannië er ook deel van zou moeten uitmaken.) Wat de toekomst ook mag brengen voor de Europese Unie, die op dit moment in woelig vaarwater zit, deze droom van eenheid heeft meer gedaan om Duitsland terug te brengen in de schoot van de Europese naties dan alle heropvoedingsprogramma's bij elkaar.

Op 15 december 1945 stond er in de *Saturday Evening Post* een artikel over de bezetting van Japan met een opmerkelijke kop – of liever, een kop die nu opmerkelijk is, maar dat toentertijd niet was. Hij luidde: 'De GI beschaaft de jap'. Door William L. Worden. Aanhef: *Tokyo, by Bomber Mail*.

Boven de dagtekening staat een samenvatting van Wordens artikel: 'Terwijl de jappen wachten tot hun wordt verteld wat ze moeten denken en hun glibberige landgenoten zich drukken, blijkt het levende voorbeeld van de Amerikaanse soldaat doeltreffend.'

Verderop in het artikel wordt de lezer medegedeeld dat 'de gemiddelde Japanner een simpel mens is die niet ver van de wilde staat – zoals tijdens de oorlog al is gebleken.'

Maar er is nog enige hoop want 'de man die er, op dit moment, het best in lijkt te slagen om hem te democratiseren en te beschaven is de GI, die er ook al in was geslaagd om hem te pacificeren.'

Het idee dat 'de jap' een wilde was, was in de oorlog gemeengoed. Nadat de atoombommen ongeveer tweehonderdduizend mensen in Hiroshima en Nagasaki hadden gedood, schreef president Truman aan een vriend: 'Als je met een beest te maken hebt, moet je hem als een beest behandelen.'[32]

Het opmerkelijke aan de bezetting van Japan is dat zulke opvattingen zo snel verdwenen. Dat betekent overigens niet dat het idee om de Japanners tot vreedzame democraten op te voeden in sommige kringen niet met de grootst mogelijke scepsis werd bekeken. Japandeskundigen van het Amerikaanse ministerie van Buitenlandse Zaken, de zogenaamde *Japan hands*, wezen onmiddellijk op het hiërarchische en collectivistische karakter van het traditionele Japan. De Japanners, beweerden ze, zouden zich nooit als individuen gedragen. Ze waren eraan gewend om de bevelen van superieuren op te volgen. De keizer werd vereerd als een heilige. Zijn onderdanen waren, in de woorden van een Japandeskundige, 'inert en traditiegebonden'. Volgens de Britse gezant in het bezette Tokyo waren de Japanners 'even ongeschikt voor zelfbestuur in een moderne wereld als willekeurig welke Afrikaanse stam, maar wel veel gevaarlijker'.[33] *

Tegenover de Japandeskundigen, die hun theorieën over het Japanse karakter vaak op de verhalen van hun Japanse contacten uit de elite ba-

* Zijn assistent was brigadier John Profumo, de politicus die ten val zou komen door zijn affaire met de callgirl Christine Keeler.

seerden, stonden de Chinadeskundigen, vaak mensen met linkse voorkeuren, en de New Dealers uit het voormalige ambtelijke apparaat van Roosevelt. Het waren de standpunten van deze bestuurders die, in elk geval tijdens de eerste jaren, voor de bezetting bepalend waren. De datum waarop de omslag plaatsvond, was 11 augustus, toen Joseph Grew, de nestor van de *Japan hands* en voormalig ambassadeur in Tokyo, als staatssecretaris van Buitenlandse Zaken werd vervangen door Dean Acheson. In september zei Acheson: 'Het huidige sociale en economische systeem, dat tot oorlogszuchtigheid leidt, zal veranderd worden opdat de oorlogszucht niet zal voortbestaan.'[34]

Generaal MacArthur, een diepreligieus man die er tijdens de oorlog vaak bijzonder botte theorieën over de kinderlijkheid en bloeddorstigheid van de 'oosterse geest' op na hield, was ervan overtuigd dat hij door het lot was uitverkoren om de Japanners een heropvoeding te geven. Zijn leidsmannen bij deze missie, zo liet hij graag doorschemeren, waren Washington, Lincoln en Jezus Christus. Idealiter moesten de Japanners bekeerd worden tot het christelijke geloof. Maar de vernieuwing moest hoe dan ook – en hier kwamen MacArthurs ideeën overeen met die van Konrad Adenauer – zowel spiritueel als politiek, sociaal en economisch zijn. Maar MacArthurs ideeën gingen veel verder dan de plannen die de Duitse sociaaldemocraat zich ooit had voorgesteld. Zijn bezetting van Japan, zei hij, zou resulteren in 'een spirituele revolutie [...] een ongeëvenaarde omwenteling in de sociale geschiedenis van de wereld'.[35] Tijdens een bezoek aan Tokyo noemde Herbert Hoover MacArthur 'de reincarnatie van Paulus'.[36] Maar de Amerikaanse onderkoning had er geen enkele behoefte aan Japan te ontdekken of om echt iets over het land te leren. Hij zat 's avonds meestal thuis naar cowboyfilms te kijken. Zijn tolk, Faubion Bowers, vertelde later dat er in de vijf jaar dat MacArthur in Japan was 'maar zestien Japanners waren geweest die meer dan twee keer met hem hadden gesproken, en geen van deze mensen was lager in rang dan, laten we zeggen, premier, minister van Justitie of voorzitter van de grootste universiteit'.[37]

Anders dan Duitsland was Japan niet in geallieerde zones verdeeld (de Sovjets hadden wel aanspraak op het noordelijke eiland Hokkaido gemaakt, maar deden niet moeilijk toen de Verenigde Staten nee zeiden). De bezetting van Japan was een Amerikaanse aangelegenheid en

MacArthur, de Supreme Commander for the Allied Powers (SCAP), had een bijna absolute macht, hoewel hij over een gekozen Japanse regering heerste die het grootste deel van het feitelijke bestuur voor haar rekening nam.

Er zijn verschillende redenen te bedenken waarom de heropvoedingsijver in Japan groter was dan in Duitsland. Het zou kunnen dat de ervaringen in Duitsland de weg effenden voor wat er in Japan zou volgen. Pogingen die in Duitsland door de andere geallieerden werden gedwarsboomd, of mislukten door de weerspannigheid van de Duitsers of door regionale verschillen, hadden meer kans van slagen in Japan, waar de Verenigde Staten almachtig waren. Maar de voornaamste reden is misschien gelegen in het idee van SCAP dat de Japanners kinderlijke wilden waren, simpele zielen die rijp waren voor bekering. Het waren geen christenen, en hun cultuur was ook niet geworteld in de westerse beschaving. Als het om de Japanse geest ging, leek dit, vanuit het Amerikaanse perspectief bezien, werkelijk het jaar nul.

Als je bedenkt hoe genadeloos de gevechten tijdens de oorlog in de Pacific waren en hoe harteloos de oorlogspropaganda van beide kanten was, waren de Japanners opmerkelijk gewillige leerlingen. De manier waarop de Japanners MacArthur eer bewezen toen hij Japan in 1951 verliet, nadat hij door president Truman wegens insubordinatie tijdens de oorlog in Korea uit zijn functie was ontheven, zou in Duitsland ondenkbaar zijn geweest. Er werd een wet opgesteld om hem tot Japans ereburger te kunnen benoemen. Er werden plannen gemaakt voor een monument voor de Supreme Commander in de baai van Tokyo. En er stonden honderdduizenden Japanners langs de weg toen hij naar het vliegveld vertrok, velen in tranen, die schreeuwend naar de limousine hun dankbaarheid betuigden. Een van de belangrijkste Japanse kranten riep in een redactioneel artikel uit: 'O, generaal MacArthur – generaal, generaal, die Japan van verwarring en hongersnood heeft gered.'[38]

Hier volgt een brief aan SCAP van een Japanse advocaat met sterke communistische neigingen: 'Ten behoeve van de toekomst van het Japanse volk hebben [de leiders van de bezetting] de vreedzame dageraad van vrijheid, gelijkheid en goedertierenheid gebracht. Ze hebben de Japanners kundig bijgestaan en gewetensvol de weg gewezen zodat ze een democratische natie kunnen bouwen. [...] Om onze dankbaarheid voor hun verrichtingen te tonen zullen we een massabijeenkomst houden om de bezettingstroepen te verwelkomen.'[39] En dit werd geschreven in november, slechts drie maanden na Hiroshima en Nagasaki.

Je zou het gedrag van de Japanners kunnen interpreteren als een voorbeeld van typisch 'oosterse', valse, zelfzuchtige vleierij die bij een lange traditie van het paaien van machtige heersers past. Daar zit misschien een kern van waarheid in, maar het is beslist niet het hele verhaal. Ik ben ervan overtuigd dat de dankbaarheid voor een groot deel gemeend was. Vergeleken bij de meeste Duitse (niet-Joodse) burgers, wier levensomstandigheden mede dankzij de buit uit de veroverde landen tot de laatste fase van de oorlog helemaal zo slecht nog niet waren, hadden de Japanners heel veel ellende moeten doorstaan. Ze zagen net als de Duitsers het grootste deel van hun steden in vlammen opgaan, en leefden ook al jaren op hongerrantsoenen en werden waarschijnlijk op een nog indringender wijze door de militaire autoriteiten en de geheime politie geïntimideerd dan de Duitsers. In tegenstelling tot veel Duitsers, die in 1945 nog warme gevoelens voor de Führer koesterden, hadden de meeste Japanners geen goed woord over voor hun militaire regime, dat hun niets dan ellende had gebracht.

Daarom werden de Amerikanen – die zo welvarend, zo onberispelijk gekleed, zo lang en over het algemeen zo gemakkelijk en vrij in de omgang waren – al snel werkelijk als bevrijders beschouwd en wilden veel Japanners graag weten hoe ze zelf zo *free and easy* konden worden. Het was niet de eerste keer in de geschiedenis dat Japanners besloten om iets van een grote vreemde machthebber te leren. Ze hadden eeuwenlang China nagevolgd en sinds de tweede helft van de negentiende eeuw Europa en de Verenigde Staten als voorbeeld beschouwd. Het militante Japanse nationalisme van de twintigste eeuw was in zekere zin een reactie geweest op een ongekende verwestersing, die economisch liberalisme, massamedia, Hollywoodfilms, politieke partijen, marxisme, individualisme, baseball, jazz, enzovoort met zich had meegebracht. Na de ramp van de Tweede Wereldoorlog wilden de meeste Japanners maar al te graag terugkeren naar de moderne tijd, die voor hen voor de westerse wereld stond, en na 1945 vooral voor Amerika.

Of dat nu echt heropvoeding kon worden genoemd, is een onuitgemaakte zaak. Maar de nieuwe meesters en een groot deel van hun leerlingen dachten duidelijk wel in dat soort termen. Het ging vooral om de vraag hoe Japan precies 'gereconstrueerd' moest worden. De Japandeskundigen van het Amerikaanse ministerie van Buitenlandse Zaken vonden het hele idee absurd, en de functionarissen die het liefst meteen met de heropvoeding van Japan wilden beginnen, wisten maar heel weinig van het land en van zijn geschiedenis. Voor hen bestond er geen equivalent van denazificatie of van het verwijderen van een recente laag giftige ideologie van een volwassen beschaving, omdat ze van mening waren dat daarvan in Japan geen sprake was. De Japanse cultuur zelf zou tot in de kern verrot zijn.

De oude Japanse elite aan het keizerlijke hof en in de ambtenarij begreep niet waarom het noodzakelijk was om de hele Japanse maatschappij ondersteboven te keren. Ze zouden volmaakt tevreden zijn geweest als er langzaam enkele kleine hervormingen werden doorgevoerd. Maar voor kolonel Charles Kades en andere New Dealers uit de entourage rond SCAP ging dat bij lange na niet ver genoeg. Hij formuleerde het als volgt: '[De Japanse leiders] wilden de takken van een zieke boom snoeien. [...] Wij waren van mening dat het noodzakelijk was om zowel de wortels als de takken af te hakken als we de ziekte wilden uitroeien.'[40]

Om Japan van zijn 'feodale' cultuur te zuiveren, volstond het niet om de Japanse vlaggen met de rijzende zon (die de GI's 'gehaktballen' noemden) neer te halen, of om de muzikale en visuele lofzangen op de moed van het Japanse leger te verbieden, en zelfs niet om de Japanse strijdkrachten te ontbinden of een nieuwe grondwet te schrijven waarin het soevereine recht van Japan om oorlog te voeren werd verboden.

Natuurlijk werden al deze zaken noodzakelijk geacht; er werden al in 1945 voorbereidingen getroffen om de pacifistische grondwet te schrijven. (Wie nu precies als eerste deze nieuwigheid heeft bedacht is onduidelijk; volgens sommigen was degene die het aan MacArthur voorstelde Shidehara Kijiro, de Japanse premier in 1945 en van oudsher een pacifist.) Het 'feodale' familierecht werd afgeschaft en vrouwenrechten werden gewaarborgd. Dit was verontrustend voor de leden van de regerende Japanse elite en zelfs voor relatief gematigde politici, zoals de voormalige minister van Buitenlandse Zaken Shigemitsu Mamoru ('Shiggy' in de Amerikaanse pers), die in zijn dagboek schreef: 'Het bezettingsleger wil nu heel iets anders dan simpelweg de Verklaring van Potsdam naleven.

[...] Ze stellen voor om Japan van onder tot boven te hervormen.'[41]

Hij had gelijk; dat is inderdaad wat de hervormers van plan waren. Alle 'feodaal' geachte Japanse gebruiken en gewoontes moesten worden uitgeroeid. Amerikaanse soldaten of burgers die Japanse vrouwen in het openbaar hun kind de borst zagen geven probeerden onmiddellijk een eind te maken aan deze gewoonte. Houten zwaarden in traditionele theaterproducties werden in beslag genomen. Kabukistukken met samoeraihelden werden verboden. Earl Ernst, die later een groot kenner van het kabukitheater zou worden, liep op een avond het Keizerlijke Theater van Tokyo binnen om een uitvoering van *Terakoya* tegen te houden, een scène in een beroemd achttiende-eeuws stuk over een voormalige samoerai die de opdracht krijgt zijn zoon te offeren. Uit trouw aan zijn heer doodt een voormalige vazal daarom zijn eigen zoon. Dit soort theatrale 'barbaarsheid' kon niet worden getolereerd. In plaats daarvan moest het theatergezelschap, ter stichting van het publiek, *The Mikado* van Gilbert and Sullivan opvoeren. Het Japanse publiek was niet zozeer gesticht, maar naar het schijnt eerder verbijsterd.

Niets dat in de verste verte met het 'feodalisme' in verband kon worden gebracht was toegestaan. Het werd zelfs verboden om de berg Fuji af te beelden, een heilige plaats in de oude natuurgodsdienst die het shintoïsme is, zowel in films en kunstwerken als op de betegelde muren van de openbare badhuizen, waar de Fuji een populaire decoratie was. Sinds de negentiende eeuw was het shintoïsme inderdaad veranderd in een soort staatscultus ter propagering van de keizerverering en van het idee dat de Japanners een uniek ras met een goddelijke stamboom waren dat was voorbestemd om de lagere soorten van Azië te overheersen. Het verbod op het shintoïsme als staatsgodsdienst was overigens niet zo'n slecht idee. In de SCAP-richtlijn van 15 december stond het volgende verklaard:

> Het doel van deze richtlijn is om godsdienst en staat van elkaar te scheiden, om het misbruik van godsdienst voor politieke doeleinden te voorkomen en om alle godsdiensten, geloven en overtuigingen op hetzelfde wettelijke niveau te plaatsen en dezelfde kansen en bescherming te laten genieten.[42]

Het leek ook helemaal niet zo'n slecht idee om keizer Hirohito op de radio te laten verklaren dat hij net als iedereen gewoon een menselijk wezen was. Wat de keizer in feite zei, was dat zijn banden met het Japanse volk 'niet gebaseerd waren op de onjuiste opvatting dat de keizer goddelijk is'. Daar namen de Amerikanen genoegen mee. De meeste Japanners keken er niet erg van op omdat ze nooit aan zijn menselijkheid getwijfeld hadden. Maar ze zagen hem als een heerser die afstamde van de zonnegodin, iets wat hij zelf nooit tegensprak. In elk geval leek het maar weinig Japanners werkelijk iets te kunnen schelen. Alleen de ultranationalisten waren van streek, en dat zijn ze sinds die tijd gebleven, want zij geloven dat het shintoïsme niet als alle andere godsdiensten behandeld moet worden, maar als de essentie van de Japanse cultuur.

Op sommige punten was de culturele heropvoeding voornamelijk een bron van ergernis. De maatregelen waren meestal ook maar van korte duur, zoals het verbod op kabuki en zwaardvechtfilms. Soms waren de heropvoedingspogingen ook zo wonderlijk dat het eerder vermakelijk was, zoals in het geval van de Amerikaanse militair die de leiding had in een landelijke streek en dacht dat het leren van Amerikaanse volksdansen de democratische instelling van de Japanners ten goede zou komen. Maar in sommige opzichten konden de Amerikanen ook te ver gaan, zelfs voor de relatief buigzame Japanners. Zo werd er bijvoorbeeld uitgebreid onderzoek gedaan naar de mogelijkheid om de Chinese karakters af te schaffen en het Japanse schrift te romaniseren. Daartoe kwam vervolgens ook een aanbeveling van een Amerikaanse heropvoedingscommissie. Er kwam niets van terecht. Het onderwijssysteem werd, anders dan in Duitsland, wel radicaal herzien. De elitaire jongens- en meisjesscholen maakten plaats voor gemengde scholengemeenschappen, waar drie jaar basisonderwijs, drie jaar lager middelbaar onderwijs en drie jaar hoger middelbaar onderwijs werd gegeven.

De stad Omi, in het midden van het land, niet ver van Kyoto, zou als het Japanse equivalent van Aken kunnen worden gezien. In het najaar van 1945 besloot een patrouille van het Amerikaanse leger om daar een basisschool te controleren. De leerlingen waren zo bang toen ze de Amerikaanse soldaten zagen dat ze begonnen te gillen. Toen hun gevraagd werd of ze de Amerikanen 'aardig vonden' werd er driftig nee geschud. De klaslokalen waren nog steeds versierd met affiches uit de oorlogsjaren met Japanse soldaten in heldhaftige poses. Een van de leraren was een voormalige legerofficier. Er werd een met bloed bevlekte mariniers-pet in een la gevonden. Dat kon allemaal natuurlijk niet, en daarom kreeg het schoolhoofd de opdracht om de voormalige officier te ontslaan en ervoor te zorgen dat alle verwijzingen naar de oorlog verwijderd wer-den.

Zes maanden later keerden enkelen van de Amerikanen in een jeep terug naar dezelfde school. Ditmaal leken de kinderen minder bang. Een van de officieren begon 'Swanee River' te fluiten, en tot intens genoe-gen van het Amerikaanse gezelschap zongen de kinderen het lied met hem mee in het Japans. Daarna volgden nog uitvoeringen van 'Auld Lang Syne' en de 'Maine Stein Song'. Het gezelschap constateerde met even-veel genoegen dat de schoolboeken naar behoren waren aangepast: alle 'feodale' passages over de oorlog, over het krijgshaftige verleden van Ja-pan en over de keizer waren zwart gemaakt met Oost-Indische inkt. Het schoolhoofd was vol goede wil en sprak in het Engels. Hij beloofde dat alle affiches uit de oorlogstijd zouden worden verbrand en dat er nog een aantal leraren, van wie er drie in het leger hadden gediend, zouden wor-den ontslagen.[43]

Hoewel veel Japanners waarschijnlijk zeer opgelucht waren over het relatief goedaardige gedrag van de Amerikaanse overwinnaars en heel dankbaar waren voor de democratische hervormingen die hun politieke elite werden opgelegd, maakte de heropvoeding Amerikaanse stijl toch ook gemengde gevoelens los. In een fascinerende brief aan de krant *Asahi* geeft een leerling uit de lagere klassen van het middelbaar onder-wijs uitstekend weer hoe de jonge Japanners gewoonlijk op de omme-zwaai van de oudere generatie reageerden; de ene dag werd hun geleerd dat ze de keizer moesten vereren en de Heilige Oorlog in Azië moesten steunen, en de volgende dag deelden dezelfde leraren hun mee dat ze het Japanse feodalisme moesten afwijzen en de *demokurashii* moesten be-vorderen.

De leerling begint zijn brief met de opmerking dat veel volwassenen zich bezorgd afvragen hoe moeilijk het zal worden om de jonge geesten die zijn opgevoed met het militarisme te veranderen. Maar eigenlijk, zegt hij, zijn tieners zich door de recente ervaringen veel bewuster ge-worden van politiek. Ze wisten niet beter dan dat Japan permanent in oorlog was. Vrede was zoiets als 'uit de duisternis in het verblindende zonlicht verschijnen'. Alles wat ze vroeger hadden geleerd bleek nu helemaal verkeerd te zijn: 'Hoe konden ze nu hun leiders, of liever alle volwassenen, ooit nog vertrouwen?' Eerlijk gezegd zou je je zorgen moeten maken over die volwassenen, die nog steeds verward en ambivalent tegenover het recente verleden stonden, omdat ze het er duidelijk moeilijker mee hadden om zich van de geest van het militarisme te bevrijden.[44]

Dit was de stem van een van de meest politiek actieve generaties in de moderne Japanse geschiedenis. De meesten waren links, ze stonden allemaal wantrouwig tegenover de oude Japanse gevestigde orde en voelden zich verraden toen dezelfde Amerikanen die naar Japan waren gekomen om vrijheid, pacifisme en democratie te brengen, door de Koude Oorlog werden genoodzaakt om in zee te gaan met de oude gevestigde orde, waarvan een groot aantal leden nog bloed van de laatste oorlog aan hun handen had. Japanners als de jongen die een brief aan *Asahi* schreef, gingen massaal de straten van Tokyo op toen premier Kishi Nobusuke, de Albert Speer van Japan, een veiligheidsverdrag met de Verenigde Staten goedkeurde waardoor Japan een permanente basis voor Amerikaanse militaire operaties in Azië werd. Ze protesteerden tegen de indirecte – en bijzonder lucratieve – betrokkenheid van Japan bij de oorlog in Vietnam, die een herhaling van eerdere oorlogen in Azië leek. De linkse Japanners, die woedend waren over de rol van Japan in het Amerikaanse 'imperialisme', en de rechtse Japanners, die ook al woedend waren, maar dan omdat ze zich moesten neerleggen bij een 'Amerikaanse' pacifistische grondwet, hadden één ding met elkaar gemeen. Voor beide partijen leek er nooit een einde te zijn gekomen aan de Amerikaanse bezetting.

Voor sommige mensen was het allemaal iets te gemakkelijk gegaan met de naoorlogse *demokurashii*. Het was meer een cadeautje van de buitenlandse veroveraars. Een bekende spotprent van Kato Etsuro toonde een extatische Japanse menigte, soms nog met militaire petten, die naar de hemel zwaaide waaruit granaathulzen met de woorden 'Democratische revolutie' aan parachutes neerdaalden als manna uit de hemel.[45] Het was een beetje vernederend om iets cadeau te krijgen waarvoor je eigenlijk zelf had moeten vechten.

Dat vernederen was soms wel enigszins de bedoeling, maar was niet direct op de gewone Japanse bevolking gericht. De meest emblematische foto van de bezetting, dic in september 1945 werd gepubliceerd, was genomen ter gelegenheid van het officiële bezoek van keizer Hirohito aan generaal MacArthur in zijn officiële residentie (eigenlijk was het meer alsof hij op audiëntie moest). De keizer, vierenveertig jaar oud, een melkmuil vergeleken bij de vijfenzestigjarige SCAP, staat stijf in de houding en draagt een jacquet. Naast hem staat MacArthur, wiens superieure autoriteit niet alleen in zijn lengte, maar ook in zijn bestudeerde nonchalance tot uiting komt: het kaki overhemd waarvan het bovenste knoopje openstaat, zijn handen comfortabel achter op zijn heupen.

De foto werd in alle belangrijke kranten afgedrukt. De Japanse regering was geschokt door een beeld dat naar majesteitsschennis rook en verbood onmiddellijk verdere publicatie. De volgende dag trok MacArthur het verbod in en kondigde hij nieuwe maatregelen af om de persvrijheid te garanderen. Dit betekende niet dat de Verenigde Staten het nieuws in Japan niet even actief censureerden als in Duitsland. Dat deden ze wel. Het was bijvoorbeeld verboden om naar Hiroshima te verwijzen, om negatieve artikelen over de Verenigde Staten te schrijven of om op enige manier kritiek op het bestuur van SCAP te uiten. (In 1946 werd er zelfs een Japanse film met de titel *De Japanse tragedie* verboden omdat deze te kritisch was over de rol van de keizer in de oorlog, en dat kon niet omdat MacArthur hem per slot van alle schuld had vrijgepleit.)

Toch was democratie geen loos woord. Een deel van de revolutionaire verandering die in granaathulzen aan parachutes werd uitgeworpen vond werkelijk plaats. Maar er was nog steeds dat sluimerende gevoel van schaamte, dat schrijnend onder woorden is gebracht door Takami Jun, een van de diepzinnigste en eerlijkste Japanse schrijvers van zijn tijd. Op 30 september schreef hij in zijn dagboek:

> Als ik terugdenk aan het feit dat de vrijheid, die natuurlijk door de eigen regering aan de bevolking gegeven had moeten worden, niet gegeven kon worden, maar in plaats daarvan voor het eerst door de militaire troepen van een vreemd land is opgelegd [...] ontkom ik niet aan een gevoel van schaamte. Ik schaam me als iemand die van Japan houdt, schaam me uit naam van Japan.[46]

Het gevoel is begrijpelijk, maar dergelijke uitingen ervan zijn een beetje misleidend. Een van de misvattingen over de bezetting die je nog steeds vaak hoort, is dat de Amerikanen de moderne Japanse instellingen vanuit het niets hebben opgebouwd, dat de 'verwestersing' in 1945 is begonnen en dat de Japanners, dankzij de welwillende steun van de Amerikanen, binnen een of twee jaar na hun nederlaag de stap van 'feodalisme' naar democratie hebben gezet. In werkelijkheid bestonden de democratische instellingen, hoe gebrekkig en kwetsbaar ook, al in de jaren twintig van de twintigste eeuw. In Japan, en in de westelijke zones van Duitsland, schiepen de geallieerden de voorwaarden waaronder deze instellingen een steviger basis kregen en in ere konden worden hersteld. Dat ging niet altijd vanzelf. Japanse politici en ambtenaren moesten vaak gedwongen worden om de democratische hervormingen waar de meeste mensen naar uitkeken uit te voeren. Wat echter noch de Amerikanen, noch de Japanners hadden kunnen voorzien, was dat het enige wat de Amerikanen helemaal zelf hadden bedacht zowel de hoeksteen als de molensteen van de naoorlogse Japanse identiteit zou worden.

Artikel 9 van de Japanse grondwet, in 1946 geschreven, is nog steeds de moeite waard om het te citeren omdat het, meer dan wat dan ook, het idealisme van 1945 onder woorden brengt:

> (1) Oprecht strevend naar een internationale vrede gebaseerd op gerechtigheid en orde, ziet het Japanse volk voorgoed af van oorlog als een soeverein recht van de natie en het dreigen met of het gebruik van geweld als middel om internationale geschillen te beslechten.
> (2) Om dit doel te verwezenlijken, zullen nooit een land-, zee- en luchtmacht worden onderhouden, noch enig ander oorlogspotentieel. Het recht op een staat van oorlog zal niet worden erkend.

Tijdens een bezoek aan Japan in 1953 choqueerde Richard Nixon, toen nog als vicepresident van Eisenhower, de Japanners door te verklaren dat artikel 9 een vergissing was geweest. Er was geen enkele reden waarom de Japanners het niet zouden herzien. De Verenigde Staten zouden geen bezwaar maken. De Verenigde Staten wilden juist graag dat Japan een sterke bondgenoot tegen het communisme werd. Maar de meeste Japanners waren het daar niet mee eens. Ze weigerden hun grondwet te veranderen omdat ze er trots op waren. Door het pacifisme had een land dat in verschillende verschrikkelijke oorlogen miljoenen mensen had afgeslacht een moreel doel en zelfs een gevoel van superioriteit gekregen. Japan zou de wereld naar een nieuw tijdperk van vrede leiden. In de ogen van de Japanners waren het de Amerikanen die veroordeeld moesten worden, in Korea en Vietnam, en later in Afghanistan en Irak, omdat ze weigerden hun gewoonte om oorlog te voeren af te zweren.

Dit was na de oorlog ten minste vijftig jaar lang ongeveer de toon van het publieke debat. Maar het pacifisme werd duur betaald. Idealisme en realiteit liepen snel uiteen, en de Japanners bouwden, ondanks de woorden in hun grondwet, hun strijdkrachten weer op, eerst vermomd als politiemacht en later als zelfverdedigingsmacht. Dat was hypocriet, en het zorgde ook niet voor een oplossing voor een ander probleem, waar rechtse en linkse Japanners bijna evenveel aanstoot aan namen. Japan was voor zijn veiligheid nog steeds afhankelijk van de Verenigde Staten; het land verkondigde het pacifisme terwijl het onder de nucleaire paraplu van zijn voormalige veroveraars schuilde. In Oost-Azië is er nooit een equivalent van de NAVO of de Europese Unie geweest waardoor Japan vertrouwen had kunnen opbouwen en een nieuwe plek tussen zijn buren had kunnen vinden.

Artikel 9, waar de meeste mensen nog steeds aan gehecht zijn, maar waar nationalistisch rechts ernstig aanstoot aan neemt, heeft ook de omgang met de eigen geschiedenis ontregeld. Zolang alle progressieve Japanners de pacifistische clausule als een belangrijke boetedoening voor de schuld aan de oorlog verdedigen, houdt rechts vol dat Japan niet schuldiger is dan enig ander land dat oorlog heeft gevoerd. Als het bloedbad van Nanking of de slag om Manila redenen zijn om het land een soeverein recht te onthouden, is er alle reden om het belang van die 'incidenten' te minimaliseren. Dit hopeloos gepolariseerde politieke conflict, dat onder het mom van een historisch debat wordt gevoerd, heeft decennialang de verstandhouding tussen Japan en de rest van Azië vergiftigd. Naast de eenzijdige afhankelijkheid van de Verenigde Staten is ook dit de erfenis van 1945, een jaar van vele rampen dat met zoveel hoop eindigde.

9. Eén wereld

Brian Urquhart, de jonge Britse inlichtingenofficier die al eerder in dit boek ter sprake is gekomen, de man die te horen had gekregen dat hij maar met ziekteverlof moest gaan nadat hij zijn superieuren had gewaarschuwd voor de enorme risico's die verbonden waren aan het droppen van geallieerde troepen in de buurt van Arnhem in september 1944, had gemakkelijk een cynicus kunnen worden. Operatie Market Garden, die duizenden jonge levens zou kosten, ging toch door. 'Monty' moest en zou zijn Amerikaanse rivaal, generaal George Patton, in de schaduw stellen. Iets minder dan zes maanden later, toen hij al gedesillusioneerd was over de arrogante stompzinnigheid van zijn eigen kamp, betrad Urquhart als een van de eerste geallieerde soldaten Bergen-Belsen. Eerst de stupiditeit, toen de verschrikkingen. Toen de oorlog eindelijk was afgelopen, was hij niet in staat om veel vreugde te voelen.

Toch werd hij geen cynicus. In zijn memoires schreef hij: 'Ik dacht niet dat dingen nooit meer hetzelfde zouden zijn. Ik had weinig ervaring met de oude orde en had niet het gevoel dat ik die zou missen. Ik bedacht wel dat het voortaan onze belangrijkste taak was om te voorkomen dat zulke rampen ooit weer zouden gebeuren.'[1]

Voor de oorlog was Urquhart geestdriftig geweest over de Volkerenbond. Zijn internationalistische enthousiasme was in zijn jeugd ontstaan, vertelde hij, en wel op een chique meisjeskostschool, Badminton, geleid door de zonderlinge directrice Miss Beatrice M. Baker, die bij iedereen bekendstond als BMB. Urquharts moeder gaf les aan de Badminton School. Zijn tante Lucy was de partner van de geduchte BMB, zowel op school als in het dagelijkse leven. Als zesjarige zat Urquhart als enig jongetje tussen meer dan tweehonderd meisjes. De politieke voorkeuren van BMB waren uitgesproken links. Net als veel andere mensen in die tijd had ze een gunstig oordeel over Stalin, 'Uncle Joe'. In de jaren dertig bood BMB onderdak aan Joodse vluchtelingen van het Europese vasteland, en dat was geenszins typisch voor directrices van Engelse kostscholen. Ze liet haar leerlingen, onder wie mijn moeder, die tijdens de oorlog op Badminton zat, zelfs door de straten van Bristol marcheren met spandoeken waarop 'Arbeiders aller landen verenigt u!' stond.

Na de oorlog was Urquhart korte tijd in dienst van de historicus Arnold Toynbee bij een speciale afdeling van het ministerie van Buitenlandse Zaken, die was opgezet om inlichtingen uit het bezette Nederland in te winnen. Maar daar was niet veel te doen omdat Nederland niet meer door de Duitsers was bezet – een klein voorbeeld van de vele bureaucratische absurditeiten die nog van de oorlog overgebleven waren. Urquharts aanstelling duurde echter niet lang. Zijn volgende baas was Gladwyn Jebb, de Britse diplomaat die verantwoordelijk was voor de organisatie van de pas opgerichte Verenigde Naties. Urquhart bleef de rest van zijn carrière een trouwe dienaar van die mondiale organisatie, waarvan de idealen hem bleven aanspreken, ook al bezag hij de tekortkomingen ervan in de praktijk met de nodige scepsis.

Over die onstuimige tijd in het najaar van 1945 schreef hij vier decennia later:

> Het is moeilijk om de frisheid en het enthousiasme uit die pionierstijd terug te halen. De oorlog lag nog maar pas achter ons en stond iedereen nog levendig voor de geest. Velen van ons hadden in het leger gezeten en anderen waren pas enkele maanden eerder uit ondergrondse verzetsbewegingen opgedoken. Werken aan de vrede was de vervulling van een droom, en het feit dat alles van het begin af moest worden georganiseerd was een bijkomende stimulans.[2]

Een van Urquharts beste vrienden bij het secretariaat van de Verenigde Naties was een man die ook al eerder is genoemd, de Franse verzetsstrijder Stéphane Hessel, die werd gearresteerd en gemarteld door de Gestapo voordat hij naar Buchenwald en Dora werd gestuurd. Hij was in 1919 geboren, hetzelfde jaar als Urquhart. Ook Hessel had een ongewone achtergrond. Zijn vader, Franz Hessel, een vooraanstaand Duits schrijver en vertaler van Proust, stond model voor Jim in *Jules et Jim*, de roman van Henri-Pierre Roché over een noodlottige Frans-Duitse driehoeksverhouding, waar François Truffaut later een beroemde film van maakte.

Net als Urquhart wilde Stéphane Hessel op een wereldwijd podium aan een betere wereld bouwen. Zijn ambitie kwam voort uit iets wat opmerkelijker was dan de gebruikelijke afkeer van oorlog en het verlangen naar vrede. In zijn memoires schreef hij dat 'het kosmopolitisme van de concentratiekampen', waar mannen uit vele landen en klassen willekeurig bij elkaar waren gebracht, 'me naar de diplomatie gedreven heeft'.[3] Drie jaar na het einde van de oorlog hielp hij met het opstellen van de eerste Universele Verklaring van de Rechten van de Mens. Hessel stierf in 2013, op vijfennegentigjarige leeftijd.

Urquhart en Hessel waren ongetwijfeld bijzondere mensen. Maar hun idealisme, dat voortkwam uit alle verwoestingen die zij hadden meegemaakt, was beslist niet uniek. In zeer brede kring geloofde men in het idee dat er een nieuwe wereldorde moest worden opgebouwd en dat die moest worden geregeerd door een wereldwijde organisatie, die daadkrachtiger en effectiever was dan de Volkerenbond. Sommige mensen voerden deze notie erg ver door. Zelfs nog voor de atoombommen op Hiroshima en Nagasaki vielen, spraken de voorstanders van een wereldregering vaak in apocalyptische termen. De uitspraken die Arnold Toynbee gedurende de oorlog deed, dat een Derde Wereldoorlog alleen voorkomen kon worden door een wereldregering met een wereldwijde politiemacht, lijken misschien wat dwaas, maar hij werd toch behoorlijk serieus genomen door hooggeplaatste lieden binnen het Amerikaanse ministerie van Buitenlandse Zaken. Uit een opiniepeiling van Gallup in april 1945 bleek dat eenentachtig procent van de Amerikanen voorstander was van Amerikaanse toetreding tot 'een wereldwijde organisatie met een politiemacht om de wereldvrede te handhaven'.[4]

Omdat het concept van een wereldregering of wereldfederatie tamelijk vaag was, hadden mensen die over dit onderwerp nadachten de neiging om hun persoonlijke idealen op de toekomst te projecteren. Zo was Mahatma Gandhi van mening dat een wereldfederatie gebaseerd zou moeten zijn op zijn pacifistische denkbeelden. Toynbee betoogde dat een wereldwijde politiemacht, in elk geval voor enige tijd, een Engels-Amerikaanse operatie zou moeten zijn. Zijn idee was om een 'democratisch Engels-Amerikaans wereldwijd gemenebest' op te richten.[5] Daarin stond hij niet alleen. Lord Lothian, de Britse ambassadeur in Washington in 1939, zag het Britse Rijk als het model voor een federale wereldregering. Dit lijkt misschien niet alleen chauvinistisch, maar ook behoorlijk bizar. Toch was het idee van een soort liberale Angelsaksische hegemonie in Groot-Brittannië en de Verenigde Staten niet ongewoon. Churchill geloofde er een tijdje in. Ook nu duikt het idee zo af en toe nog op om de zelfingenomenheid van Engelssprekende dromers te voeden, onder wie een paar bewoners van het Witte Huis.

E.B. White schreef in *The New Yorker* dat San Francisco precies de juiste plek was voor een conferentie waar het eerste handvest van de Verenigde Naties in het voorjaar van 1945 zou worden opgesteld. Tenslotte, zei hij, werden 'de Verenigde Staten door mensen overal ter wereld als een soort droom die uitgekomen is beschouwd, een soort miniatuurwereldstaat'.[6] Dit soort zelfvoldaanheid doet tegenwoordig misschien wat ouderwets aan, maar is nog steeds niet helemaal verdwenen. Niettemin was E.B. White zich bewust van enkele smetten op het Amerikaanse droomland. Op 5 mei, een week nadat de conferentie in San Francisco was begonnen, schreef hij dat ergens in Californië 'een groep milieubeschermers (zo lazen we in de kranten) de vestiging van nieuwe bewoners probeert te beperken tot "mensen van het blanke ras"'.[7]

En dan had je de Europeanen, vaak oud-verzetsstrijders, die de Europese eenheid als een eerste stap in de richting van een wereldvereniging zagen. Al in 1942 publiceerde de Franse verzetsgroep Combat (ook bekend onder de naam Mouvement de Libération Nationale – MLN) een manifest waarin werd verkondigd dat 'de Verenigde Staten van Europa – een stap op de weg naar een verenigde wereld – binnenkort een levende werkelijkheid zal zijn waarvoor we strijden'.[8] Een van de leiders van Combat was Albert Camus, een man die zich gewoonlijk niet schuldig maakte aan overdrijving. Later stond hij in nauw contact met een andere groep antifascistische verzetsleden die nog eerder, in 1941, een manifest voor de Europese eenheid het licht hadden doen zien op het kleine vulkanische eiland Ventotene, voor de kust bij Napels, waar Altiero Spinelli en andere linkse activisten door Mussolini waren opgesloten in een sombere achttiende-eeuwse gevangenis die nog door de Bourbons was gebouwd. In het zogenaamde Manifest van Ventotene, dat was geschreven door een van de gevangenen, de politiek denker Ernesto Rossi, stond dat nationale politiek voor reactionairen was en dat alle progressieve krachten zouden moeten streven naar 'een sterke internationale staat'. Eerst een federaal Europa, dan een federale wereld.

Het ideaal van een verenigd Europa is natuurlijk al veel ouder en gaat in elk geval terug tot het Heilige Roomse Rijk uit de negende eeuw. Sindsdien heeft het Europese ideaal een groot aantal veranderingen ondergaan, maar al die tijd waren er twee constanten. Een was het ideaal van een verenigd christendom, met Europa als het spirituele en politieke hart. Dit doel zou populair blijven onder katholieken – Erasmus, bijvoorbeeld – en vooral onder Franse katholieken. Maximilien de Béthune, de duc de Sully (1560-1641) bijvoorbeeld, stelde zich een christelijke Europese republiek voor, waarvan de Turken alleen lid konden worden als ze zich tot het christelijke geloof bekeerden.

Het daarmee samenhangende ideaal was eeuwige vrede. In 1713 publiceerde een andere katholieke Fransman, de abbé de Saint-Pierre, zijn 'Plan voor de Schepping van Eeuwige Vrede in Europa'. Er zouden een Europese senaat en een Europees leger komen en de grotere lidstaten zouden een gelijk stemrecht hebben.

De vroege pan-Europeanisten zagen eeuwige vrede en christelijke eenheid vaak als een geheel. Vreedzame unificatie was een religieus idee, een christelijke utopie. Het hoefde niet per se beperkt te blijven tot het Europese continent, maar was, net als het christendom zelf, een universalistisch streven. Idealiter zouden nationale grenzen in het aardse koninkrijk van God zijn afgeschaft.

Na de Verlichting namen de rationalisten de idee van het religieus universalisme over, met slechts enkele kleine retorische veranderingen. De Franse negentiende-eeuwse dichter en staatsman Alphonse de Lamartine schreef een rationalistische ode aan de Europese eenheid onder de titel 'De Marseillaise van de Vrede' (1841): 'In de loop van de Verlichting/ verheft de wereld zich tot eenheid [...] ik ben de medeburger van ieder mens die denkt/ de waarheid is mijn vaderland!' Toen hij in het revolutionaire jaar 1848 minister van Buitenlandse Zaken van Frankrijk was, publiceerde Lamartine een manifest voor Europa, waarin de Franse republiek niet alleen als een model voor Europa, maar als een model voor de hele mensheid werd aangeprezen.

Aan het einde van de Tweede Wereldoorlog vond er een soortgelijke omslag van religieus naar rationalistisch idealisme plaats. In 1940, nog voordat de Verenigde Staten aan de oorlog deelnamen, stelde een gezelschap met de naam Federale Raad van de Kerken van Christus in Amerika een commissie in om aan een 'Rechtvaardige en Duurzame Vrede' te werken – dat was misschien enigszins prematuur, maar het is een loffelijk streven. In deze taak werden de protestantse predikanten en leken soms bijgestaan door Joden en katholieken. In de grote Amerikaanse steden werden 'Nationale missies voor de wereldorde' opgericht. De noodzaak van een wereldorganisatie werd uiteengezet in een verklaring van de commissie die 'De zes zuilen van vrede' heette. Dit alles lijkt misschien het werk van een stel vage dromers, maar de voorzitter van de commissie was John Foster Dulles, die aan het begin van de jaren dertig een bewonderaar van Hitler was en in de jaren vijftig, als minister van Buitenlandse Zaken onder Eisenhower, een onverzettelijke communistenvreter.

Dulles speelde een belangrijke rol bij een paar omstreden, om niet te zeggen moreel dubieuze politieke beslissingen; hij steunde de Franse koloniale oorlog tegen de nationalisten van de Vietminh en hielp bij het ten val brengen van de democratisch gekozen Iraanse regering van Mohammed Mossadeq in 1953. Mossadeq trad niet hard genoeg op tegen het communisme, vond men, en was een bedreiging voor de Engels-Amerikaanse oliebelangen. Vandaar de staatsgreep, beraamd door Britse agenten en de CIA, onder leiding van John Dulles' broer Allen. Maar het anticommunisme van Dulles kwam niet alleen uit zakelijke belangen voort. Hij was een christelijke moralist, die ervan overtuigd was dat de oorlog tegen het goddeloze communisme in de eerste plaats een morele strijd was. Hij beweerde ook dat hij, zoals hij dat noemde, in de 'morele kracht' van de Verenigde Naties geloofde, en trad op als adviseur van de Amerikaanse delegatie in San Francisco.[9] Zijn reactie op de atoombommen op Japan lijkt misschien vreemd, niet alleen voor een man uit die tijd, maar ook voor een man die tot het Amerikaanse conservatisme wordt gerekend, maar was voor hem wel kenmerkend: 'Als wij ons als zelfverklaarde christelijke natie moreel gesproken vrij voelen om atoomenergie op die manier te gebruiken, zullen mensen elders dat oordeel accepteren.'[10]

Het was inderdaad de verwoesting van Hiroshima waardoor de 'een wereld'-retoriek van het religieuze en morele register naar het seculiere taalgebruik verschoof. Wetenschappers behoorden tot de eersten die waarschuwden voor de implicaties van een wapen waaraan enkelen van hen hadden meegewerkt. De angstaanjagende ontploffing van de eerste atoombom in de woestijn van New Mexico, op 16 juli 1945, inspireerde Robert Oppenheimer, een van de leidende figuren bij de ontwikkeling van de bom, nog tot een quasireligieuze reactie. Hij citeerde woorden uit het Hindoestaanse epische gedicht *Bhagavad gita*:

Als de straling van duizend zonnen
Zou uitbarsten aan de Hemel
Dan zou dat misschien lijken op
De pracht van de Machtige [...]

Ik ben de almachtige tijd,
De god van de dood,
En nu ben ik gekomen
Om de wereld te vernietigen.

Einstein sprak iets prozaïscher woorden toen hij van het bombardement op Hiroshima hoorde: 'Oh, weh!'[11]

Twee maanden later was Einstein een van de ondertekenaars van een brief aan *The New York Times*, samen met andere prominente figuren zoals senator J.W. Fulbright en Owen J. Roberts, een van de rechters van de Hoge Raad van de Verenigde Staten. Ze schreven: 'De eerste atoombom heeft meer vernietigd dan de stad Hiroshima. Hij heeft ook onze overerfde, verouderde politieke ideeën laten exploderen.'[12] Een van deze ideeën was nationale soevereiniteit. Het Handvest van de Verenigde Naties waarover in San Francisco overeenstemming was bereikt, was nog maar het begin, beweerden ze: 'We moeten streven naar een Federale Constitutie van de wereld, een functionerende wereldwijde rechtsorde, als we nog een atoomoorlog willen voorkomen.'

John Foster Dulles wilde dat de Verenigde Naties toezicht op atoomenergie zouden houden, tot ook de Sovjet-Unie een atoombom tot ontploffing bracht en hij snel van gedachten veranderde. Einstein verkondigde in een interview, dat in november 1945 in de *Atlantic Monthly* verscheen, dat 'het geheim van de bom aan een Wereldregering zou moeten worden toevertrouwd en dat de Verenigde Staten zich onmiddellijk bereid zouden moeten verklaren om dat aan de Wereldregering te geven'.

Waarom een morele beslissing noodzakelijk was, werd misschien wel het duidelijkst verwoord door de Britse premier Clement Attlee, de oude christelijke socialist. In de maand dat ook het interview met Einstein in de *Atlantic Monthly* verscheen, deed hij tijdens een toespraak voor het Canadese parlement, deels in het Frans, en met Hiroshima nog duidelijk in zijn achterhoofd, het voorstel om de wetenschap en de moraal weer in harmonie te brengen. Hij geloofde, zoals *The Times* meldde, 'dat zonder een even groot moreel enthousiasme als waarmee wetenschappers hun onderzoek doen, de beschaving die in eeuwen is opgebouwd zal worden vernietigd'.[13]

De manier waarop de werkelijke wereld in 1945 opnieuw werd opgebouwd, had misschien wel het een en ander te danken aan het hooggestemde idealisme van voormalige verzetsstrijders, vredessoldaten, geschokte wetenschappers en christelijke éénwereldaanhangers, maar bij lange na niet zoveel als deze zouden hebben gewild. Wat de internationale instellingen na de oorlog (en in feite ook al tijdens de oorlog) vorm gaf, was niet zozeer religie of moraal, maar politiek. En omdat politieke oplossingen nooit ideaal zijn, kon die nieuwe orde dus alleen maar onvolmaakt zijn.

De oorsprong van het Handvest van de Verenigde Naties, dat in San Francisco zou worden uitgewerkt, was een ontmoeting die Churchill en Roosevelt in augustus 1941 hadden in Placentia Bay, voor de kust van Newfoundland. Groot-Brittannië had maar net de Slag om Engeland overleefd. Duitsland was kort daarvoor, op 22 juni, de Sovjet-Unie binnengevallen en de aanval op Pearl Harbor moest nog komen (7 december 1941). Roosevelt wilde de Amerikaanse kiezers dusdanig bewerken dat ze een actievere rol van de Verenigde Staten in het Europese conflict zouden accepteren. En zo arriveerden de beide leiders op hun respectieve slagschip, Roosevelt op de USS Augusta, Churchill op de HMS Prince of Wales, om een 'Atlantisch Handvest' op te stellen.

Vreemd genoeg was Churchill degene die per se een toekomstige wereldorganisatie in het Handvest wilde vermelden. Roosevelt, gedesillusioneerd over het falen van de Volkerenbond en zich bewust van het binnenlandse verzet tegen internationale betrokkenheid, schrapte Churchills suggestie. Ook was Roosevelt geen voorstander van het Britse imperialisme, hoewel hij net als Toynbee wel geloofde dat Groot-Brittannië en de Verenigde Staten de komende jaren gezamenlijk politieagent over de wereld zouden moeten spelen. Roosevelt wilde zich graag beroepen op zijn 'vier fundamentele vrijheden van de mens', die hij in januari van datzelfde jaar voor het eerst als de redenen om het fascisme te bestrijden had geformuleerd. Ze werden door Norman Rockwell in illustraties vereeuwigd: vrijheid van meningsuiting, vrijheid van godsdienst, vrijwaring van gebrek en vrijwaring van vrees.

Uiteindelijk zou het Atlantisch Handvest weinig meer dan de uitwerking van deze mooie beginselen blijken te zijn. Maar één artikel zou aanzienlijke en langdurige gevolgen hebben. Dat was grotendeels het werk van de Amerikanen. Het handvest sprak niet alleen de hoop uit dat 'het zelfbestuur hersteld wordt voor degenen van wie dat met geweld is afgenomen', het ging verder: ook 'het recht van alle volkeren de regering te kiezen waaronder ze zullen leven' zou geëerbiedigd worden.[14]

Het nieuws over dit streven bereikte al snel degenen die zich uit een koloniaal rijk wilden bevrijden. Nationalistische leiders als Hồ Chí Minh in Vietnam en Soekarno in Indonesië zouden de woorden uit het Atlantisch Handvest keer op keer aanhalen in hun eisen voor politieke onafhankelijkheid – en in hun verzoeken aan de Verenigde Staten om hen te steunen. De Algerijnse demonstranten in Sétif die op 8 mei door Franse kolonisten werden neergeschoten omdat ze gelijke rechten eisten, droegen spandoeken waarop geschreven stond: 'Lang leve het Atlantisch Handvest!'

Jawaharlal Nehru, die in de gevangenis zat wegens 'burgerlijke ongehoorzaamheid' toen het Atlantisch Handvest werd opgesteld, bespeurde een sterke geur van hypocrisie in de Engels-Amerikaanse uitspraken; hij verwierp het Handvest als een verzameling achterbakse platitudes. Maar in zijn 'Quit India'-campagne van het daaropvolgende jaar herhaalde Nehru de oproep tot nationale zelfbeschikking uit het Handvest. Hij riep ook op tot de vorming van een 'wereldfederatie' die dergelijke rechten moest beschermen.

Churchill moest zijn parlement snel geruststellen met de mededeling dat het recht op 'zelfbestuur' alleen betrekking had op de landen die door de Duitsers werden bezet. De koloniën waren een heel ander verhaal. Hij was tenslotte 'niet de premier van de koning geworden om de leiding te hebben over de liquidatie van het Britse Rijk', zoals hij in 1942 opmerkte. Roosevelt had geen tijd voor dit soort bombarie en begreep Nehru heel goed, maar hij wilde Churchill niet te veel onder druk zetten zolang er nog een oorlog gaande was. Churchill was op zijn beurt beledigd dat hij door de Verenigde Staten als een schooljongen op de vingers werd getikt als het over het Britse Rijk ging, aangezien de Verenigde Staten zelf ook niet bepaald schone handen hadden, met name in de Filipijnen. Dat was wel waar, maar Churchill vergat erbij te zeggen dat de Verenigde Staten de Filipijnen al voor de oorlog onafhankelijkheid hadden beloofd, een proces dat werd onderbroken door de Japanse invasie.

Van het Atlantisch Handvest was het maar een kleine stap naar de Verenigde Naties, hoewel die toen nog niet als een organisatie voor mondiale veiligheid, maar als een bondgenootschap tegen de asmogendheden werden gezien. Zesentwintig landen, waaronder China en de Sovjet-Unie, schreven zich er in januari 1942 voor in. Ondanks zijn eerdere gereserveerdheid over internationale organisaties was het Roosevelt die het bondgenootschap zijn naam gaf, slechts enkele weken na de aanval op Pearl Harbor, toen Churchill in een opperbest humeur een bezoek aan Washington DC bracht voor een conferentie met de codenaam Arcadia. Roosevelt had nagedacht over de naam die het nieuwe mondiale bondgenootschap zou moeten krijgen. Toen kreeg hij op een ochtend voor het ontbijt opeens een inval. Hij stormde Churchills badkamer binnen en riep naar de premier, die nog stond uit te druipen van zijn bad: 'De Verenigde Naties!' En Churchill zei dat het goed was.

De vraag waar het allemaal om draaide, en waar de hele oorlog door ambtenaren, planners, diplomaten en de geallieerde leiders over was nagedacht, was hoe het oorlogsbondgenootschap in een stabiele naoorlogse internationale orde voor vrede moest worden getransformeerd. Hoe moest een nieuwe mondiale economische ineenstorting worden voorkomen? Hoe moesten toekomstige Hitlers die een wereldoorlog wilden beginnen worden tegengehouden? En hoe moesten ze dat doen zonder de ontevredenheid te wekken van Amerikaanse conservatieven, die zulke internationale ondernemingen al snel als de schimmige daden van 'communisten' bestempelden? Maar hoe die nieuwe wereldorganisatie er ook zou uitzien (Churchill dacht nog steeds in termen van 'Engelssprekende volkeren', Stalin van 'vredelievende volkeren' en Roosevelt van een harmonieuze coalitie van de grootmachten), deze moest wel werkelijke macht hebben. Want dat was precies waaraan het de oude Volkerenbond ontbroken had. De nieuwe Verenigde Naties moesten in staat zijn de vrede op te leggen, met geweld als dat nodig was. Om die macht daadwerkelijk te kunnen doen gelden, moesten de grootmachten wel met elkaar overweg kunnen, vandaar de conferenties in Moskou, Teheran en Jalta, waar Churchill, Roosevelt en Stalin de naoorlogse orde in elkaar sleutelden, soms op de achterkant van enveloppen, terwijl ze hun zetten deden alsof de wereld een groot schaakbord was, waarop Polen, Grieken en andere volkeren als pionnen werden verschoven.

Tegelijkertijd werden er in de Verenigde Staten nieuwe internationale lichamen gecreëerd om de humanitaire hulp en de voedseltekorten aan te pakken in de landen die totaal waren ingestort door de oorlog. In 1943 werd de United Nations Relief and Rehabilitation Administration (UNRRA) opgericht, een organisatie die Churchill aanvankelijk moeilijk serieus kon nemen. In zijn badkamer hoorde men hem 'UNRRA! UNRRA! UNRRA!' zingen alsof het een refrein uit een variétéshow was. Natuurlijk beschuldigden de Republikeinen de UNRRA er na de oorlog van het communisme niet hard genoeg aan te pakken. Daar was ook wel enige reden toe: omdat West-Europese landen geacht werden hun problemen zelf op te lossen, ging een groot deel van de hulp naar de Oost-Europese landen en de Sovjetrepublieken, waar de buit gewoonlijk bij de politieke gunstelingen terechtkwam. De UNRRA was ook vaak een wanordelijke onderneming, vooral in het beginstadium, en toch zouden veel mensen zonder haar hulp onder erbarmelijke omstandigheden zijn omgekomen.

Tegen de tijd dat Stalins Rode Leger de uitgeputte Duitsers terugdreef over de ijzige vlaktes van Oekraïne en de westelijke geallieerden hun bruggenhoofden in Normandië veilig hadden gesteld, hadden de grootmachten wel ruwweg een idee hoe de toekomstige Verenigde Naties eruit zouden zien. Ze zouden een Algemene Vergadering krijgen en een Veiligheidsraad, die door de grootmachten zelf zou worden voorgezeten. Economische samenwerking om Duitsland te verslaan – een Lend-Lease-systeem en dergelijke maatregelen – leverde de basis voor een internationaal monetair systeem, met internationale regels om de excessen van economisch nationalisme en schadelijke vormen van speculatie in te dammen. En er zou een Internationaal Gerechtshof komen.

Het monetaire stelsel werd in 1944 opgesteld in een luxehotel in New Hampshire, Bretton Woods. De conferentie, die officieel de Monetaire en Financiële Conferentie van de Verenigde Naties heette, werd om twee redenen in Bretton Woods gehouden: de Republikeinse senator van New Hampshire die in de commissie voor banken en wisselkoersen zat, was tegen het reguleren van de wisselkoersen en moest ingepalmd worden, en in het hotel werden Joodse gasten toegelaten, wat niet altijd het geval was bij dit soort etablissementen buiten de stad. Het zou niet erg gepast zijn geweest als onder meer minister van Financiën Henry Morgenthau de toegang geweigerd zou worden.

In 1944 werd Roosevelt voor de vierde keer tot president van de Verenigde Staten verkozen. Dat hij toen inmiddels helemaal voor de naoorlogse Verenigde Naties was, was al duidelijk gebleken uit uitlatingen die hij tijdens zijn campagne had gedaan. De wereld had volgens hem een mondiale New Deal nodig en de Verenigde Naties moesten de macht krijgen om de wereldvrede te bewaken. Zoals hij in die tijd zei: 'Als de wereldorganisatie ook maar iets wil voorstellen, moeten onze Amerikaanse vertegenwoordigers van tevoren van het volk zelf, en wel met constitutionele middelen via hun vertegenwoordigers in het Congres, het gezag krijgen om op te treden, dat is voor mijn simpele ziel wel duidelijk.'[15] De stemmen die Roosevelt en zijn idealen 'communistisch' noemden, waren weliswaar nog steeds niet tot zwijgen gebracht, maar de meeste Amerikanen leken het nu met hem eens te zijn.

Vlak voordat Roosevelt voor de vierde keer als president gekozen werd, was er nog een conferentie over de Verenigde Naties gehouden, ditmaal zonder enige ruchtbaarheid, in Dumbarton Oaks, een chic landhuis in Georgetown, Washington DC. De Verenigde Staten, Groot-Brittannië en de Sovjet-Unie, de zogenaamde Grote Drie, hadden tijdens de oorlog het beleid van de geallieerden bepaald. Ditmaal werd ook een Grote Vierde, China, uitgenodigd om deel te nemen. Deze Grote Vier zouden gezamenlijk de orde in de naoorlogse wereld moeten handhaven, hoewel er niet veel vertrouwen was dat China zijn rol zou kunnen spelen. Churchill noch Stalin had veel respect voor het regime van Tsjang Kai-Sjek, maar de Amerikanen wilden de generalissimo graag de gelegenheid geven zich te manifesteren. (Later, in San Francisco, zouden de Grote Vier de Grote Vijf worden, omdat ook Frankrijk dringend zijn gezicht moest redden.)

In Dumbarton Oaks waren er echter nog steeds meningsverschillen over de precieze vorm die de Verenigde Naties zouden moeten krijgen. Welke landen zouden lid kunnen worden? Zou de missie van de Verenigde Naties zich moeten beperken tot veiligheid (het Russische standpunt) of ook economische en sociale zaken moeten behelzen, zoals de Verenigde Staten wilden (en voor elkaar kregen)? Zou er een internationale luchtmacht moeten komen? Wie zou de Verenigde Naties troepen leveren? Zou ieder lid vetorecht moeten hebben, zoals het geval was bij de Volkerenbond, of was dat voorbehouden aan de grootmachten? En waarover zou een lid zijn veto kunnen uitspreken: alleen over interventies of ook over onderzoeken en vergaderpunten? Er werden compromissen gesloten, waarbij moeilijke kwesties (het vetorecht) onopgelost bleven. Het lidmaatschap zou 'in principe' openstaan voor alle 'vredelievende staten', een formulering die de sentimentele kant van de Amerikanen wel aansprak, maar die een iets specifiekere betekenis had voor Stalin, die critici van de Sovjet-Unie gewoonlijk als vijanden van de vrede bestempelde. Zo was bijvoorbeeld Finland, dat in 1940 het Rode Leger had weten te weerstaan, in zijn ogen een vijand van de vrede.

En zo was alles voorbereid voor het spektakel in San Francisco. Daar zou de vredelievende wereld zich op 27 april verenigen en zouden de Verenigde Naties van een oorlogsbondgenootschap worden omgevormd in een 'democratische organisatie van de wereld', zoals Roosevelt graag zei.[16]

De Amerikaanse president zelf, die al ernstig ziek was en dodelijk uitgeput door de conferentie in Jalta, waar de omstandigheden ondanks de grandeur van het oude zomerpaleis van de tsaar niet erg comfortabel waren geweest (met name de bedwantsen waren een bezoeking), overleed helaas op 12 april. Maar de nieuwe president, Harry S. Truman, voerde de verwachtingen voor een democratische wereldorde nog verder op dan zijn voorganger al had gedaan. Toen hij een eredoctoraat van de universiteit van Kansas kreeg, niet lang voordat hij zijn handtekening onder het handvest van de Verenigde Naties zette, verklaarde Truman in een vlaag van Amerikaans optimisme: 'Alle landen zullen in een wereldrepubliek net zo gemakkelijk met elkaar omgaan als wij dat doen in de Verenigde Staten.'[17]

De vlaggen van vijftig landen wapperden in de zoele wind van de Grote Oceaan toen vijfduizend afgevaardigden voor de openingsceremonie in het San Francisco Opera House arriveerden en honderdduizenden toeschouwers de straten overstroomden. De hele wereld was erbij – met uitzondering van de Duitsers, de Japanners en hun bondgenoten, natuurlijk. Of eigenlijk niet de hele wereld. Er waren uitzonderingen. En misschien hoorde niet iedereen die er was er ook te zijn. Argentinië, bijvoorbeeld, was een militaire dictatuur die tot het einde van de oorlog met het fascistische kamp bleef sympathiseren en was alleen maar uitgenodigd vanwege een steekspel tussen de Verenigde Staten en de Sovjet-Unie. De Sovjet-Unie wilde dat de Sovjetrepublieken Oekraïne en Wit-Rusland volwaardige lidstaten werden en daarom hadden de Verenigde Staten, die de steun van Latijns-Amerikaanse landen nodig hadden, erop gestaan dat Argentinië werd toegelaten.

Tegelijkertijd was Polen, het land waar de Tweede Wereldoorlog begonnen was, niet uitgenodigd omdat er geen overeenstemming bestond over de vraag welke regering de legitieme was. De Sovjet-Unie steunde een voorlopige Poolse regering, die bekendstond als het Comité van Lublin, terwijl de Poolse regering in ballingschap vanuit Londen bleef verklaren dat zij de enige legitieme regering was. Zolang dat zo was, kon er geen sprake van zijn het Comité van Lublin in San Francisco uit te nodigen, zoals de Russen wilden. Stalin had Churchill en Roosevelt in Jalta verzekerd dat er in Polen vrije verkiezingen zouden worden gehouden, en de Russen hadden zelfs zestien leiders van het Poolse verzet uitgenodigd voor een vriendelijk gesprek. Dat er sinds die tijd niets meer van deze Poolse leiders was vernomen, was een onheilspellend teken. In de woorden van E.B. White in *The New Yorker*: 'De Poolse kwestie hing boven de stad als een smerige vogel.'[18]

Toch was er nog genoeg optimisme. Vooral de Arabische afgevaardigden hadden een bijzonder exotische aantrekkingskracht voor het plaatselijke publiek. Volgens het tijdschrift *Yank* 'duwden Amerikaanse *celebrity watchers* elkaar aan de kant om de Arabieren van dichtbij te bekijken en zeiden ze: "Sjeiks, hè, wat zeg je daarvan?" '.

En de Arabieren reageerden al even verbijsterd. Ene Farid Zeineddine uit Syrië beschreef zijn indrukken aan *Yank*: 'De Amerikanen lijken mij een land van mensen met brillen die allemaal kauwgum kauwen. Misschien moeten ze een bril dragen omdat de gebouwen zo hoog zijn dat ze allemaal moeten turen om naar boven en naar beneden te kijken.'[19]

Anderen keken er wat minder opgeruimd tegenaan. Michael Foot, de toekomstige Britse Labour-leider, was aanwezig als verslaggever voor *The Daily Herald*. Als goede Europese socialist was hij bezorgd over 'de gevaren van de huidige status van Amerika'. De Verenigde Staten waren gewoon te rijk, te ongeschonden uit de oorlog gekomen, te machtig. 'Door de economische vooruitzichten van Amerika,' merkte hij op, 'lijkt de conferentie zelf in het niet te zinken.' Bovendien nodigden de journaals over de concentratiekampen die in de plaatselijke bioscopen werden vertoond niet uit tot feestvreugde.[20]

Andere films die dat voorjaar in de bioscopen werden vertoond, ongetwijfeld om de tanende strijdlust in de laatste maanden van de oorlog in de Pacific weer aan te wakkeren, waren *Back to Bataan* met John Wayne en *Objective, Burma!* met Errol Flynn. Maar er waren ook vrolijkere films te zien, zoals MGM's *Son of Lassie*, Dorothy Lamour in *A Medal for Benny* en *Here Come the Co-eds* met Abbott and Costello.

De accommodatie, waarvoor de afgevaardigden geacht werden zelf te betalen, was beslist luxueuzer dan in Jalta. Gladwyn Jebb, die de meeste oorlogsconferenties, waaronder Jalta, had bijgewoond als diplomatiek adviseur van Churchill, beschreef San Francisco als 'een angstaanjagende uitbarsting van gastvrijheid'.[21] De vier grootmachten (het zouden er dus al snel vijf worden), voorgezeten door de Amerikaanse minister van Buitenlandse Zaken Edward R. Stettinius Jr., vergaderden in de ronde bibliotheek van een penthouse op de bovenste verdieping van het Fairmont Hotel – 'met een blauw plafond en twee intieme tweezitsbankjes met groene bekleding', zoals *Time* het omschreef.[22] De minder belangrijke delegaties werkten op de lagergelegen verdiepingen.

De grootmachten bereikten al snel overeenstemming over de algemene beginselen. Maar er waren spanningen tussen hen en de rest, tussen het streven naar dominantie van de grootmachten en het ideaal van een democratische wereldorganisatie. De kleinere landen, vertegenwoordigd door de breedsprakige Australische minister van Buitenlandse Zaken dr. Herbert Evatt, waren ontstemd over het vetorecht van de grootmachten in de Veiligheidsraad, maar moesten wel toegeven. De Russische minister van Buitenlandse Zaken, Vjatsjeslav Molotov, nam van alle grootmachten het extreemste standpunt in. Hij bleef roepen dat de Sovjet-Unie het recht zou moeten hebben om haar veto uit te spreken over ieder onderwerp dat volgens haar niet in de Verenigde Naties besproken zou moeten worden. Door deze houding werd de conferentie bijna verpest, tot er een Amerikaanse diplomatieke missie naar Moskou werd gestuurd en Stalin Molotov instrueerde dat hij zich koest moest houden.

Alles leek in orde, tussen de Grote Drie in elk geval, toen Molotov een overvloedig banket organiseerde voor zijn Britse en Amerikaanse ambtsgenoten, de gladde Anthony Eden en Edward Stettinius, die door Brian Urquhart werd omschreven als 'een man met een overdreven goed uiterlijk en onnatuurlijk witte tanden'.[23] Zoals altijd bij dit soort Russische aangelegenheden werden er enorme hoeveelheden voedsel en drank geconsumeerd. Er werden foto's genomen van de drie mannen die elkaar toedronken, waarop zelfs de kleurloze Molotov, die in Russische partijkringen 'Stalen kont' werd genoemd vanwege de vele uren die hij achter zijn bureau doorbracht, erin slaagde een joviale indruk te wekken. Het werd laat. De heren begonnen duidelijk aangeschoten te raken.

Toen gebeurde er iets ongelooflijks. Molotov was blijkbaar in een openhartige bui omdat hij met vrienden onder elkaar was en deelde zijn hooggeachte collega's mede dat hij eindelijk kon onthullen wat er met de zestien Poolse verzetsleiders was gebeurd. Ze waren gearresteerd vanwege 'subversieve activiteiten' tegen het Rode Leger, een misdrijf waarop de doodstraf stond. Eden was eerst geschokt, toen woedend en eiste vervolgens een volledige verklaring. Molotov was op zijn beurt verbolgen over Edens scherpe toon en werd nukkig en defensief. De feestelijke stemming was opeens vervlogen. En alweer was de conferentie in gevaar.

Maar ook deze storm waaide over. De wens hield de werkelijkheid op afstand. Het tijdschrift *Nation* liet de progressieve Amerikanen weten dat de 'morele positie van Rusland veel sterker zou worden' en dat 'het wantrouwen tot een minimum gereduceerd zou zijn' zodra er 'werkelijk vrije verkiezingen' in Polen zouden worden gehouden.[24] De vage belofte van vrije verkiezingen was een vijgenblad dat de westelijke geallieerden in Jalta gretig hadden gegrepen en nu niet zomaar wilden weggooien. Alleen de Russen wisten dat de zestien dappere mannen die alles op het spel hadden gezet door onder de verschrikkelijkste omstandigheden verzet tegen de nazi's te plegen, al door de Russische geheime politie waren gemarteld en als 'nazicollaborateurs' waren berecht. Ze werden op 21 juni veroordeeld, toen de conferentie in San Francisco nog aan de gang was. Op twee na werden ze later allemaal in Russische gevangenissen vermoord.

Op het moment dat de zestien Polen in Moskou werden gemarteld, discussieerden de grootmachten over een mensenrechtenverklaring die kon worden opgenomen in de inleiding van het handvest (de Universele Verklaring van de Rechten van de Mens kwam pas later, in 1948). Deze nobele vrucht van het verlichtingsdenken en van het christelijke universalisme, het idee dat mensenrechten niet alleen ten goede zouden moeten komen aan één gemeenschap die bepaald wordt door geloof of cultuur of politieke grenzen, maar aan de hele mensheid, werd door Stéphane Hessel en vele anderen als de grootste verdienste van de naoorlogse orde beschouwd. Universele mensenrechten werden gekoppeld aan de in Neurenberg aangenomen wet over 'misdaden tegen de menselijkheid', die op zijn beurt werd gerelateerd aan het concept genocide, dat in 1944 door de Poolse jurist Raphael Lemkin werd gedefinieerd als 'de doelbewuste en systematische vernietiging van het geheel of een deel van een nationale, etnische, raciale of religieuze groep'.

Niet dat iemand ook maar even voorstelde dat er op de naleving van de mensenrechten zou moeten of kunnen worden toegezien. Integendeel. In de woorden van een Britse politiek adviseur buitenland in San Francisco, de historicus C.K. Webster: 'Ons beleid is om "gegarandeerde mensenrechten" te voorkomen, hoewel we misschien geen bezwaar zouden maken tegen een verklaring.'[25] En er kwam ook prompt een verklaring, gebaseerd op een voorstel geschreven door generaal Jan Smuts, de Zuid-Afrikaanse staatsman en held van de Boerenoorlog, die had meegewerkt aan de geboorte van de Volkerenbond en aan die van de Verenigde Naties. Dit waren de woorden waartoe de grootmachten in juni in San Francisco besloten: 'Wij, de volken van de Vereenigde Naties, vastbesloten [...] opnieuw het vertrouwen in de grondrechten van den mensch, in de waardigheid en waarde van den menschelijken persoon, in de gelijke rechten van mannen en vrouwen, alsmede van groote en kleine volken te bevestigen [...]'

In zijn column voor *The Daily Herald* zwaaide Michael Foot het morele leiderschap van de Sovjet-Unie bijzondere lof toe. Hij wees erop dat de Britse regering onder Neville Chamberlain voor de oorlog het nieuws over de gruweldaden van de nazi's had verzwegen. Maar dat was natuurlijk omdat 'de slachtoffers alleen maar liberalen, socialisten, pacifisten en Joden waren'. Tegenwoordig, merkte hij enigszins sarcastisch op, 'hebben deze types tenminste het voordeel dat hun rechten zijn opgenomen in de inleiding van het Handvest van de Fundamentele Vrijheden die zijn opgetekend door generaal Smuts. Dit handvest geldt zelfs voor de zwarte mensen in Zuid-Afrika. Of niet soms?' Foots twijfels op dit punt waren niet ongegrond, maar ook hij was blij dat hij kon doen of hij de kwalijke reuk van de Poolse kwestie niet opmerkte. Sterker nog, hij prees de Sovjet-Unie omdat ze een 'veel logischer en ondubbelzinniger standpunt' over 'de politieke rechten van de afhankelijke volkeren' had uitgesproken dan welk land dan ook.

Er was nog een crisis voordat de conferentie eind juni werd afgesloten. De gebeurtenissen speelden zich dit keer af in de Levant. Op 29 mei was het in de straten van Damascus tot gevechten gekomen tussen Franse troepen en Syriërs, waarbij de Fransen niet alleen de oude hoofdstad, maar ook Aleppo, Hama en Homs hadden gebombardeerd. De Fransen hadden versterking gevraagd nadat de Syriërs hadden geëist dat speciale Syrische troepen onder Frans bevel aan het Syrische nationale leger werden overgedragen.

De volgende dag schreef de Syrische president Shukri al-Kuwatli, een geslepen diplomaat, een brief aan president Truman waarin hij ongeveer hetzelfde zei als Hồ Chí Minh en Soekarno al eerder hadden gezegd. Dat had in zijn geval meer succes. Hier heb je de Fransen, schreef hij met terechte verontwaardiging, die Syriërs doden met wapens die zijn gekocht met geld dat van de Verenigde Staten is geleend om oorlog te voeren met de Duitsers. De Verenigde Staten hadden Syrië in 1944 als onafhankelijk land erkend. Dus: 'Waar zijn dat Atlantische Handvest en de Vier Vrijheden? Wat kunnen we van San Francisco verwachten?'[26]

De Amerikanen hadden niet veel aanmoediging nodig om de kant van de Syriërs te kiezen. Het Europese imperialisme was niet geliefd in

Washington, en het Franse imperialisme nog wel het minst van al. In tegenstelling tot Indochina, dat voor de Amerikanen in die dagen tamelijk onbekend terrein was, werden Syrië en Libanon lange tijd met het soort welwillende paternalisme beschouwd waarmee ook de Chinezen bejegend werden; een mengeling van zendelingendrang en zakelijke belangen: de Amerikaanse universiteit in Beiroet, christelijke missies in Jeruzalem, een vrijhandelsbeleid. Onder Amerikaanse beleidsmakers was 'moreel leiderschap' indertijd een populair begrip. En dat meenden ze waarschijnlijk oprecht, net als John Foster Dulles, maar ze hadden zeker ook de ambitie om de leiding te nemen.

Al in 1941, toen Britse troepen de Levant bezetten, hadden de geallieerden beloofd dat ze de onafhankelijkheid van Syrië na de oorlog zouden erkennen, en dus konden ze al-Kuwatli's smeekbede nu moeilijk negeren. Daarom beval Churchill zijn man ter plekke, generaal Bernard Paget, de Fransen terug te drijven in hun barakken. Moeilijk was dat niet, want de Fransen hadden veel te weinig manschappen om weerstand te bieden. De linksgeoriënteerde *Manchester Guardian* bracht met patriottisch genoegen verslag uit van de gebeurtenis. De verslaggever 'marcheerde Damascus binnen met de mariniers [...] terwijl menigtes verbaasde inwoners applaudisseerden. [...] De inwoners van Damascus floten en joelden naar de lange colonne vrachtauto's, tanks en *bren gun carriers* waarmee de Fransen, onder escorte van Britse pantserwagens, de stad uit reden.'[27]

Generaal De Gaulle reageerde furieus op deze ingreep, die hij als een doortrapte Engels-Amerikaanse samenzwering beschouwde: 'We zijn op dit moment niet in de positie om vijandelijkheden tegen u te beginnen. Maar u hebt Frankrijk beledigd en het Westen verraden. Dit kan niet worden vergeten.'[28]

Oppervlakkig gezien leek de Syriëcrisis de perfecte test voor de nieuwe wereldorde die in San Francisco werd ontworpen. Dit was nu echt een legitieme aanleiding om de woorden van het Atlantisch Handvest en de ethiek van de Verenigde Naties na te leven. De Fransen probeerden hun koloniale macht te herstellen, ondanks hun beloften uit 1941. En daarom was het terecht dat de Britten hen op hun plek zetten, vandaar de trotse toon van de verslaggever van de *Manchester Guardian*.

Maar het was natuurlijk allemaal niet zo eenvoudig. Net als elders in het Midden-Oosten speelden de Britten dubbel spel en beloofden ze verschillende volkeren allemaal iets anders. Toen het einde van het Ottomaanse Rijk in 1916 in zicht kwam, hadden Groot-Brittannië en Frankrijk de Levant met het Sykes-Picotverdrag in verschillende belangensferen verdeeld: Frankrijk zou het voor het zeggen krijgen in Syrië en Libanon, terwijl Groot-Brittannië Transjordanië en Irak voor zijn rekening nam. In 1941, een jaar nadat Frankrijk door Duitsland was verslagen, trokken Britse troepen Damascus binnen en beloofden ze de Syriërs de Syrische onafhankelijkheid te zullen steunen, terwijl ze tegelijkertijd bleven uitdragen dat Frankrijk een bevoorrechte positie had. Het was duidelijk dat die doelstellingen onverenigbaar waren. Wat de Britten eigenlijk wilden, was zelf de hoofdrol spelen in de Levant. Daarom kwam het hun wel goed uit dat de Syriërs Frankrijk provoceerden. Gewelddadige Franse represailles waren nu juist het excuus dat ze nodig hadden om de Fransen het land uit te gooien. En dat was dan ook wat er in de vroege zomer van 1945 gebeurde.

De Syrische crisis deed een beetje ouderwets aan en riep herinneringen op aan de koloniale schermutselingen van het einde van de negentiende eeuw. Hoewel dat in San Francisco nog niet duidelijk was, zou zowel Groot-Brittannië als Frankrijk uiteindelijk zijn vooraanstaande positie in het Midden-Oosten kwijtraken. Al snel zouden de Verenigde Staten en de Sovjet-Unie er de lakens uitdelen. Een Brits plan uit de oorlog liet al een glimp van de nabije toekomst zien. In Londen hoopte men dat Groot-Brittannië en de Verenigde Staten gezamenlijk politieagent over de naoorlogse wereld zouden spelen door onder auspiciën van de Verenigde Naties militaire bases te vestigen: de Verenigde Staten in Azië en de Britten in het Midden-Oosten. De Amerikanen hadden al duidelijk gemaakt dat de plaatselijke soevereiniteit zich niet zou uitstrekken tot de gebieden die voor Amerikaanse militaire installaties waren uitgekozen – de zogenaamde 'strategische trustgebieden'. In de eerste maanden na de oorlog begon de vorm van een informeler rijk al vaag zichtbaar te worden. Wat de Britten zich niet helemaal hadden gerealiseerd was hoe klein hun eigen rol in die nieuwe wereld zou zijn.

De Syriërs waren niet de enigen die onafhankelijkheid eisten. Het was zelfs een van de gespreksonderwerpen in San Francisco. En Michael Foot had het bij het rechte eind toen hij zei dat de Sovjet-Unie, om haar eigen, niet zuiver filosofische redenen, eerder bereid was dit soort aspiraties te steunen dan de westelijke geallieerden. Hoewel de Algemene Vergadering op den duur een vitaal forum voor antikoloniale beroering zou worden, stond de dekolonisatie in 1945 nog niet op de agenda. De koloniale machten wilden hoogstens beloven dat ze 'de welvaart' van de inwoners van de 'niet-zelfbesturende gebieden' zouden bevorderen, zoals in het Handvest van de Verenigde Naties was vastgelegd. Zelfbestuur zou ontwikkeld worden 'overeenkomstig de bijzondere omstandigheden van ieder gebied en zijn volken en hun verschillende stadia van ontwikkeling'. De voormalige gouverneur van Punjab, baron William Malcolm Hailey van Shahpur en Newport Pagnell, kon de lezers van *The Times* geruststellen met de mededeling dat er niets was 'dat niet al impliciet is vastgelegd in ons beleid'. En wat belangrijker was, er was 'duidelijk geen intentie dat de organisatie van de Verenigde Naties zou ingrijpen in de toepassing van de beginselen van het Handvest door de desbetreffende koloniale machthebbers'.[29] Groot-Brittannië, Frankrijk en de andere imperialistische machten hoefden de Secretaris-Generaal van de Verenigde Naties alleen maar regelmatig voor te lichten over de omstandigheden in de 'gebieden' die ze nog bezaten.

Gezien de hoge verwachtingen die men in sommige kringen van een wereldregering had, kon de uitkomst van de conferentie in San Francisco alleen maar op een teleurstelling uitlopen. Nationale regeringen moesten hun soevereiniteitsrechten wel opgeven, wilde een wereldregering werkelijk functioneren, maar van de grootmachten sprak alleen China, dat vertegenwoordigd werd door T.V. Soeng, zakenmagnaat en politicus, over 'het afstaan, zo nodig, van een deel van onze soevereiniteit'.[30] China was zelfs bereid het vetorecht van de grootmachten op te geven. Maar omdat Tsjang Kai-Sjeks soevereiniteit in China zelf al tamelijk wankel leek, maakte de Chinese edelmoedigheid in dezen weinig indruk.

In zijn berichten voor *The New Yorker* had E.B. White al op de grootste paradox van de conferentie gewezen. Hij schreef dat 'de eerste uitingen van het internationalisme eerder in de richting van nationalisme dan van internationalisme wijzen'.[31] In de nationale vlaggen, de uniformen, de marsmuziek, de geheime ontmoetingen en de diplomatieke zetten zag hij 'een ontkenning van de wereldgemeenschap'. Onder alle fraaie internationalistische retoriek hoorde hij 'het regelmatige geronk van de motoren: soevereiniteit, soevereiniteit, soevereiniteit'.

Een andere toeschouwer in San Francisco was John F. Kennedy, die net was afgezwaaid uit de Amerikaanse marine. Hij was het met de 'wereldfederalisten' eens dat een 'wereldorganisatie waarin iedereen zich aan de wet houdt de oplossing zou zijn'. Maar hij besefte dat daar nooit iets van zou komen tenzij het algemene gevoel dat oorlog het 'ultieme kwaad' was sterk genoeg was om regeringen bij elkaar te brengen. Maar dat leek hem onwaarschijnlijk.[32]

Zelfs twee atoombommen slaagden er niet in om dat te laten gebeuren. Een week na de verwoesting van Nagasaki hield Ernest Bevin, de Britse minister van Buitenlandse Zaken, tijdens een lunch een toespraak waarin hij Gladwyn Jebb en zijn Uitvoerend Comité van de Verenigde Naties in Londen welkom heette. Het was een machtig comité. Andrej Gromyko was er namens de Sovjet-Unie, Lester Pearson namens Canada, Ed Stettinius namens de Verenigde Staten, samen met zijn assistent, de lange, knappe Alger Hiss, die later werd vervolgd wegens spionage voor de Sovjet-Unie. Groot-Brittannië werd vertegenwoordigd door Philip Noel-Baker, een groot pleitbezorger van het internationalisme. En de historicus C.K. Webster was aanwezig als zijn assistent, met een groene zonneklep als protest tegen de flitslichten van de fotografen. Dit uitnemende comité, zei Bevin, zou het werk waaraan in San Francisco begonnen was snel voltooien. De verschrikkelijke nieuwe wapens die tegen Japan waren ingezet maakten het des te noodzakelijker dat de wereldorganisatie snel in werking trad. Toch, vervolgde Bevin, gaf hij toe dat 'het idee van een wereldregering' 'zorgvuldig zou moeten worden uitgewerkt'. Naties hadden een geschiedenis, collectieve herinneringen, tradities. Die zouden ze mettertijd allemaal achter zich kunnen laten, zoals hij, Ernest Bevin, zijn arbeidersmilieu te boven was gekomen. Het 'basisbeginsel' van San Francisco was goed. Maar het zou tijd kosten om 'de juiste sfeer' te scheppen. Tot die tijd 'is samenwerking tussen naties, en met name de grote, die zowel ten goede als ten kwade de meeste invloed hebben, de enige praktische methode die we kunnen toepassen'.[33]

Bevin had gelijk. Maar onbedoeld gaf hij ook al aan wat het grote manco in het ideaal van een wereldregering was. Voor haar functioneren was ze afhankelijk van een bondgenootschap tussen de grootmachten.

Als de bondgenoten bij elkaar bleven, dreigde er een soort mondiaal autoritarisme – een herhaling van Von Metternichs Heilige Alliantie na de nederlaag van Napoleon. Als ze niet bij elkaar bleven, zou de jonge wereldorganisatie machteloos zijn en dreigde er een nieuwe, misschien nog vernietigender oorlog.

Uiteindelijk bleven de grootmachten niet bij elkaar. Wanneer de Koude Oorlog precies begon, is moeilijk te zeggen. Dat er serieuze meningsverschillen waren, was in Jalta al duidelijk, al deed Roosevelt nog zo zijn best om Stalin te vriend te houden – zozeer zelfs dat hij Churchill nodeloos voor het hoofd stootte. John Foster Dulles noemde het nog niet de Koude Oorlog, maar hij beweerde dat hij getuige was geweest van het ontstaan ervan, eind september 1945, in Londen.

De ministers van Buitenlandse Zaken van de Grote Vijf waren daar samengekomen om over verschillende vredesverdragen te vergaderen, met name die met Italië, Finland en de Balkanlanden. Ze waren het over niets substantieels oneens. De Verenigde Staten hadden er, in het belang van de harmonie tussen de grootmachten, zelfs al mee ingestemd om de door de Sovjet-Unie opgedrongen voorlopige regering in Polen te erkennen zonder al te moeilijk te doen over de samenstelling ervan, en ze waren bereid om hetzelfde te doen voor Hongarije. In zijn verslag over de conferentie schreef de Amerikaanse minister van Buitenlandse Zaken James F. Byrnes dat zijn regering 'het verlangen van de Sovjet-Unie deelde naar regeringen in Oost- en Midden-Europa die de Sovjet-Unie goedgezind zijn'.[34]

Maar Molotov had een andere agenda. Het communisme was een belangrijke machtsfactor in twee van de grootmachten, afgezien van de Sovjet-Unie: in Frankrijk, waar de Communistische Partij nog altijd bijzonder machtig was, en in China, waar de sluimerende burgeroorlog al snel tot het kookpunt zou komen. Als Molotov de Chinese Nationalisten en de Fransen kon vernederen, en de Verenigde Staten bij hun vernedering kon betrekken, zou de communistische zaak daar zeer bij gebaat zijn. Zijn tactiek was om te eisen dat Frankrijk en China zich terugtrokken uit de besprekingen over de verdragen omdat ze de capitulatievoorwaarden van de desbetreffende landen niet ondertekend hadden. Zo wilde hij de Fransen kleineren, de Chinezen beledigen en de Britten op stang jagen. In zijn memoires moest Foster Dulles wel toegeven dat hij bewondering had voor Molotovs koelbloedige diplomatieke vaardigheden: 'Mr. Molotov was in Londen in 1945 op zijn best.'[35]

De Franse minister van Buitenlandse Zaken, Georges Bidault, een voormalige verzetsleider en toekomstige president, werd constant gekleineerd, geprovoceerd en vernederd. Een van Molotovs trucs was zijn Britse en Amerikaanse collega's te vragen om een vergadering uit te stellen en Bidault daarvan niet te verwittigen, zodat de Fransman in een lege zaal zou verschijnen en, naar hij hoopte, uiteindelijk stampvoetend weer naar Parijs vertrok. De Chinese minister werd simpelweg genegeerd, alsof hij helemaal niet in de vergaderzaal aanwezig was. En Bevin, die makkelijk in woede ontstak, joeg hij op de kast opdat de Britse minister van Buitenlandse Zaken zijn verontschuldigingen zou aanbieden en misschien concessies aan de Russische standpunten zou doen.

Toen deze tactieken niet het gewenste resultaat hadden, probeerden de Russen het met chantage. Bevin en Byrnes kregen te horen dat de Sovjet-Unie niet meer zou meewerken als Frankrijk en China zich niet terugtrokken. Byrnes weigerde zich te lenen voor verdere vernedering van zijn bondgenoten en maakte zo een einde aan de conferentie. Voor Dulles was dit het moment van de waarheid. Het markeerde 'het einde van een tijdperk, het tijdperk van Teheran, Jalta en Potsdam. Het markeerde het einde van de veinzerij van de sovjetcommunisten dat ze onze "vrienden" waren. Daarmee begon het tijdperk waarin zij openlijk in de hele wereld verkondigden dat ze onze vijanden waren.'[36]

Daarin had de oude communistenvreter zeker geen ongelijk. En hij was niet de enige die barsten in de naoorlogse wereldorde zag verschijnen. Hanson W. Baldwin was de militair redacteur van *The New York Times*, en in tegenstelling tot Dulles was hij progressief. In een column in zijn krant betoogde hij op 26 oktober dat de wereld in het algemeen, en de twee grootmachten in het bijzonder, door de uitvinding van de atoombom met een angstaanjagende keuze werden geconfronteerd. Een mogelijkheid was het versterken van de Verenigde Naties. In dat geval was het onvermijdelijk dat de grootmachten een groot deel van hun nationale soevereiniteit opgaven en dat het vetorecht in de Veiligheidsraad werd afgeschaft. De Russen zouden het recht hebben om de Amerikaanse kerninstallaties te inspecteren en vice versa.

Dat was de oplossing die Baldwins voorkeur had, niet om morele redenen, maar puur uit zelfbehoud. Foster Dulles nam, zoals altijd, een moralistischer standpunt in. De Verenigde Naties zouden altijd zwak blijven, schreef hij, omdat er geen mondiale 'consensus over een moreel oordeel' was.[37] Voor hem was de Koude Oorlog zowel een moreel als een politiek conflict, een oorlog van goed tegen kwaad.

Maar Hanson Baldwin was niet naïef. Hij verwachtte niet dat de Russen, of de Amerikanen, zouden instemmen met de oplossing die hij had voorgesteld. En dat betekende, zoals hij zei, 'een wereld die is verdeeld in twee blokken die elkaar wantrouwen, een wereld die jarenlang stabiel kan zijn, maar uiteindelijk naar een oorlog zal afglijden'.

Die voorspelling bleek redelijk te kloppen. Toen het winter werd, waren de hooggestemde verwachtingen van het voorjaar van 1945 al aan het verdampen. Er zou geen wereldregering komen en al helemaal geen werelddemocratie, er kwamen zelfs geen Vier of Vijf Wereldpolitieagenten. De twee Europese landen die in de Veiligheidsraad vertegenwoordigd waren, moesten toezien hoe het restant van hun macht al snel werd uitgehold door het bloedige verscheiden van hun koloniale rijk. De Russen en de Amerikanen dreven al af in de richting van openlijke vijandelijkheid. En China, een land dat zwaargewond was na de Japanse bezetting, was al in twee blokken verdeeld, met enerzijds corrupte en gedemoraliseerde Nationalisten die nog standhielden in de grote steden ten zuiden van Mantsjoerije, en anderzijds de communisten die het platteland en een groot deel van het noorden beheersten.

In het najaar en de winter van 1945 berichtten Amerikaanse kranten nog steeds over positieve ontwikkelingen in het Chinese Chungking, dat tijdens de oorlog de hoofdstad was en waar onderhandelingen tussen communisten en Nationalisten als een soort schaduwspel werden voortgezet. Er was sprake van 'compromissen' en 'wapenstilstand' en 'democratie'. Geen van beide partijen wilde een burgeroorlog 'beginnen'. In een artikel dat op 14 oktober in *The New York Times* verscheen, werd het volledige vertrouwen in het leiderschap van generalissimo Tsjang Kai-Sjek uitgesproken. Het is heel vreemd dat nu te lezen: 'Niettegenstaande zijn democratische ideologie heeft Tsjang nu meer macht dan welke wereldleider dan ook, en hij heeft meer titels dan Stalin. Hij is niet alleen president van China, opperbevelhebber van het leger en leider van de Kwomintang, maar staat ook aan het hoofd van ten minste drieënveertig andere organisaties [...] de generalissimo ís China. Zijn woord is wet en hij heeft het voor het zeggen in veel zaken die andere nationale leiders aan ondergeschikten zouden overlaten.'

Het zou hem niet veel goeds opleveren. Precies vier jaar later zou de generalissimo alleen nog maar macht uitoefenen op een klein eiland voor de kust van Fujian dat eerder bekendstond als Formosa en later als Taiwan.

En zo zagen mensen, zowel dankbaar als bezorgd, hoe het jaar nul ten einde liep. Ze waren dankbaar dat er op de meeste plaatsen een soort vrede was gesloten, maar ze waren enkele illusies over een roemrijke toekomst armer en in toenemende mate bezorgd over een wereld die steeds verder verdeeld raakte. Miljoenen mensen leden nog te veel kou en honger om het nieuwe jaar met ook maar een schijn van vreugde in te luiden. Bovendien was het nieuws vaak somber: in bezet Duitsland werden voedselopstanden verwacht, terrorisme veroorzaakte chaos in Palestina, Koreanen demonstreerden woedend tegen hun semikoloniale status; in Indonesië ging de strijd door en probeerden Britse soldaten en Nederlandse mariniers, 'volledig uitgerust met Amerikaanse materiaal', de plaatselijke opstand neer te slaan.[38]

Maar als je de kranten leest die op de laatste dag van 1945 over de hele wereld verschenen, krijg je de indruk dat de meeste mensen zo graag hun eigen leven weer wilden oppakken dat ze zich niet al te druk meer maakten om het wereldnieuws. Als er een wereldoorlog aan de gang is, is elke plek van belang, maar in vredestijd richten mensen hun blik op hun eigen land.

Daarom hadden de Britten het over het weer en over sport. Zo meldde de *Guardian*: 'Door het oorlogsverbod op weerberichten is het voor ons ondertussen een beetje lastig om precies vast te stellen wat voor soort mist we afgelopen nacht in het noordwesten hadden.' Maar het was leuk om te weten dat de 'deltavliegerclub van Derbyshire en Lancashire de eerste deltavliegerclub van het land hoopt te zijn die zijn activiteiten na de oorlog weer zal hervatten'.

De Fransen hadden het natuurlijk over eten. Amerikaanse GI's, die het jaar daarvoor nog oorlog voerden in de bloedige sneeuw van de Ardennen, werden nu op een skivakantie in de Franse Alpen getrakteerd.

'Het eten,' berichtte *Le Monde* vanuit Chamonix, 'was tot ieders vreugde door Franse chefs bereid. Je staat versteld als je ziet hoezeer dit aspect van de Franse beschaving wordt gewaardeerd.' Het deed de krant ook genoegen te kunnen mededelen dat de 'vierde liter wijn in december' met de voedselbonnen J3, M, C en V kon worden verkregen.

De *Frankische Presse* uit Bayreuth sloeg een somberder toon aan en haalde herinneringen op aan het verschrikkelijke leed van de Duitse bevolking, 'die opeengepakt zat in kelders en bunkers, een gebroken, uitgeputte massa mensen met koortsige ogen en een sidderend hart, die slechts één ding hoopten, niet eens dat ze de oorlog zouden winnen, maar dat er een einde aan de oorlog kwam'. Er was ook ander nieuws: twee Duitse mannen hadden zich als vrijwilliger gemeld om de oorlogsmisdadigers in Neurenberg te executeren. Erich Richter uit Marburg zei dat hij graag voor niets hun hoofd zou afhakken. Josef Schmidt, uit een DP-kamp in Leipzig, was bereid de veroordeelden op te hangen of te onthoofden, maar zou 'voor elk hoofd een bepaald bedrag in rekening brengen'. De troost van de cultuur werd niet vergeten. Voor het eerst in jaren zou in het Bayreuther Festspielhaus muziek van Claude Debussy ten gehore worden gebracht, 'de Franse componist die [...] systematisch heeft geprobeerd de Franse muziek van de invloed van de Duitse romantiek en neoromantiek te bevrijden'. En dat in Bayreuth, het Mekka van het wagnerisme!

De *Japan Times* uit Tokyo riep in zijn redactioneel commentaar: 'Luid het oude uit! Luid het nieuwe in! Japan zal het oude jaar dat net geëindigd is zonder spijt uitluiden. Want het was een jaar van pijn en lijden, desillusies en chaos en vernedering en straf. Zo'n jaar van bittere herinneringen zullen we met grote opluchting naar de vergetelheid verwijzen.' De krant onthulde ook dat de plannen om gebruik te maken van 'meel van zijdewormen, sprinkhanen, moerbeibladeren en een dozijn andere voedselsubstituten' om een voedselcrisis af te wenden als de Amerikanen zouden binnenvallen, verder werden ontwikkeld. En verslaggever Nishizawa Eiichi legde uit dat de meeste helden uit het kabukitheater weliswaar helaas feodaal waren, maar dat er een paar zeldzame uitzonderingen waren. Zo was de zeventiende-eeuwse dorpshoofdman Sakura Sogoro, die gekruisigd werd omdat hij zo brutaal was om belastingverlaging voor de arme boeren te vragen, 'een martelaar voor de democratische zaak'.

De toon van *The New York Times* was iets opgewekter. 'De bacchanalische barometers in New York gaven gisteren stormwaarschuwingen af, wat erop duidt dat de stad vannacht op het uitbundigste oud en nieuw sinds 1940 afkoerst.' Maar meer nog dan de artikelen waren het de advertenties in *The New York Times* die lieten zien hoe onvoorstelbaar groot de kloof tussen de nieuwe en de oude wereld was: 'Het is anders – de zachte, smeuïge pindakaas die smelt in de mond – smeer het maar dikker, mamma, het is Peter Pan!'

Als men iets zou kunnen concluderen uit deze indrukken van de stemming die op oudjaarsdag op verschillende plekken op de wereld heerste, is het wel dat het dagelijks leven van mensen die het geluk hadden dat ze konden opkrabbelen uit de ergste ellende van de onmiddellijke naoorlogse periode, zich langzaam maar zeker begon te normaliseren. Mensen die nog steeds ver van huis waren en in een DP-kamp in Duitsland of in een jappenkamp of in willekeurig welk naargeestig niemandsland dan ook zaten, hadden deze luxe niet.

Veel mensen moesten hun verwoeste land weer opbouwen en hadden geen tijd meer om te feesten of zelfs nog te rouwen. Er was werk aan de winkel. Daardoor was de werkelijkheid grauwer, ordentelijker en minder opwindend dan de omwentelingen van oorlog en bevrijding. Natuurlijk ging de strijd op sommige plaatsen verder. Er werden oorlogen tegen koloniale overheersers begonnen en burgeroorlogen tegen binnenlandse vijanden gevoerd, en er werden nieuwe dictaturen gevestigd. Maar miljoenen anderen hadden genoeg opwinding voor een heel leven gehad, jaren van drama die sommige mensen liever zouden vergeten en waar anderen, die misschien meer geluk hadden gehad, met een zweem van nostalgie naar zouden terugverlangen – het leven zou nooit meer zo interessant zijn.

Het jaar nul zelf is in het collectieve geheugen van de wereld enigszins overschaduwd door de jaren van vernietiging die eraan voorafgingen en de drama's die de wereld nog te wachten stonden, in Korea, Vietnam, India-Pakistan, Israël, Cambodja, Rwanda, Irak, Afghanistan en andere plekken van ellende. Maar voor degenen die volwassen werden na het jaar nul, toen er zoveel werd opgebouwd tussen de puinhopen van de oorlog, was het misschien het belangrijkste jaar van allemaal. Wie is opgegroeid in West-Europa, of in Japan, kan datgene wat onze ouders tot stand hebben gebracht gemakkelijk als vanzelfsprekend beschouwen: de welvaartsstaat, de schijnbaar oneindige economische groei, internationaal recht, een 'vrije wereld' die beschermd werd door de ogenschijnlijk onoverwinnelijke Amerikaanse hegemonie.

Het zou natuurlijk niet altijd blijven duren. Niets duurt eeuwig. Maar dat is geen reden om geen eer te bewijzen aan de mannen en de vrouwen die in 1945 leefden, aan hun tegenspoed, en aan hun hoop en ambities, al zou veel daarvan tot as vergaan, zoals alles uiteindelijk tot as vergaat.

Epiloog

Was de oorlog werkelijk afgelopen in 1945? Er zijn mensen die beweren dat er pas in 1989 een einde aan de vijandelijkheden kwam omdat Polen, Hongarije, Tsjecho-Slowakije, Oost-Duitsland en andere delen van Oost- en Midden-Europa toen pas van de communistische overheersing werden bevrijd. De verdeling van Europa, die in 1945 door Stalin werd afgedwongen, was een van de ergste verwondingen die de Tweede Wereldoorlog heeft toegebracht. Kwade trouw was uit kwade trouw voortgekomen. Tsjecho-Slowakije, een parlementaire democratie, werd eerst in 1938 door Hitler aan stukken gesneden, met de stilzwijgende instemming van Frankrijk en Groot-Brittannië – het was, zoals Neville Chamberlain zei, 'een ruzie in een ver land tussen mensen van wie we niets af weten'. In 1939 verklaarde Groot-Brittannië Duitsland de oorlog, zogenaamd om de integriteit van Polen te herstellen, maar die belofte werd nooit ingelost.

Maar in 1989 was er door de ineenstorting van het Sovjetimperium hoop dat de wond in de ruggengraat van Europa eindelijk zou genezen. Het was meer dan dat: in dat wonderbaarlijke jaar flakkerde zelfs de hoop weer even op dat de wereld zich eindelijk zou verenigen, ondanks de gebeurtenissen van juni in China, waar burgers die eisten dat er een einde aan de dictatuur kwam door hun eigen soldaten werden vermoord. Nu was er nog maar één grootmacht over. Er was sprake van een nieuwe wereldorde, en zelfs van het einde van de geschiedenis. Er was eindelijk een bres in de Berlijnse Muur geslagen.

Mijn zussen en ik besloten het jaar van de hoop op 31 december 1989 met onze vader bij de Berlijnse Muur te vieren. Hij was maar één keer terug geweest in Berlijn sinds hij in 1945 getuige was geweest van de vernietiging van de stad. In de schaduw van een familiedrama hadden we Kerstmis en oud en nieuw in 1972 in Berlijn doorgebracht. Het was een deprimerende aangelegenheid. In de stad was het donker en ijskoud.

Het was een langdurig en benauwend proces om de grens van West naar Oost over te steken, met snauwende grensbewakers die de onderkant van onze auto met spiegels onderzochten om te controleren of we geen smokkelwaar of een menselijke vracht vervoerden.

In 1972 leek Oost-Berlijn nog sterk op de stad zoals mijn vader die zich herinnerde. Ondanks de opgepompte grandeur van de uitgestorven stalinistische alleeën bleef het een donkere stad waar de ruïnes van de oorlog nog steeds zichtbaar waren. Het deed hem een soort duister genoegen om zijn gloednieuwe Citroën voor de poorten van de oude fabriek te parkeren waar hij door de Duitsers tewerk was gesteld. Het was een groot, intimiderend gebouw van rode bakstenen, een soort wilhelminische industriële vesting. Het kamp waar mijn vader was ondergebracht, in gammele houten barakken waar hij was blootgesteld aan ijs, vlooien, luizen, sneeuw en geallieerde bommen, was vlakbij. Alles was er nog, alsof het verleden echt letterlijk bevroren was: de uitkijktoren, de krater die de geïnterneerden als wc en bad gebruikten.

In 1989 was het kamp verdwenen. Er was een parkeerplaats voor in de plaats gekomen, met een bouwvallige keet waar in een damp van vettige currysaus worsten werden verkocht.

De zon scheen toen we door de Brandenburger Tor liepen, een wandeling die bijna vier decennia lang ondenkbaar was geweest. Iedereen die een poging zou hebben gedaan, zou zijn neergeschoten. Ik herinner me de blos van opwinding op het gezicht van mijn vader toen we Duitsers uit Oost en West tegenkwamen, en Polen, Amerikanen, Japanners, Fransen en andere mensen uit alle delen van de wereld die de simpele vrijheid proefden om een korte wandeling door het echte hart van Berlijn te maken. Er waren nog steeds mannen in uniform, maar die keken alleen maar toe, niet in staat om in te grijpen. Sommigen glimlachten, opgelucht dat ze geen medeburger hoefden neer te schieten. Voor één keer leek alles helemaal in orde.

De nacht van de eenendertigste was het koud, maar niet ijskoud. We konden de menigtes al van ver horen juichen toen we de Brandenburger Tor naderden, onze vader met een zekere tegenzin; hij hield niet van menigtes, en zeker niet van Duitse menigtes. En hij hield ook niet van luide knallen; die brachten te veel herinneringen naar boven. Tienduizenden mensen, vooral jongeren, hadden zich bij en op de muur verzameld en zongen, schreeuwden en ontkurkten flessen sekt. Overal rook het naar sekt. Mensen spoten elkaar onder met het plakkerige schuim.

Er waren mensen die 'Wir sind das Volk!' scandeerden. Anderen zongen: 'Wir sind ein Volk!' Maar die nacht hing er niets nationalistisch of bedreigends in de lucht. Het was een soort politiek Woodstock zonder rockbands, met een internationale menigte die de vrijheid vierde, de saamhorigheid en de hoop op een betere wereld waarin de bittere ervaringen uit het verleden niet herhaald zouden worden; er zou geen prikkeldraad meer zijn, er zouden geen kampen meer zijn. Nooit meer massamoord of wereldoorlog. Het was goed om jong te zijn. Als Beethovens 'Alle Menschen werden Brüder' ooit iets betekende, dan was het op die bijzondere oudjaarsnacht in Berlijn.

Opeens, om ongeveer kwart over twaalf, drong het tot ons door dat we onze vader waren kwijtgeraakt in de menigte, die zo dicht opeengepakt was dat je nauwelijks vooruit kon komen. We zochten overal terwijl er vuurwerk werd afgestoken en vuurpijlen de hemel verlichtten. Het lawaai was oorverdovend. De lachende gezichten om ons heen zagen er in het licht van het vuurwerk opeens lichtelijk hysterisch uit. Het was onmogelijk om onze vader in deze massa terug te vinden. Zonder hem hadden we niet veel zin meer om nog feest te vieren. Met een onrustig gevoel keerden we terug naar ons hotel.

Pas uren later ging de deur van onze hotelkamer open en stond hij daar opeens met een verband om zijn gezicht. Net toen de Berlijnse menigtes het nieuwe jaar met een knal inluidden, ongeveer op slag van middernacht en bijna op de plek waar hij ooit was weggedoken voor Britse bommen, stalinorgels en Duitse scherpschutters, had een rotje op de een of andere manier zijn weg naar hem weten te vinden en hem recht tussen de ogen getroffen.

Noten

DEEL I: *Het bevrijdingscomplex*

1. Euforie

1 Geciteerd in Ben Shephard, *The Long Road Home. The Aftermath of the Second World War*, Alfred A. Knopf, New York, 2010, p. 69.
2 Martin Gilbert, *The Day the War Ended. May 8, 1945: Victory in Europe*, HarperCollins, Londen, 1995, p. 128.
3 Brian Urquhart, *A Life in Peace and War*, Harper Row, New York, 1987, p. 82.
4 Dit verhaal wordt mooi verteld in David Stafford, *Eindspel 1945. Zege, wraak, chaos en bevrijding*, vertaald door Ankie Klootwijk, Mouria, Amsterdam, 2008, p. 431-433.
5 Uit Zjoekovs memoires, geciteerd in Martin Gilbert, *The Day the War Ended*.
6 Simone de Beauvoir, *De druk der omstandigheden*, vertaald door L. Witsenburg, Agathon, Bussum, 1975, p. 39.
7 Gilbert, *The Day the War Ended*, p. 322.
8 *Ibid.*, p. 319.
9 Urquhart, *A Life in Peace and War*, p. 85.
10 David Kaufman en Michiel Horn, *De Canadezen in Nederland 1944-1945*, Luitingh, Laren, 1981, p. 119.
11 Michiel Horn, 'More than Cigarettes, Sex and Chocolate: The Canadian Army in the Netherlands, 1944-1945', in *Journal of Canadian Studies*, vol. 16, najaar/winter 1981, p. 159.
12 Geciteerd in Michiel Horn, 'More than Cigarettes, Sex and Chocolate', p. 166.
13 Ibid., p. 169.
14 Geciteerd in John Willoughby, 'The Sexual Behavior of American GIS

During the Early Years of the Occupation of Germany', in *Journal of Military History*, vol. 62, nr. 1 (januari 1998).

15 Benoîte en Flora Groult, *Dagboek voor vier handen*, vertaald door Nini Wielink, Uitgeverij Maarten Muntinga, Amsterdam, 1997, p. 471-472.

16 Zie Patrick Buisson, *1940-1945. Années érotiques*, Albin Michel, Parijs, 2009.

17 Rudi van Dantzig, *Voor een verloren soldaat*, De Arbeiderspers, Amsterdam, 1986, p. 110.

18 Groult, *Dagboek voor vier handen*, p. 474.

19 Patrick Buisson, op. cit., p. 324.

20 Urquhart, *1940-1945*, p. 81.

21 Ben Shephard, *Na zonsopgang. De bevrijding van kamp Bergen-Belsen*, vertaald door Maarten Polman, Contact, Amsterdam, 2005, p. 43.

22 Ibid. p. 105.

23 Ibid. p. 149.

24 Dit verhaal wordt verteld in Richard Wollheim, 'A Bed Out Of Leaves', *The London Review of Books*, 4 december 2003, p. 3-7.

25 Shephard, *Na zonsopgang*, p. 154.

26 Atina Grossman, *Jews, Germans, and Allies. Close Encounters in Occupied Germany*, Princeton University Press, Princeton NJ, 2007, p. 188.

27 Shephard, *The Long Road Home*, p. 299.

28 Ibid., p. 70.

29 Norman Lewis, *Napels '44*, vertaald door Tinke Davids, Atlas, Amsterdam, 2001, p. 59.

30 John Dower, *Embracing Defeat. Japan in the Wake of World War II*, New York, W.W. Norton, 1999, p. 126.

31 Ibid., p. 102.

32 Theodore Cohen, *Remaking Japan: The American Occupation as New Deal*, edited by Herbert Passin, Free Press, New York, 1987, p. 123.

33 Brief aan Donald Keene, in Otis Cary (red.), *From a Ruined Empire: Letters-Japan, China, Korea, 1945-46*, Kodansha, New York en Tokyo, 1975, p. 96.

34 *Saturday Evening Post*, 15 december 1945.

35 Voor meer informatie over de panpan-cultuur, zie John Dower, *Embracing Defeat*.

36 Dower, *Embracing Defeat*, p. 134.
37 John LaCerda, *The Conqueror Comes to Tea: Japan Under MacArthur*, Rutgers University Press, New Brunswick, NJ, 1946, p. 51.
38 Ibid., p. 54
39 Dower, *Embracing Defeat*, p. 579.
40 Giles MacDonogh, *After the Reich: The Brutal History of the Allied Occupation*, Basic Books, New York, 2007, p. 79.
41 Klaus-Dietmar Henke, *Die Amerikanische Besetzung Deutschlands*, R. Oldenbourg Verlag, München, 1995, p. 201.
42 Dagmar Herzog, *Sex After Fascism: Memory and Morality in Twentieth-Century Germany*, Princeton University Press, Princeton, NJ, 2005, p. 69.
43 Willoughby, 'The Sexual Behavior of American GIs', p. 167.
44 Groult, *Dagboek voor vier handen*, p. 465.
45 MacDonogh, *After the Reich*, p. 236.
46 Nosaka Akiyuki, *Amerika Hijiki*, Sankosha, Tokyo, 1972.
47 MacDonogh, *After the Reich*, p. 369.
48 *The Times*, 9 juli 1945.
49 Willoughby, 'The Sexual Behavior of American GIs', p. 158.
50 *The New York Times*, 13 juni 1945.
51 Anoniem, *Een vrouw in Berlijn. Dagboekaantekeningen van april tot juni 1945*, vertaald door Froukje Slofstra, Cossee, Amsterdam, 2004, p. 126.
52 Groult, *Dagboek voor vier handen*, p. 516-517.
53 Nagai Kafu, *Danchotei Nijo*, vol II, Iwanami Pocket Books, Tokyo, 1987, p. 285.
54 Ibid., p. 278.
55 Geciteerd in Donald Keene, *So Lovely a Country Will Never Perish: Wartime Diaries of Japanese Writers*, Columbia University Press, New York, 2010, p. 149.
56 John LaCerda, *The Conqueror Comes to Tea*, p. 23-24.
57 Henke, *Die Amerikanische Besetzung Deutschlands*, p. 199.
58 Ibid.
59 Richard Bessel, *Germany 1945. From War to Peace*, HarperCollins, New York, 2009, p. 204.
60 Elizabeth Heineman, *What Difference Does a Husband Make*, Univer-

sity of California Press, Berkeley, CA, 2003, p. 100.
61 Geciteerd in Willoughby, 'The Sexual Behavior of American GIS', p. 169.
62 Keene, *So Lovely a Country Will Never Perish*, p. 171
63 Willoughby, 'The Sexual Behavior of American GIS', p. 160.
64 Curzio Malaparte, *De huid*, vertaald door Jan van der Haar, De Arbeiderspers, Amsterdam, 2007, p. 38-39.
65 Geciteerd in Herman de Liagre Böhl, 'De Nederlandse pers over de omgang van vrouwen met Canadezen in de zomer van 1945', in *De Gids*, mei 1985, p. 250.
66 Ibid., p. 251.
67 Buisson, *1940-1945*, p. 411.

2. Honger

1 J.L. van der Pauw, *Rotterdam in de Tweede Wereldoorlog*, Boom, Amsterdam, 2006, p. 679.
2 *The New York Times*, 12 mei 1945.
3 Shephard, *Na zonsopgang*, p. 114.
4 Edmund Wilson, *Europe without Baedeker. Sketches among the Ruins of Italy, Greece, and England*, Secker and Warburg, Londen, 1948, p. 125.
5 Ibid., p. 120.
6 Antony Beevor en Artemis Cooper, *Parijs na de bevrijding 1944-1949*, vertaald door Nicoline Timmers en Rob van Erkelens, Ambo, Amsterdam, 2010, p. 115.
7 Stephen Spender, *European Witness*, Reynal and Hitchcock, New York, 1946, p. 107.
8 Ibid., p. 106.
9 Wilson, *Europe without Baedeker*, p. 136.
10 Ibid., p. 146.
11 Ibid., p. 147.
12 Sándor Márai, *Land, land!...*, vertaald door Mari Alföldy, Wereldbibliotheek, Amsterdam, 2003, p. 157-158.
13 Carl Zuckmayer, *Deutschlandbericht für das Kriegsministerium der Vereinigten Staaten von Amerika*, Wallstein, Göttingen, 2004, p. 142.

14 Spender, *European Witness*, p. 15.
15 *New York Herald Tribune*, 31 december 1945.
16 Cary, red., *From a Ruined Empire*, p. 54.
17 Dower, *Embracing Defeat*, p. 103.
18 Ibid., p. 63.
19 MacDonogh, *After the Reich*, p. 315.
20 Ronald Spector, *In the Ruins of Empire: The Japanese Surrender and the Battle for Postwar Asia*, Random House, New York, 2007, p. 56.
21 Geciteerd in Bessel, *Germany 1945*, p. 334.
22 *The New York Times*, 27 oktober 1945.
23 Julian Sebastian Bach Jr., *America's Germany: An Account of the Occupation*, Random House, New York, 1946, p. 26.
24 *Daily Mirror*, 5 oktober 1945, geciteerd in Shephard, *The Long Road Home*, p. 129.
25 Geciteerd in Shephard, *The Long Road Home*, p. 156.
26 Joint Chiefs of Staff directive 1380/15, paragraaf 296, geciteerd in Cohen, *Remaking Japan*, p. 143.
27 MacDonogh, *After the Reich*, p. 479.
28 Verklaring aan het Congres, geciteerd in Cohen, *Remaking Japan*, p. 145.
29 Geciteerd in Norman M. Naimark, *The Russians in Germany: A History of the Soviet Zone of Occupation, 1945-1949*, Harvard University Press, Cambridge, Mass., 1995, p. 181.
30 Cohen, *Remaking Japan*, p. 144.
31 Ibid., p. 142.
32 De Liagre Böll, 'De Nederlandse pers over de omgang van vrouwen met Canadezen in de zomer van 1945', p. 246.
33 Willi A. Boelcke, *Der Schwarzmarkt, 1945-1948*, Westermann, Braunschweig, 1986, p. 76.
34 Sakaguchi Ango, *Darakuron*, Chikuma Shobo, Tokyo, 2008, p. 228.
35 Dower, *Embracing Defeat*, p. 139.
36 Fujiwara Sakuya, *Manshu, Shokokumin no Senki*, Shinchōsha, Tokyo, 1984, p. 82.
37 Geciteerd in Bessel, *Germany 1945*, p. 337.
38 Zuckmayer, *Deutschlandbericht für das Kriegsministerium*, p. 111.
39 Irving Heymont, *Among the Survivors of the Holocaust. The Landsberg dp*

Camp Letters of Major Irving Heymont, United States Army, The American Jewish Archives, Cincinnati, 1982, p. 63.

40 Carlo D'Este, *Patton. A Genius for War*, HarperCollins, New York, 1996, p. 755.

41 Zie Shephard, *The Long Way Home*, p. 235.

42 *Yank*, 10 augustus 1945, p. 6.

43 Geciteerd in Stafford, *Eindspel 1945*, p. 560.

44 Alfred Döblin, *Fatale reis*, vertaald door Tine Ausma, De Arbeiderspers, Amsterdam, 1982, p. 326.

3. Wraak

1 Norman M. Naimark, *Fires of Hatred. Ethnic Cleansing in Twentieth-Century Europe*, Harvard University Press, Cambridge, Mass., 2001, p. 118.

2 Tadeusz Borowski, *Hierheen naar de gaskamer, dames en heren*, vertaald door Lisetta Stembor, De Arbeiderspers, Amsterdam, 1980, p. 163-165.

3 Gilbert, *The Day the War Ended*, p. 38.

4 Shephard, *Na zonsopgang*, p. 128.

5 Ruth Andreas-Friedrich, *Ik woonde in Berlijn. De dagboeken van een Duitse verzetsvrouw 1938-1948*, Balans, Amsterdam, 2012, p. 293.

6 Hans Graf von Lehndorff, *De oorlog van een arts*, vertaald door Vic Stalling, De Fontein, Utrecht, z.j., p. 53-54.

7 Naimark, *The Russians in Germany*, p. 74.

8 Ibid., p. 72.

9 Bessel, *Germany 1945*, p. 155.

10 Okada Kazuhiro, *Manshu Annei Hanten*, Kojinsha, Tokyo, 2002, p. 103.

11 Ibid., p. 128.

12 Naimark, *The Russians in Germany*, p. 108.

13 Anoniem, *Een vrouw in Berlijn*, p. 72.

14 Naimark, *The Russians in Germany*, p. 79.

15 Geciteerd in Buisson, *1940-1945: Années érotiques*, p. 387.

16 Ibid., p. 251-52.

17 Jan Gross, *Angst. Antisemitisme in Polen na Auschwitz. Een historische interpretatie*, vertaald door Corrie van den Berg, De Bezige Bij, Amsterdam, 2007, p. 116.
18 Anna Bikont, *My Z Jedwabnego*, Proszynski I S-Ka, 2004.
19 Verklaring van Halina Wind Preson, 27 juli 1977: http://www.yadvashem.org/yv/en/righteous/stories/related/preston–testimony.asp
20 Tony Judt, *Na de oorlog. Een geschiedenis van Europa sinds 1945*, vertaald door Hanneke Bos en Wybrand Scheffer, Uitgeverij Atlas Contact, Amsterdam, 2013, p. 61.
21 Gross, *Angst*, p. 64.
22 Naimark, *Fires of Hatred*, p. 122.
23 Shephard, *The Long Road Home*, p. 122.
24 Christian von Krockow, *Hour of the Women*, HarperCollins, New York, 1991, p. 96.
25 Christian von Krockow, *Die Reise nach Pommern: Bericht aus einem verschwiegenen Land*, Deutscher Taschenbuch-Verlag, München, 1985, p. 215.
26 Herbert Hupka (red.), *Letzte Tage in Schlesien*, Langen Müller, München, 1985, p. 138.
27 Ibid., p. 81.
28 Ernst Jünger, *Jahre der Okkupation*, Ernst Klett, Stuttgart, 1958, p. 213-214.
29 Krockow, *Hour of the Woman*, p. 110.
30 MacDonogh, *After the Reich*, p. 128.
31 Margarete Schell, *Ein Tagebuch aus Prag, 1945-46*, Bundesministerium für Vertriebenen, Bonn, 1957, p. 12.
32 Ibid., p. 48.
33 Ibid., p. 99.
34 Ibid., p. 41.
35 MacDonogh, *After the Reich*, p. 406.
36 Dina Porat, *The Fall of the Sparrow: The Life and Times of Abba Kovner*, Stanford University Press, Stanford, California, 2009, p. 214.
37 Ibid., p. 212.
38 Ibid., p. 215.
39 Abba Kovner, *My Little Sister and Selected Poems, 1965-1985*, Oberlin

College Press, Oberlin, Ohio, 1986.

40 Judt, *Na de oorlog*, p. 56.

41 Harold Macmillan, *The Blast of War, 1939-1945*, Harper & Row, New York, 1967, p. 576.

42 Wilson, *Europe without Baedeker*, p. 147.

43 Aantallen geciteerd uit Roy P. Domenico, *Italian Fascists on Trial, 1943-1948*, University of North Carolina Press, Chapel Hill, 1991, p. 149.

44 Wilson, *Europe without Baedeker*, p. 157.

45 Macmillan, *The Blast of War*, p. 193.

46 Ibid., p. 501.

47 Allan Scarfe en Wendy Scarfe (red.), *All That Grief: Migrant Recollections of Greek Resistance to Fascism, 1941-1949*, Hale and Iremonger, Sydney, 1994, p. 95.

48 Ibid., p. 499.

49 Mark Mazower (red.), *After the War Was Over: Reconstructing the Family, Nation, and State in Greece, 1943-1960*, Princeton University Press, 2000, p. 27.

50 Ibid., p. 547.

51 *The Times*, 13 juli 1945.

52 Macmillan, p. 515.

53 Wilson, *Europe without Baedeker*, p. 197.

54 Spector, *In the Ruins of Empire*, p. 90.

55 Cheah Boon Kheng, 'Sino-Malay Conflicts in Malaya, 1945-1946: Communist Vendetta and Islamic Resistance', *Journal for Southeast Asian Studies* 12, maart 1981, p. 108-117.

56 Gideon Francois Jacobs, *Prelude to the Monsoon*, Purnell & Sons, Kaapstad, 1965, p. 124.

57 Spector, *In the Ruins of Empire*, p. 174.

58 Benedict Anderson, *Java in a Time of Revolution: Occupation and Resistance, 1944-1946*, Equinox Publishing, 2005.

59 Dr. L. de Jong, *Het koninkrijk der Nederlanden in de Tweede Wereldoorlog, deel 11c, Nederlands-Indië*, Martinus Nijhoff, Leiden, 1986.

60 Theodore Friend, *Indonesian Destinies*, Harvard University Press, Cambridge, Mass., 2003, p. 27.

61 Jan A. Krancher (red.), *The Defining Years of the Dutch East Indies,*

1942-1949: Survivors' Accounts of Japanese Invasion and Enslavement of Europeans and the Revolution That Created Free Indonesia, MacFarland, Jefferson, N.C., 1996, p. 193.

62 Spector, *In the Ruins of Empire*, p. 179.

63 De Jong, p. 602.

64 Anderson, *Java in a Time of Revolution*, p. 166.

65 Spector, *In the Ruins of Empire*, p. 108.

66 Jean-Louis Planche, *Sétif 1945: Histoire d'un massacre annoncé*, Perrin, Parijs, 2006, p. 139.

67 Martin Evans, *Algeria: France's Undeclared War*, Oxford University Press, New York, 2012.

68 Françoise Martin, *Heures tragiques au Tonkin: 9 mars 1945-18 mars 1946*, Editions Berger-Levrault, Parijs, 1947, p. 133.

69 David G. Marr, *Vietnam 1945: The Quest for Power*, University of California Press, Berkeley, 1995, p. 333.

70 Martin, *Heures tragiques au Tonkin*, p. 179.

71 Ibid., p. 129.

72 Spector, *In the Ruins of Empire*, p. 126.

Deel II: *Puinruimen*

4. Naar huis

1 Zie voor een gedetailleerde analyse Timothy Snyders magistrale boek *Bloodlands. Europe Between Hitler and Stalin*, New York, Basic Books, 2010. (Nederlandse vertaling: *Bloedlanden. Europa tussen Hitler en Stalin*, Ambo, Amsterdam, 2011.)

2 Imre Kertész, *Onbepaald door het lot*, vertaald door Henry Kammer, Van Gennep, Amsterdam, 2005.

3 Geciteerd in Dienke Hondius, *Terugkeer. Antisemitisme in Nederland rond de bevrijding*, Herziene en uitgebreide editie, Sdu Uitgevers, 's Gravenhage, 1998, p. 150.

4 Ibid., p. 147.

5 Roger Ikor, *Ô soldats de quarante!...*, Albin Michel, Parijs, 1986, p. 95.

6 Marguerite Duras, *De pijn*, vertaald door Jan Versteeg, Uitgeverij

Maarten Muntinga, Amsterdam, 2000, p. 23-24.
7 Ibid. p. 23.
8 Ibid. p. 66-67.
9 Ango, *Darakuron*, p. 227.
10 Dower, *Embracing Defeat*, p. 58.
11 *Koe*, deel 1, Asahi Shimbunsha, Tokyo, 1984, p. 103.
12 Ibid., p. 104.
13 Bill Mauldin, *Back Home*, William Sloane, New York, 1947, p. 18.
14 Ibid., p. 45.
15 Ibid., p. 54.
16 Nicholai Tolstoy, *The Minister and the Massacres*, Century Hutchinson, Londen, 1986, p. 31.
17 Geciteerd in Gregor Dallas, *1945: The War That Never Ended*, Yale, New Haven, Conn., 2005, p. 519.
18 Tolstoy, *The Minister and the Massacres*, p. 13.
19 Ibid.
20 Nicholas Bethell, *Het laatste geheim van de Tweede Wereldoorlog. Gewelddadige repatriëring naar Rusland 1944-1947*, vertaald door Martin Beumer, Baarn, Uitgeverij In den Toren, 1975, p. 99.
21 Ibid., p. 87.
22 Borivoje M. Karapandić, *The Bloodiest Yugoslav Spring: Tito's Katyns and Gulags*, Carlton Press, New York, 1980, p. 73.
23 Macmillan, *The Blast of War*, p. 436.
24 Shephard, *The Long Road Home*, p. 80.
25 Bethell, *Het laatste geheim van de Tweede Wereldoorlog*, p. 21-22.
26 Ibid., p. 148.
27 Ibid., p. 153.
28 Ibid., p. 157.
29 Ibid., p. 156.
30 Dallas, *1945*, p. 560.
31 *Yank*, 24 augustus 1945.
32 Dallas, *1945*, p. 549.
33 Naimark, *Fires of Hatred*, p. 109.
34 Ibid., p. 110.
35 Lehndorff, *De oorlog van een arts*, p. 140-141.
36 Hupka, *Letzte Tage in Schlesien*, p. 265.

37 Jünger, *Jahre der Okkupation*, p. 195.
38 Gesprek van de auteur met Fritz Stern.
39 Geciteerd in Bessel, *Germany 1945*, p. 223.
40 Hupka, *Letzte Tage in Schlesien*, p. 64.
41 *Yank*, 21 september 1945. p. 16.
42 Naimark, *Fires of Hatred*, p. 112.
43 Ibid., p. 115.
44 Antony Polonsky en Boleslaw Drukier, *The Beginnings of Communist Rule in Poland*, Routledge and Kegan Paul, Londen en Boston, 1980, p. 425.
45 Grossman, *Jews, Germans, and Allies*, p. 199.
46 Geciteerd in Grossman, p. 148.
47 Ibid., p. 147.
48 *New York Herald Tribune*, 31 december 1945.
49 Heymont, *Among the Survivors*, p. 21.
50 Grossman, *Jews, Germans, and Allies*, p. 181.
51 Geciteerd in Hagit Lavsky, *New Beginnings: Holocaust Survivors in Bergen-Belsen and the British Zone in Germany, 1945-1950*, Wayne State University Press, Detroit, 2002, p. 64.
52 Rosensaft is zelf nooit naar Israël geëmigreerd. Het schijnt dat hij tegen enkele Israëli's heeft gezegd: 'Jullie dansten de hora terwijl wij in de crematoria werden verbrand.' (Geciteerd in Shephard, *The Long Road Home*, p. 367).
53 Heymont, *Among the Survivors*, p. 47-48.
54 Geciteerd in Shabtai Teveth, *Ben-Gurion: The Burning Ground, 1886-1948*, Houghton Mifflin, Boston, 1987, p. 853.
55 Avishai Margalit, 'The Uses of the Holocaust', *New York Review of Books*, 14 februari 1994.
56 Tom Segev, *The Seventh Million: The Israelis and the Holocaust*, Hill and Wang, New York, 1993, p. 99-100.
57 Ibid., p. 871.
58 Ibid., p. 870.
59 Heymont, *Among the Survivors*, p. 66.
60 Segev, *The Seventh Million*, p. 873.
61 *The Harrison Report*, genoemd naar Earl G. Harrison, de Amerikaanse vertegenwoordiger van het Intergouvernementele Comité voor Vluchtelingen.

62 Brief gedateerd 31 augustus 1945.
63 PRO FO 1049/81/177, geciteerd in *Life Reborn*, conferentienotulen, Menachem Rosensaft (red.), Washington, DC, 2001, p. 110.
64 Bethell, *Het laatste geheim*, p. 21.

5. Het gif uitzuigen

1 Ruth Andreas-Friedrich, *Ik woonde in Berlijn*, p. 259.
2 Luc Huyse en Steven Dhondt, *Onverwerkt verleden. Collaboratie en repressie in België, 1942-1952*, Kritak, Leuven, 1991, p. 140.
3 Sodei Rinjiro (red.), *Dear General MacArthur: Letters from the Japanese During the American Occupation*, Rowman & Littlefield, New York, 2001, p. 70.
4 Ibid., p. 87.
5 Ibid., p. 78.
6 Directive from the State, War, Navy Coordinating Committee, geciteerd in Hans H. Baerwald, *The Purge of Japanese Leaders Under the Occupation*, University of California Press, Berkeley, 1959, p. 7.
7 Geciteerd door Faubion Bowers in 'How Japan Won the War', *The New York Times Magazine*, 30 augustus 1970.
8 Theodore Cohen, *Remaking Japan*, p. 85.
9 Zie Franz Neumann, *Behemoth: The Structure and Practice of National Socialism, 1933-44*, ingeleid door Peter Hayes, Ivan R. Dee, Chicago, 2009, in samenwerking met het United States Holocaust Memorial Museum. Eerste uitgave 1942.
10 Andreas-Friedrich, *Ik woonde in Berlijn*, p. 294.
11 Ibid., p. 294.
12 James F. Tent, *Mission on the Rhine: Reeducation and Denazification in American-Occupied Germany*, University of Chicago Press, Chicago, 1982, p. 55.
13 Zuckmayer, *Deutschlandbericht*, p. 137.
14 Timothy R. Vogt, *Denazification in Soviet-Occupied Germany: Brandenburg, 1945-1948*, Harvard University Press, Cambridge, Mass., 2000, p. 34.
15 Ibid., p. 38.

16 Tom Bower, *The Pledge Betrayed: America and Britain and the Denazification of Postwar Germany*, Doubleday, Garden City NY, 1982, p. 148.
17 Ibid., p. 8.
18 Henke, *Die amerikanische Besetzung Deutschlands*, p. 487.
19 Theodore Cohen, *Remaking Japan*, p. 161.
20 Jerome Bernard Cohen, *Japan's Economy in War and Reconstruction*, University of Minnesota, Minneapolis, 1949, p. 432.
21 Theodore Cohen, *Remaking Japan*, p. 154.
22 Rinjiro, *Dear General MacArthur*, p. 176.
23 Ibid., p. 177.
24 LaCerda, *The Conqueror Comes to Tea*, p. 25.
25 Theodore Cohen, *Remaking Japan*, p. 45.
26 Dower, *Embracing Defeat*, p. 530.
27 Cary (red.), *From a Ruined Empire*, p. 107.
28 Chalmers Johnson, *miti and the Japanese Miracle: The Growth of Industrial Policy, 1925-1975*, Stanford University Press, Stanford, Calif., 1982, p. 42.
29 Teodoro Agoncillo, *The Fateful Years: Japan's Adventure in the Philippines, 1941-1945*, R.P. Garcia, Quezon City, 1965, p. 672.
30 Stanley Karnow, *In Our Image: America's Empire in the Philippines*, Random House, New York, 1989, p. 327.
31 Ibid., p. 328.
32 Jay Taylor, *The Generalissimo: Chiang Kai-shek and the Struggle for Modern China*, Harvard University Press, Cambridge, Mass., 2009, p. 323.
33 Keenes brief aan T. de Bary in Cary (red.), *From a Ruined Empire*, p. 128.
34 Spector, *In the Ruins of Empire*, p. 41.
35 Odd Arne Westad, *Cold War and Revolution: Soviet-American Rivalry and the Origins of the Chinese Civil War, 1944-1946*, Columbia University Press, New York, 1993, p. 90.
36 Twee boeken over de Annei Hanten zijn Okada Kazuhiko, *Manshu Annei Hanten*, Kojinsha, 2002, en Fujiwara Sakuya, *Manshu, Shokokumin no Senki*, waaruit in hoofdstuk 2 geciteerd wordt.
37 Peter Novick, *The Resistance Versus Vichy: The Purge of Collaborators in Liberated France*, Columbia University Press, New York, 1968, p. 40.

38 Ibid., p. 77-78.

39 Geciteerd in Antony Beevor en Artemis Cooper, *Parijs na de bevrijding*, p. 117.

6. De rechtsstaat

1 Fujiwara, *Manshu, Shokokumin no Senki*, p. 175.

2 Márai, *Land, land!...*, p. 153.

3 István Deák, Jan Tomasz Gross, Tony Judt (red.), *The Politics of Retribution in Europe: World War II and Its Aftermath*, Princeton University Press, Princeton, NJ, 2000, p. 235.

4 Ibid., p. 235.

5 Ibid., p. 237.

6 Ibid., p. 235.

7 Ibid., p. 134.

8 Ibid., p. 135.

9 Mazower (red.), *After the War Was Over*, p. 31.

10 Lee Sarafis, 'The Policing of Deskati, 1942-1946', in Mazower (red.), *After the War Was Over*, p. 215.

11 Scarfe en Scarfe (red.), *All That Grief*, p. 165-166.

12 Vertaald door Gerard Koolschijn.

13 Geciteerd in John W. Powell, 'Japan's Germ Warfare: The US Cover-up of a War Crime', *Bulletin of Concerned Asian Scholars* 12 (oktober-december 1980), p. 9.

14 Lawrence Taylor, *A Trial of Generals: Homma, Yamashita, MacArthur*, Icarus Press, South Bend, Ind., 1981, p. 125.

15 *Yank*, 'Tiger's Trial', 30 november 1945.

16 Taylor, *A Trial of Generals*, p. 137.

17 A. Frank Reel, *The Case of General Yamashita*, University of Chicago Press, Chicago, 1949, p. 134.

18 Richard L. Lael, *The Yamashita Precedent: War Crimes and Command Responsibility*, Scholarly Resources, Wilmington, Del., 1982, p. 111.

19 Taylor, *A Trial of Generals*, p. 195.

20 Lael, *The Yamashita Precedent*, p. 118.

21 Geciteerd in J. Kenneth Brody, *The Trial of Pierre Laval: Defining Trea-*

son, Collaboration and Patriotism in World War II France, Transaction, New Brunswick, NJ, 2010, p. 136.

22 *Time*, 4 januari 1932.

23 Geoffrey Warner, *Pierre Laval and the Eclipse of France*, Macmillan, New York, 1969, p. 301.

24 Voor een gedetailleerde beschrijving van Musserts criminele corruptie, zie Tessel Pollmann, *Mussert & Co. De NSB-leider en zijn vertrouwelingen*, Boom, Amsterdam, 2012.

25 *Time*, 15 oktober 1945.

26 Jean-Paul Cointet, *Pierre Laval*, Fayard, Parijs, 1993, p. 517.

27 Jacques Charpentier, *Au service de la liberté*, Fayard, Parijs, 1949, p. 268.

28 Hubert Cole, *Laval*, Heinemann, Londen, 1963, p. 284.

29 Cointet, *Pierre Laval*, p. 527.

30 Jan Meyers, *Mussert. Een politiek leven*, De Arbeiderspers, Amsterdam, 1984, p. 277.

31 Ibid., p. 275.

32 Cointet, *Pierre Laval*, p. 537.

33 Geciteerd in Novick, *The Resistance Versus Vichy*, p. 177.

34 George Kennan, *Memoirs 1925-1950*, Atlantic Monthly Press, Boston, 1967, p. 260.

35 Dower, *Embracing Defeat*, p. 445.

36 Telford Taylor, *The Anatomy of the Nuremberg Trials: A Personal Memoir*, Alfred A. Knopf, New York, 1992, p. 29.

37 Spender, *European Witness*, p. 221.

38 *Yank*, 18 mei 1945.

39 Website van de Dwight D. Eisenhower Memorial Commission.

40 *The Times*, 20 april 1945.

41 *Daily Mirror*, 20 april 1945.

42 *The Times*, 28 april 1945.

43 Shephard, *Na zonsopgang*, p. 184.

44 *The Times*, 24 september 1945.

45 *The Times*, 9 november 1945.

46 Shephard, *Na zonsopgang*, p. 190.

47 *The Times*, 8 november 1945.

48 Ernst Michel, *DANA report*, 9 januari 1945.

49 Rebecca West, *The New Yorker*, 26 oktober 1946.
50 Telford Taylor, *The Anatomy of the Nuremberg Trials*, p. 25.
51 Ibid., p. 26.
52 Ernst Michel, DANA, 15 februari 1946.
53 Jünger, *Jahre der Okkupation*, p. 176.
54 Andreas-Friedrich, *Battleground Berlin*, p. 63-64.
55 Telford Taylor, *The Anatomy of the Nuremberg Trials*, p. 167-168.

Deel III: *Nooit meer*

7. Een zonnig, zorgeloos begin van de dag

1 Zie Hermann Langbein, *Against All Hope: Resistance in the Nazi Concentration Camps, 1938-1945*, Paragon House, New York, 1994, p. 502.
2 *The Manchester Guardian*, 27 juli 1945.
3 *The Daily Telegraph*, 11 juli 2003.
4 *The Manchester Guardian*, 27 juli 1945.
5 Ibid.
6 Harold Nicolson, *The Harold Nicolson Diaries, 1907-1964*, Weidenfeld & Nicolson, Londen, 2004, p. 321.
7 Harold Macmillan, *Tides of Fortune, 1945-1955*, Harper & Row, New York, 1969, p. 32.
8 Ibid., p. 33.
9 Nicolson, *Diaries*, p. 318.
10 Wilson, *Europe without Baedeker*, p. 135.
11 Ibid., p. 186.
12 Noel Annan, *Changing Enemies: The Defeat and Regeneration of Germany*, W.W. Norton, New York, 1996, p. 183.
13 Paul Addison, *Now the War Is Over: A Social History of Britain, 1945-51*, Jonathan Cape en de British Broadcasting Corporation, Londen, 1985, p. 14.
14 Ibid., p. 13.
15 Cyril Connolly, *Horizon*, juni 1945, herdrukt in *Ideas and Places*, Weidenfeld & Nicolson, Londen, 1953, p. 27.
16 *The Manchester Guardian*, 5 juni 1945.

17 *The Manchester Guardian*, 26 juni 1945.
18 Roy Jenkins, *Mr. Attlee: An Interim Biography*, Heinemann, Londen, 1948, p. 255.
19 Stéphane Hessel, *Neem het niet!*, vertaald door Hannie Vermeer-Pardoen, Van Gennep, Amsterdam, 2011, p. 8-9.
20 Marguerite Duras, *De pijn*, p. 44.
21 Arthur Koestler, *De Yogi en de Volkscommissaris*, vertaald door Bert Schierbeek en Koos Schuur, Mouton en Co., Den Haag, 1948, p. 120.
22 Addison, *Now the War Is Over*, p. 18.
23 Annan, *Changing Enemies*, p. 183.
24 Winston Churchill, 'Speech to the Academic Youth', Zürich, 9 september 1946.
25 Nicolson, *Diaries*, p. 333.
26 Jean Monnet, *Mémoires*, Fayard, Parijs, 1976, p. 283.
27 Zie Tessel Pollmann, *Van Waterstaat tot Wederopbouw. Het leven van dr. ir. J.A. Ringers (1885-1965)*, Boom, Amsterdam, 2006.
28 Dower, *Embracing Defeat*, p. 537.
29 Ibid., p. 537.
30 Ibid., p. 538.
31 Owen Lattimore, *Solution in Asia*, Little, Brown, Boston, 1945, p. 189.
32 Theodore Cohen, *Remaking Japan*, p. 42.
33 Morita Yoshio, *Chosen Shusen no kiroku: beiso ryōgun no shinchū to Nihonjin no hikiage*, Gannando Shoten, Tokyo, 1964, p. 77.
34 Bruce Cumings, *The Origins of the Korean War: Liberation and the Emergence of Separate Regimes, 1945-1947*, Princeton University Press, Princeton, NJ, 1981, p. 88.
35 *Yank*, 2 november 1945.
36 Cary (red.), *From a Ruined Empire*, p. 32.
37 *Yank*, 2 november 1945.
38 Cumings, *Origins of the Korean War*, p. 392.
39 Spector, *In the Ruins of Empire*, p. 163.
40 Ibid., p. 160.
41 Ibid., p. 148.
42 Cary (red.), *From a Ruined Empire*, p. 197.
43 Robert Skidelsky, *John Maynard Keynes, 1883-1946: Economist, Philo-*

sopher, Statesman, Penguin, New York , 2005, p. 779.

44 Nicolson, *Diaries*, p. 325.

45 Judt, *Na de oorlog*, p. 124.

8. De bruten beschaven

1 Dower, *Embracing Defeat*, p. 215-17.

2 Annan, *Changing Enemies*, p. 160.

3 *Ibid.*, p. 162.

4 Döblin en Feuchtwanger, geciteerd in Tent, *Mission on the Rhine*, p. 23.

5 Geciteerd in Tent, *Mission on the Rhine*, p. 39.

6 Nicholas Pronay en Keith Wilson (red.), *The Political Re-education of Germany and Her Allies after World War II*, Croom Helm, Londen, 1985, p. 198.

7 Günter Grass, *De rokken van de ui*, vertaald door Jan Gielkens, J.M. Meulenhoff, Amsterdam, 2007, p. 219.

8 John Gimbel, *A German Community Under American Occupation: Marburg, 1945-52*, Stanford University Press, Stanford, California, 1961, p. 168.

9 Pronay en Wilson (red.), *The Political Re-education of Germany*, p. 173.

10 *Yank*, 20 juli 1945.

11 *Ibid.*

12 Spender, *European Witness*, p. 229.

13 *Yank*, 20 juli 1945.

14 Spender, *European Witness*, p. 44.

15 Ibid., p. 46.

16 Ibid., p. 158.

17 Andreas-Friedrich, *Ik woonde in Berlijn*, p. 284.

18 Naimark, *The Russians in Germany*, p. 399.

19 Ibid., p. 402.

20 Andreas-Friedrich, *Battleground Berlin. Diaries, 1945-1948*, Paragon House, New York, 1990, p. 66.

21 Bach, *America's Germany*, p. 228.

22 Ibid., p. 228.
23 Andreas-Friedrich, *Battleground Berlin*, p. 92.
24 Bach, *America's Germany*, p. 218.
25 *The Times*, 11 juli 1945.
26 Dower, *Embracing Defeat*, p. 190.
27 De Beauvoir, *De druk der omstandigheden*, p. 24.
28 *Ibid.*, p. 41.
29 Corine Defrance, *La politique culturelle de la France sur la rive gauche du Rhin, 1945-1955*, Presses Universitaires de Strasbourg, Straatsburg, 1994, p. 126.
30 Döblin, *Fatale reis*, p. 322.
31 Geciteerd in Monnet, *Mémoires*, p. 339.
32 Barton J. Bernstein (red.), *The Atomic Bomb: The Critical Issues*, Little, Brown, Boston, 1976, p. 113.
33 Dower, *Embracing Defeat*, p. 218.
34 Ibid., p. 77.
35 Edward T. Imparato, *General MacArthur: Speeches and Reports, 1908-1964*, Turner, Paducah, Ky., 2000, p. 146.
36 Bowers, 'How Japan Won the War'.
37 Ibid.
38 Mainichi Shimbun, geciteerd in Dower, *Embracing Defeat*, p. 549.
39 Rinjiro, *Dear General MacArthur*, p. 33.
40 Dower, *Embracing Defeat*, p. 77.
41 Geciteerd door Bowers in 'How Japan Won the War'.
42 Geciteerd in 'The Occupation of Japan', een seminar gesponsord door het MacArthur Memorial Library and Archives, november 1975, p. 129.
43 LaCerda, *The Conqueror Comes to Tea*, p. 165-66.
44 *Koe*, p. 115.
45 Dower, p. 67.
46 Keene, *So Lovely a Country*, p. 118.

9. Eén wereld

1 Urquhart, *A Life in Peace and War*, p. 85.
2 Ibid., p. 93.
3 Stéphane Hessel, *Danse avec le siècle*, Seuil, Parijs, 1997, p. 99.
4 Mark Mazower, *Governing the World. The History of an Idea*, Penguin Press, New York, 2012, p. 208.
5 Ibid., p. 194.
6 E.B. White, *The Wild Flag. Editorials from* The New Yorker *on Federal World Government and Other Matters*, Houghton Mifflin, Boston, 1946, p. 72.
7 Ibid., p. 82.
8 Menno Spiering en Michael Wintle (red.), *European Identity and the Second World War*, Palgrave Macmillan, New York, 2011, p. 126.
9 John Foster Dulles, *War or Peace*, Macmillan, New York, 1957, p. 38. (Eerste uitgave 1950.)
10 Neal Rosendorf, 'John Foster Dulles' Nuclear Schizophrenia', in John Lewis Gaddis (red.), *Cold War Statesmen Confront the Bomb. Nuclear Diplomacy Since 1945*, Oxford University Press, New York, 1999, p. 64-69.
11 Joseph Preston Baratta, *The Politics of World Federation. United Nations, UN Reform, Atomic Control*, Praeger, Westport, Conn., 2004, p. 127.
12 *The New York Times*, 10 oktober 1945.
13 *The Times*, 20 november 1945.
14 Townsend Hoopes en Douglas Brinkley, *FDR and the Creation of the U.N.*, Yale University Press, New Haven, Conn., 2000, p. 41.
15 Dan Plesch, *America, Hitler, and the UN: How the Allies Won World War II and Forged a Peace*, I.B. Tauris, Londen, 2011, p. 170.
16 De woorden van Roosevelt worden geciteerd in Mazower, *Governing the World*, p. 209.
17 http://trumanlibrary.org/publicpapers/viewpapers.php?pid=75
18 White, *The Wild Flag*, p. 82.
19 *Yank*, 15 juni 1945.
20 *Daily Herald*, mei 1945.
21 Gesprek van de auteur met zijn kleinzoon Inigo Thomas.

22 *Time*, 14 mei 1945.
23 Urquhart, *A Life in Peace and War*, p. 94.
24 *The Nation*, 30 juni 1945.
25 Mark Mazower, 'The Strange Triumph of Human Rights, 1933-1950', *The Historical Journal* 47, no. 2 (juni 2004), p. 392.
26 William Roger Louis, *The British Empire in the Middle East, 1945-1951: Arab Nationalism, the United States, and Postwar Imperialism*, Oxford University Press, New York, 1984, p. 163.
27 *Manchester Guardian*, 4 juni 1945.
28 William Roger Louis, *British Empire in the Middle East*, p. 148.
29 *The Times*, 6 oktober 1945.
30 White, *The Wild Flag*, p. 80.
31 Ibid., p. 81.
32 Arthur M. Schlesinger Jr., *A Thousand Days: John F. Kennedy in the White House*, Houghton Mifflin, Boston, 1965, p. 88-89.
33 *The Times*, 17 augustus 1945.
34 Rapport van minister Byrnes, http://avalon.law.yale.edu/20th–century/decade18.asp.
35 Dulles, *War or Peace*, p. 27.
36 Ibid., p. 30.
37 Ibid., p. 40.
38 *The New York Times*, 31 december 1945.

Verantwoording afbeeldingen

Pagina 1: archief van de auteur.
Pagina 2: *Boven*: Bundesarchiv, Bild 183-E0406-0022-018. *Onder*: Beeldbank WO2, Nederlands Verzetsmuseum, Amsterdam. VMA 113642.
Pagina 3: *Boven*: © IWM (EA 65799). *Onder*: Associated Press/Charles Gorry.
Pagina 4: *Boven, links*: Beeldbank WO2-NIOD. NIOD 187641. *Boven, rechts*: Beeldbank WO2-NIOD. NIOD 95246. *Onder*: Associated Press/British Official Photo.
Pagina 5: Nationaal Archief/Spaarnestad Photo/Wiel van der Randen.
Pagina 6: *Boven*: © IWM (5467). *Onder*: © IWM (69972).
Pagina 7: © IWM (6674).
Pagina 8: *Boven*: Bundesarchiv, Bild 183-M1205-331. *Onder*: Bundesarchiv, Bild 183-S74035.
Pagina 9: *Boven*: The U.S. National Archives and Records Administration. *Onder*: Associated Press.
Pagina 10: Associated Press.
Pagina 11: *Boven*: Associated Press/Peter J. Carroll. *Onder*: © Bettmann/Corbis.
Pagina 12: *Boven*: © Bettmann/Corbis. *Onder*: AFP/Getty Images.
Pagina 13: *Boven*: Nationaal Archief/Spaarnestad Photo/Fotograaf onbekend. *Onder*: Beeldbank WO2, Verzetsmuseum Zuid-Holland. VMZH 131931.
Pagina 14: © IWM (CF 926).
Pagina 15: *Boven*: Beeldbank WO2-NIOD. NIOD 61576. *Onder*: © IWM (HU 55965).
Pagina 16: Associated Press.

Dankbetuiging

Vertalen is meestal een ondankbare taak. Het vergt heel veel werk en krijgt over het algemeen te weinig waardering. De taak is nog moeilijker als de auteur van de oorspronkelijke tekst in staat is om mee te kijken. En helemaal als die auteur een landgenoot is die is opgegroeid met dezelfde taal als die van de vertaling. Dan is het namelijk nooit goed.

Ik kan Arthur Wevers daarom niet genoeg bedanken voor de manier waarop hij zijn werk heeft verricht: secuur, tactvol, en in de beste zin van het woord creatief – een goede vertaling is namelijk meer dan een overdracht, het is een creatie.

Arthur en ik hebben daarbij enorm profijt gehad van de vriendschappelijke redactionele hulp van Hanca Leppink. Zij is niet alleen een ervaren uitgeefster, maar tevens een begaafde diplomaat. Ook haar kan ik niet genoeg bedanken.

David Barnouw en Joggli Meihuizen hebben mij veel geholpen bij mijn onderzoek aan het onontbeerlijke NIOD Instituut voor Oorlogs-, Holocaust- en Genocidestudies in Amsterdam.

Verder kan zelfs – of misschien juist – in een tijd van technologische verandering, een boek niet slagen zonder de toewijding en professionaliteit van een uitstekend redactieteam. Grote dank daarom ook aan Erna Staal, Inger Boxsem en Marjet Knake van Atlas Contact.

Register